Valentin

Los personajes, eventos y sucesos presentados en esta obra son ficticios. Cualquier semejanza con personas vivas o desaparecidas es pura coincidencia.

HOY HE SENTIDO DE NUEVO UNA GRAN ADMIRACIÓN POR TI.

Y LAMENTO MUCHO QUE HASTA HOY NO ME HAYA DADO CUENTA DE LO MARAVILLOSO QUE ERES.

Yoshinori Noguchi.

Capítulos.

EL ORUJO NO PIERDE LAS VITAMINAS COMO EL ZUMO.

Te esperé, llegué a sentir que me moría.
Te esperé, como la luna espera al día.
Lo intenté, pero continuó la vida.
Te esperé, pero el tiempo cerró la herida.
Te esperé – Jesse & Joy.

—Mario, dime que eso que ha sonado ha sido tu móvil y no mi pantalón.

— Cómo quieras pato. —espera unos segundos, estoy convencida de que lo hace para darle más dramatismo al momento y para mi desgracia, se pone a trastear el móvil. Después de lo que él considera que son solo un par de segundos y para mí es una eternidad, levanta la vista y me mira sonriente. — Efectivamente patito, lo que ha sonado ha sido mi móvil. —cabrón...

— Me estas mintiendo para que me sienta mejor, ¿verdad? —pregunto, por si acaso.

—Pato yo solo cumplo órdenes y tú me has dicho que te dijera que ha sido mi móvil, no tu pantalón. La verdad es que no puedes quejarte de amigo, de un amigo tan maravilloso y complaciente como yo.

Eso me pasa por ver a Mateo con esa y querer salir lo más rápido posible de aquí. Cuando me he levantado he sentido el crujir de la tela del pantalón que mi querida hermana me regaló hace dos semanas, ha sido como si la tela gritase de dolor conmigo, se ha desgarrado junto con mi corazón en este centro comercial rodeada de gente, bueno vale... Quizás exagero un poco con eso de que mi corazón se ha vuelto a desgarrar porque Mario dice que esa fase ya la tengo superada. Pero sí, a la mierda el plan de salir disimuladamente, aunque corriendo de esta cafetería, atravesar la gente, bajar por las escaleras mecánicas y desaparecer. Ya no puedo desaparecer porque mi plan ha sido un completo desastre e inevitablemente se ha ido a la mierda. ¿Qué más me puede pasar este día?

— No me puede estar pasando esto a mí, —me tapo la cara pensando que desapareceré, como si fuera un bebé... de hecho quiero llorar como un bebé. Pero pienso que la gente me miraría como si estuviera loca y tiro por tierra esa idea. Porque claro, yo ya tengo una edad para estas cosas, ¿no? Además, qué se me ven las bragas ¡las bragas! — He ayudado está mañana a una señora con las bolsas de la compra en el supermercado, le he dado mi bocadillo de atún a un hombre que pedía de comer en el metro. Aunque claro —pienso, porque yo soy mucho de pensar, quizás no bien, pero pensar... pienso mucho. — Espero que no lo tirará a la basura porque en verdad lo que quería era vino... —vuelvo a mirar a Mario porque creo que no está entendiendo la situación. — ¿Por qué mierdas tengo tanta mala suerte? Es que a mí no me ha mirado un tuerto solo, a mí me ha mirado un puto equipo de tuertos juntos.

— ¡Casualidades! ¿Cuánto hace que tenías ese pantalón? ¡Seguro que mil años!

— Son los que mi hermana me regalo para mi cumpleaños hace dos semanas melón.

— Bueno, —pone los ojos en blanco y se muerde el labio inferior intentando buscar una rápida y eficaz solución. Menos mal que de los dos él es la cabeza pensante de la relación. — ¡Qué no cunda el pánico! —levanta los brazos como si hubiera visto la luz, yo no sé porque es interiorista cuándo tendría que ser en realidad actor de culebrón de sobremesa. — Estamos en un centro comercial reina, voy a por unos nuevos y apañados todos. ¿Qué te parece?

— ¿Que qué me parece? Me parece que me quiero morir en estos momentos, ahora, quiero que se abra la tierra, me trague de una vez por todas y evite este sufrimiento. —digo levantando las manos en plan melodramática. — A ver y se puede saber que voy a hacer yo mientras tanto, ¿eh?

— Tomarte otro cappuccino pato y si quieres te comes un bollo de chocolate. —sonríe, me saca la lengua y aunque parezca que no... la quiero coger con las manos y retorcérsela, porque él no tiene el culo al aire.

— Ahora vuelvo. —se levanta y me tira un beso. Será zalamero... pienso mientras yo sigo maldiciendo a todos los santos que conozco.

Y entonces me da de nuevo por pensar, porque como os acabo de decir yo soy mucho de pensar.

— ¿Y cómo voy hasta el baño?

— Cómo haces de difíciles las cosas, pato. Pues te pones mi foulard y vas al baño que no está muy lejos. —sonríe porque clarísimamente él sigue sin llevar el culo al aire. — Vamos juntitos si te da miedo.

— ¡Muy fáciles ves tú las cosas! Y si Mateo me ve, ¿eh?

— Pues le saludas reina, le saludas. Porque somos muy educados nosotros y saludar, saludamos a todo el mundo por muy gilipollas que sea. Porque Mateo, gilipollas es un rato y esto lo sabemos los dos.

— Con el pantalón roto... claro, es lo que llevo soñando toda mi vida, saludar a Mateo con el culo al aire. — digo esto último más alto de lo que pretendo en un primer momento.

— Ahora vuelvo. —repite, me da un beso en la frente y se

aleja mientras sigo maldiciendo en voz baja. Alzo la mano para que el camarero me vea y le pueda preguntar si tiene arsénico y un bollo de chocolate blanco.

Pierdo de vista a Mario mientras sigo embobada en mi taza vacía pensando en cuánto lo quiero, ya no es mi amigo es mucho más que eso, es como mi marido. Bueno, un marido con novio, pero la idea de la relación es más o menos esa.

Conocí a Mario en el colegio cuándo él repitió cuarto de primaria, supongo que se enamoró de mí cuándo vio el guarrazo que me metí contra el suelo, sí, guarrazo. No era mi intención, por supuesto. Me quedé unos momentos de nada embobada en el que creía que era el amor de mi vida (aunque todo muy platónico ya que ni siquiera cruzamos más de cinco palabras en toda mi vida estudiantil) Porque sí, todos hemos tenido un amor platónico en el colegio. Total, que mientras yo observaba a Iván (que así se llamaba el susodicho o al menos eso creo recordar) me tropecé con mis propios pies (porque esto de tropezar conmigo misma me pasa mucho, más de lo que me gustaría de hecho) la cuestión es que rodé calle abajo cual melón en oferta. Mario siempre me ha dicho que desde ese momento se prometió no dejarme sola nunca más y efectivamente, no me ha vuelto a dejar sola, juntos en verdad hacemos un buen equipo, bueno al menos uno cómico.

— *Hola ¿Estás bien? —preguntó asustado Mario.*

— *Hola. Si, tranquilo. —contesté, mientras intentaba morirme de la vergüenza o cómo mínimo levantarme. — Estás cosas me pasan mucho, lo de tropezarme quiero decir. —me encogí de hombros mientras le miraba y sonreía.*

— *Deja que te ayude con…—miró todo lo que había en el suelo.— ¡Algo!*

— *No, no. No te preocupes de verdad, por cierto, me llamo Elizabeth Aurora, pero mis amigos me llaman Beth.*

— *¿Elizabeth Aurora?*

— *Ya, a veces pienso que mis padres no me querían. —se río y yo lo hice con él.*

— *Yo me llamo Mario.*

Y desde ese vergonzoso tropiezo Mario no se ha vuelto a separar de mí, de esto hace ya casi veinte años, aunque a veces estoy convencida que piensa que la opción más fiable es empaquetarme y enviarme a un sitio muy lejos vía exprés como Honolulu, pero no lo hace porque en el fondo me quiere.

Mientras estoy en mi momento remember del día y le doy la quinta vuelta con la cucharita al nuevo café con leche que el camarero me ha traído suena el móvil y a la mierda mi momento recuerdos cuquis de Beth. Por cierto, supongo que al camarero se le había terminado el arsénico o me ha dejado por imposible y piensa que estoy loca... Todo puede ser en esta vida.

— Beth, ¿llevas las piernas depiladas? —pregunta Mario y yo tiemblo.

— Si, ¿por qué? —digo en el mismo tono que Olaf le preguntaba a Sven.

— Mi reina, he visto una falda tan maravillosa, tan estupenda, tan perfecta... qué porque no tengo tu cuerpo, ni tus piernas porque si no me la compraba para mí. Tienes que verla, es fantástica....

— Te recuerdo que no puedo verla porque llevo las bragas al aire. Así que ni reina, ni reino. Mario, por favor, estoy en una cafetería sola, con el culo al aire y me siento igual que un perro de una protectora esperando una mano amiga... por lo que tú más quieras ven ya, ven ya porque si no, no vas a tener Europa para correr. —me quejo, porque yo también soy mucho de quejarme.

— ¡Qué carácter reina! ¡Qué carácter!

— Date prisa por favor. —casi estoy suplicando. — Recuerda que voy en bambas y tiene que quedar medio decente porque luego tenemos que ir a casa de mi madre y te recuerdo también por si lo habías olvidado que tú te vienes conmigo. Así que mueve ese culo que los bollos te han dado y ven cagando leches.

— Qué prisa pato, vale... Ya voy para allí, estoy en un periquete.

— No me fío de tus periquetes.

Mario salió de la tienda cargado con un par de bolsas y resopló al pensar lo que le diría Beth al ver todo lo que llevaba. "menos mal que solo tenía que ir a por unos pantalones" se dijo a sí mismo. Mientras volvía a la cafetería dónde le esperaba su amiga, tuvo la suerte o la desgracia de encontrarse con Mateo y su nuevo flamante fichaje.

— Mario, ¡qué sorpresa! —exclamó Mateo. — ¿Cómo estás? ¡Cuánto tiempo!

— Sí... mucha sorpresa. ¿Qué tal Mateo? Yo muy bien. —dijo antes de mirar a la rubia que lo acompañaba con desgana de arriba abajo. — ¿Está es tu novia o perdiste una apuesta? —preguntó inocentemente porque Mario es muy de preguntar inocentemente, antes de volver hablar dejándole sin tiempo para que Mateo pudiera contestar siquiera. — Lo siento, pero no tengo tiempo para quedarme aquí con vosotros. Tengo prisa, nos vemos.... Bueno, o quizás no, ¿quién sabe? —sonrió antes de alejarse.

Suena mi móvil y sé antes de mirarlo sé que es Mario... como si lo viera de venir.

[16/01/2005 12:20] Mario: Acabo de ver al bicho.... Ahora te cuento.

Conociendo a Mario como lo conozco le habrá soltado alguna fresca, seguramente Mateo se ha quedado en el sitio después de la fresca de Mario intentando asimilar lo que le ha dicho mientras que mi fiel amigo por su parte vuelve a mi lado. Menudo trabalenguas en un momento ¿eh?

Con el bicho como lo llama Mario o con Mateo, como suele llamarle todo el mundo. Estuve nada más y nada menos que doce años que se dicen pronto y se pasan lento. Nos conocimos de una forma algo accidental, bueno esto tampoco es que sea una novedad en mi vida y es que sin querer le tiré el helado que me estaba comiendo cuándo tropecé en pleno arco del triunfo rodeada de turistas, tenía diecisiete años y aunque no me guste reconocerlo sufrí lo que todo el mundo conoce como un brutal flechazo cuándo levante la vista y lo vi allí con esos ojos azul verdosos que me volvían loca, aunque de eso hace ya muchos años. Hoy en día Mateo tiene treinta y dos años y es el director financiero de la empresa de su padre, vamos que es un enchufado de manual. Supongo que no habrá crecido en estos seis meses desde que todo estalló, cual bomba nuclear y sigue midiendo un metro noventa, tiene los ojos azul verdosos como he dicho y los músculos necesarios para que cualquier fémina del mundo se desmaye y le tire las bragas a la cabeza. Y claro, por supuesto el recogerlas cual caballero andante de brillante armadura. Sí, aún estoy un poco despechada ¿qué pasa?

A Mateo le perdían las tetas grandes, era un defecto que tenía… el otro defecto que lo caracterizaba fue que decidiera que lo mejor que podía hacer era seguir los pasos de su padre al pie de la letra, como había hecho toda su vida, a decir verdad. Su padre tenía a su mujer (la madre de Mateo) y a su amante…

Sí, ¡premio! Lo acertaste y no, no tengo las tetas grandes. Mateo conoció a una rubia y decidió que era una buena candidata y tenía unos buenos atributos femeninos (o un par de tetas, como prefieras decirlo) para convertirla en su amante. Supongo que a su padre nunca le gusté, quizás es porque tengo una extraña costumbre de decir lo que pienso (pero esto no lo aplico con mi jefa… ya la conoceréis) y no pasar por el aro, pretendía que mirara hacía otro lado como su mujer mientras que Mateo, mi Mateo se revolcaba con aquella por las camas de los hoteles de Barcelona. Claro, no estaba yo dispuesta a que eso pasara como podréis entender así que todo terminó y de eso hizo ayer quince de enero exactamente seis meses, estoy bien... Bueno, o al menos creo que estoy bien salvo en los momentos en los que me atiborro como toda hija de vecino a chocolate, veo películas para llorar y leo comedias románticas que me hacen más mal que bien. Y sí, la culpa es mía, pero Google también tiene mucho que ver, porque cuándo yo pongo en el buscador "películas románticas" me sugiera un *"para llorar"* qué bueno... En fin.

— Ya estoy aquí, —dice Mario mientras se sienta delante mío.

— Vamos deprisa antes de que me encuentre a Mateo, por favor.

— Tranquila, ya me lo he encontrado yo. —sonríe mientras me pasa las bolsas. ¿No iba solo a por unos pantalones?

— ¿Qué le has dicho?

— Apenas nada, simplemente le he preguntado si la rubia con la que iba era su novia o había perdido una apuesta. —sonríe malvadamente, como las malas malísimas de las películas de Disney.

Y evidentemente pongo los ojos en blanco, adoro a Mario, de verdad que lo adoro, pero esa lengua viperina que tiene me causa más de un dolor de cabeza. Mario es físicamente lo que muchas féminas calificarían como el hombre perfecto (o quizás un Ken perfecto), metro ochenta y algo, rubio con unos ricitos que te invitan a jugar con ellos hasta cansarte, unos ojos azul turquesa que ni las playas de Santorini. Los músculos perfectos y el cuerpo cuidado, pero sin llegar al exceso, ni a la obsesión. Tiene un estudio de diseño de interiores, un precioso ático en el centro de Barcelona, una casita en la playa y un coche que algún día os prometo que le robaré. Sería el marido perfecto para cualquier mujer, si no fuera porque él nunca ha estado con ninguna y no creo que tenga intenciones a corto o largo plazo de estar con ninguna. Sí, lo has entendido Mario es gay, Mario es muy gay y Caiden el irlandés que tiene como novio lo demuestra.

— ¿Qué voy a hacer contigo? —vuelvo a preguntarle mientras me tapo una vez más la cara pensando que así desapareceré como por arte de magia—Acompáñame a que me cambie, por favor.

Diez minutos después de haberme enrollado de una manera muy poco glamurosa el foulard de Mario llego al baño del centro comercial que milagrosamente está vacío y mi amigo entra tras de mí alegremente como si con él no fuera la cosa.

— Te va a encantar la falda larga de punto que te he comprado. Con la camiseta y las deportivas te van a crear un rollo que te vas a querer morir, también te he comprado un abrigo porque clarísimamente el que llevas puesto no te combina nada...

— Yo con que no se me vean las bragas tengo suficiente, gracias.

— ¡Por dios! —pega un grito que casi me deja sorda. — ¡Por qué llevas esas bragas tan feas!

— ¿Qué les pasa a mis bragas? —las miró, no están tan mal mis bragas, ¿no? Bueno, lo más importante es que son cómodas y no, nadie me las va a ver así que...

— Qué son de abuela Beth... Qué yo no las utilizaría ni para trapos, de haber sabido que llevabas una cosa tan fea te hubiera traído algún conjunto.

— Dame la falda, cállate y sal de aquí. —señaló la puerta para ver si ha entendido a la primera que no lo quiero a mi lado mientras me cambio en uno de esos cubículos, porque no quiero que vuelva a meterse con mis bragas. — Fuera. —insisto.

Así que me pongo la falda que me ha comprado Mario, he de decir a su favor que es maravillosa, me la planto y salgo del cubículo ya cambiada. Me doy unos minutos para ver mi reflejo en el espejo. Tengo unas piernas firmes gracias a las terribles e infernales clases de spinning a las que voy con él, aunque creo que él va por el monitor, pero nunca se lo he dicho porque gracias a esas clases tengo las piernas que tengo, también tengo unas caderas que, aunque no son exuberantes están proporcionadas con mi cintura y mis hombros. Quizás tampoco son exuberantes mis pechos, pero me niego y no me he planteado nunca pasar por un quirófano para cambiar el tamaño de estos, supongo que les he cogido cariño. Mi melena castaña sigue recogida como es habitual en mí con una coleta alta y apenas voy maquillada, porque creo que es una pérdida de tiempo terrible. Mis ojos son claros, no sabría describirte el color exacto así que vamos a decir que son de un claro estándar. Después de darme un repaso de arriba abajo, estoy lista.

— Pues me hace culo está falda...—sonrió mientras salgo del baño pensando en que quizás yo nunca hubiera comprado una falda así. Mario me escucha, tiene un oído que podría ser perfectamente el presidente del club de las marujas del visillo.

— Te he escuchado, acepto sin miramientos un "gracias, mi amor eres fantástico".

— Menos lobos caperucita, anda vamos que tenemos que llegar en media hora a casa de mi madre.

— Le dijo la madrastra a Blancanieves...

— Mario, ¿sabes que te estoy escuchando?

— Te acompaño porque te quiero, pero no me hace feliz, nada feliz ir a ver a la bruja de tu hermana, esto te va a costar como mínimo un par de copas y una salida nocturna.

— Es negociable. —sonrió, mientras salimos del centro comercial.

Cómo había calculado media hora después Mario y yo llegamos a la entrada de la urbanización dónde viven mis padres. Decidieron irse a las afueras de Barcelona después de un accidente de coche que tuvieron hace cuatro años, desde que pusieron un pie fuera del hospital según mi madre *habían visto la luz* y decidieron jubilarse antes de lo previsto (o lo que es lo mismo, dejar que alguien llevara su empresa, mientras ellos vivían a la bartola y seguían ganando dinero) salir de la "a veces" estresante y caótica Barcelona. Ahora viven a las afueras en un precioso chalet. Por cierto, mis padres se llaman Eduardo de la Vega y Joana Fernández, quedaros con el tema de los nombres porque en mi familia es algo importante.

¿Por qué es importante? Bien, creo que es el momento de presentarme. Me llamo Elizabeth Aurora de la Vega Fernández, sí, no tienes problemas de vista y has leído a la perfección. Mis padres no se decidían sobre qué nombre querían ponerme (o no me querían mucho al ponerme ese nombre, aún no lo he decidido), mi madre quería llamarme Elizabeth y mi padre quería llamarme Aurora, así que como el día que mi madre se puso de parto aún no se había decidido ninguno, llegaron a la conclusión de que me pondrían los dos, aunque todo el mundo me llama Beth. Vosotros también podéis llamarme así, sé que no tenemos aún confianza, pero estáis leyendo mi vida, así que no pongas esa cara de sorpresa y más ahora que vamos a ver a mis padres y a mi hermana, nosotros tenemos una relación un tanto extraña, pero bueno, ya lo iréis viendo, no os quiero poner nerviosos.

Apenas unos minutos después llegamos a la puerta de casa de mis padres y Mario llama al timbre, escuchó jaleo tras la puerta así que supongo que mi querida hermana ya está aquí.

—Hola mamá.

—Llegas tarde Elizabeth, tu hermana ha llegado hace rato.

Respiro e intento concentrarme en el aire que entra y sale de mis pulmones como me ha enseñado Rita de Castro, mi jefa. Mario tiene que notar como mi cuerpo se tensa y me pone la mano en la espalda para que sienta que no estoy sola en esta casa de locos. Sí, de locos.

—Yo también me alegró de verte mamá…

—¡Oh! Por supuesto que me alegro de verte mi amor, solo

te digo que tú hermana lleva una hora esperando a que te dignaras a visitarnos. Ella al menos se digna a venir a casa más que tú.

— Sí, todo muy "digno" mamá. Será porque primero yo tengo una cosa que se llama trabajo, es sencillo yo si quieres te explico su funcionamiento y segundo porque cada vez que vengo parece que me paséis revista como en el ejército.

— ¿Aurora? —pregunta mi padre, mientras viene en nuestra dirección y me sonríe. — ¿Cómo estás pequeña?

¡Salvada por papá! La verdad es que mi padre siempre me ha llamado Aurora, mi madre siempre me llama Elizabeth, mi hermana y mis amigos me llaman Beth. En mi favor voy a decir que contra todo pronóstico y aunque parezca insólito no tengo ningún tipo de trastorno psiquiátrico por esto. Aunque a veces no me giro a la "primera" cuándo me llaman, pero supongo que es porque mi cerebro tiene que hacer algún tipo de corto-circuito de vez en cuando.

—Bien papá, cómo siempre.

— Me alegro pequeña. —besa mi frente como si realmente fuera su niña pequeña.

Pequeña... para mi padre, aunque normalmente esto no se diga (porque queda feo) soy la niña de sus ojos y aunque el año que viene cumpliré treinta creo que él no va a dejar de llamarme pequeña, tampoco ha dejado de llamar bebé a Dani por mucho que esté casada y sea madre.

Daniela, mi hermana pequeña. Conoció a su marido cuándo apenas había cumplido la mayoría de edad, dos años después se habían casado en una perfecta ceremonia, con el marido perfecto. A los pocos meses nació Noah su pequeño hijo perfecto y mi sobrino (Yo creo que se quedó embarazada antes de la boda, pero esto queda feo que yo lo diga). Alrededor de Dani todo es absolutamente perfecto. Ella es todo lo contrario a mí, no solo porque no tengamos ni un miserable gusto en común (que no lo tenemos) ni gusto, ni afición en común. Yo soy como la tempestad y ella es la calma, también somos polos opuestos físicamente porque Dani tiene el pelo... depende de cómo le dé la verdad, a veces rubia, a veces morena, tiene los ojos azules y unas curvas de infarto, sin contar las dos tallas más de pecho que tiene. Y por si todo esto no fuera poco tiene un bronceado que parece que viva A en las islas Canarias y hace que sea la envidia de las madres del parque donde lleva a mi sobrino.

Cuándo mi padre me abraza por tercera vez, Mario se queda en la puerta hablando con mi madre que sonríe al verle, son tantos años los que llevamos juntos que ella ya asume el papel de tía Joana con él y se da el gusto de recriminarle cuándo engorda, cuándo adelgaza o cuándo su novio de turno no le gusta, a día de hoy Caiden al menos ha pasado el primer examen de mi madre y eso es mucho decir. He de reconocer también que teniendo en cuenta que a Mario le pierden los hombres del norte (no, no del País Vasco, más al norte tipo... Escocia, Irlanda.) Mi madre con él, es un poco más blanda que conmigo.

— Mario, cuánto tiempo sin venir a vernos. Pero mírate, ¡estás guapísimo! —celebra mi madre mientras lo mira de arriba abajo. — Anda, pasa y no te quedes en la puerta.

— Hola Dani... —miro a mi hermana que está diciéndole algo al peque

— Hola. —estas son las muestras de cariño que tengo con mi hermana...

— Hola enano. —sonrió al pequeño mientras me agacho y me quedo a su altura.

— Titaaaa. —dice con su lengua de trapo, después decide que es más interesante seguir investigando por casa de su abuela cajones incluidos y tirar lo que no le gusta al suelo, para desgracia de mi madre y de mi hermana.

— ¿Qué tal Casper? —pregunto también al marido de mi hermana, porque yo educada soy un rato.

Sí, no habéis perdido facultades y aún leéis perfectamente. Casper, el marido de mi hermana se llama Casper. Aún recuerdo el día en que Dani me lo presentó, qué día.

— *Casper, esta es mi hermana mayor Beth.*

— *¿Casper? —pregunté sorprendida— ¿Cómo la peli? La del niño que es un fantas…—pero mi madre no me dejó continuar.*

— *Elizabeth Aurora de la Vega. —recriminó mi madre como si hubiera abierto la caja de los truenos por esa inocente frase.*

— *Qué sí mamá, qué sí. —murmuré entre dientes. — Perdón, es que no estoy acostumbrada a escuchar ese nombre. ¿De dónde eres? —pregunté antes de volver a mirar a mi madre — ¿O eso tampoco lo preguntar mamá?*

— *Soy de Noruega. —sonrió Casper.*

— *Vaya tutifruti de familia que estamos haciendo. —terminé diciendo para disgusto de mi madre y de mi hermana.*

— Vaya Beth, vas muy…—sonríe Dani, mientras me mira e intenta buscar algún adjetivo con el que definir mi modelo, ella es así. — ¿Deportiva?

— Toma. —aprovecho y le tiro la bolsa dónde llevo los pantalones rotos que ella misma me había regalado para mi cumpleaños, hace menos de dos semanas. — Serán todo lo caros y todo lo de marca que quieras, pero no han cumplido su función y me han durado un telediario. —sonrío. — Tienes que cambiar de tienda porque la calidad es pésima… Por cierto. —digo mientras veo cómo va de arriba abajo detrás de Noah que sigue en su ardua tarea de abrir y cerrar cajones. — No sería más cómodo ¡Digo yo! Dejar de llevar esos tacones e ir con algo plano, si la mitad del tiempo la tienes que pasar detrás del enano.

— Por supuesto que no, —contesta enfadada. — Nunca sé a

quién voy a ver y estos zapatos son realmente cómodos, papá. —dice al darse cuenta que uno de sus dos teléfonos último modelo están sonando. — Pásame el teléfono papá, el rosa. — le indica a mi padre cuándo se queda mirando el bolso (o el baúl de los recuerdos) de Dani. — El rosa, sí, ese. Es el del trabajo. —sigue diciendo mientras intenta que su hijo deje de tirar cosas, cómo el pequeño no le hace el más mínimo caso decide cogerlo y él dice algo en su idioma que nadie entiende, yo creo que tiene que decirle algo como *mamá eres muy pesada, déjame en paz.* Así que cuándo mi padre le pasa el teléfono Dani contesta con el pequeño en brazos. — Dime Renata, ¿Algún problema?

— ¿Ahora trabaja?

— Colabora con una agencia de eventos...

— Vamos, que se entretiene entre fiesta y fiesta cuándo a ella le viene bien ¿no? —esto lo puedo decir con total autoridad, porque para el grupo editorial que trabajo en mi vida he escuchado el nombre de mi hermana como empleada en ningún evento y eso que asisto a un porrón de ellos, la mitad del tiempo obligada, para que mentir.

Cuándo veo el cuadro me voy a la cocina y me pongo una copa de vino, a veces es mejor darle al vino en esta casa. Mario sigue embobado en los tacones de mi hermana, me mira y se acerca dónde estoy yo con mi vino tranquilamente.

— ¿Eso son unos Manolos?

— Cómo si quieren ser unos Antonios. Qué asco de hermana, de verdad. Todo el día siendo perfecta y eficiente subida a unos tacones con el niño en brazos, ¿no se cansa nunca? ¿No le duelen los pies? —pregunto más para mí misma que para Mario. — A mí ya me habrían hecho un par de ampollas por lo menos.

Para que os hagáis una idea, ya no es por el hecho de que mi hermana pequeña la perfecta se casara antes que yo con el que dice que es el hombre perfecto y tuvieran al hijo perfecto. También tienen la casa perfecta a escasamente cinco perfectos minutos de casa de nuestros también perfectos padres. Es que encima es eficiente en eso que dice que es su trabajo y puede llevar unos tacones de diez centímetros mientras corre detrás de Noah. Menos mal que el niño no es todo lo perfecto que le gustaría y le encanta tirarse al suelo, ensuciarse y comer con las manos. Y sí, soy una mala persona porque a mí me gusta que haga eso y le aplaudo… hay que dejar al niño que investigue y se divierte, qué es un ni por el amor de dios.

No contenta con todo su mundo de yupis, osos amorosos y corazones rojos me recrimina todos los días la actitud cuándo decidí no ser la cuernuda de Barcelona, también me da consejos de como tener éxito, ser más femenina y buscar mi paz interior. Vale, quizás no estoy siendo todo lo sincera que puedo ser, la verdad es que nunca le he llegado a contar el motivo exacto por el cual Mateo y yo lo dejamos o, mejor dicho, el motivo por el cual decidí cancelar mi boda… pero esto es otro tema que ahora no viene al caso. Yo ya le he dicho que yo estoy bien y muy en paz conmigo misma, que no necesito sus consejos, pero se ve que tengo que hablar en algún tipo de idioma que ella (por algún extraño motivo) no termina de entender.

—Bueno Beth, no seas exagerada.

—No estoy siendo exagerada… menos mal que me conoces y sabes que quiero a mi hermana, pero a mi hermana la que se metía en los charcos conmigo, no en ese ser perfecto y lineal en lo que se ha convertido.

—Elizabeth. —grita mi madre des del salón. —¿Qué haces tanto tiempo en la cocina?

—Buscando cloroformo para aguantar la comida… —susurro para que mi madre no me escuche, aunque Joana es mucha Joana y ya está mirándome en la puerta. Efectivamente me ha escuchado, vaya si me ha escuchado.

—Elizabeth Aurora de la Vega Fernández te he escuchado,

puedes comportarte como una persona adulta al menos hasta después del café.

— La verdad es que no te prometo nada y por supuesto que me has escuchado, no esperaba menos. —contesto sonriendo. — ¿Qué quieres hacer con estos pantalones?

— ¿Cómo que qué quiero hacer Elizabeth? —por supuesto mi madre no me ha llamado Beth en su vida.

— Sí mamá, quédatelos, tíralos, arréglalos, haz trapos... Lo que quieras mamá, haz lo que quieras con los pantalones. —termino diciendo y veo cómo le va cambiando de color la cara.

— Es un regalo de tu hermana....

— Pues que hubiera elegido bien la talla mamá. —digo algo enfadada, porque estoy segura que mi hermana lo hizo a propósito eso de comprarme una talla menos. — Tan perfecta que es y no sabe que talla usa su hermana mayor. ¿Quién sabe? Quizás es un mensaje subliminal para decirme que me he engordado, voy a apuntarlo por si acaso en mi bloc de cosas que me importan una mierda. —vaya, esto me ha salido un poco más ronco de lo que esperaba.

— Elizabeth Aurora de la Vega. —vuelve a repetir enfadada.

— Sí, mamá. Elizabeth Aurora de la Vega Fernández me llamo. ¿Algo más?

En mis veintinueve años de vida, me he dado cuenta de un detalle muy importante. Normalmente la gente en general me llama Beth, a excepción de mi madre que siempre me llama Elizabeth y de mi padre que siempre me llama Aurora o pequeña como os he explicado antes. Bien, hasta aquí todo correcto. Sin contarles a ellos cuándo la gente está un poco enfadada conmigo me llaman Elizabeth en un tono más hostil y cuándo (aquí metemos a mis padres, también) me llaman Elizabeth Aurora ¡Cuidado! Porque entonces es que están realmente cabreados y ni os cuento cuándo después les da por añadir el apellido. Aunque claro, esto que acabo de decir tampoco se aplica al marido de mi hermana, porque en su mente perfecta opina que Beth y Dani son demasiado vulgares y esto me lo recuerda siempre con esa expresión que yo de él empezaría a tomar ciruelas o kiwis por la mañana, puede que tenga el tránsito intestinal fastidiado... ¡Pero oye! Vamos a ver, que por mucho que sea su marido y el padre de su hijo yo la conocí antes y por sus venas corre la misma sangre que por las mías, digo yo que tendré algún tipo de derecho para llamar a mi hermana como demonios se me antoje.

— A ver mamá, que no digo que no sean bonitos. —digo porque ya se ha empezado a poner azul como los pitufos. — Pero no me los voy a volver a poner. No más sorpresas desagradables en ningún centro comercial.

— Es cierto Joana, el mundo no quiere ver las bragas de abuela de tu hija. —Mario a veces podría quedarse callado, pero sería un terrible sacrificio para él.

— ¿Me vas a decir por qué te sigo queriendo?

— No me quieres pato, me adoras y me amas.

— Bueno, dejémonos de muestras de cariño y vamos a comer que se enfría la comida y he estado toda la mañana cocinando. —se queja mi madre, no sin razón. Porque desde que dejó de "trabajar" a la señora le ha dado por cocinar e innovar con tutoriales de YouTube.

— ¿Está todo listo? ¿No necesitas ayuda? —pregunto intentando que las aguas vuelvan a su cauce.

— No cariño, tu hermana me ha ayudado mientras tú llegabas.

¡Cómo no! Así que cuando sale mi madre me quedo mirando a Mario que ya ha puesto los ojos en blanco.

— ¿Ves lo que te decía? ¿Lo estás viendo?

Pero no me contesta, hace años que ha dejado de contestarme y me acompaña a la mesa, nos sentamos y empezamos a comer tranquilamente, o al menos todo lo tranquilamente que se podría esperar hasta que mi hermana alza la vista y mira la bolsa dónde están los famosos pantalones rotos, unos pantalones por los que mi hermana a pagado la friolera de trescientos euros, algo que a mí me da hasta vergüenza.

—Eres un desastre Beth, pobres pantalones...

— Pobres pantalones no, pobre yo Dani. —contesto, enfadada. — Que me he quedado en bragas en mitad del centro comercial.

—Lo que yo te digo, un desastre... siempre te están pasando cosas.

—No es mi culpa, no lo hago a propósito.

— Por supuesto que no es tu culpa pato y en el caso de que fueras un desastre, serías un desastre adorable. —sonríe Mario mientras me pone la mano en la pierna para que me relaje y me calle, pero eso de tener la boca cerrada no es su hobby favorito. —Además, pocos pueden decir que no viven una aventura cada día contigo.

— Pero porque como yo he dicho es un desastre. —Dani siempre tiene que decir la última palabra, si no... no sería ella.

— Dani ya está bien... —le miro mientras intento que su hobby sí que sea mantener la boca cerrada.

— Hace dos semanas se rompió tu tacón de camino a tu propia fiesta de cumpleaños ¿Te acuerdas? Entraste saltando a la pata coja como cuándo éramos pequeñas ¡qué vergüenza!, unos días después te saltó el aceite y te dejó unas marcas horribles en la cara, está semana se te cayó el café encima del ordenador y hoy se te han roto los pantalones nuevos. Eres un desastre Beth y mira que solo he contado lo último...

— Perdón, no todas somos tan perfectas cómo tú. Para tu información, el tacón se rompió por iniciativa propia, el aceite también decidió saltar y aterrizar en mi cara porque así lo decidió, lo del café es cierto fui yo... pero lo de los pantalones de hoy no, yo no he decidido que se me rompieran y me dejaran con las bragas al aire. Además, no siempre me pasan cosas, lista.

— Niñas, niñas... —pide mi padre cuándo se ve a las puertas de otra de nuestras emocionantes discusiones.

A veces tengo ganas de tirarle la crema de verduras, el puré de patatas de mi madre, un trozo de pan o algo a mi hermana en la cabeza. Pero claro, no lo hago porque eso no estaría bien y tampoco quiero darle un mal ejemplo a Noah.

— Perdona papi. —dice Dani mientras le regalaba una enorme sonrisa a nuestro padre y mi madre asiente.

Como habéis podido comprobar yo puede que sea la niña de los ojos de mi padre, pero Dani es la niña de los ojos de mi madre y de esto no hay ningún tipo de duda. Así que no vuelvo hablar en lo que queda de comida. Mi padre a veces me mira con gesto de preocupación, mi madre por el contrario empieza hablar de algo que ni siquiera me molesto en escuchar. Sé que mi madre me quiere, de verdad que lo sé y mi padre también sabe que mi madre me quiere, aunque a veces hasta a él le estresa un poco la manera que tiene de hablarme y de pedirme siempre más y más. Mi teoría después de veintinueve años es que mi madre que odiaba a mi abuela, ve en mí a su madre y eso le crea un conflicto interno que le tiene que crear algún tipo de úlcera o algo. Mario por su parte tampoco vuelve hablar en lo que queda de comida y se limita a comer en silencio.

— ¡Qué tarde es! —se levanta de pronto Dani mientras le enseña a mi madre el fantástico reloj de pulsera con incrustaciones de Swarovski que Casper le regaló en algún momento.

— ¿Tarde para qué?

— Beth, mamá y yo ahora jugamos al tenis, ¿no te parece fantástico?

— ¿Mamá y tú? ¿Al tenis? ¿Vosotras dos? ¿Al tenis? Sabéis que en la calle hace frío y el tenis es un deporte, ¿verdad?

— Sí y mamá, creo que deberíamos ir a cambiarnos o al final llegaremos tarde. Casper. —está vez se dirige a su marido. — No te olvides de pasar a comprar mi aceite de coco, es muy importante.

— Es muy importante. —le susurro a Mario imitando a mi hermana, por suerte esta vez controlo el volumen y consigo que solo me escuche él.

Apenas veinte minutos después mi madre y Dani salen de casa con el pequeño Noah y con Casper que se ha ofrecido acompañarles.

— Bueno, ahora que me voy a quedar un rato tranquilo… no me diréis que os vais vosotros también, ¿no? —creo que mi padre también se alegra de haberse quedado solo un rato.

— No Eduardo, —contesta Mario. — Nosotros te vamos hacer compañía un rato más.

Cuándo voy a contestarles que efectivamente nos quedamos, mi teléfono empieza a sonar sin descanso en la repisa de la chimenea. Así que me levanto y lo cojo, no puedo evitar torcer el gesto cuándo veo que la que me llama es mi jefa.

— Te llevo llamando todo el día Elizabeth Aurora. ¿Dónde estás?

Por cierto, mi jefa esté enfadada por el tono (o al menos eso creo) o no siempre me llama Elizabeth Aurora, ella dice que es más profesional, yo creo que así cree que me siento más importante, cosa que tampoco está mal. Teniendo en cuenta que en los dos años que llevo trabando para ella no me ha dejado hacer absolutamente nada sola (o casi nada) no sé dónde está lo profesional que ella dice, pero es la que me paga así que no puedo decirle mucho.

Vale, volved a perdonarme. No es que no me deje hacer nada, mentiría si dijera eso. La verdad es que empecé llevando los cafés y ahora soy su mano derecha, pero me puso una ayudante o una secretaria (no estoy muy segura) y ella es la que se encarga de hacerlo todo. Menos cuándo viajamos, que a ella la deja en la oficina y yo tengo que pasearme por medio mundo subida a unos tacones insufribles que, por supuesto y aunque lo negaré bajo tortura, los odio.

— La verdad, es que teniendo en cuenta que es mi día... —me animo a decirle, pero como viene siendo habitual en ella no deja que termine.

— Necesito que hagas las maletas, salimos el lunes hacía Paris y nos quedaremos una semana.

— ¿Paris? ¿El lunes? ¿Una semana? ¿Maletas? ¿Por qué? —intento ordenar en mi cabeza toda esa información que me acaba de soltar, pero no consigo mucho.

— Exacto, es una semana lo que nos quedaremos en París y salimos el lunes. No me defraudes en cuanto a tu vestuario, porque tenemos unas reuniones importantes.

— Nunca lo hago, ¿Tienes qué decirme algo más? —contesto un poco enfadada cuándo me dice eso. ¿Cómo que no le defraude con mi vestuario?

— No querida, nos vemos el lunes. En un rato mi secretaria te mandará los detalles.

— Muy bien, pues nada... a París.

Puede parecer increíble, pero Rita es la directora de la revista de moda en la que trabajo, cuando entré a trabajar en la revista me vi un poco cómo la protagonista de "El diablo se viste de Prada" pero mi jefa es mucho más buena y si no la pillas enfadada es un amor. Yo, aunque hice periodismo, no conseguí nunca un trabajo como periodista así que me conformo con ser su sombra, porque eso de ayudante o asistente o cómo quieras llamarlo se quedaría en una triste y corta definición. No pierdo la esperanza de que en el fondo me esté formando para ser la futura directora de la revista, si no qué demonios hago yo cuándo ella tiene a su secretaria y yo a la mía.

¿No os parece raro? En fin, por suerte tengo a mi madre y a mi hermana que me han servido de ejemplo práctico para qué cosas he de llevar y qué cosas no he de llevar a diferentes eventos. Ellos han tenido que acudir a muchos, mis padres, aunque se jubilaran hace unos años siguen teniendo su empresa y porque no decirlo, no les va mal. Ya os he contado que tienen a alguien que se ocupa de ella, mientras ellos viven tirados a la bartola todo el día. Está bien, yo de mayor quiero ser como ellos y así evitar aguantar a mi jefa todos los días, festivos incluidos.

Cuándo cuelgo el teléfono miro a mi padre y a Mario, segundos después vuelvo a quejarme de jefa por enésima vez en lo que va de día.

— Respira hondo pato, que eso viene bien para liberar tensión.

— Mario, te quiero mucho y si no fueras gay ya te habría pedido que te casaras conmigo, pero entiende de una vez que respirar hondo no sirve absolutamente para nada y realmente es un consejo de mierda. —gruño enfadada. — Así que chitón.

— Mientas vosotros seguís discutiendo como cuándo eráis adolescentes yo voy a preparar unos chupitos de orujo que son muy digestivos.

— Trae la botella papá, mejor trae la botella. —contesto, pero mi padre ya ha desaparecido.

— ¿Sabes que te vendrá bien? —se le iluminan los ojos a Mario. — Si te da tiempo, claro.

— ¿Fugarme? Con mi mala suerte seguramente me descubrirían nada más salir por la puerta.

— Sexo reina, necesitas sexo. Cómo decía mi buena amiga Marilyn, el sexo forma parte de la naturaleza... vamos a llevarnos bien con ella.

— Sí yo sé que en el fondo debería de rehacer mi vida o al menos tener sexo con alguien. —digo por fin. — Pero me da una pereza extrema y no me ilusiona nada la idea. Además, ni siquiera coqueteo con los chicos que intentan ligar conmigo. ¿Sabes por qué?

— ¿Por qué, pato?

— ¡Porque no sé! ¡Dios! Esto no puede ser ni medio normal, tengo casi treinta años y no sé coquetear. Es muy triste Mario, muy triste.

— Eso no es excusa porque sabes perfectamente que es lo más sencillo, solo tienes que tener en cuenta un par de normas básicas.

— ¿Normas básicas? —pregunta mi padre mientras se une a nosotros, por suerte solo ha conseguido escuchar eso. — ¿De qué habláis chicos?

— De las normas básicas de circulación Eduardo. Hay cada cafre en la carretera, aún no sé porque no me he infartado… —miente Mario y yo respiro tranquila.

— La verdad es que sí, algunos parece que le han regalado el carnet en la tómbola. —sonríe mientras rellena tres vasos con ese orujo que según él es digestivo.

Después sale del comedor un momento y me quedo mirando a Mario, ya verás cómo acabamos con los chupitos, la última vez que nos pusimos a beber chupitos de orujo con mi padre terminamos cantando una canción de Antonio Molina. Con eso os lo digo todo.

— Toma Aurora, —me dice cuándo vuelve y me da un paquete blanco con un lazo rojo. — Vi la cara que le pusiste a tu madre cuándo te dio su regalo el día de tu cumpleaños… ejem, quiero decir el regalo que te hicimos los dos por tu cumpleaños.

Miro a mi padre y sonrío. Así que me levanto con el paquete en la mano y le doy un beso de esos que suenan mucho, porque sé que a él le encantan estas cosas.

— No te preocupes papá, sé que cuándo mamá me dice que el regalo lo habéis comprado entre los dos tú no tienes ni idea, no te preocupes eso les pasa a todos los padres del mundo, no te lo tengo en cuenta.

— Es un diario. —se apresura a decir y el momento de emoción por saber lo que es pierde efecto. — Cómo sé que escribes uno por las noches y me dijiste que tenías que comprarte uno nuevo porque al tuyo le quedaban dos telediarios he pensado que te haría ilusión.

— Gracias papá, la verdad es que necesito uno porque cómo tú dices al mío le queda no dos telediarios, si no que ahora creo que solo le queda un telediario. ¡Me encanta! —digo mientras lo miro otra vez, porque, aunque mi padre no sea un padre detallista a veces hace este tipo de cosas y hace que te lo quieras comer con patatas.

— Espero que en estas páginas. —empieza a decir mientras señala el diario también rojo que sostengo entre las manos. — No tengas que escribir mi declive.

— ¿Qué declive papá?

Porque otra cosa no, pero entre mi padre y Mario no sé quién de los dos es más dramas.

— Tu madre y tu hermana hija, que dicen que quieren que vista más moderno. Me quieren vestir como un jovenzuelo. —hace un mohín mientras miro a Mario y no puedo evitar reírme — No os riais por dios, si yo tengo ya una edad para ir vistiendo con esas incomodas ropas. —intenta explicar mientras pone los ojos en blanco. — Anda, beberos el orujo que va a perder las vitaminas.

— ¿Qué vitaminas papá? Qué el orujo no pierde las vitaminas como el zumo.

LAS DOS CARAS DE UNA MISMA MONEDA.

Un día llegaré, no importa la distancia.
El rumbo encontraré y tendré valor...
Paso a paso iré y persistiré...
No importa la distancia – Hércules.

Tres meses antes.

— Estoy hasta los huevos de ser el perro faldero del señor Bouvier. —dijo Eneko, mientras se quitaba la camisa y alzaba la cabeza en señal de saludo.

— No te quejes, si no le das palo al agua... No tienes que correr por callejones detrás delincuentes, no tienes que aguantar las reuniones con el comisario, no tienes que hacer absolutamente nada. —pero Eneko no le dejó terminar.

— ¿Dices que no tengo que ir a reuniones? ¡Son aún peor! No entiendo ni la mitad de las cosas que dicen sobre telas y pollas.

— ¿Hablan de pollas? —preguntó Joseba sonriendo. — Yo preferiría hablar de las modelos, pero bueno...

— No te soporto cuándo te pones gracioso. —gruñó mientras escuchaba como se abría la puerta y entraba Asier, su otro compañero de trabajo y mejor amigo.

— ¿De qué habláis mariquitas?

— De qué a Eneko le hace falta echar un polvo... No me mires con esa cara, ¿cuánto hace? Es que, a este ritmo, vas a volver a ser

virgen.

— *Virgen no sé, pero tío a la última que te querías tirar la investigaste...*

— *¿Tú cómo estás?* —*miró a su amigo y este asintió, hacía poco tiempo que la madre de sus hijos había muerto en un accidente y acababa de volver de Estados Unidos.*

— *Voy, qué es suficiente... Había mucho alboroto en la comisaria cuándo he llegado.*

— *Normal, su familia materna es de los altos cargos de la comisaria y su familia paterna es de los altos cargos del FBI... joder, qué ella antes de ser agente federal era Marine, normal que haya tanto revuelo.*

— *Y... ¿los peques?* —*volvió a insistir Eneko.*

— *Bien, pero seguid guardando el secreto... no quiero que nadie se entere de que tengo unos hijos maravillosos en Estados Unidos.*

— *Tranquilo tío, somos hermanos... no nos traicionamos.*

—*Mejor.*

— *Oye, cambiando de tema a uno más alegre... entonces ¿qué? ¿Cuándo vas a echar un polvo?*

— *Déjame en paz Joseba.*

— *Si yo te dejo en paz, pero me preocupa ese carácter agrio que tienes últimamente.*

— *No tengo un carácter agrio, tú sí que estás agrio.*

— *Podéis dejar de discutir como un matrimonio.*

— *Sí, un matrimonio, pero sin sexo, eh.*

— *Olvidadme los dos, de verdad, olvidadme un rato.*

— *Estáis fatal.* —*sonrío Asier.*

— *Ya, eso dicen todas.* —*también lo hizo Joseba.*

— *¿Nos vamos a tomar unas birras?* —*preguntó por fin, Eneko.*

—*Joder, ya era hora de que dijeras algo productivo. A ver si encuentras a alguien que te quite las telarañas de ahí abajo, porque tío vaya racha...*

—*Desde que Iratxe le dejo no ha vuelto a ser el mismo.*

— *Lo sé, pero al menos ya no ve esas películas vomitivas de antes.*

—*Sí, menos mal que esa etapa ya la pasemos.*

— *Venga marujas, vámonos anda.* —terminó diciendo Eneko, mientras se ponía la chaqueta.

MATEO.

Te faltó mirarme a solas y pedirme, que volviera.
No te pude retener, entre tanta multitud.
Tu cuerpo quería más vivir y yo vivir en ti sin más.

No te pude retener – Vanesa Martín.

— ¿Crees qué Mateo se acuerda algún día de mí? —pregunto mientras miro por la ventana de mi habitación y Mario sigue explicándome que he de llevarme a París para no defraudar a mi jefa.

Me giro, me quedo mirándolo, sé que no tiene ni idea de qué decime, lo sé porque lo conozco y me mira con esa misma expresión que me miraba en los exámenes de historia. Quizás no debería de haberle hecho esa pregunta, quizás he de dejar de preguntarme este tipo de cosas por las noches. Pero son las noches las que me atrapan y hacen que me invada un vacío que no sé si en algún momento lo volveré a llenar. He de decir que ya no estoy perdidamente enamorada de él, pero si convives durante tantos años con la misma persona, cuándo esta se va no puedes evitar cierto vacío. Vale, quizás estoy volviendo a degenerar. La verdad es que aún recuerdo el día en que todo estalló, el día en que a mi mundo de colores alguien le paso un filtro en blanco y negro.

Llevaba unos días "un tanto raro", Mario y Xavi mis dos mejores amigos y Aida, mi secretaria que también se había convertido en una amiga más, me habían dicho que creían haber visto a Mateo con una chica, "algo más cerca" de lo que se supone que tiene que estar un chico comprometido con una extraña. No le hice mucho caso, en realidad no le hice ningún tipo de caso hasta que esa tarde llego a casa más pronto de lo normal y empecé a pensar que tal vez podía ser cierto. Sabéis la sensación que os digo, ¿no?

— Hola mi amor. —dijo como siempre, mientras me daba un beso rápido.

— Vienes muy pronto hoy, ¿no?

— Sí, pero vengo para cambiarme y volverme a ir. Unos clientes han venido desde Londres y hemos quedado para seguir hablando en la cena, ya sabes amor… Como sé que a ti te aburren estas cenas por eso no te he dicho nada.

— Ah, sí es verdad. —dudé, podría sacrificarme e ir a la cena, pero él tenía razón y me aburrían como una ostra.

— ¿Quieres venir? Por mí no hay problema. —dijo un poco nervioso y ahí supongo que vi la luz o al menos empecé a verla. Nunca se había puesto nervioso por una cena de trabajo o quizás sí y yo no solía prestar la suficiente atención a esos detalles.

— No, no te preocupes tengo que repasar unos artículos y estoy cansada. —me acerqué y le di un beso, antes de volver a sumergirme en un artículo sobre la moda vintage.

Esa noche llego a las dos de la mañana, se duchó (cosa que descubrí al día siguiente por las toallas en el suelo, porque ni siquiera lo escuché en ese momento) y me hizo el amor… bueno, teniendo en cuenta lo que significaba para él esa palabra, vamos a decir que "intimamos" y pondré la frase "hacer el amor" en cuarentena. A la mañana siguiente, mientras Mateo dormía, yo me preparaba unas tostadas con mantequilla y mucha mermelada, Aida me mandó una foto de Mateo y una rubia junto con un mensaje.

- [15 Julio 09:23] Aida: He estado toda la noche sin dormir pensando si debía enviarte este mensaje o no… Pero Beth, es necesario que lo veas.

- [15 Julio 09:23] Aida: <<Archivoadjunto.jgpe>>

Después de abrir ese mensaje mi mundo, literalmente se desvaneció, estoy casi segura de que si no me llego agarrar a la encimera me hubiera caído al suelo. Solté el móvil y entonces me concentré en respirar, sentí como los pulmones se me llenaban de aire y después intenté expulsarlo lo más lentamente posible. He de confesar que durante unas milésimas de segundo desarrollé un lado homicida un tanto preocupante y me entraron unas terribles ganas de ir a la habitación y matarlo entre terribles sufrimientos, pero no lo hice. Seis meses después aún sigo sin poder describir la sensación que sentí, sigo sin recordar todas las imágenes que pasaron por mi mente en apenas unos segundos, fue devastador.

Porque sin contar a mi amor platónico del colegio, Mateo había sido mi primer amor, mi primer para que os hagáis una idea TODO. Y realmente pensé que sería el último, el único… cuándo la persona con la que llevas más de una década, con la que convives, con la que se supone que te vas a casar y por el que has dado mucho más del cien por cien de ti, te dice (o te enteras) que "es lo que hay", la primera reacción que asume tu cerebro, aunque solo sean por unas miserables décimas de segundo es la homicida, es un hecho. Después pasas por cien mil etapas y es una tómbola la que asume tu cerebro, pero la primera reacción de todas es la homicida. En mi caso (después de esos segundos en versión destroyer) opte por seguir comiéndome las tostadas y después me preparé un Nesquik fresquito, supongo que mi mente no había asimilado la información y todo lo que vendría después. O quizás sí, ahora es un poco tarde para pensar en ello.

¿Qué se supone que le tenía que decir? Mira Mateo (ya ni amor, ni ostias) yo por el bien de tu integridad física empezaría a cantar la Traviatta por lo menos, porque como saque el móvil y te la tenga que cantar yo, nos cae un chaparrón. ¡JA! Esto lo pienso ahora, en su momento me quedé en blanco, es que no sabía que decir, ni siquiera sabía qué diablos tenía que hacer y no hice nada. Mateo llegó al sofá y yo seguía mirando por la ventana en plan autista.

— ¿Amor, estás bien? —preguntó mientras me abrazaba por detrás.

Volví a concentrarme en respirar. ¿Es así ese momento? ¿Es así como te tienes que sentir cuándo vas a romper con el que crees que es el amor de tu vida? En ese momento creo que si me hubieran pinchado no hubieran sacado ni siquiera una miserable gota de sangre, ni siquiera derrame una lágrima delante de él, no me salían.

— ¿No tienes nada que decirme?

— No, que yo recuerde ahora no. —dijo confuso.— Si es por lo de la lavadora lo siento, pensé que…—no le dejé terminar, por qué me hablaba de la lavadora, yo no quería hablar de la puñetera lavadora. ¿En serio quería ponerse hablar de la lavadora? ¡Ni me acordaba que no le había dado al botón para activarla! En fin, hombres…

— Mateo… —suspiré. — No me lo pongas más difícil, no estoy hablando de la puñetera lavadora, ni del puñetero lavavajillas, ni de ningún puñetero electrodoméstico de casa.

— Beth, —escuché que me llamaba por mi nombre cuándo él hacía más de diez años que no lo hacía, hizo que me levantara del sofá, diera dos vueltas mientras intentaba pensar en algo lógico y de reojo veía cómo él bajaba la mirada, no hizo falta que dijera nada más.

— Bueno, pues dime qué quieres hacer. Dime qué vamos hacer.

— No entiendo que quieres decir, yo quiero seguir igual.

— Claro y yo quiero ser rica, no te jode.

— No hace falta que me hables en ese tono.

— Lo siento, es que no puedo ser la más simpática del mundo, no me sale.

Después escuché como se levantaba del sofá y se acercaba a mí, sentí como mi cuerpo (el muy cabrón) se estremecía, porque yo el lado masoca lo tengo muy desarrollado.

— Déjame… —conseguí decir.

— No amor, no quiero dejarte. Yo te quiero.

— Claro que si Mateo, ya estoy viendo como tú me quieres.

— ¡Beth! —volvió a decirme intentando que pasará por alto el detalle de la cornamenta.

— ¿Cuánto tiempo? Quiero decir, ¿cuánto tiempo llevas engañándome? Dime la verdad, por favor.

— Unos meses, menos de un año. Pero no hay amor, solo es algo físico, es solo sexo. Yo te quiero a ti.

— ¿Me quieres a mí? Me quieres a mí y por eso te acuestas con otras.

— Es solo algo físico, resulta halagador, pero no hay amor.

— ¿Halagador? — volví a preguntar pensando que todo aquello era una pesadilla, cerré y apreté los ojos con fuerza esperando que todo fuera una pesadilla y me despertara de ese trance lo antes posible. Pero no paso. — Mi amor...

— No Mateo, mi amor no. Déjame por favor, necesito respirar y ahora mismo, en estos momentos no eres precisamente mi persona favorita en el mundo.

Un par de horas más tarde invadí la casa de Mario con una maleta y dos ojos rojos como tomates de rama. No estoy muy segura de qué paso después, lo recuerdo como recuerdas alguna de tus épicas borracheras. Me llamo, no le contesté, me llamo su madre y a ella sí que le contesté, vino a decirme algo así como que él me quería, que estás cosas pasaban pero que a su lado no me faltaría de nada. Pero se equivocaba, me faltaría lo más importante. Porque la confianza es como la virginidad, una vez la pierdes no la vuelves a recuperar. Sí, vale, puedes recuperarla, pero cuesta mucho y no es natural.

No sé en qué momento me he sentado junto a Mario en la cama, pero aquí estamos los dos cogidos de las manos como dos *panolis*. Estamos los dos y mis lágrimas, claro. A ellas de aquí a nada las empadronaré en mi casa y les haré pagar un alquiler simbólico.

— Y sí, quizás simplemente se equivocó un día o bueno durante un tiempo...—empiezo a decir.

—Claro que sí pato, y quizás los asesinos en serie son unas estupendas y maravillosas personas. Beth, céntrate por favor que esta etapa ya la habíamos superado.

—Es verdad, esa etapa ya la habíamos superado… Es que a veces tengo momentos de debilidad. En fin, mañana es lunes. —intento cambiar de tema con la esperanza de no volver al mismo tema y así evitar los rapapolvos con los que en estos últimos meses me ha obsequiado Mario. —No entro en mi alegría y encima me tengo que ir a París, no había otro sitio más romántico ¿verdad?

—Vamos pato, vete a dormir y mañana será otro día, yo te dejo esto aquí y me voy también.

—Está bien, creo que me voy a dormir.

—Sí y yo te voy a dejar descansar, no pienses más amor que no merece la pena. Llámame mañana en cuánto tu jefa te de unos minutos para ti, ¿vale?

—Vale yo te llamo, no te preocupes por mí porque no tengo helado, ni patatas y no he ido a por bollos de chocolate para atiborrarme y regodearme en mi sufrimiento y no, no me voy a emborrachar porque Rita siempre me pilla al día siguiente y ya he tenido bastante con los orujos de mi padre.

Pero por supuesto es mentira, en cuanto escucho como Mario cierra la puerta voy en busca de una botella de orujo que me ha metido mi padre *destrangis* en el bolso, que lo he visto. Y me pongo un vaso, porque yo si intento ahogar mis penas en alcohol espero que las hijas de puta se ahoguen y todos sabemos que en un vaso de chupito no se van ahogar.

Siento como el primer trago quema mi garganta y me pregunto desde cuándo mi padre y yo somos tan aficionados al orujo, quizás tenemos un problema. Pero luego me acuerdo de mi iaia Julia, que siempre me contaba que su padre se bebió un chupito de orujo al día hasta que cumplió los noventa y nueve años, que el médico le amenazó que o dejaba el orujo o lo dejaba de tratar, no le dio opción a un plan c. Vaya, como echo de menos a mi iaia. ¿Qué habría hecho ella con Mateo? Cortarle los huevos directamente, me digo a mí misma mientras le doy un segundo trago al orujo y sonrío, sonrío y sin querer dejo que las lágrimas vengan a verme una noche más.

$$\triangle\triangle\triangle$$

— Vaya resaca con la que he amanecido hoy. —me digo a mí misma, mientras intento recordar en qué momento de la noche se me ocurrió que era buena idea darme un lingotazo de orujo de hiervas, según mi padre digestivo. Bueno, supongo que tenía un nudo en el estómago que tenía que bajar.

Intento no pensar mucho, meterme en la ducha, medio adecentarme y salir corriendo hacia el aeropuerto antes de que Rita pida mi cabeza. Hora y media después casi me paso la parada de metro, un show verme, pego un salto que ríete tú de los muelles en los que saltas en la feria. Lo más gracioso de todo es que creo que hace dos segundos había visto que era mi parada, la gente me mira seguramente pensando que o estoy loca o soy gilipollas, tampoco soy vidente para saberlo a la perfección.

En cuánto consigo salir del vagón me miro e intento darme lo que se llama un repaso rápido. Teniendo en cuenta que ya no soy Beth y en las próximas ciento sesenta y ocho horas voy a ser Elizabeth Aurora, me he vestido para la ocasión. Unos pantalones negros normales y muy estándar, una camisa roja de manga larga con un lazo en el cuello a juego con los zapatos de tacón que también son rojos y mi americana negra. ¡Estupenda! Una cosa os voy a decir, el dolor que me van a dar estos tacones los voy a terminar sufriendo como la gente sufre las hemorroides, en silencio. Menos mal que el maquillaje ha obrado un milagro y estoy como una rosa, vamos que apenas se nota mi monumental resaca. "¡Malditas resacas, para qué existen!" grita mi subconsciente.

— Elizabeth Aurora. —me llama mi jefa desde la entrada del aeropuerto. — Ayúdame. —alza la mano para darle dramatismo al asunto de ir cargada como una mula, como le gusta a la gente dramatizas las cosas. —Qué de tráfico, estaba segura de que llegarías tarde.

—He venido en metro Rita.

— Eso es lo que me gusta de ti, eres diferente Elizabeth Aurora. Cómo tu nombre. —ea, ya lo tenía que decir.

—Mi nombre es largo, algo feo y un poco anticuado por ser compuesto pero bueno, lo llevo bien.

— No voy a meterte en vereda nunca. —se queja sonriendo.

— Mi madre lleva casi treinta años intentándolo y creo que aún no ha tenido suerte. ¿Quién sabe? Quizás algún día, no pierdas la esperanza Rita. —sonrío mientras ella pone los ojos en blanco.

—Vamos dentro antes de que me salga una úlcera contigo.

—Claro, vamos dentro.

Una hora después mientras estamos en la cola de facturación alzo la vista y veo al que se supone que es o al menos era el compañero de trabajo de Mateo que cuyo nombre no recuerdo (pero que tampoco me supone ningún tipo de trauma) y rezo, rezo para que no me vea, aunque no lo debo de hacer muy bien porque se gira y ¡Zas! Tengo suerte y solo me alza la cabeza como diciendo *te he visto*. Pues claro que me viste idiota, si estoy justo a un par de metros de ti, como para no verme si mi jefa parece que se vaya un año de vacaciones por cómo va cargada...

El vuelo ha pasado rápido, después hemos salido del aeropuerto de París-Charles de Gaulle y en un *plis-plas* nos hemos plantado en el hotel. Aquí estoy, detrás de mi jefa que está diciéndole algo al chico de recepción, por suerte mis padres hicieron un buen trabajo conmigo y me obligaron aprender varios idiomas y entiendo a la perfección lo que le está diciendo a mi jefa, cómo lo entiendo a la perfección sé que debería de irme de aquí para no morir de vergüenza ajena. Qué más le dará a mi jefa estar en una suite executive que en una normal, no he entendido aún muy bien la diferencia, ¡si solo la quiere para dormir por las noches!

Veinte minutos después de idas y venidas con el pobre chico de recepción al que me he prometido mentalmente que le he de traer una botella de orujo o una caja de bombones por aguantar estoicamente a mi jefa, estoy sentada en la cama de la habitación.

Rita ha reservado habitaciones en el hotel Mandarín Oriental, según ella porque es un oasis en el centro de París. Bien, yo si ella está contenta prefiero no decir nada, aunque a mi favor diré que las veces que he venido con Mario nos hemos quedado en el Elysées París por poco más de ciento sesenta y cinco euros la noche los dos y no está tan mal. Rita al final (yo creo que por pesada) ha conseguido que el director del hotel la alojara en una suite panorámica yo por el contrario estoy en una suite superior que es tan grande como mi piso, así que no quiero pensar cómo debe de ser la de mi jefa.

Cuando entras a mi habitación tiene como un pequeño saloncito con un sofá, unas butacas y una mesa, después tiene como una separación y está la cama, por supuesto allí entran cuatro por lo menos. El baño y esa bañera definitivamente deberían de estar prohibidos por sus dimensiones, pero bueno que un dulce nunca amarga a nadie.

— Elizabeth Aurora. —dice mi jefa cuándo descuelgo el teléfono, supongo que ya debe de haberse instalado, yo por mi parte he abierto la maleta... ¡qué ya es algo!

— Dime Rita.

— He estado hablando con las personas con las que tenemos que reunirnos y hasta mañana a las nueve de la mañana no vamos a reunirnos con ellos y su equipo, así que tienes todo lo que queda de día a tu libre disposición.

Mierda, entonces ¿por qué no nos hemos venido mañana tan temprano? Me pregunto, aunque no lo digo en voz alta, con Rita es mejor no discutir estos asuntos porque siempre tiene una contestación para todo y seguramente me diría que mañana podríamos perder el vuelo, podría llegar con retraso y bla, bla, bla. Que no digo que le falte razón, pero bueno...

— Está bien. Entonces nos vemos mañana, ¿necesitas algo? —pregunto esperando que me diga que no, que no me necesita.

— No querida, iré hacer unas compras y descansaré.

— Genial, nos vemos mañana.

Miro el reloj de la habitación, aún no es ni mediodía... así que decido hacer lo que hago siempre que vengo a parís, comprar unas rosas rojas y llevarlas a Père Lachease. Me quito los tacones y empiezo a buscar por la maleta algún zapato plano, por suerte Mario me ha dejado traer unos botines planos negros. Me termino de cambiar de ropa y cojo el bolso para salir del hotel lo más rápido posible antes de que a mi jefa se le ocurra mandarme alguna cosa.

Le llevo unas rosas a Edith Piaff y más tarde decido ir a la tumba de Oscar Wilde, pintarme los labios de rojo y seguir con la tradición que tenemos Mario, yo y el resto de la población que es fan de Wilde. Después de darle un beso al frio mármol me siento enfrente de él, suspiro y gracias a que estoy sola empiezo hablar.

— Supongo que debería de rendirme, ha quedado demostrado que no soy una buena novia cuándo el que se supone que era mi prometido no ha tenido reparos en irse con otra, no sirvo como novia... supongo. Creía que me iba a merendar al mundo y al final el mundo me ha merendado a mí. Según mis amigos. —empiezo hablar como si alguien me fuera a contestar. — Han pasado seis meses y tendría que haberlo superado ya, pero como voy a superar y olvidar en seis meses lo que he vivido en doce años, ¿estamos locos? ¿No puedo tener un duelo más largo? Aunque claro, después pienso y tienen razón.

Yo a día de hoy no creo que siga enamorada de Mateo, simplemente sigo enamorada del recuerdo de…

De pronto mi teléfono interrumpe mi monologo a ritmo de Alicia Keys y entiendo que por la música debe de ser Mario.

— Pato. —exclama feliz.

— No estoy muy segura de que me guste que me llames pato a mi edad. De verdad, tengo mis dudas…

— Pues yo tengo mis dudas de que te siga queriendo, no me ibas a llamar cuándo aterrizaras.

— Es verdad, soy una pésima amiga. ¿Me perdonas?

— La lista de cosas que me debes se está empezando a llenar y esto te va a costar más que un gin-tonic.

— Está bien, sé por dónde vas. Prometo que cuándo vuelva, nos vamos de fiesta.

He de reconocer que mis amigos, que siempre digo que son mi familia están haciendo esfuerzos titánicos por aguantar mis bajones (porque, aunque diga que no los tengo, aún los tengo). Desde el día en que explotó mi mundo de colores he de reconocer que me he vuelto un poco "difícil", ellos están haciendo un trabajo excelente para no venderme o intercambiarme por tres camellos. Así que mientras Mario me insiste en salir cuándo vuelva de París, yo sonrío.

Os he hablado de Mario y ahora os voy hablar de Aida y Xavi.

A Aida la conocí en la oficina el día en que Rita decidió que necesitaba una secretaria, he de decir que con el paso del tiempo hemos desarrollado tanta confianza y tenemos tantas cosas en común que su madre me llama de vez en cuando para preguntarme ¿Cómo estoy? ¿Cómo me ha ido la semana? Preguntarme si he comido bien, si me estoy abrigando y una larga lista de etcéteras.

Adoro a su madre, quizás la adoro más porque hace lo que

mi madre no hace, llamarme sin presionarme, dejar que siga evolucionando como persona y como profesional a mi ritmo, sin meterme prisas. Hay momentos en los que envidio a Aida por eso, Aida es guapísima, pero qué voy a decir yo si soy su jefa y su amiga. Puede que mida un metro setenta o quizás pase de ellos por un par de centímetros, su pelo negro siempre está perfecto y cuándo le da por hacerse ondas, hacen que te marees si las miras fijamente, sus ojos verdes acompañan a que toda ella sea estupenda.

Aida, aunque este delgada tiene curvas y pechos, (bueno claro que tiene pechos porque es una chica, pero lo que yo quiero decir es que, es decir... bueno ya sabéis a lo que me refiero que tiene, que cuándo los estaban repartiendo supongo que se llevó los que me tocaban a mí) Ella en verdad ha tenido más suerte y supongo que eligió bien lo que quería estudiar y se preparó para ser secretaria de dirección, aunque yo mandar lo que se dice mandar, pues no mando mucho.

A Xavi también lo conocí en la guardería, cuándo teníamos cuatro años decíamos que éramos novios. La cosa quedó ahí. Con los años se ha convertido junto a Mario en mis *Pepitos Grillos* son las únicas personas, junto con Aida que me pueden decir *te lo dije* y quedarse tan tranquilos después, sin cargas de consciencia, sin resquemores por dentro y sin temer que después quiera asesinarles con la cucharilla de las natillas.

Xavier o Xavi para los amigos trabaja para la Generalitat y es informático. Muchas veces he intentado que pinchará el teléfono de Mateo, me dijera quién era la otra o decenas de cosas por el estilo. He de decir que nunca ha aceptado. Xavi es alto y según la madre de Aida le falta un buen plato de potaje, aunque últimamente está echando barriga (esto último por supuesto no se lo decimos) Es rubito y suele ir despeinado, cuándo te paras a mirarlo con detenimiento parece un típico actor americano de los años cuarenta, o cincuenta, no estoy muy segura, también tiene los ojos claros. He de decir a mi favor que no lo hemos hecho a posta lo de juntarnos todos los que tienen los ojos claros del centro de Barcelona, simplemente ha pasado sin más.

— ¿Me estás escuchando Beth? —me pregunta de pronto Mario y me acuerdo que lo he dejado hablando solo.

— Claro, claro que te estoy escuchando.

— ¿Sí? A ver, ¿qué te estaba diciendo?

— Sí, —intento pensar en algo rápido, pero mi mente parece que ha decidido irse de vacaciones sin informarme. — Me estabas diciendo que me acuerde de.... ¿traerte algo?

— Está bien, vamos a dejarlo en un fin de semana de fiesta loca bajo mis órdenes.

— ¿No he acertado? —pregunto indignada.

— Patito, yo te quiero mucho de verdad, pero... A veces te vendería por ahí.

— Lo siento, es que he venido a traer unas flores a Père Lachease y me quedo en babia.

— Bueno, te perdono porque me encanta mucho que sigas con nuestras tradiciones. Voy a ver si llego a casa y me preparo un baño de espuma con sales porque tengo la piel horrible hoy. —vuelve mi Mario de siempre. — Tú deberías aprovechar la bañera del hotel, porque conociendo a Rita estaréis en uno increíble, ¿no?

— No te equivocas, aunque yo siempre he dicho que estoy contenta con el que cogemos nosotros siempre. A la noche te cuento si me ha pasado algo interesante, te quiero. —digo antes de colgar.

△△△

Pienso en la conversación que he tenido con Mario hace unas horas, quizás me venga bien irme un fin de semana de fiesta. Puede que incluso ligue, aunque creo que para eso necesitaré algunas clases. Ni siquiera pienso en poder irme a la cama con alguien, en verdad no recuerdo tampoco cuándo tiempo llevo sin sexo (vale, estoy mintiendo como una bellaca. La última vez que tuve sexo fue el día antes de la hecatombe) ¿Te puedes volver virgen después de tantos meses sin un buen revolcón? No es que me preocupe, pero vamos...

Vuelvo a mirar la maleta y veo un vestido que me gusta, no tiene nada de especial es verde, un "verde botella" que me gustó, de tirantes gruesos y de los que van ajustados al cuerpo. Y me lo pongo, ¿por qué no? Total, estoy en París. No tengo ni unas miserables deportivas y no creo que por un día que no vaya cómoda me muera. Solo espero que no se me rompa un tacón, ni me tropiece con mis propios pies, ni nada de esas cosas que me suelen pasar tan a menudo. Después de ponerme el vestido me miro en el espejo, supongo que me animo yo sola porque también me pongo unas sandalias negras y una chaqueta que, seguro que la madre de Aida me recomendaría llevar, ya sabéis... por si refresca.

Salgo de la habitación mientras me río al recordar a la madre de Aida, entro en el ascensor, pulso el botón de la planta baja y pienso que quizás podría ir al restaurante de enfrente del hotel, así que salgo decidida y sonrío mientras cruzo recepción. También podría llamar a Rita a ver dónde va a cenar ella, pero desisto rápidamente. No me apetece hablar de nada que esté relacionado con el trabajo.

— Necesita un taxi, señorita. —dice un botones, cuando llego a su altura.

— No, tranqui. —contestó como si fuera mi amigo. — Digo, tranquilo. No necesito ningún taxi. Gracias. —sonrío al ver la cara de desconcierto que se le ha quedado al pobre.

Después de cenar en ese restaurante y de que casi tuviera que pedir un microcrédito, decido dar una vuelta a la manzana e irme al hotel. Camino despacio por miedo a tropezarme y que la gente me vea en mi máximo esplendor. Siento como el aire frio impacta en mi cara y hace que me estremezca, pero no desisto en mi vuelta. Cuándo Mateo se fue (o cuándo me fui yo), empecé a caminar por las noches, supongo que necesitaba salir de entre esas cuatro paredes que me ahogaban. Las ciudades de noche son muy interesantes, quiero decir, que nadie se para a observarlas por las noches, nadie ve cómo se iluminan, se vacían y dejan paso a los paseos gatunos y de alguna loca como yo que le da por salir por la noche a pasear, mientras va llorando y blasfemando sobre lo terriblemente jodido que es el amor... porque os voy a decir una cosa, he dicho que salía a caminar, pero en un primer momento mi intención era salir a correr. Ahí lo dejo, ya sabéis... lo importante es la intención.

Mateo me habría dicho que era una locura salir de noche, que me podrían pasar mil cosas. Supongo que esto también me lo diría Mario y el resto, por eso decidí callarme como una puta y no decir absolutamente nada, mejor así. Yo y mis paseos nocturnos los guardaré solo para mí, bueno también los apunto en mi diario al que cariñosamente llamo cuqui, porque yo soy muy cuqui.

Porque sí, soy de esa clase de personas que cada noche blasfema en un diario y cuenta sus aventuras, sus pensamientos y una larga lista de etcéteras. Siempre pensé que se los daría a mi hija o a mi hijo (el que habría tenido con Mateo) ahora mismo después de cómo han ido evolucionando las cosas, supongo que se los daré a mi sobrino o a mi futura sobrina, si mi hermana decide tener otro hijo. Porque yo a este ritmo lo único que tendré serán gatos.

Llegó al hotel y me animo a ir al bar y tomarme algo, no es que me llame la idea de emborracharme sola en la barra del bar de un hotel como si alguien me hubiera abandonado, pero por una copa no me va a pasar nada y en efecto en algún momento de estos últimos seis meses me he sentido abandonada, así que tampoco irían muy desencaminados, ¿no?

— Un Manhattan, por favor. —le digo muy seria al camarero,

mientras intento sonreír para no parecer una mujer despechada.

El chico se da prisa y en un momento me planta el cóctel delante de mí. Le vuelvo a dar las gracias y le doy un buen trago, con ganas, como debe ser.

— Algún día estoy convencido de que me terminaran gustando tus cocteles. —alguien dice a mi espalda y esa voz hace que mi cuerpo se estremezca.

De hecho, mi cuerpo se estremece porque conoce esa voz a la perfección y al dueño de esta en todos sus estados de ánimo; enfadado, contento, sarcástico, divertido, orgasmizado…

Intento recordar cómo se respiraba con tranquilidad antes de darme la vuelta, no creo que esté preparada para este momento. Por supuesto durante estos seis meses he vuelvo a ver a Mateo, pero siempre rodeada de gente y sin tener que intercambiar más de dos frases con él. Porque estoy convencida de que habría empezado a blasfemar como una loca y me habría puesto a llorar como María Magdalena, por suerte y gracias a Hulk siempre lo he visto solo. Me habría muerto si lo hubiera visto con otra regalándole los besos que me pertenecían, las caricias que tendrían que haber sido mías. En definitiva, que no nos habíamos quedado solos desde aquel día en el comedor de nuestra casa.

Hasta ahora, que está detrás de mí.

— Buenas noches. —de verdad, le digo buenas noches de verdad. ¿En serio? ¿No tenías otra cosa que decir? Me digo a mí misma mientras intento recordar en qué momento he entrado en decadencia y no me he dado cuenta. Pero luego me paro y pienso, buenas noches está bien, porque yo soy muy educada… puede que después le mande a freír espárragos, pero las buenas noches es necesario.

— ¿Qué tal tú día? —De verdad… ¿Qué tal tú día? Y el segundo premio a la originalidad es para Mateo de Álvarez.

— Muy tranquilo, hasta ahora que te he visto. —suelto muy orgullosa de mí y de mi contestación y me doy un sonoro aplauso mental.

— Me gustaría que fuéramos a tomar algo para poder hablar.

— No sé de qué quieres hablar. —digo muy digna esperando a que se dé la vuelta y se vaya... qué tampoco quiero empezar a blasfemar en arameo.

— De nosotros, por supuesto. —dice con total convencimiento, de nosotros... ha dicho de nosotros, creo que llega seis meses tarde para hablar de nosotros.

— No hay un nosotros Mateo, esto no es cómo en las películas por mucho que me digas ahora no creo que cambie nada. Te tirabas a otra, o a otras no lo llegué nunca a saber, te acostabas con otras mientras yo pensaba en nuestra boda y tenía un maldito anillo de compromiso en mi dedo, joder. —intento no alzar la voz, pero está complicada la cosa.

— Por favor. —vuelve a mirarme y cuándo desvió la mirada veo como hay personas que nos están mirando y accedo finalmente, no quiero ser el centro de atención con Mateo.

Puede que me arrepienta de esto, pero solo de pensar que Rita puede bajar y verme con Mateo hace que la piel se me ponga de gallina.

— Está bien, algo rápido porque mañana trabajo.

Me levanto y después de dejar veinte euros por mi Manhattan, salgo del bar en dirección a la calle. Sí, veinte euros... ¿Habéis ido a tomar algo por París? Bien, no hay más preguntas, puede que sea menos, pero en estos momentos lo último que me importa es el cambio de los veinte euros.

— Por aquí hay un sitio tranquilo que está bien, allí podremos hablar.

No le contesto y emprendo el camino detrás de él en dirección a ese pub que dice, creo que lo he visto cuándo estaba dando una vuelta a la manzana en plan autista. Apenas diez minutos después entramos en el local que tiene un aire parisino que hace que sonría, veo una mesa al fondo y sin girarme a preguntarle a Mateo me voy a ella y me siento.

En seguida llega el camarero con una sonrisa.

— ¿Qué van a tomar? —dice sonriente.

— Yo un Manhattan, —digo mientras busco mi teléfono dentro del bolso.

— Yo tomaré una *doble malta*. —frunce el ceño, mientras siento como me mira.

— Habla, tienes quince minutos. Porque después de que me traigan la copa y me la beba me iré. —dice otra que clarísimamente no tengo que ser yo, porque yo nunca diría esto. Quizás hable por mí el alcohol. Quizás...

— ¿Te alojas en el mandarín? —pregunta. — Yo también, —sonríe y ya sé yo por dónde quiere ir.

— Sí, estoy en el mandarín. Vamos Mateo, empieza hablar y no pierdas tiempo porque este... no te va a esperar. —sigo diciendo muy digna y mi pose de *no pasa nada, esto lo tengo superado*.

— Estás muy guapa esta noche. —Mateo en su línea.

— Estoy como siempre Mateo, estoy como cuándo me dejabas en casa y decidías tener sexo con otras. Y no es que quiera ser monotema, pero es que no entiendo de qué quieres hablar conmigo, si ya no tenemos nada que ver y solo tenemos en común un piso que está en venta. Por tu cara, supongo que aún no hemos recibido ninguna oferta por la casa, así que date prisa Mateo, date prisa. —le miro a los ojos y aunque lo niegue por activa y por pasiva yo quería a este "gilipollas", no puedo evitarlo. No puedo olvidarlo del todo, ¿Por qué narices no puedo?

— Entiendo qué me equivoque, pero yo te quiero Beth. Podemos intentarlo de nuevo, ver la relación desde otro punto de vista.

Me quedo observándole y le vuelvo a dar un trago a la copa que hace un momento nos ha traído el camarero. Después de saborearla, le doy un segundo trago con ganas. Casi está vacía y a Mateo se le acaba el tiempo, no ha conseguido decirme nada que consiga sorprenderme.

— Escúchame Mateo, —empiezo a decir. — Escúchame bien porque no lo voy a volver a repetir. —paro de hablar y le doy el último trago a la copa, no creo que pueda estar más tiempo delante de él sin perder los papeles. — No te lo voy a repetir porque espero que lo entiendas a la primera. El rollo este de compartir a tu pareja como hace Erik Zimmerman en la trilogía que nos leímos, me hace tanta gracia como gracia me hacen los Teletubbies a estas alturas de mi vida. Así que vuelve al hotel, sube a tu habitación. —digo mientras me levanto y cojo mi bolso. — Y acostúmbrate a cascártela sin mí. Aunque claro... —digo mientas sonrío con una sonrisa de esas que hacen de malas en las películas americanas. — Siempre puedes llamar a una de esas que te la cascaban antes.

Cómo comprenderéis y como os he dicho hace poco esa que habla no soy yo y es mi otra yo, porque vaya tela, ¿no? ¿Los Teletubbies? ¿Zimmerman? Quizás debería de dejar los cócteles esos que me tomo y cambiarlos por los zumitos que se toma mi sobrino.

Le vuelvo a mirar a los ojos mientras intento seguir manteniendo esta digna postura que he adoptado y aunque me ha salido un poco menos natural de lo que intentaba no me quejo y salgo del local mientras respiro profundamente y emprendo el camino de vuelta al hotel.

¿Cómo es posible? Quiero decir, ¿En serio? ¿Era necesario ver a Mateo aquí? ¿De verdad?

Consigo llegar al hotel y cruzo la entrada lo más rápido que puedo y mi dolor de pies me deja. Ya os he dicho yo el dolor de pies lo sufro como sufre la gente las hemorroides, en silencio.

Llego a mi habitación y mientras me voy quitando los tacones me quedo mirando la bañera, podría dame un baño de esos relajantes ahora mismo, pero a medida que me voy quitando la ropa, mi cuerpo comienza a pesarme y decido que mejor mañana porque ahora lo que necesito es dormir y que mi día termine de una santa vez.

Después de asegurarme de que he puesto bien el despertador y de haber llamado a recepción para que me despertaran, decido meterme en la cama. Sí, me he puesto un despertador, el móvil y he llamado a recepción, creo que estoy tan cansada que apagaré las dos alarmas que me he puesto y finalmente quien me despertará será la amable voz del servicio despertador. Mientras siento como mis parpados comienzan a pesarme, estoy tan cómoda que me dejo llevar por Morfeo quién me despierta no es el servicio despertador es mi móvil informándome de que tengo un nuevo mensaje. ¿Quién me manda mensajes tan tarde? ¿Por qué no lo he dejado en silencio?

- [18 enero 02:20] Mateo-cabrón: Aquello fue un error garrafal, te dejé ir como un cobarde que soy. Pero no lo volveré hacer porque te quiero Beth. Espero que algún día me perdones. Mateo.

Quién me despierta es Mateo, no una pesadilla en forma de Mateo, es Mateo de verdad.

JUNTOS, PERO NO REVUELTOS.

Y en la sección de trucos de belleza opino,
¡qué no funcionan las rodajas de pepino!
Y aunque tenga pájaros en la cabeza,
No me identifican los concursos de belleza.
Chicas de revista – Beatriz Luengo.

— Elizabeth Aurora, cuándo entremos intenta ser...—pero no le dejo terminar.

— Tranquila Rita, sé que es importante y no voy a meter la pata si es eso lo que te preocupa. —sonrío y veo como Rita relaja sus músculos hasta ahora en tensión.

— Nos jugamos mucho, si esta empresa nos propone un buen acuerdo la revista se expandirá y tendríamos un espacio en una cadena de televisión. También están los directores de una firma de ropa, que serían los que se encargarían de vestir el espacio. No los conozco personalmente, pero tiene que salir bien, mi puesto depende de esta fusión.

— Está bien Rita, no te preocupes. ¿Te he decepcionado alguna vez?—preguntó preocupada, porque quizás he metido en algún momento la pata y ahora no me acuerdo.

— Nunca Elizabeth Aurora. Aunque no te lo haga saber estoy muy orgullosa de ti. Mucho más de lo que crees y tengo muchos proyectos en mente para ti.

Bueno, hoy tiene que ser mi día de suerte para que mi jefa

me haya dicho eso, en verdad no lo dice nunca, solo alaga a sus compañeros y demás cuándo está muy nerviosa. Sonrío, porque a pesar de que a veces es... bueno, tampoco hace falta sacar sus trapos sucios.

Entramos en la sala y observo todo lo disimuladamente que puedo a los hombres que allí hay. Supongo que el señor más mayor, regordete y con gafas debe de ser algún pez gordo y el chico joven que lo acompaña (que es terriblemente guapo, que tiene una espalda en la que me perdería todas las noches, que vaya culo que tiene el condenado, es muy atractivo y podría seguir así todo el día... cosa que me sorprende, porque esto normalmente no lo pienso, quizás los cócteles que me tome ayer aún siguen por mi organismo.) un mandado como yo, me giro para ver a la otra persona y veo al compañero de Mateo. Mierda. No, no puede ser. Joder, ostias... ¿Por qué me tiene que pasar esto a mí?

Miro a Rita y ve el pánico en mis ojos, conoce de sobras la historia con Mateo, porque ha visto mis días más oscuros. Me mira y hace un leve gesto con la cabeza casi imperceptible para que mantenga la calma, porque ella también ha reconocido al compañero de Mateo.

— El señor de Álvarez llegará en unos momentos. —nos informa el compañero de Mateo, que no me acuerdo como se llama.

— Mantén la calma y sé todo lo profesional que sabes. —consigue susurrarme disimuladamente Rita, mientras está a mi lado.

Mantén la calma y sé profesional dice, no puedo ni respirar apenas, como para mantener la calma, que es graciosa mi jefa a veces, me cago en la leche.

Diez minutos más tarde lo veo entrar por la puerta con un traje oscuro y una de las muchas camisas que le regale, no lleva corbata, no suele hacerlo supongo que él puede permitirse no llevar corbata. Está guapísimo, aunque también estaría guapísimo vestido solo con un saco de patatas, estoy enferma, ¿verdad? Si aun después de todo lo veo así, tengo que tener realmente un problema mental y de los gordos. Joder, yo que quería ser normal.

Tomamos asiento y Rita me cambia disimuladamente el sitio para ser ella quién esté delante de Mateo, no creo que yo sea capaz de mantener la cordura y la profesionalidad delante de él. La reunión sigue avanzando y voy sintiendo como me voy relajando poco a poco, mientras que el resto sigue debatiendo las probabilidades de éxito de pasar el contenido de una revista a un espacio en televisión.

— Creo que hay muchos espacios iguales, si mi empresa va apoyar este proyecto me niego a que sea igual. —dice Mateo mientras veo como se le está comenzando a hinchar la vena del cuello. — Las mujeres de hoy en día están cansadas de ver espacios iguales en todas las cadenas. ¿Opina lo mismo que yo señora de la Vega? —esa soy yo, alzo un momento la vista y veo como me mira con esos ojos que me han quitado el sueño toda mi vida. Mierda, por qué me pregunta a mí con la de gente que hay en la sala. Mi subconsciente se encarga de contestar, quizás porque eres la única persona menor de treinta años… quizás.

— Señorita. —digo entre dientes sin pensarlo y acto seguido miro a Rita disimuladamente. Mientras que con la mirada le pido perdón, quizás el tono que he usado no sea el más esplendido de todos.

— Está bien. —se molesta. — Cómo nuestro público objetivo se comprende en mujeres y chicas cómo usted, jóvenes y bonitas. —sonríe, qué cabrón. — ¿Qué opina de lo que he dicho? Espero que conteste de una forma personal, olvídese de su lado profesional.

Miro a Rita antes de contestar y asiente con la cabeza, vamos que quiere que hable. No estoy muy segura de que sea eso lo que quiera, pero le hago caso.

— Me parece que son un timo como Santa Claus. —muy bien

Beth, si querías quedarte sin trabajo esta era la frase, con menos sinceridad habría sido suficiente. — Quiero decir, —eso, intenta arreglarlo, mientras mi subconsciente está dándolo todo veo como Rita abre mucho los ojos, joder, eso no es buena señal. — Esos programas están bien, pero nos tienen totalmente engañadas... vamos que no hay por dónde cogerlos. A nosotras, a las chicas de verdad no nos representan esos programas, ni esos programas ni como dice la canción que os recomiendo que la escuchéis los concursos de belleza. Es que veo esos reportajes y lo único que mi mente piensa es... ¿Se acuestan maquilladas? ¿Lo primero que hacen nada más levantarse es maquillarse? ¿Se depilan sin pelos en las piernas? ¿Cómo puede ser que estén tan felices y energéticas cuándo están con el periodo si las chicas que conozco parecen la niña del exorcista? Y joder, los programas de televisión de moda, belleza y bla, bla, bla llegan a muchas más personas que una revista, pero en ellos la imagen que nos llega está o bien distorsionada o bien está... —mierda, creo que me estoy liando a cada palabra que digo y Rita se empieza a poner azul... a ver como salgo de esta. — A ver, para que me entendáis... como os decía la imagen que nos llega está totalmente distorsionada, nos hace ser más materialistas y superficiales, se cosifica el cuerpo de la mujer para que sea perfecta. No quiero ver a la presentadora estupenda, con su cuerpo perfecto mientras te dice lo maravillosa que es la moda, no perdona bonita se te está olvidando que primero no todas tenemos un cuerpo perfecto, ni por supuesto ese presupuesto en ropa, maquillaje y peluquería, ni tenemos a un ejército en casa antes de salir. —Rita sonríe por fin, el chico guapo y el señor de gafas también, Mateo pone los ojos en blanco y yo empiezo por fin a ganar confianza. Tanta confianza que me levanto de la mesa, porque esto siempre lo he visto en las películas y le da un rollo profesional que me gusta mucho. — Las niñas de hoy en día consumen mucha televisión, pretendemos darle el mismo mensaje que otras cadenas, la permisividad que tienen los presentadores en cuanto a bromas machistas y momentos incomodos para ellas, ya ni digo lo que dije antes... No podemos explicarles que se tienen que querer primero ellas, que tenemos que educar a nuestras hijas para que no tengan vocación de alfombra, para que no se dejen ningunear por nadie, para explicarles que la moda es mucho más que un cuerpo bonito y un bolso de firma, podemos explicarles que la moda tienes que vivirla. —esto lo digo porque lo he escuchado por activa y por pasiva decir a mi madre.— Y lo mismo pasa con los productos de belleza que seguro que tendrán su espacio también y no señores, las rodabas de pepino no funcionan y la baba de caracol no te hace rejuvenecer ni cinco, ni diez años. Y la sección de corazón... ¿En serio tenemos que vender siempre la misma historia? —esta vez miro a Mateo, quizás no he elegido el mejor momento, pero es un momento, al fin y al cabo.— A título personal estoy cansada de que me vendan la moto y con perdón de la expresión de que el amor es maravilloso, fantástico y que siempre será perfecto... será perfectamente desastroso. Yo creo, que si quieren que el proyecto tenga éxito deben centrase en las chicas normales, en las que van al super a por dos cosas y terminan cargadas como mulas, a las que trabajan, llegan a casa y hacen de amas de casa y encima tienen tiempo para cuidarse y mimarse a ellas y a quién quieran. Tienen que preguntarnos más lo que queremos, lo que necesitamos... Porque yo al menos os voy a decir lo que quiero y lo que necesito. —no sé cuánto rato llevo hablando, creo que una eternidad... aunque lo nieguen Rita y el señor de gafas se están riendo, el chico guapo no deja de mirarme y Mateo ha pasado por todos los colores.— Yo quiero que también me enseñen modelos que mi cuenta bancaria pueda asumir, quiero que me digan que, aunque no soy una modelo de Victoria Secret puedo perfectamente plantarme uno de esos modelitos y no sentirme como una morcilla de Burgos. Lo mismo que con el maquillaje y demás, ni yo ni la mayoría de las chicas podemos gastarnos ciento cincuenta euros por cada una de esas cremas tirando por lo bajo, por supuesto quiero conocerlas por si algún día me la quiero comprar, pero quiero conocer, qué digo quiero, necesito conocer las que puedo permitirme, las que finalmente terminaré comprando, quiero productos que sean tangibles. Y lo más importante de todo y con esto termino. —sí, porque a este paso nos dan las uvas aquí. —Quiero que me digan que el amor no es maravilloso y a veces duele porque no es reciproco o no te quieren como quieres que te quieran, quiero que me digan que si mi prometido me engaña después de estar diez, once o doce años junto a él, tengo otras alternativas que llorar mientras me hincho a bollería industrial y veo películas que Google te recomienda "para llorar", quiero que me digan que tengo otras opciones para sobrellevar el golpe, que hay cursos y mil actividades por la ciudad para que mantengan mi mente ocupada... No quiero que me digan, no quiero que me sigan vendiendo la moto de que el amor es maravilloso porque yo discrepo mucho y estoy muy harta de los osos amorosos y los corazones rojos... Y también quiero que las personas que deciden no tener pareja, se sientan identificadas con el proyecto. Perdonadme por hablar así, pero me da la sensación de que no nos escucháis, de que nunca nos habéis escuchado, ni siquiera intentáis entendernos.

Creo que en algún momento de mi discurso no lo he hecho tan mal, porque Rita ahora me mira sonriendo y asiente, igual que el señor de gafas que se anima aplaudir con devoción, Mateo sigue con la cara de póquer. El otro chico, el que seguramente tiene mi edad me mira con una mirada interrogante que me intimida, no estoy muy segura de saber que quiere decir, aunque creo que puedo decir que le he impresionado, puede que, a mal, pero sorprender le he sorprendido y con eso me quedo.

Mientras sigo pensando en todo lo que he dicho y en todo lo que debería de haber dicho y no he dicho, ellos se vuelven a enfrascar en otra ligera discusión de cómo afrontar lo que acabo de decir. Cuándo la reunión termina Rita me mira y vuelve asentir, quizás no está asintiendo y lo que realmente le pasa es que tiene un tirón. No sé, después le preguntaré cuándo estemos las dos a solas.

— Elizabeth Aurora. —dice mientras se va acercando a mí. — Creo que no conoces a Aritz Gaztañaga, es la persona de confianza y la mano derecha del señor Bouvier. Cómo tú eres la mía.

¡Espera! ¿Soy la persona de confianza y la mano derecha de Rita? ¿Por qué me acabo de enterar de esto? Yo pensaba que era solo su mano derecha, pero… ¿persona de confianza? en fin no voy a decir nada por si se arrepiente y la tengo liada.

— Encantada.

— Las reuniones se van a alargar durante toda la semana y no sabemos si nos tendremos que quedar un poco más. —informa Rita, mientras maldigo por tener que quedarme más tiempo en París y en consecuencia cerca de Mateo. — Mañana deberéis de reuniros y preparar una serie de informes que os iremos pidiendo. De momento necesitamos que plasméis la idea de distanciarnos un poco del resto de programas. Nosotros nos veremos pasado mañana y retomaremos la reunión.

— Está bien. —decimos al mismo tiempo Aritz y yo.

— Perfecto.

Mi jefa se da media vuelta y abandona la sala, Mateo y su compañero hace algunos minutos que han salido y el jefe de Aritz también. Me mira, siento como me observa de arriba abajo y antes de que pueda decir misa levanto la mano.

— Por favor, por todo lo que más quieras, no se te ocurra llamarme Elizabeth Aurora. Llámame Beth.

— Está bien Beth. —dice mi nombre muy despacio y sin quererlo mi cuerpo se estremece un poco, pero ¿qué me pasa? — Mañana no tenemos ninguna reunión así que, a qué hora te apetece empezar.

— Te espero a las nueve en la sala de reuniones. —digo mientras alcanzamos el ascensor e intento que esa sensación que he tenido mientras decía mi nombre no se apodere de todo mi cuerpo como presiento.

— Genial, mañana a las nueve es una buena hora.

Mateo me mira a lo lejos y mi cuerpo se vuelve a estremecer, yo así la verdad es que no puedo olvidarle, si el destino se empeña en plantarlo una y otra vez en mi camino es muy complicado que pueda avanzar. Debería de irme a una isla desierta y vivir allí como el de la película, sola y hablando con un coco. ¿Hablaba con un coco? Ahora no estoy muy segura, pero la idea seguro que ha quedado clara, ¿no?

Salimos del edificio en el que nos hemos reunido y me alejo todo lo rápido que puedo, como después de la reunión no tengo nada más que hacer le he dicho a Rita que volvería dando un paseo hasta el hotel. No ha puesto pega, sabe perfectamente que necesito un tiempo de adaptación después del encuentro que he tenido con Mateo. Mientras sigo caminando saco el teléfono y miro mi fondo de pantalla, quizás debería de llamar a casa.

— Hola papá. —digo poco después de haber marcado su número de teléfono.

— Hola pequeña, ¿qué tal va por París?

— Bueno, al final puede que nos tengamos que quedar unos días más. Yo no entiendo como a la gente le gusta complicarse tanto, pero no me preocupan las reuniones. La idea es buena y supongo que tienen que madurarla.

— Pues para que no te preocupen… No te noto muy contenta.

— Ya lo sé papá, el problema es otro.

— Es decir, que hay un problema. —dice al fin, me conoce. Aunque cómo no me va a conocer si es mi padre, "qué cosas tienes Beth" me digo a mí misma.

— Mateo. —digo de pronto.

— ¿Mateo? —pregunta mi padre.

— La empresa de Mateo está en la operación, Rita no lo sabía y bueno ha sido complicado papá. Ni siquiera he podido llamar a Mario, sabes lo pesado que se pone con el tema. Y yo la verdad es que tampoco sabría por dónde empezar.

— Y por eso me llamas... —empieza a decir. — Yo pensaba que esta era una llamada para saber que mi hija estaba en perfectas condiciones.

— Papá, por supuesto que es para contarte que estoy bien, es solo que no sé...

— Bueno, no te preocupes cariño. Céntrate en el trabajo e intenta pensar lo menos posible en Mateo.

Mi padre ha sido el único que no me ha reprochado absolutamente nada de mi final con Mateo, es la única persona con quién puedo blasfemar y que no me diga en ningún momento que no pasa nada, que necesito un tiempo de adaptación a mi nueva situación y que el dolor pasará. Siempre he pensado que esto lo tendría que decir mi madre, pero conociéndola desistí de volver a sacar el tema. Cierto es que ha sido mi error al no contarle los motivos reales, pero sabiendo lo que me dijo la madre de Mateo intuyo que me habría dicho lo mismo y por ahí sí que no paso.

— No me vas a empezar a decir que me olvide de Mateo estos días, ¿verdad?

— No, no te voy a decir que te olvides de Mateo, porque te conozco y sé que no serás capaz. Siempre he sido muy sincero contigo pequeña, nunca te he dicho algo parecido. Sé que conseguirás ser la profesional que eres y que no dejarás que influya en tu trabajo, mientras estés allí.

— Papá... —digo temerosa y expectante ante lo que voy a decir. — ¿Tú crees que algún día lo superaré del todo?

— Pequeña. —escuchó como mi padre suspira, porque seguramente esta pregunta le ha pillado por sorpresa y no sabe que contestarme. — Por supuesto que lo vas a superar, eres mucho más fuerte de lo que crees. Yo creo que ya lo tienes superado, creo que ya no estás enamorada de él y eso que apenas me dices nada, pero cuesta desprenderse de algo o alguien que ha estado tanto tiempo a tu lado.

— Sí, también soy la persona con menos suerte que conoces. Está bien, a veces me siento un poco como Scrat, la ardilla de Ice Age.

— ¿Quién es Scrat? ¿Por qué dices eso mi amor?

— Me da la sensación que mi suerte es como la ardilla que va detrás de la bellota, de esa película que ve tu nieto, por más que lo intenta no consigue alcanzarla.

— Bueno Aurora, ya está bien. —dice más serio mi padre. — Eso sí que no lo permito.

— Lo siento papá, supongo que no tengo un buen día. Voy a dar una vuelta y a descansar un poco, mañana intentaré llamarte.

— Está bien pequeña, mañana hablamos. Te quiero.

— Yo también te quiero papá.

△△△

— Su copa señorita. —me dice el camarero.

He decidido salir a tomarme una copa por la ciudad, no quiero quedarme en el mismo hotel que está Mateo, no puedo quedarme encerrada entre esas cuatro paredes, porque siento como se van haciendo cada vez más pequeñas y me ahogan. Joder, si yo este paso lo tenía superado.

Mientras doy un trago a mi copa, veo como mi móvil vibra dentro del bolso.

- [19 enero 00:10] Número desconocido: Hola, soy Aritz Gaztañaga. Rita de Castro, es decir tu jefa me ha dado tu teléfono. Este es el mío, por si mañana pasará cualquier cosa y tuvieras que ponerte en contacto conmigo. O para cualquier cosa. (Aritz, El chico con el que tienes que trabajar mañana)

Sonrío mientras miro el mensaje, Aritz es guapo y ese final entre paréntesis me ha hecho gracia. Mentiría de nuevo como una bellaca si digo que no me he fijado en su físico es alto, con una espalda ancha, moreno y con una sonrisa que trasmite paz. No tengo ni idea de los años que puede tener, aunque tiene que ser más o menos de mi edad. Por el nombre supongo que tiene que ser del norte, un chicarrón del norte como diría Mario. Me hubiera gustado recordar el color de sus ojos, pero al lado de Mateo mi pensamiento se nubla y no consigo recordar mucho más de él.

- [19 enero 00:21] Beth: Perfecto, no creo que la copa que me estoy tomando me tumbe y mañana no pueda ir a la reunión. De todos modos, ¡gracias! (Beth. La chica con la que tienes que trabajar mañana y que te promete que no llegará de resaca)

- [19 enero 00:22] Aritz: ¡Muy bien! ¡Es bueno saber eso! Te dejo entonces, que supongo que estarás acompañada. (Aritz. Tú futuro compañero que no quiere ser un pesado)

No puedo evitar que me haga mucha gracia la forma en la que se despide en cada mensaje y sin querer o sin saber realmente cómo, le sigo el juego. Me da la sensación de que ya lo conozco de antes y eso me gusta.

- [19 enero 00:23] Beth: Tranquilo, estoy a modo autista en un pub en el centro de París, no es que conozca a mucha gente aquí. (Beth. Tú futura compañera y la chica solitaria de la barra)

Me quedo mirando el teléfono y una idea de bombero cruza mi mente, ni siquiera le doy un tiempo de maduración cuándo me veo a mi misma escribiendo un nuevo mensaje.

- [19 enero 00:23] Beth: Si quieres podríamos tomarnos algo, siempre es mejor beber acompañada. (Beth. Tú futura compañera, buena trabajadora y mejor persona, aunque beba sola en los pubs parisinos.)

Bueno, quizás me he pasado con esto último. No espero que me conteste así que le doy un segundo trago a la copa. Está bien, veo a la gente como entra y sale del local. Hay parejas sentadas que se prodigan mimos y cómplices sonrisas. Hay grupos de amigos que intercambian opiniones y risas. Cómo echo de menos a mis amigos después de mis encontronazos con Mateo.

Y hablando del rey de roma, como si me hubiera puesto un GPS y supiera exactamente dónde estoy en cada maldito momento de mi estancia en París entra por la puerta con el mismo traje que llevaba esta mañana y con su inseparable sonrisa. Qué cabrón, qué guapo es. Mientras sigo observándole de reojo todo lo disimuladamente que puedo mi móvil vuelve a sonar.

- [19 enero 00:26] Aritz: Pensé que no me ibas a invitar nunca, dime dónde estás. (Aritz, buen chico, buen trabajador y también mejor persona que no dejará que bebas sola en los pubs parisinos.)

Vuelvo a sonreírle al móvil y directamente le mando la ubicación de dónde estoy. Mateo se queda mirándome mientras yo le sonrío como una "gilipollas" al móvil. Su gesto se contrae en algún momento y sin quitarme la mirada de encima se va a la barra a pedir una copa.

Mi tranquilidad no dura mucho y cuando vuelvo alzar la mirada veo cómo se dirige hacia mí.

— Me alegra haberme decidido por entrar a este pub, estás preciosa Beth.

— ¿Sabías que íbamos a trabajar juntos? —digo de pronto como si las palabras se escaparan sin control y sin pensar.

— Sí, lo sabía.—dice con tranquilidad y con una total seguridad. — Sabía en todo momento que trabajaríamos juntos.

— Bien, —consigo decir antes de terminarme la copa. — Está bien.

Nos quedamos en silencio, Mateo no me contesta y yo no hago ningún intento por seguir con la conversación. Podría irme corriendo, pero le he dicho a Aritz que estaría aquí, así que no puedo moverme.

Sabía que trabajaríamos juntos, esto no me lo he inventado yo, esto me lo ha dicho él. Creo que si yo hubiera sabido que trabajaríamos juntos le habría dicho a Rita alguna mentira y así me hubiera ahorrado el encuentro. Mientras sigo pensando en todo eso, mi subconsciente canta alegremente y a coro con la música del pub *Me cuesta tanto olvidarte, de Mecano.* Por ponerle el toque divertido al asunto.

— ¿Quieres otra copa? —me pregunta Mateo.

— No, ahora mismo no. —le contesto mientras veo como Aritz entra por la puerta, me mira, sonríe y se dirige hacia mí, al mismo tiempo que me levanto del taburete que hay en la barra y vuelvo a mirar a los ojos a Mateo. — He de irme, he quedado...—pero no me da tiempo de terminar porque Aritz ya está a mi altura. No puede ver a Mateo porque está de espaldas a él y lo último que quiero que vea es que tengo algún tipo de relación con él, fuera del ámbito profesional.

— Buenas noches Beth. —me dice sonriendo mientras veo como Mateo tuerce el gesto y me observa. De pronto se da la vuelta y ambos se quedan mirando.

— Señor de Álvarez, yo... no, no esperaba encontrarle aquí. —cambia el tono de voz y su cuerpo comienza a tensarse.

— Hemos coincidido y ha sido muy amable al venir a saludarme. —digo de pronto. — Ahora si me disculpa señor de Álvarez. —intento avanzar mientras siento como me coge del brazo.

— Beth...—me dice cerca de mi oído y Aritz me mira extrañado.

— Mateo, por favor...—suena a suplica mientras lo miro y niego con la cabeza.

—Está bien, ya hablaremos en otro momento.

Nos despedimos de él y le pido a Aritz cambiar de sitio, no creo que mi ya famosa cordura aguante en ese local. Él me observa con un gesto extraño, pero no se queja, salimos a la calle y me enciendo un cigarro, me sigue mirando, ¿espera a que le diga algo?

Seguimos caminando y poco después vemos el que parece ser un pub tranquilo y con asientos en los que poder hablar tranquilamente, sin más demora entramos y nos sentamos en una de las mesas vacías. Creo que debería de decirle algo en referencia a Mateo. Sí, creo que sí.

— No me sigas mirando con esa cara. —digo de pronto.

— No sé con qué cara te estoy mirando, según tú. —sonríe Aritz.

—La cara o la expresión con la que me has mirado cuándo estaba hablando con Mateo, quiero decir... con el señor de Álvarez.

—Puedes llamarle Mateo, no se lo voy a decir a nadie. Está claro que os conocéis. ¿Me equivoco?

— No, no te equivocas. Mateo y yo...En verdad Mateo y yo...—pero no consigo decir ni una palabra.

— No hace falta que me cuentes nada si no quieres. Por tu expresión creo que tuviste algo con él, de verdad que no me tienes que contar nada. No estaría bien hablar de él conmigo, que solo soy un extraño mientras nos estamos tomando unas copas.

— Tienes razón, no está bien hablar de él. Aunque solo diré una cosa y después zanjaré el tema. No creas que haya caído en sus redes como muchas secretarias caen con sus jefes, Mateo nunca ha sido mi jefe, nunca he trabajado con él y nunca en la vida lo haría. Mateo y yo estuvimos muchos, muchos años juntos, nos íbamos a casar hasta que... bueno, terminó. Así que no te equivoques conmigo, porque no soy de aventuras con los jefes. Ni lo he sido, ni lo soy, ni lo seré. —subrayo por si en algún momento tiene algún tipo de duda.

Veo como la cara de Aritz pasa por todos y cada uno de los colores del arco de San Martín. Pobre, creo que no se esperaba la bomba que le acabo de soltar. Así que sonrío e intento cambiar de tema, justo cuando viene el camarero con nuestras bebidas.

A medida que va pasando el tiempo, mi cuerpo se relaja, puede que también sea porque Aritz y yo vamos por la cuarta ronda, dejáramos el tema Mateo atrás y no hubiéramos sacado el tema laboral en ningún momento. Por fin sé de qué color tiene los ojos y clarísimamente se une al club de los ojos claros.

— ¿Te apetece ir a otro sitio? —digo de pronto animada por tanto Manhattan.

— Mañana trabajamos.

— Vamos, no me seas flojo. —he de reconocer que voy un poco achispada, pero él también.

— Hombre, tenemos tiempo y mañana no tenemos ninguna reunión.

— Perfecto, vamos al barrio latino que allí hay buenos sitos. No me mires así, las veces que he venido con mis amigos siempre nos hemos perdido por ahí. Es dónde suelen salir los universitarios. Te va a gustar, créeme. —sonrío y me dejo llevar por la emoción del alcohol. Estoy segura de que mañana me arrepentiré de esto. Más que segura, estoy convencida.

△△△

Miro el reloj de pulsera que llevo y me doy cuenta de que

son las cinco de la mañana, madre mía la borrachera que llevo. Y yo había dicho que no iba a beber mucho. En estas horas he conocido un poco más a Aritz. Me ha dicho que tiene treinta y cuatro años, no tiene hermanos y vive solo en el centro de Barcelona, pero que es de Bilbao. Tiene un perro que creo que me ha dicho que se llama Homer, aunque de esto no estoy muy segura porque creo que me ha tomado el pelo. Le digo en un idioma de borrachilla que podría patentar, que necesito tomar el aire y me acompaña. Si es que encima es mono y está muy bueno. ¡Espera! Ya os había dicho que estaba bueno, ¿verdad?

— Creo que necesito volver al hotel, me está empezando a sentar mal la última copa. —le digo mientras me siento en un banquito que hay cerca del local dónde estamos.

— Te he dicho que no era necesaria.

— Sí, pero no me lo has dicho muy convencido. —digo levantando las cejas. — Y lo sabes. Bueno... —me intento levantar y siento como todo París empieza a dar vueltas.

— Anda, te acompaño al hotel. No quiero que mañana tu jefa me mate por haberte perdido.

— Está bien, es una buena idea que me acompañes. —empiezo a reírme. — Ahora cuándo llegue a recepción tendré que volver a poner la famosa cara que poníamos Mario y yo cuándo entrabamos a casa de mis padres con apenas diecisiete años.

— Miedo me das, a ver... cuéntame cual es esa famosa cara. —dice porque en algún momento de la noche ya le he hablado de Mario.

— Esa en la que sonríes intentando disimular tu pedo, pero que sabes de sobra que nadie se lo va a creer.

— Ya os imagino. Vamos, que ya queda nada. —dice mientras me ofrece el brazo para que vaya agarrada a él y realmente es una idea fantástica.

Seguimos caminando y observo a Aritz que me mira de tanto en tanto disimuladamente.

— Te puedo preguntar una cosa.

— Puedes preguntarme lo que quieras. —dice sonriendo.

— ¿Tú me ves atractiva? —suelto de pronto. — No pienses que me quiero acostar contigo, estoy demasiado borracha hasta para quitarme el vestido, pero... Es decir...

— Sé lo que me quieres decir, y sí te veo muy atractiva entre otras muchas cosas. Y no, ahora mismo no me acostaría contigo... si lo hiciera querría que estuvieras en perfectas condiciones y que lo disfrutaras conmigo. Querría que sintieras mis caricias, mis besos, querría que notaras como tu cuerpo se tensa de placer y disfruta como seguramente no has disfrutado con nadie. —sonríe demasiado cerca de mí. — Llegado el momento, claro.

— ¡Oh! —consigo decir, porque qué otra cosa puedo decir después de lo que me acaba de soltar. — Está bien saberlo... teniendo en cuenta que el otro día le dije a Mario que no sabía ligar, es un paso ¿no?

Aritz suelta una risa que le sale del alma, debe de pensar que soy la persona más triste de todo el mundo, quién en su sano juicio suelta algo como lo que acabo de soltar después de decirme eso. Pues yo, clarísimamente.

Sin saber muy bien cómo, llegamos al hotel y sin decirme nada cruza la entrada conmigo y subimos los dos en el ascensor. Llegamos a mi planta y me acompaña hasta la puerta. Abro el bolso buscando la maldita tarjeta que abra la habitación, pero o no la veo o voy borracha. A veces soy muy graciosa, por supuesto que voy borracha. Aritz la ve enseguida y coge la tarjeta de mi bolso y abre la puerta, me acompaña dentro y cierra la puerta.

— Solo quiero asegurarme de que te metes en la cama y no te quedas dormida en el baño. —dice como en un susurro y yo sonrío, con esa típica sonrisa de borracha.

—Puedes quedarte un rato conmigo, no te voy a violar si es eso lo que te preocupa.

— Está bien, ves a cambiarte yo me esperaré aquí. —señala la butaca que hay en la entrada y yo asiento.

Miro en la maleta que sigue estando sin deshacer del todo y cojo el pijama que he dejado encima del resto de la ropa. Sí, soy un bicho raro y normalmente no me vuelvo loca colocando toda la ropa en los armarios de los hoteles, quizás cuelgo algo que sé que me va a quedar como un higo (de arrugado, me refiero) y poco más. Evidentemente no me doy cuenta de qué mi pijama es algo más "sensual" de lo que cabría esperar, pero me da tantas vueltas la habitación que ni me paro a pensar en ello. Así que me meto al baño y me desnudo todo lo dignamente que puedo, teniendo en cuenta que voy algo más que contentilla y me voy dando golpes con las cosas del baño, me pongo el pijama que me ha metido Mario en la maleta, bueno si se le puede llamar pijama al pantaloncito corto y a la camiseta de tirantes. Sí, vale tiene dibujitos que confirman que es un pijama, aunque no se hayan esmerado mucho en el tema de la cantidad de tela.

— ¿Puedes quedarte un rato conmigo? —digo de pronto, una vez he salido del baño.

Aritz no me contesta y solo asiente. Sé que si se queda conmigo un rato sorprenderé al mundo y por una vez no me dormiré llorando, como viene siendo habitual en mí últimamente. Pero quizás ya no son lloros de enamorada, esa etapa del duelo la he pasado, quizás son lágrima de impotencia, de que quiero pasar ya página y mi mente se empeña en hacerlo divertido y no querer que termine de pasar la página, o de cerrar el capítulo.

—Te importa al menos que me quite los zapatos.

— Ponte cómodo, ya te he dicho que no te voy a violar.

—sonrío todavía con esa sonrisa de borracha. Esa sonrisa que crees que es sexi, pero en verdad no lo es. Aunque como él también va contento, creo que no lo nota demasiado.

— Voy a usar tu baño si no te importa.

— Cómo si estuvieras en tu casa. —digo mientras reviso mi móvil, esta noche no hay mensaje de Mateo como ayer.

Y mientras sigo trasteando mi móvil, como si él me estuviera leyendo el pensamiento me manda un mensaje.

-[19 enero 06:31] Mateo Cabrón: ¿Estás despierta?

No gilipollas, es que a las seis y media de la mañana me da por hacer ganchillo, no te jode. Lo pienso, pero no lo digo, claro. Tampoco le contesto y tiro el móvil sobre el sofá como si me quemara en las manos. Mi expresión debe de cambiar porque Aritz, que está delante de mí me observa con curiosidad.

— ¿Todo bien?

— No, digo si… digo no lo sé.

— ¿Mateo? —pregunta con cierto temor.

— Es complicado y no tengo ganas de hablar de ello. ¿Vas a quedarte conmigo? —pregunto una vez más.

— Esperaré a que te duermas y me iré a mi hotel, que no está lejos de aquí.

— Está bien, gracias. Digo, por quedarte conmigo sin apenas conocerte. Me da la sensación que te conozco desde hace tiempo. Debes de pensar que estoy loca, ¿verdad?

— Para nada, no pienso que estés loca para nada. A mí también me da la sensación de que te conozco desde hace tiempo.

BETH, YOU ARE AMAZING.

Lo niego todo, aquellos polvos y estos lodos.
Lo niego todo, incluso la verdad.
Si me cuentas mi vida... lo niego todo.
Lo niego todo – Joaquín Sabina.

Me despierto con la madre de todas las resacas, yo antes no bebía tanto, de hecho, antes no bebía directamente. Debo de haber tenido algún tipo de cortocircuito. Cuándo abro los ojos sonrío al comprobar que Aritz cumplió con su palabra y se fue cuándo yo me quede dormida, sin pensarlo mucho levanto la sabana y compruebo que no ayer no intenté violarlo en ningún momento y que toda mi ropa sigue en su sitio.

Busco el móvil y sin mirar el mensaje de Mateo que sigue marcado como leído, sonrío (esta vez con una sonrisa resacosa y no borracha) y le mando un mensaje a Aritz. Creo que tengo que pedirle disculpas por mi comportamiento de anoche, si Rita se entera me manda en un vuelo directo a Barcelona sin pestañear siquiera.

- [19 enero 11:37] Beth: Buenos días, siento el espectáculo de ayer. No voy a decir que no bebo, porque te mentiría. Últimamente no estoy teniendo una buena racha. Ahora mismo en mi cabeza tengo a una orquesta de pitufos maquineros y no creo que pueda ser útil profesionalmente hablando. Déjame desayunar, chutarme un paracetamol y preparar la document- ación para poder empezar a trabajar. (Beth. Tu compañera resacosa)

Vuelvo a sonreír y miro el reloj, bueno son las doce tampoco he divagado tanto. Supongo que me he perdido el momento desayuno en el hotel y aquí a estas horas ya están empezando a comer, así que con cierto temor cojo el teléfono del hotel y llamo a recepción por si acaso alguien se apiada de mí y me trae un café cargado y un croissant. La recepcionista no me manda a freír espárragos y me dice que en un momento me subirá a la habitación todo lo que he pedido, paracetamol incluido. Así que vuelvo a tumbarme en la cama y cojo el móvil mientras suena informándome de que tengo un mensaje.

- [19 enero 11:41] Aritz: A mí no me tienes que pedir perdón, yo también bebí por si no lo recuerdas. Además, no es tan triste como dijiste si bebes acompañado. Qué te parece si cuándo se vayan esos pitufos maquineros que tienes ahora mismo salimos a dar una vuelta, quizás se nos ocurra algo mientras hacemos un poco de turismo. Me he despertado pronto y tengo bastante avanzado el trabajo. (Aritz, tu compañero sin resaca)

- [19 enero 11:45] Beth: ¡Genial! Puedo ser una guía estupenda, adoro está ciudad. Te espero en dos horas (dame tiempo para despertarme, ducharme, desayunar y organizar a mi orquesta maquinera.) en la entrada del hotel, ya te echaré después la bronca por hacer tú solo el trabajo. (Beth, la jefa resacosa de los pitufos maquineros)

- [19 enero 11:45] Aritz: Nada de broncas, tenía tiempo libre. Solo eso. (Aritz, siempre eficiente)

Mientras vuelvo a incorporarme y maldigo el momento en que pensé que salir por el barrio latino sería una buena idea pican a la puerta y ahí tengo mi desayuno tardío. Qué eficientes son estos camareros de piso, que eficiente es Aritz trabajando de resaca, en fin, que todo el mundo parece ser eficiente menos yo.

Después de desayunar, ducharme y chutarme el paracetamol (que no ibuprofeno) que me han traído decido bajar un momento a por unas deportivas. No es que no tenga ropa, pero mi cuerpo no está preparado para arreglarme en exceso. Y eso hago, rápido y sin meditarlo mucho.

Dos horas después estoy en la entrada del hotel con unos leggins negros, una camiseta ancha de punto blanca a juego con mis relucientes deportivas, un abrigo y como diría Mario un foulard, porque frío hace un rato. Podría haberme pintado un poco, pero no tenía muchos ánimos así que me he plantado las gafas de sol que tapan la mitad de mi cara y me hice un moño de estos que normalmente te haces par estar cómoda por casa. Solo espero que Aritz no se haya arreglado, quizás me he pasado y debería de subir a cambiarme. Mientras estoy debatiendo si salir corriendo, subir a mi habitación y cambiarme veo a Aritz llegar y respiro tranquila.

Lleva unos vaqueros oscuros y como si se hubiera puesto de acuerdo conmigo con su look, lo acompaña una camiseta blanca y unas deportivas blancas también (aunque no lo voy a pintar todo tan perfecto y ese blanco tira más a gris que a otra cosa) sin olvidar por supuesto las gafas.

— ¿Me has leído el pensamiento? —digo de pronto.— Vamos a juego. —yo, Beth, la reina del ingenio.

— Ha sido solo una casualidad. —sonríe y me gusta como lo hace, después me da dos besos y me anima a caminar.

— ¿Dónde vamos? —pregunto.

— No eras tú la que me iba hacer de guía turística.

— Cierto, ahora parecerá que me esté echando piedras sobre mi tejado, pero, no sé dónde llevarte. Mis amigos y yo cuándo venimos somos muy previsibles y siempre vamos a los mismos sitios.

— Imagino que no vais de compras todo el día, ¿no?

— No, en verdad vamos a Père Lachease, pasamos por el mural de los *te quiero*, paseamos por Montmartre y solemos terminar sentados en los jardines que hay cerca de la Torre Eiffel, viendo cómo pasa el tiempo, mientas nos bebemos un café de ocho euros.

—Bueno, entonces vamos simplemente a pasear por Montmartre, he escuchado que es muy dinámica esa zona.

— Me parece una buena idea, es el barrio de los pintores, es genial. Me encanta la plaza que está a los pies de la basílica del sagrado corazón, no es que sea creyente, pero es muy bonita hay infinidad de artistas en esa plaza que… no sé, me gusta mucho.

—Bien, entonces estamos preparados para pasar un día en ese barrio de los pintores que dices.

△△△

— ¿Y qué haces ahora? —me dice Mario con una vitalidad de buena mañana que ya quisiera tenerla yo.

— Voy camino de la reunión. —digo sin ganas.

— No te veo muy contenta pato. —pobre, no le he dicho aún nada sobre Mateo. ¡Vamos Beth! Ha llegado el momento.

— Hay algo que no te he contado Mario…—digo casi en un susurro.

— Has encontrado a un francés impresionante y has decidido quedarte a vivir la vida rosa junto a él porque está terriblemente bueno. Dime que no me estoy equivocando.

— Pues sí, porque no he conocido a ningún francés que reúna los requisitos para hacer que me quede a vivir aquí. Es algo complicado de explicar.

— Pato, suéltalo que me estás estresando y eso es terrible para el cutis.

— Mateo, —digo de pronto.

— ¿Qué pasa con Mateo? —pregunta, pero no deja que le conteste. — Mira pato yo sabes que te quiero mucho, pero creo que…—esta vez soy yo la que no le dejo terminar.

— Mateo está aquí. —digo por fin.

— ¡AAAHHH! —escuchó gritar a Mario. — ¿No?

— Sí.

— No.

— Sí.

— No, no puede estar ahí, ¿por qué está ahí? No, no lo estoy entendiendo pato.

— Mateo es una de las personas con las que teníamos que reunirnos, por supuesto Rita no sabía exactamente que era él, o al menos no ato cabos cuándo escuchó su apellido...

Al final término cantándole la Traviatta, mientras llego al edificio dónde me espera Rita, Mateo, Aritz, el señor Bouvier y el compañero de Mateo que nunca me acuerdo de cómo se llama.

— Bueno pato y no has visto a ninguno que esté bueno para alegrarte la vista. —me pregunta Mario, mientras yo me hago la loca y no le cuento nada sobre Aritz. (Que por cierto es terriblemente guapo, atractivo, increíble...)

— Mario...

— Está bien, está bien. Lo tomaré cómo un sí.

— Tómalo cómo tú quieras porque yo hace tiempo que te he dejado por imposible, ahora te tengo que dejar porque voy a subir ya y necesito respirar un par de veces antes de entrar.

— Perfecto amor, ¿sabes que te echo de menos?

— Yo también te echo de menos. —sonrió mientras me despido de él y veo a Mateo en el ascensor junto con una chica rubia, que debe de ser modelo cómo mínimo porque esas piernas largas no son de estar en un supermercado reponiendo cajas de leche.

Respiro un par de veces y me replanteo subir por las escaleras, pero descarto esa idea cuándo comprendo que son muchos pisos y supongo que a Rita no le gustaría ver como llego echando el hígado por la boca.

— Buenos días. —dice Mateo sonriendo, mientras me mira de arriba abajo algo nervioso.

— Buenos días. —digo con toda la madurez que encuentro por ahí.

— Me llamarás cuándo termines la reunión. —dice la rubia en el oído a Mateo como en un susurro, mientras que con la mano le acaricia la cara.

— Claro que te voy a llamar.

Llegados a este punto de mi vida, me da la sensación de que estoy en una puta montaña rusa, (sí, he dicho puta, últimamente tengo un repertorio de palabrotas interesante.) En un segundo estás arriba y al siguiente estás en caída libre, todo lo que tenías, todo lo que dabas por hecho desaparece y tú te quedas con una cara de gilipollas importante, supongo que ahora mismo debo de tener esa cara de gilipollas.

De gilipollas porque esa chica está acariciando a Mateo, les miro durante unos segundos e intento mantener la compostura. Es complicado cuándo solo puedo pensar que ella se está llevando mis atenciones, mis caricias, mis noches de sexo. Ella tiene a Mateo y yo... yo no sé lo que tengo. Bueno sí, sí que lo sé... tengo un cabreo de mil demonios.

El ascensor llega y siento que una vez entre dentro será lo mismo que entrar en mi propia tumba, un espanto, un horror. No lo pienso mucho, porque estoy segura de que si me paro a pensarlo lo único que querré es salir huyendo haciendo la croqueta y por supuesto no creo que a Rita de Castro le hiciera gracia eso.

Así que entro y observo disimuladamente como la rubia sigue agarrada del brazo de Mateo y se acerca mucho más a él. Puede que lo que voy a decir ahora suene demasiado "moñas" hasta para mí, pero siento como mi maltrecho corazón se vuelve a romper en cien mil pedazos y esta vez no estoy segura de que pueda recoger todos los restos y volverlos a montar.

Aunque el ascensor va relativamente deprisa, subir esos diez pisos a mí se me está haciendo eterno. Me parece increíble que me diga que me quiere, que quiere volver conmigo y una larga lista de etcéteras y después esté aquí delante de mí con la rubia. Por suerte mi tortura dura poco y nada más se abren las puertas sin despedirme y sin mirar a la pareja en ningún momento salgo deprisa esquivando a la gente y buscando un baño. Ni siquiera miro la hora que es y me meto en un cubículo, me siento en la taza y me echo a llorar. Me pongo a llorar porque soy incapaz de avanzar y asumir lo que me está pasando. Debo de ser gilipollas, cómo poco.

Cinco o diez minutos después mi móvil suena, lo busco por el bolso con la visibilidad que las lágrimas me dejan, es decir que no veo tres en un burro y me dedico a palpar por dentro de él hasta que lo toco y lo saco para ver quién es... Rita.

- [20 enero 09:00] Rita de Castro: ¿Dónde estás?

Lo miro y suspiro, mientras tecleo todo lo rápido que mis dedos pueden hacerlo.

- [20 enero 09:01] Beth: Estoy en el baño, he tenido unos problemas...

Tarda escasos minutos en aparecer después de ver que lo había leído. Entra en el baño y me ve sentada en la taza llorando, no puedo levantarme, no creo que pueda hacerlo. La miro y aunque intento contener las lágrimas es imposible.

— Lo siento, es que... es que... —digo hipando sin poder agregar ninguna palabra más.

— Lo he visto Elizabeth Aurora, he visto la desafortunada escena del ascensor desde la sala de reuniones ¿Te encuentras bien?

¿En serio mi jefa me está preguntando si me encuentro bien? No se hace una idea al verme llorando como si no hubiera un mañana en el lavado de un edificio de oficinas, dónde en teoría tengo una reunión importante, no, supongo que no. Empiezo a respirar con dificultad, creo que me está entrando un ataque de ansiedad o algo parecido.

— Está bien, vuelve al hotel. Tengo los informes que has preparado y en estas circunstancias me harás más mal que bien.

— No, no, si me dejas un momento me tranquilizo y vuelvo al trabajo. No quiero que me despidas. Si yo esto ya lo tenía superado, es solo que no lo había visto con otra hasta hoy.

— Por supuesto que no te voy a despedir Elizabeth Aurora. —dice mientras me sorprendo, si al final va a ser cierto que me tiene cariño.

— Pero...

— Nada, sé cómo te sientes. Sabes que no suelo hablar de mi vida personal, pero te voy a dar un consejo. A mí me cambiaron hace muchos años por una chica veinte años más joven que yo, también llore por los rincones de todo el mundo, mientras sentía que la vida que conocía se desintegraba en mis manos sin yo poder hacer nada para evitarlo. No hagas como yo, tú eres joven todavía, tienes toda la vida por delante y estoy segura de que dentro de un tiempo recordarás esta época y ya no habrá lágrimas de por medio. No te voy a decir que va a ser sencillo, pero tampoco voy a consentir verte así otro día mientras estés trabajando para mí. Ahora tienes dos opciones. —sigue diciendo mientras mira su teléfono.

— No creo que...—pero nada, Rita no deja que termine ninguna frase nunca.

— La reunión va a empezar más tarde, he pedido un aplazamiento de una hora. Cómo te decía tienes dos opciones. Volver al hotel y seguir llorando, o volver al hotel, darte una ducha y volver aquí para demostrar que tú eres más fuerte que todo esto. Tú decides, solo quiero que sepas que tomes la decisión que tomes no voy a prescindir de ti.

Mientras que mi lado cobarde me grita que me vuelva al hotel a llorar todo lo que no está escrito, mi lado masoquista me anima a irme a dar una ducha, despejarme y volver al trabajo.

— Voy a darme una ducha, a cambiarme y vuelvo. Gracias, por esto. De verdad. —termino diciendo mientras me seco las lágrimas e intento tranquilizarme para poder salir del baño lo más dignamente que puedo.

— Elizabeth Aurora. —vuelve a llamarme mi jefa cuándo estoy a punto de abrir la puerta.

— Dime Rita, te prometo que no voy a tardar y en una hora cuándo empiece la reunión estaré aquí.

— Sé que estarás aquí en una hora, pero no es eso lo que te quería comentar.

— Dime entonces.

— Creo que es un buen día para que estrenes un vestido, no quiero decir que con eso se solucionaran todos tus problemas, pero es más fácil sobrellevar la situación arreglándote solo para ti y subida a unos tacones. Quizás desde esa altura lo ves todo desde otra perspectiva.

— No creo que unos tacones ayuden Rita.

— No, no van ayudar unos tacones, pero sé que si apareces tan bella como sabes que eres darás un golpe de efecto y la batalla será tuya.

Me quedo mirando fijamente a Rita, he de decir que en los dos años que llevo trabajando para ella nunca le había visto emplear este tono que está usando conmigo ahora. Y eso me lleva a pensar y a recordar en lo que me ha dicho, a ella la cambiaron por una chica veinte años más joven. También sintió la desesperación que estoy sintiendo yo en estos momentos, le vuelvo a mirar y la siento un poco más cercana que antes.

Bueno, que también puede ser porque este divagando en estos momentos.

— Gracias Rita, de verdad muchas gracias, no sé cómo voy agradecerte esto que estás haciendo por mí.

— No tienes nada que agradecerme Elizabeth Aurora. A mí en su momento también hubo alguien que me ayudo y me cubrió en algunos momentos en el trabajo. Está bien, vete al hotel y cuándo estés despejada vuelve aquí y haz tú trabajo como sabes hacerlo.

Y eso hago, por suerte no me ve nadie cuando abandono el edificio y me dirijo al hotel. Mientras voy caminando veo una tienda de ropa y sin pensarlo un momento entro. Puede que Rita tenga razón, así que me compro un vestido mientras que mi tarjeta de crédito me grita que soy una insensata.

Después de darme una ducha reparadora salgo del baño y veo el vestido que me he comprado encima de la cama. Cuándo me dispongo a ponérmelo un mensaje llega a mi teléfono y hace que me sobresalte.

- [20 enero 09:45] Rita de Castro: Elizabeth Aurora, soy Rita. Les he dicho a los demás asistentes a la reunión, que te había mandado a por material para el especial de verano que presentaremos en unos días, para justificar tu ausencia. No me falles.

Al final me está empezando a caer demasiado bien mi jefa y no estoy muy segura de que eso sea bueno. Cuándo voy a contestarle me llega otro mensaje, está vez de Aritz.

- [20 enero 09:49] Aritz: Sabes que cuándo tu jefa miente, tiende a tocarse la oreja derecha. Espero que estés bien y que no nos abandones. (Aritz, gran compañero y mejor observador)

Suspiro y después de contestarle a Rita y decirle que no se preocupe que estoy a punto de salir hacía allí, le contesto a Aritz.

- [20 enero 10:00] Beth: Vaya, creo que terminaré contratándote, esos servicios de espionaje me vendrían muy bien. No os voy abandonar, pero digamos que he empezado fatal mi día. (Beth, o lo que queda de ella)

Me quito el albornoz, me pongo un conjunto de ropa interior y me enfundo en el vestido negro que me he comprado. El vestido negro es perfecto, se ajusta a mi cuerpo y queda por encima de las rodillas (quizás Rita lo vea demasiado corto, pero ahora ya no hay vuelta atrás). La parte de arriba es de encaje, como también lo son las mangas. El escote es perfecto y no queda vulgar dado que yo apenas tengo pecho. Termino de ponerme mis zapatos rojos de la suerte (o al menos yo los quiero seguir viendo así), cojo la americana y guardo el móvil en el bolso. Me miro en el espejo y me maquillo un poco intentando disimular mi congestión por haber llorado lo que no está escrito. En un acto de rebeldía me deshago el moño y me dejo el pelo suelto, no es que sea un pelo Pantene, pero no me quejo.

Quince minutos más tarde vuelvo a estar aquí, delante del ascensor que ha sido mi tumba hace un rato. Podría subir por las escaleras, pero no creo que los tacones me den para hacerlo todo lo elegantemente que quiero. Miro a la gente que tengo alrededor y veo señores trajeados esperando a mi tumba particular, *Beth, es muy importante respirar.* Me digo a misma antes de entrar en el ascensor cuándo este abre las puertas y sí, entro sonriendo... porque yo lo valgo.

Estaría genial que supiera rezar, porque este sin duda sería un momento ideal. Cuándo se abren las puertas unos minutos después veo a Rita esperándome, me mira de arriba abajo y sonríe. Bueno, supongo que no he tenido que hacerlo tan mal.

— Elizabeth Aurora, estás increíblemente bella ¿Estás más tranquila?

— De verdad que lo siento, quizás es algo más corto de lo que llevo habitualmente, en la tienda parecía algo más largo.

—No has contestado a mi pregunta Elizabeth Aurora.

—Sí, creo que estoy preparada.

—No me vale un creo, o estás preparada o no lo estás.

— Estoy preparada. —sonrío, trato de convencerme a mí misma y parece que funciona.

— Bien, pues vamos a demostrar de qué pasta estamos hechas las mujeres.

Me están temblando hasta las pestañas, esto queda muy poco profesional, pero es verdad. Un consejo, cuándo la gente dice que no es buena idea mezclar lo profesional con lo sentimental....

¡ES POR ALGO! Creedme cuándo os digo que no es una buena idea.

Aquí estoy, delante de la puerta que me separa de la sala de reuniones. ¿Presión? No, para nada, cero. Siento que mi corazón se me va a salir por la boca, que las piernas me empiezan a flojear y que si digo algo puede que empiece a dictar la lista de la compra, pero nada, cero presiones.

Mientras me concentro en respirar, Rita abre la puerta y a la mierda se va mi momento *de Beth concéntrate en respirar*. Entiendo que mi jefa no se da cuenta de este detalle, así que entro detrás de ella con la mejor sonrisa que sé poner, vamos la única que tengo.

Cuándo pongo un pie en la sala de reuniones empiezo a sentir como todos me observan y me analizan, sin quererlo soy el centro de atención. En mi favor he de decir que es reconfortante ser el centro de atención por algo bueno y no por haber tropezado con algo. El señor de gafas, es decir el señor Bouvier me mira sonriente y creo que está impresionado, bueno de hecho todos están impresionados... vale, al menos es lo que quiero creer yo.

— Perdonad el retraso, he tenido que salir precipitadamente para cerrar unos asuntos de la revista y recoger unos informes. —sonrío y veo como Rita asiente. Al final voy a ser toda una actriz de culebrón, si ya lo estoy viendo yo.

— Evidentemente. —empieza a decir el señor Bouvier. — Por una belleza como la suya, podríamos esperar el tiempo que fuera necesario.

— Muchas gracias, es muy amable. —vuelvo a sonreír, porque yo sonreír sonrío mucho.

Veo como Mateo me sigue dando un buen repaso y murmura algo por lo bajo que no soy capaz de entender, Aritz me mira y murmura un *Estás guapísima* que entiendo a la primera y está mal que yo lo diga, pero eso me a fuerzas para lo que me espera y porque no decirlo, a mi ego le viene fenomenal.

— Si me permitís, se ha hecho tarde y me gustaría no demorar la reunión. Os parece que sigamos hablando y cerrando flecos del proyecto mientras comemos. He reservado mesa en un restaurante que estoy seguro que os gustará. —dice Mateo sin perder la sonrisa.

Qué no sea el nuestro, qué no sea el nuestro. Digo mentalmente, mientras intento recordar algún santo al que rezarle.

— Me parece estupendo, yo también tengo algo de hambre. —dice el señor Bouvier, aunque viendo su complexión lo raro sería cuándo no tuviera hambre ese señor, pero no digo nada porque soy una bellísima persona. — ¿Está muy lejos de aquí?

— Para nada, Le tour d'Argent. Esta bastante cerca.

— ¡Joder! —mierda, lo he dicho en voz alta. Espero que nadie me haya escuchado.

— ¿Decía señora de la Vega? —dice Mateo.

— Señorita… —vuelvo a corregirle entre dientes.

— Bien, decía que si nos estaba diciendo algo. —para un momento para darle más dramatismo al momento. — Señorita de la Vega.

— ¿Yo? Nada, no digo nada, nada en absoluto. Me parece una buena elección.

— Perfecto entonces, podemos salir hacía allí. Tenemos la reserva hecha para dentro de veinte minutos. Si me permiten, ahora he de hacer una llamada. —dice mientas sale de la sala de reuniones y el resto empieza a recoger sus pertenencias y sale cual pelotón del ejercito por la puerta.

Aritz se queda a mi altura y me mira, supongo que está esperando a que le diga algo, o al menos a que le explique mi fantástico *joder* de hace un momento.

— Es mejor que no preguntes nada.

— No pretendía hacerlo Beth.

— Gracias. —digo casi en un susurro.

— Supongo que algún día estarás preparada y tendrás la suficientemente confianza conmigo para contarme que te pasa, o que te ha pasado con Mateo.

— Bueno, te quedaste en mi cama hasta que me dormí borracha el otro día, creo que algo de confianza te tengo. —sonrío porque es verdad. — Tengo la sensación de que te conozco desde hace tiempo y apenas hace unos días que te vi por primera vez, ya te dije que debes de pensar que estoy loca.

— Sabes a lo que me refiero.

— Lo sé, y ahora vamos a ese restaurante del demonio para ver como muero entre el primer plato y el segundo.

— Ves, a esas cosas me refiero.

— No me lo tengas en cuenta, ya te lo contaré algún día.

Mientras que salimos todos en dirección al restaurante escuchó como Mateo habla por teléfono e invita a una comensal no deseada a nuestra comida, bueno mejor dicho a los postres. Está bien, creo que estoy preparada, si no lo estoy… es demasiado tarde para arrepentirme y le he prometido a Rita que no me escondería en la habitación del hotel para llorar.

Y qué demonios, no me he gastado un dineral en el vestido para no lucirlo. Que yo no es que sea muy presumida y con unas deportivas estaría mucho más cómoda y preparada, pero en el fondo mi jefa tiene razón y sin saber por qué los tacones me proporcionan otro punto de vista, aunque creo que esto es totalmente mental y en verdad es mi subconsciente quien se ha creído esa patraña. En menos que canta un gallo llegamos a la puerta del restaurante, sorprendentemente no me he tropezado, Rita ha ido a mi lado en todo momento y aunque no me ha dicho nada, siento como quizás sin ella a mi lado no podría hacerlo.

— Espero que no os importe que se una en los postres otro comensal.

— Para nada, espero que entonces hayamos adelantado lo suficiente para degustar los deliciosos postres franceses.

No digo nada, solo miro a Rita e intento concentrarme en respirar con normalidad. Va a ser el mediodía más largo de mi vida y solo espero como mínimo no meter la pata. No estoy muy segura de cómo he terminado delante de la "comitiva" en las puertas del restaurante junto a Mateo. Cuándo veo a Antoine, el recepcionista ya he empezado a maldecir en arameo.

¡Qué suerte la mía! ¡Qué alegría, qué alboroto, otro perrito piloto! Véase el sarcasmo.

— Señor de Álvarez, señora de la Vega, que alegría tenerlos de nuevo en el restaurante. ¿La mesa de siempre? —sonríe, ajeno a todo lo que ha llovido en estos últimos meses.

Inconscientemente me giro y miro a Rita con una expresión de pánico total. Con mi jefa he desarrollado una increíble habilidad y en muchos momentos no nos hace falta hablar. Esto me pasa también con mis amigos, aunque ellos ya lo hacen a otro nivel.

— No, tenemos reservada una mesa para seis, aunque después se unirá otra persona en los postres.

— Perfecto, déjeme que lo compruebe. —sigue hablando mientras mira algo en el ordenador. — En efecto, aquí lo tengo. Exactamente, mesa para siete. Si me acompañan.

— Lo hace por joderme, ¿Verdad? —digo cuándo me he quedado lo suficientemente rezagada y a la altura de Rita para que nadie nos escuche.

— No creo en las casualidades Elizabeth Aurora.

Antoine tan simpático y agradable como siempre nos lleva a la mesa que Mateo ha reservado y gracias al buen karma que tengo me toca sentarme enfrente de él. A mi lado izquierdo está Rita y al derecho Aritz. Supongo que cuándo ve la poca cercanía que tengo con el que en algún momento de mi vida fue mi prometido, alguna idea de lo que ha podido pasar le viene a la cabeza, pero actúa de una manera muy profesional y no hace comentario alguno.

La comida avanza y creo que puedo empezar a relajarme, he dicho creo. Aún no se me ha olvidado que en el poste tendré una sorpresa, me juego el cuello y no lo pierdo a que mi sorpresa viene en forma de rubia. En la hora y media que llevamos en el restaurante en dos o tres momentos Rita me ha puesto la mano en el muslo intentando infundirme ánimos y no sabe cómo se lo agradezco, Aritz también lo ha visto y ha torcido el gesto en algún que otro momento. Pero, a decir verdad, no he puesto mala cara y al menos de cara a la galería no he resultado ser una ex histérica y algo loca, aunque creo que lo soy.

Gracias a dios en cuanto terminemos con los postres cada uno volverá a sus quehaceres porque todo lo que teníamos que hablar de trabajo ha quedado bastante claro y solo tendremos que esperar para ponernos de acuerdo en los términos del contrato, pero eso ya es coser y cantar.

— Si me disculpáis. —digo en cuánto el camarero ha terminado de recoger los platos de los segundos y llega el momento postre. Puede que lo esté haciendo francamente bien, pero me niego a ver el momento beso. Me niego, no quiero, no quiero.

Así que me voy directa al baño (o al menos eso hago que crean), por suerte conozco el restaurante a la perfección, así que finjo que me dirijo hasta allí y en el último momento derecha y ras, como dirían los copilotos de rally, porque no os equivoquéis evidentemente no me iba a esconder en el baño que allí no se puede fumar, ni gritar, ni dar vueltas como una loca posesa. Mientras yo estoy escondida y a un par de metros de la salida, la Barbie Malibú llega a la mesa dónde están mis acompañantes. Rita la mira y entiendo perfectamente que la Barbie se tensé al ver el gesto de mi jefa que es de puro hielo. Aritz acciona el botón de la música y se disculpa mientras abandona la mesa, Rita que es más lista que el hambre lo ve, pero no dice nada y solo sonríe... si es que, aunque parezca mentira se hace querer.

— ¿Estás bien? —pregunta Aritz, que ha visto como abandonaba el restaurante, cuándo debería de estar en el baño.

— ¿Quieres que te mienta? ¿O prefieres que te diga la verdad?

— Vamos hacer una cosa. —dice de pronto, mientras me coge de las manos. — Vamos a entrar ahí con una sonrisa, terminaremos de comer y esta noche nos emborracharemos para ahogar tus penas y me contarás la verdad. Dicen que cuando hablas con un desconocido todo es más fácil.

— Yo... Yo... No creo que las pueda ahogar, las hijas de puta han aprendido y ahora saben nadar... —empiezo a decir. — Solo quiero irme a casa Aritz, solo quiero irme de aquí. —termino diciendo como en un susurro.

— En unos días te prometo que estará en casa y te olvidarás de este terrible viaje a París, aunque no tan terrible porque me has conocido y mi madre dice que soy un encanto.

— Es verdad, espero que no termines muy harto de mí y quieras volver a verme en Barcelona.

— Eso no lo dudes Beth, he escuchado tanto oír hablar de

Mario que necesito conocerlo.

— Bueno, he de decir que no le he hablado de ti, pero… ¿Te puedo preguntar algo?

— Claro, todo lo que quieras.

— Dime que no eres gay, por favor dime que no eres gay. —lo miró fijamente a los ojos mientras rezo para que no sea gay, aun sin saber muy bien por qué.

— Crees que una persona homosexual te hubiera dicho lo que te dije el otro día.

— No te lo tomes a mal Aritz, pero no recuerdo muy bien la conversación que tuvimos el otro día, tengo algunas lagunas ¿sabes?

— ¿Quieres que te refresque la memoria? —pregunta. — Puedo hacerlo, sin problemas.

— Por favor…

— Te dije que con aquellas dos o tres copas de más no me iba a ir a la cama contigo, no porque no me gustarás, sino porque yo quería y quiero que estés en perfectas condiciones llegado el momento. Quiero que sientas mis caricias, —dice mientras me coge de las manos y yo empiezo a hiperventilar, cosa que no nota gracias a Hulk. — Mis besos, que disfrutes conmigo, quiero que notes como todo tu cuerpo se tensa de placer y te dejes llevar como seguramente nunca lo has hecho con nadie. Porque me gustas, sé que apenas te conozco, pero me da la sensación que te conozco desde hace mucho tiempo y por supuesto quiero seguir conociéndote.

— Vaya, no sé qué decir. Pensé que aquello era producto del alcohol y que había empezado a divagar, pero por lo que veo no.

— ¿Volvemos dentro?

— No estoy muy segura de que esté preparada.

— La vida es de los valientes Beth, sabes que puedes hacerlo. Yo confió en ti.

—Pues que suerte tienes, porque yo tengo mis dudas.

Me suelto de las manos de Aritz y entramos al restaurante, cuando llegamos a la mesa miro a Rita y asiente con la mirada. Justo en el momento en el que me voy a sentar escuchó como alguien me llama en un fino acento francés, la idea de irme a vivir a una isla desierta y hablar con cocos vuelve a venirme a la mente y ya no me parece tan descabellada.

—Señora de la Vega. —exclama mientras veo como Thierry el propietario del restaurante viene hacía mí y del resto de mis acompañantes, justo en el momento en que Barbie Malibú hace su entrada en escena, después de seguramente irse a retocar al baño. — He visto a su prometido y me ha parecido extraño no verla a usted, me alegro mucho que verla, está usted tan bella como siempre. Cómo van los preparativos para la boda, ¿está nerviosa? Estoy convencido de que será una hermosa novia, ¿no es cierto señor de Álvarez? O ya se han casado y llego tarde para las felicitaciones. —está vez mira a mi ex y la rubia pierde el color de la cara, aunque con las capas de maquillaje que tiene no se aprecia apenas.

¡Qué te jodan! Pienso, pero clarísimamente no lo digo.

— Thierry, yo también me alegro de verle. —intento mantener el autocontrol y no ponerme a blasfemar en arameo. — Sé que no ha preguntado con malas intenciones, pero no va a ver boda. Se canceló hace poco, por motivos que ahora no vienen al caso y no me gustaría compartir con el mundo. —miro al resto de los allí presentes y Rita sonríe. — Ahora si os parece bien, pidamos los postres. —digo antes de sentarme.

— ¿Es tu prometida? —dice de pronto la rubia, que se gira ciento ochenta grados para mirar a Mateo, un poco más y podría ir al casting para la nueva película de la niña del exorcista.

— Ex prometida. —alzo la mano mientras le corrijo, pienso que quizás tiene algún tipo de tapón de cera en los oídos y no ha escuchado bien la conversación. Vuelvo a mirar a mi jefa, mientras se le escapa una sutil sonrisa y cuándo veo que me está mirando fijamente, le susurro un *lo siento* que no entiende en estos momentos, pero estoy segura que entenderá. —Ahora que hemos dejado ese punto claro, os recomiendo cualquiera de las tartas de chocolate, son realmente fabulosas.

— ¿Estuviste con ella? ¿Hace cuánto? ¿Cuánto tiempo? ¿Por qué no me lo dijiste? —a la Barbie de aquí a nada le da un sincope.

— Mira, perdona no sé cómo te llamas, aunque a decir verdad tampoco me interesa saberlo. —le digo a la Barbie de pronto, ya algo cansada por la situación. — Entiendo que tu curiosidad es abrumadora, pero estamos en una comida de trabajo. Así que te agradecería que esos asuntos que por supuesto no te conciernen los dejaras al margen. Pero como me considero una buena persona y dado que estás perdiendo un poco de color en la cara... Aunque bueno, con la cantidad de maquillaje que llevas querida, no se nota apenas, no te preocupes porque no tienes que volver a ir a retocarte. —digo, cuándo veo que intenta tocarse la cara. — Le haré un favor a Mateo y contestaré por él, si me lo permite, bueno y si no también. —pero no dejo que Mateo diga ni mu y saco mi lado marica mala que gracias a Mario he desarrollado interiormente.— Es cierto que estuve con él, sino como comprenderás no hubiera sido mi prometido. Realmente no te interesa lo más mínimo saber los pormenores de la operación así que solo confirmaré que estuvimos juntos durante doce años, qué se dicen pronto y se pasan lentos, muy lentos, demasiado lentos. Y supongo que no te lo dijo porque hasta hace... —hago una pausa para darle dramatismo como hacen todos mis amigos y me doy el gusto de mirar a mi jefa disimuladamente mientras me concentro en la esfera de mi reloj, veo como Rita en el fondo se está divirtiendo por la situación, así que me animo a continuar. — Escasas nueve horas aún me repetía que me quería y que quería volver conmigo, supongo que por ese detalle no ha querido comentarte nada, pero no te preocupes es todo tuyo. —vuelvo a sonreír y me levanto de la silla. — Ahora si me perdonáis y teniendo en cuenta que el tema laboral que veníamos a tratar ya ha quedado bastante claro, me retiro ya que si no lo hago ahora el postre me sentará mal, fatal... No hace falta que me acompañéis, por supuesto no dejar de probar la tarta de chocolate, es deliciosa. —miro a mi jefa para que me dé el visto bueno y pueda salir de ahí lo más rápido posible, ella asiente y entiendo que ha llegado el momento de la retirada. — Un placer volver a verte Thierry, saluda a tu mujer de mi parte, no dudes que volveré y entonces probaré y repetiré tu deliciosa tarta de chocolate. Señores, un placer haber compartido la comida con ustedes. Rita, para cualquier no dudes en llamarme.

— Por supuesto Elizabeth Aurora, ve hacer lo que tengas que hacer. —no deja de sonreír, porque sé que mi victoria, también es un poco suya.

Veo a la pareja que hay sentada en la mesa de al lado y juraría que la señora está a punto de levantarse y ponerse aplaudirme. Aritz aún sigue con la boca abierta y su jefe creo que sigue en shock puesto que no ha dicho ni pio. El compañero de Mateo, niega con la cabeza. Supongo que sabía que traer a la Barbie no era una buena idea y que en algún momento se lo comentó a Mateo, aunque este finalmente ha terminado haciendo lo que le ha salido de los huevos.

Salgo del restaurante y vuelvo a respirar profundamente, nunca en mi vida habría pensado que haría una cosa como esta, cuándo se lo cuente a Mario va a flipar en colores, en los mismos colores que estoy flipando yo ahora mismo y todo esto sin cócteles de por medio.

— Beth, —me llama Aritz cuándo no he dado aún ni dos pasos. — No pensarás que te ibas a ir sola, ¿no?

—Era mi idea, sí.

—No te acuerdas ya de lo que hemos hablado.

— De que está noche nos íbamos a emborrachar y te iba a contar absolutamente todo, no, no me he olvidado. Pero entiende que no podía quedarme mucho más tiempo ahí dentro. Aún no sé cómo he podido hacerlo. —siento como una lágrima cae por mi mejilla y me estremezco, ahora no, ahora no joder, solo me falta que Mateo o la Barbie salgan y me vean así.

Pero no lloro de tristeza, eh. Ahora mismo estoy (aunque suene mal decirlo) eufórica, nunca pensé que podría hacerlo tan bien, mi yo interior está aplaudiendo con los ojos llorosos y todo.

— Anda vamos, no quiero verte así. Vamos a tomarnos un chocolate que te has quedado sin la tarta con la tontería y aunque aún es pronto podemos ir a pasear.

— No sé si soy muy buena compañía.

— Claro que sí. —dice, mientras observo como una de las parejas que había cerca de nuestra mesa sale del restaurante y se dirige hacia mí.

— Darling, —dice la señora, que aparenta tener cerca de los cincuenta años y viste con una elegancia que no se gana con el paso de los años, esa elegancia viene de cuna. — You are amazing. —sonríe y después de decirme eso se va. Se va y me deja allí, en la puerta de le Tour d'Argent junto con Aritz y unas tremendas ganas de llorar, pero en ese caso estoy segura que sería por el momentazo que he vivido y que creería que no viviría en la vida, me siento poderosa, aunque terriblemente rara... cómo si fuera un extraterrestre y me hubieran plantado en medio de la calle de otro mundo.

Pero sí, puede que razón no le falte y sea fabulosa. Una chica fabulosa, con unas fabulosas ganas de llorar todo sea dicho de paso.

¿QUIÉN ERES ARITZ GAZTAÑAGA?

**Los silencios nunca quieren ser
los que guarden tanto que perder.
El destino tiene miedo de saber,
Dónde irá a parar el tren, dónde irá a caer.**
Ya lo sabes – Antonio Orozco & Luis Fonsi.

La vuelta al hotel pasa rápido, en un pim pam nos plantamos en la puerta. Sé que necesito un momento de soledad para poner todas mis ideas en la cabeza y parece que Aritz lo entiende a la perfección y no hace el intento de entrar en el hall.

— ¿Me esperas? Intento no tardar, subo a cambiarme, me pongo cómoda y bajo enseguida.

— Vas a dejar que vaya en traje, mientras tú te pones las deportivas.

— Sí, puede que en eso haya pinchado un poco. Bueno, al menos déjame subir un momento. ¿Me esperas?

— Tranquila, no me voy a mover de aquí. No te vas a librar de mí como de la rubia a la que has despachado a gusto en el restaurante. —se encoje de hombros. — Por si no lo recuerdas. —termina diciendo más lentamente para picarme un poco y sonría.

— Eres un capullo. —mascullo entre dientes, antes de entrar en el hall del hotel.

Pocos minutos después Aritz llamaba a uno de sus mejores amigos y compañeros de trabajo, su trabajo de verdad y no el que yo Elizabeth Aurora de la Vega, creía que tenía.

— *¿Qué dices marica? ¿Cómo va por tierras francesas? ¿Encontraste alguna que te quite el atontamiento que tienes encima? Si es así Joseba y yo le estaremos eternamente agradecidos.*

— *No sé qué contestarte a eso. La verdad es que no, a una francesa no he conocido porque es catalana... Ya te contaré, pero necesito que me mires algo.*

— *Sabes que me puede caer un marronazo de la ostia si sigo investigando a tus futuros polvos, ¿lo sabes verdad?*

— *No la quiero como un futuro polvo.*

— *A ver Eneko, la verdad es que llevas demasiado tiempo fuera del mercado como para saber cómo funcionan estas cosas ahora mismo. Y no, lo normal no es investigar a todas las chicas que te gustan. —contesta Asier mientras se pasa el teléfono de un lado a otro. — Es que no es ni sano tío, porque te conozco desde que íbamos a parvularios, si no pensaría que estás enfermo.*

— *Para qué cojones quieres las orejas si no las utilizas para escuchar, te he dicho que no me quiero acostar con ella, bueno sí, pero no sé tío ella es diferente.*

— *¿Tiene tres tetas?*

— *¿Eres gilipollas?*

— *No te pases nenaza que no te miro nada.*

— *Por favor Asier, ella es diferente de verdad y te prometo que si todo va como pretendo es la última vez que te digo que me mires algo.*

— *Ahí va la ostia pues, no me digas que voy a tener que comprarme un traje. —ríe ante el silencio de su amigo — Está bien, haz lo que quieras supongo que te voy a convencer de nada así que dime el nombre, te busco a la chica en cuestión y rápido que no tengo todo el día para hacerte de maruja y quiero irme a mi casa para hablar con mi enano.*

—*Elizabeth Aurora de la Vega, no me sé su segundo apellido.*

— *Está bien, no me cuelgues, o sí... haz lo que quieras, estoy en ello.* —*contesta Asier. No le había gustado nunca investigar a la gente si no había cometido ningún tipo de delito y últimamente gracias a su amigo no dejaba de hacerlo. Pero sabía que se había encontrado con alguna que otra lunática y lo último que quería era encontrarse con otra.*

Apenas cinco minutos y Asier ya tenía toda la información en su ordenador con foto incluida.

— *¿Lo tienes ya?*

— *Por supuesto, sé hacer mi trabajo marica.*

— *Pues eres algo lento...*

— *Te voy a dar yo a ti lento cuándo vuelvas. Cómo me vuelvas a decir algo así, te va a buscar información sobre las chicas que te quieres tirar el comisario, a ver si a él esto le hace tanta gracia cómo a ti. A ver, te hago un resumen corto. Elizabeth Aurora de la Vega Fernández, ya sabes su segundo apellido. A ver... veintinueve años, periodista, aunque ahora mismo trabaja en una revista de esas de chicas.*

— *¿De chicas?* —*pregunta, divertido.*

— *¡Coño! De vestidos, zapatos, cremas y esas cosas.*

— *Lo sé, esa parte la tengo clara.*

— *Pues para qué preguntas.*

— *Su familia maneja pasta y ha estado prometida con un panoli que es de todo menos el yerno perfecto y ha tenido algún que otro problema con la justicia, que, por supuesto lo han olvidado después de pagar una suma importante de dinero porque si no, no lo entiendo... tiene una hermana pequeña que está casada y tiene un sobrino, vive sola... no sé, nada fuera de lo normal.*

— *Sin antecedentes.*

— *¡Estás enfermo Eneko! Y no, no tiene antecedentes, ni una* *miserable multa. ¿Dónde la has conocido?*

— Trabaja en la revista de chicas como tú dices con la que el señor Bouvier quiere lanzar el programa ese en el que está trabajando. Tendrías que haberla visto como ha puesto en su sitio a ese que llamas de todo menos el yerno perfecto... es increíble, ella no lo sabe, pero lo es.

— Las tierras francesas te están sentando fatal Eneko. ¿Ya has cubierto tu momento maruja? Dime que sí porque quiero terminar con esto ya, pero por favor dime que no sabe quién eres en realidad.

— Sí, supongo que he cubierto mi momento maruja como tú dices y no, por supuesto que no le he dicho quién soy y a qué me dedico. Y la verdad es que eso me tiene un poco cabreado, ella se piensa que me llamo Aritz Gaztañaga y así tiene que seguir siendo de momento. Te llamo después, que está tardando mucho.

— Te vas a meter en problemas Eneko...

— Luego hablamos.

Eneko Arizaga, o Aritz Gaztañaga, como Beth lo conocía en ese momento era inspector de policía, llevaba nada más y nada menos que dos años infiltrado en la empresa del señor Bouvier. ¿Qué? ¿Cómo os quedáis? Sí, es increíblemente surrealista. Para el señor Bouvier, Eneko o Aritz era la persona de confianza que lo acompañaba a todas horas, vamos como su perrito faldero. De primeras habían empezado a investigar al señor Bouvier hasta que se dieron cuenta que él era una marioneta en las manos de su hermano....

Veis, si es que los hermanos no son de fiar, si no que me lo cuenten a Beth con Dani. El pobre señor Bouvier, no sabía que su hermano desviaba obscenas cantidades de dinero para fines no muy legales. Los jefes de Eneko, o Aritz como todo el mundo lo conocía querían a todas las cabezas (no literalmente, se entiende) de la organización, así que la misión en la que estaba sumergido Eneko era ser la sombra de Bouvier hasta que dieran con todos los implicados.

Pero volvamos por dónde íbamos, antes de la llamada. Cuándo se despidió de él haciéndole lo que de toda la vida se le conoce como un churro con el dedo corazón.)

Después de cruzar todo el hall sin decirle al pobre recepcionista ni un triste "buenas tardes", aquí estoy plantada delante del ascensor. Siento como les estoy empezando a coger un poco de tirria a los ascensores, llamadme paranoica pero no los veo de la misma forma desde esta mañana. Por supuesto sé porque es y Mateo de Álvarez tiene mucho que ver el muy cabrón. Miro mis pies y si no llevara estos incómodos zapatos hasta podría replantearme subir andando por las escaleras, pero a quién quiero engañar, seguro que llego a mi planta echando el higadillo. Por otro lado, si realmente termino cogiéndole tirria a los ascensores la de horas en el gimnasio que me voy ahorrar serían importantes.

Una vez dentro del ascensor, le doy al botón de la planta donde está mi habitación y suspiro. Aunque le he dicho a Aritz que no me iba a poner "muy cómoda" necesito meterme debajo del chorro de la ducha y olvidarme de todo y de todos durante unos minutos. Rita me ha dicho que me da lo que queda de día libre y oye, la verdad es que está muy bien porque si tengo que volver al trabajo no daría ni pie con bola, ni bola con pie. Antes de que soltara por mi boca toda esa verborrea le había dicho a Aritz que le contaría en medida de lo posible la verdad. Sé que no es la idea del año si quiero en algún momento plantearme ligar con él o algo. Bueno al menos intentarlo, porque tampoco es que tenga mucha experiencia en el tema.

Me quito el vestido y decido llamar a Mario. Espero que después de lo que le voy a contar no decida pillar el primer avión hacía París, coger a Mateo por los pelos y arrastrarlo por todo el arco del triunfo…. Aunque divertido sería un rato. Bueno, quizás solo divertido para Mario y para mí porque estoy segura que a él no le haría ni pizca de gracia. (Por no decir ni puta gracia, que queda como feo lo de las palabrotas)

—¡Pato!—exclama contento.

— Qué manía con llamarme pato, que voy hacer treinta años Mario.

— Ui, ese tono no me está gustando nada. ¿Qué te ha pasado? —pregunta antes de que pueda decir una palabra.

— ¿A mí? Nada... —pienso durante un minuto si contarle el numerazo o mejor callar...

— Elizabeth Aurora de la Vega Fernández, no me tome usted por idiota.

— De verdad...

— Patito...

— ¡Joder! ¿Cómo lo haces? He intentado ser lo más neutral posible. —me quejo, porque yo soy mucho de quejarme. — ¡De verdad! ¿Cómo lo haces?

— Amor, últimamente no me estás contando nada. Nuestro matrimonio se va a pique clarísimamente, tienes más fugas que el Titanic cuándo se dio de morros con el iceberg.

— El Titanic no se dio de morros Mario.

— Me has entendido a la primera, qué ganas de escucharme. Pero bueno, no me cambies de tema jovencita. —termina diciendo cuándo se da cuenta de mi intento frustrado de cambiar de tema.

Aunque claro, teniendo en cuenta que llevamos "toda la vida juntos", es absolutamente normal que se sepa de memoria todos mis estados de ánimos.

— Mario...

— ¿Qué te pasa amor? —siento como su nivel de preocupación empieza a traspasar todos los poros de su piel.

Me quedo mirando por la ventana mientras sigo con el teléfono en la mano, es verdad que solo necesito que Mario me pregunte como estoy para que le cante hasta la Traviatta. Y eso es lo que hago... siento como de mi pecho sale un quejido que me asusta hasta a mí y una corriente me atraviesa entera y rompo a llorar. El dolor que siento es tan grande que no me deja respirar y solo puedo llorar. Mario se asusta, pero conociéndome como me conoce sé que prefiere esperar.

—Amor, ¿Por qué lloras?

—…

Sigo sintiendo como ese llanto sale desgarrado de mi pecho y arrastra todo a su paso, mi caja torácica se contrae y se expande, es un llanto que duele más allá de lo físico. Lo que me duele es que realmente ha pasado a la siguiente fase, en la que se supone que los dos rehacemos nuestras vidas y la vida continúa, bueno o al menos es lo que yo me creo. Pero aquí estoy yo, una vez más, llorando por Mateo.

— ¿Me lo vas a contar? —vuelve a insistir Mario que sigue esperando paciente al otro lado del teléfono.

— Sí, pero gracias por dejarme un rato llorando.

— Tranquila pato, si era más por egoísmo puro, me ha dado tiempo hacerme un gin-tonic porque sé que lo voy a necesitar. —aquello me hace reír, es que Mario es así.

— Mario yo…—consigo decir a duras penas.

— Amor, en serio me estás asustando. Cuéntame que te pasa o en cuanto me termine este gin-tonic, que por cierto he cargado sin querer como si no hubiera un mañana, cojo el primer vuelo y me planto allí. Créeme que no quieres que me plante allí y arme la marimorena, porque yo armar la armo eh, vamos si la armo, en un momento la armo yo. —Mario que es mucho de armar por lo que veo. — Así que ya puedes estar diciéndome que te pasa o me voy a enfadar y no quieres verme enfadado en ningún momento. —termina diciendo de carrerilla. — Ui, ahora que lo pienso, he dicho muchas veces que la voy armar y que estoy enfadado ¿Verdad? Creo que me ha quedado un poco más histérico de lo que quería, bueno da lo mismo, ¿has terminado de llorar? ¿Me vas a contar qué te pasa?

— Mateo. —digo al fin.

— Ese cabrón al final me paga el tratamiento para el cutis, con tanto estrés ya no puedo vivir, es que me van a salir más arrugas por su culpa que por la edad. —escucho que dice Mario, mientras me imagino como se está tocando la cara mientras comprueba que no tiene ninguna arruga nueva. — ¿Qué te ha hecho ese cabrón ahora?

— Lo he visto con la rubia, después del ascensor y claro, en el baño escondida y Rita me ha dicho que me fuera, pero le he prometido que volvería y después en lo postres, es cuándo hemos ido a comer...— sé que estoy disociando y lo estoy diciendo de la misma manera que ordenas los tupper, sin ton ni son. Mario no está entendiendo de la misa la mitad y eso teniendo en cuenta que tiene un master sobre mis estados de ánimo es mucho decir.

— Pato espera. —empieza a quejarse. — Es que no estoy entendiendo nada, si no te calmas no puedo ayudarte. —se está frustrando y no es para menos. — Yo quiero ayudarte amor, siempre quiero ayudarte, pero no puedo hacerlo SI NO TE CALMAS Y ME LO CUENTAS DESPACIO, COJONES. —termina gritándome y no es para menos.

— ¿Empiezo de nuevo? —pregunto.

— Empieza de nuevo.

Así que respiro profundamente y parece que por una vez eso de respirar profundamente para calmarse funciona porque le empiezo a contar a Mario toda la historia des del principio, después de decirle todo lo que ha pasado y como me he sentido, siento como toda esa presión va disminuyendo poco a poco y estoy más tranquila. Mientras sigo hablando con Mario por teléfono, empiezo a pasearme por la habitación en bragas, sí, sé que no es nada glamoroso, pero es lo que hay. Recorro la habitación una media de tres veces por minuto y me sorprendo cuándo termino de contarle todo a Mario sin soltar una sola lágrima más, si es que estoy hecha toda una campeona y me felicito mentalmente por el trabajo bien hecho. Pienso un momento si contarle del a existencia de Aritz, pero no, porque si se lo cuento sería darle alas a Mario y ponerle en bandeja aquello que está deseando que no es otra cosa que retoce con alguien diferente a Mateo. Quiero contárselo de verdad, pero no es el momento.

De pronto vuelvo al mundo real, el mundo real en el que sigo estando a cientos de kilómetros de casa, concretamente en París y para darle más emoción al asunto en el mismo hotel que Mateo y de pronto noto como mi móvil suena y Mario me devuelve a la realidad.

— ¿Qué es eso? —pregunta.

—Un momento Mario, no me cuelgues porque me está sonando el móvil, no me cuelgues que es un mensaje.

— Cómo sea el mal bicho de Mateo no le contestes, porque no, ¿me estás escuchando?

— Te estoy escuchando perfectamente Mario, si es Mateo no le contesto. De todas formas, sabes que él es más de visitas inesperadas ¿Sabes? Cómo ha hecho toda su puta vida.

— ¡Qué boca más sucia que tienes! ¡Qué orgulloso estoy de ti!

- [20 enero 16:40] Aritz: ¿He de preocuparme? ¿Te has colado por la taza? Dime que no te has quedado encerrada, ni te quedaste encerrada en la ducha, pero tampoco me digas que me estás haciendo la cobra. (Aritz, tremendamente preocupado)

- [20 enero 16:42] Beth: ¿Puedes subir? He tenido un momento de bajón instantáneo. (Beth, alias la nueva María Magdalena)

— Es Rita. —miento a Mario, mientras me muerdo el labio. No soy de decir mentiras, pero todos sabemos que esta mentira es muy necesaria. — Sube ahora.

— Pues vaya, ya podría haberte rescatado de esa llorera monumental un chicharrón, de los del norte como a mí me gustan. Yo porque todos lo que conozco son muy gay, pero tenemos que encontrarte uno así, uno como mi Caiden. Oh, qué chicarrón, qué hombre, me encanta, me tiene loco, sabe hacer unas cosas que...

— Mario por favor, no creo que sea el momento. No quiero escuchar nada de índole sexual, no es el momento. ¿No lo entiendes? Y no te estoy diciendo que no me alegre de que tengas a un chicarrón del norte que te vuelva loco, pero...

— Perdón, perdón... es que cuando me pongo, me vengo arriba y te cuento lo más grande de este hombre que, aunque no quieras escucharlo son muchas cosas. Bueno, de todas maneras, creo que te vendría bien un chicharrón del norte, quizás no de tal al norte como Caiden, porque de irlandeses solo conozco a este pero bueno, ya me estás entendiendo. Dame tiempo que al final te encuentro un maromo.

— No quiero a un maromo como tú dices Mario.

— ¿Qué haces amor? —pregunta, mientras intento ponerme el albornoz para no ir en pelotas por la habitación cuándo llegue Aritz.

— Nada, estoy buscando un albornoz, sube Rita y voy en bragas ¿Sabes?

— No creo que se asuste y no haya visto nada que no tenga ella, claro que quizás ella lo tiene todo un poco más caído, pero vamos que está estupenda para su edad. ¿Me estás entendiendo?

— Perfectamente, te estoy entendiendo perfectamente.

¿Se puede reír y llorar al mismo tiempo? Si me hubieras preguntado esto hace una hora te hubiera dicho que no, un no rotundo, que no se podía. ¿Estamos locos o qué? Aunque he de decir que ahora que lo estoy experimentando creo que sí, que es posible. También puede que esté sufriendo un colapso o algo parecido...

— En fin, creo que no te voy a decir nada más porque no tengo tiempo, creo que están picando a la puerta.

— ¿Crees? —pregunta Mario divertido. — Pato, o pican o no pican, pero.... ¿Crees?

— Efectivamente, están picando a la puerta.

— Escúchame amor, cómo te vuelva a escuchar llorar, cojo el primer vuelo. Avisada quedas.

— ¿Sabes Mario?

— No, no sé porque no me cuentas muchas cosas últimamente.

— Cuándo he visto a Mateo con la Barbie... No sé, crees que si hubiera estado tan enamorada como hace unos meses, me hubiera vuelto loca, rollo poseída y tuviera sed de venganza y me hubiera tirado en plancha a quitarle las extensiones... ¿eh?

— Creo que lees demasiadas novelas románticas amor. Lo dicho, cómo me enteré de que vuelves al llorar... Cojo el primer vuelo.

— Sí mamá, —contesto mientras vuelvo a escuchar la puerta. — No más lágrimas, aunque no te lo prometo al cien por cien.

— Me importa una soberana mierda que sea lo complicado que quieras que sea, te he dicho que no, que ni una lágrima más. Mira cómo me haces hablar, como un ordinario. Esto es culpa del mal bicho ese que me hace perder los papeles y yo no pierdo los papeles con facilidad. Madre de dios bendito que me voy a volver un ordinario con tanta palabrota que suelto por minuto cuándo hablo del bicho.

— Mañana halamos ordinario. —digo mientras me sigo acercando a la puerta, con los ojos todo "rojos" como si se tratase de dos tomates en oferta. — Te quiero.

— Yo también te quiero pato, pero no me gusta verte así y tenerte tan lejos. —este vuelve a ser mi Mario, el Mario meloso de siempre.

— Y solo son las cinco de la tarde. —digo mientras abro la puerta. — Mañana hablamos, te quiero Mario. Gracias por esta charla.

Cuándo cuelgo alzo la mirada y veo como Aritz me mira de arriba abajo y tuerce el gesto cuándo creo que me está viendo los ojos. Bueno, no hay que ser un lince para saber que he llorado lo más grande.

— Los siento mucho. —confieso al fin. — Tienes que estar aburrido de mi con tanta lágrima y tanto drama. Pero créeme cuándo te digo que ahora mismo soy una pésima compañía y me siento culpable por arrastrarte hasta aquí, por haberme aguantado y...—pero Aritz no me deja continuar con mi monologo.

— A diferencia de otros y aunque ya te he dicho que apenas te conozco yo no me podría cansar de ti Beth. ¿Me vas a invitar a pasar o prefieres que nos quedemos aquí en el pasillo? —me sonríe y mi cuerpo se estremece sin poder evitarlo.

Aunque ha visto mi versión llorona (de la cual no estoy nada orgullosa) a diferencia de lo que pensé en un primer momento Aritz se queda conmigo simplemente por hacerme compañía y eso me gusta, me gusta más de lo que creo que estoy dispuesta a reconocer.

— Podemos sacar un par de sillas si te apetece, aunque no creo que el personal del hotel esté muy contento con que estemos aquí si nos dedicamos a sacar el mobiliario de las habitaciones al pasillo y más teniendo en cuenta que vas el albornoz.

— Vale, me has convencido, pero por lo del albornoz ¡eh! Pasa. —consigo decir mientras intento hacer un gesto teatral que no me queda muy bien. — Voy a ponerme algo de ropa y en nada estoy aquí.

— Sé que ahora mismo lo único que quieres es irte a casa, seguramente a meterte en la cama, esconderte bajo las sábanas y llorar hasta quedarte dormida. —joder, pues sí que me conoce bien, a ver si voy a ser un libro abierto como me decía mi iaia y no me he dado cuenta. — Después por lo poco que te conozco seguramente bajarías algún badulaque y arrasarías con los botes de helados y porquerías varias. Corrígeme si me voy equivocando. —me mira y sonríe, será zalamero. — Volverías al sofá y lo engullirías todo mientras sigues maldiciendo tu suerte. Bien, yo no puedo proponerte volver a casa, pero te propongo una tarde de palomitas, sofá y película. —vuelve a sonreír y se acerca un poco más a mí y mi cuerpo se vuelve a estremecer cuándo se acerca al oído y me susurra. — Evita por favor *Posdata; Te quiero*, porque mi madre me hizo verla con ella dos veces la última vez que fui a visitarla.

— ¿Quién eres Aritz? ¿Por qué eres tan bueno conmigo? —termino preguntándole mientras sé que me estoy cargando el momento a lo grande, porque yo puedo hacer muchas cosas a la vez, pero en eso de cargarme momentos soy una experta. A mi favor diré que no lo hago a propósito, me sale solo, es un don que tengo.

(Pero que podía contestarle a esa pregunta. En verdad Aritz no era Aritz. Pero decirle aquello sería darle demasiada información y aunque quería regalarle toda la sinceridad del mundo, aquello no era posible, no de momento. A la pregunta porque era tan bueno con ella, ni él lo sabía seguramente.)

— Soy lo que ves. Es que no puedo verte así, porque no me gusta ver como ese "hombre" —dice haciendo un gesto teatral mientas hace unas enormes comillas con las manos. — No puedo ver cómo te hace llorar y porque después del espectáculo que has montado este mediodía estoy seguro que tanto el señor Bouvier como los demás comensales estarían dispuestos a pelear por ocupar el puesto de presidente en tu club de fans. Tú y Rita hacéis un equipo increíble porque después de eso, mi jefe ha empezado a acceder a todas las peticiones de tu jefa, como negociadoras hacéis un dúo fantástico.

— Rita es la mejor, aunque a veces parezca la mala de *"el diario viste de Prada"* —empiezo a decir mientras me alejo un poco de él poniendo distancia. — Voy a ponerme algo de ropa, porque no creo que esté bien que vaya así... en bragas me refiero. —si es que soy un encanto y una jode-momentos increíble.

Y realmente es necesario cuándo me fijo en los ojos de Aritz, creo que eso de que me esté paseando en bragas lo está poniendo a prueba y no estoy muy segura de que pudiera pasarla tan tranquilamente.

— ¿Entonces qué dices de la película?

— Qué sí. —digo mientras me voy a buscar algo que ponerme.

— ¿Sí qué?

— Qué la descartamos, ya sabes. Posdata; te quiero.

— ¿No crees que es muy pronto para decirme que me quieres?

— Bien. —sonrío y aplaudo como si fuera una foca retasada. — Me gusta que no sea la única que se cargue momentos.

— Bien, eso está muy bien. Al menos has sonreído y has aceptado ver una película conmigo. Ves, todo tiene sus cosas buenas.

Bueno estás tú un rato. Pienso, pero por supuesto no lo digo, porque yo soy una señorita y estos pensamientos no son propios de mí.

Giro sobre mí misma y voy a buscar algo de ropa, cuándo lo tengo me meto en el baño y me pongo unos shorts y una camiseta. Después salgo del baño y me encuentro a Aritz peleándose con el mando y la corbata. ¿Quién decía que los hombres no podían hacer dos cosas a la vez?

— Puedes quitarte la corbata. —digo mientras se gira, porque parece que lo he asustado.

— Sí, si no te importa me voy a quitar la chaqueta y la corbata porque me estoy poniendo nervioso intentando buscar el videoclub que me han dicho en recepción que tiene la televisión.

Discutimos un poco sobre qué película era la mejor para ver, hacemos una preselección y decidimos (mejor dicho, decido) que, ya que estamos en París, una buena opción sería ver Amelie. Por suerte Aritz no la ha visto y estoy expectante para ver si puede llegar a descubrir el juego de colores que envuelve la película y se enamora de ella como yo lo hice tiempo atrás.

Media hora después de poner la película, estamos en el sofá con un enorme cuenco de palomitas y embobados (porque no decirlo) en la pantalla, mientras que Amelie danza alegremente por las calles de París. Aunque no lo reconozca (de momento, dadle tiempo) sé que Aritz está un poco incómodo (pero en el buen sentido) con mis pantalones cortos y no le hace mucha gracia, aunque mejor que mi albornoz sí que lo es. Quiero pensar que está un poco incómodo por tenerme con tan poca ropa a su lado y eso le pone nervioso.

He de decir que he visto esta película como un millón de veces, no estoy muy segura de que pudiera repetir los diálogos como con Titanic, pero la he visto las suficientes veces como para saber qué pasará en cada momento. Con esta ventaja mi mente me juega una mala pasada y sin querer vuelto a repetir las imágenes de Mateo con la Barbie en el ascensor. Soy consciente de que no ha hecho en estos seis meses lo que se dice un voto de castidad precisamente. Pero verlo en primera persona es algo que no había experimentado hasta esta mañana y ver como entraba en el ascensor con ella... me he dado de bruces con la realidad, con una realidad que no había contemplado hasta esta mañana. Era la primera vez que lo veía con otra chica que no era yo, era la primera vez que lo veía como acariciaba a alguien de la misma forma que me acariciaba a mí, como le susurraba a otra las confidencias que en algún momento me susurraba a mí, esto hablando mal y pronto jode, me ha jodido bastante y ha sido un jarro de agua fría, aunque no puedo quejarme porque estoy medio en bolas (por así decirlo) con Aritz en el sofá viendo una película...

En medio de todo este caos emocional que tengo, una sombra de culpabilidad me azota como quién no quiere la cosa, porque al lado de Aritz me siento bien y me da la sensación de que todo se me hace un poco menos cuesta arriba. ¿Me estoy volviendo loca?

Sé que no soy de ese tipo de personas que elige bien los momentos, nunca lo he conseguido y dudo de que ahora vaya a empezar a elegirlos bien... mientras que Amelie sale de su casa alegremente con ese corte de pelo que a ciencia cierta creó tendencia en algún momento después del estreno en Francia y que me haría con los ojos cerrados si no supiera que me queda como una patada en el higadillo, mi subconsciente decide que es un buen momento para hablar, así... de la nada.

—Llevábamos doce años juntos, aunque creo que eso ya te lo he contado.

Aritz se queda mirándome fijamente mientras que intenta aparentar tranquilidad, pero algo dentro de él sabe que esta historia que voy a contarle no le va a gustar nada y que tarde o temprano (más temprano que tarde) le va a generar algún tipo de tirria contra Mateo.

(*Asier le había dicho que no era el yerno perfecto, así que estaba expectante por saber en qué momento se había ganado a pulso ese puesto y aunque no quería escuchar nada acerca de Mateo, necesitaba saber que había pasado con él para asegurarse de que nadie más le haría daño. Así que cuándo se dio cuenta de que quería protegerle a toda costa se tensó. No le conocía realmente, pero algo dentro de él le arrojaba a la ardua tarea de hacer que fuera feliz*

siempre, de que nadie más le hiciera llorar, mientras que mental-
mente se repetía una y otra vez. "Me estoy metiendo en un buen
berenjenal")

— Supongo que puedo decir, aunque suene muy triste que
fue mi primer y mi único novio. —sigue sin girarse y yo tampoco lo hago, sigo hablando mientras tengo la vista clavada
en la pantalla. — Vivíamos juntos y teníamos un hogar, bueno
yo lo llamaba así al menos. Cómo escuchaste este mediodía de
mano de Thierry nos íbamos a casar. En plenos preparativos de
la boda mis amigos me avisaron de que habían visto a Mateo
con una chica, pero yo... yo... –freno de golpe y me concentro
en respirar, porque quiero hacerlo bien y contar la historia por
primera vez sin lágrimas de por medio. – ¿Cómo me iba a engañar? Quiero decir, vivíamos juntos, nos íbamos a casar, en
todos los sentidos creía que nos iba bien, llevábamos más de
una década juntos, era una locura...

Aritz sigue sin mirarme, pero no dice nada, supongo que
no quiere que me sienta presionada o algo así, seguramente no
le está siendo fácil contenerse con todos los improperios que
seguramente le dedicaría a Mateo. Veo de reojo como sus uñas
se clavan en la palma de sus manos y hace fuerza para callar lo
que esa voz interior le tiene que estar gritando en estos momentos. Qué salga a buscarle y le diga tres cosas. Bueno, quizás
cuatro en cuánto escuche el resto de la historia.

— No pienses que me los encontré en la cama ni nada de
eso. –intento sonreír, pero me sale algo raro. – Una tarde llegó
a casa antes y me dijo que volvía a tener una cena con unos
clientes que habían venido de Londres. Esas cenas de trabajo
en las que solo hablas de cifras y como acompañante terminas
aburriéndote como una mona. Él sabía que odiaba esas cenas,
que siempre intentaba escaparme de ellas así que supongo que
era la excusa perfecta para librarse de mí... para librarse de
mí. –cierro los ojos mientras intento ser lo más madura que
puedo y seguir contando lo que tengo que contar. – Es gracioso
cuándo te paras a pensarlo, le di la excusa perfecta para que

pudiera irse todas las noches que quisiera... Increíble.

Mi mente me hace volver a ese día, a esa noche y siento que no estoy sentada en el sofá del hotel de París, si no en el mío, en el sofá de casa, de mi antigua casa.

– Yo tenía trabajo pendiente, unos artículos que me había dado Rita y que tenía que repasar, por supuesto no quería ir a esa horrible cena y mi idea era quedarme en casa y adelantar un poco de trabajo, lo único que tenía claro es que no quería ir a la cena y tampoco iba hacer ningún tipo de esfuerzo por ir. No me acordé de las advertencias de mis amigos. –sigo hablando sin mirar en ningún momento a Aritz a los ojos, prefiero no hacerlo hay una posibilidad que si le miro en este momento empiece a llorar y es lo que menos quiero en este momento.

(En ese momento sintió como el corazón se le encogía. "Qué cabrón, ¿Cómo pudo hacerle eso? Se repitió para sus adentros. Quería abrazarle, decirle que no quería que continuara contándole aquello porque sabía que le hacía daño. Pero por otra razón que desconocía quería escucharlo, necesitaba escucharlo.)

—Esa noche conseguí terminar de hacer todo el trabajo que me había llevado a casa, cene tranquilamente mientras veía la tele, recogí la cena y después me lleve un libro a la cama. Mi idea era esperarle despierta pero el cansancio me pudo. Cuando llego era más de las dos de la madrugada, comprobó que yo estaba dormida y se metió en la ducha, yo por supuesto no lo escuché porque estaba durmiendo y me enteré al día siguiente cuándo vi como las toallas estaban tiradas en el suelo. Entiendo que tenía que ducharse después de estar con la otra y así lo hizo, después se metió en la cama conmigo y...

(En ese momento sintió el corazón en un puño y no dudó en cogerle de la barbilla, hizo que se girara y lo mirara para poder mirarle fijamente a los ojos. Cuándo la tuvo delante y mientras la miraba a los ojos, sintió que lo único que quería hacer en esta vida era borrar todo ese dolor y llenar el hueco que le iba a dejar ese sentimiento en alegría, en felicidad y en buenos momentos a su lado...

Sí, era demasiado cursi hasta para él. También quería ir a buscar a Mateo y darle un puñetazo con todas sus ganas, pero no lo hizo porque sabía que aquello le podía acarrear serios problemas. Y solo pudo quedarse al lado de ella)

— Beth, no tienes que contarme nada que no quieras, no quiero verte llorar, no puedo verte llorar, ¿lo entiendes?

Pero a estas alturas he de decir que no le estoy haciendo ni puñetero caso, he entrado en bucle y sé que como terapia he de terminar de contarlo todo, no puedo dejarlo a medias.

— Muchas veces me pregunto ¿Cómo pudo? Cómo pudo después de estar con la amante meterse en nuestra cama, despertarme entre susurros y eso.

Muy bien Beth, si pretendía en algún momento que Aritz me viera con otros ojos me acabo de cargar el momento. Si ya os lo decía antes, soy adorable.

— ¿Cómo puede existir gente así? Al día siguiente me desperté y salí de la cama mientras él seguía durmiendo, supongo que después de haber hecho un doblete en toda regla estaba agotado. Me fui a la cocina y prepare el desayuno mientras escuchaba algo de música, cuándo estaba sacando el bote de mermelada o quizás, cuándo la estaba poniendo en la tostada... mi amiga me mando una foto de Mateo con su "amante", una chica de escándalo con la que yo jamás podría competir, porque en verdad me daba mil vueltas. —vuelvo a intentar sonreír, pero como me sale otra vez algo raro lo dejo por imposible, sí, mejor será. — Durante unos segundos desarrolle un instinto homicida que casi daba miedo y pensé en volver a nuestra cama y matarlo entre terribles sufrimientos, pero no lo hice, me quede en shock y en lugar de ir a matarlo me seguí preparando el desayuno. Cambié el café por un Nesquik y me hice un par más de tostadas, después de desayunar me senté en el sofá mientras miraba por la ventana esperando a que él se despertará, no podía parar de preguntarme cuánto tiempo llevaba engañándome y por qué lo había hecho. A día de hoy no consigo entender como pude quedarme en la misma posición y mirando al mismo punto durante aquellas horas, pero es que no podía moverme... Quería mantenerme tranquila para cuándo se despertará, para cuándo le preguntará. No sé las horas que pasaron cuándo escuché como me susurraba los buenos días a mi oído y me daba un beso, le giré la cara y lo primero que le pregunté fue ¿por qué? Cuándo entendió a que me refería me explicó que su padre también tenía algún que otro "escarceo", que su madre lo sabía y que no pasaba nada, qué él me quería. Me dijo que me quería... Me fui de casa, invadí la casa de mi mejor amigo de malas maneras. No sé cuántas veces me llamo, pero no pude hablar con él, también me llamo su madre diciéndome que con él no me faltaría de nada, que el detalle de la fidelidad estaba sobrevalorado y que podría vivir tranquilamente y cómodamente si me quedaba con él. ¿Cómo podía decir algo así? Claro que me iba a faltar algo, confianza. Algo tremendamente importante o al menos importante para mí...

(*Eneko bajó la vista, porque realmente, aunque de un modo diferente él también la estaba engañando...*)

—Después anulamos la boda, o mejor dicho anule la boda, alquilamos la casa y... He de decir que en un primer momento me iba a quedar allí, pero me dolía tanto que a veces sentía que iba a volver a entrar por la puerta, cuándo estaba en la cama y escuchaba algún ruido pensaba que era él. Era una locura así que decidimos alquilarla. Sé que tendría que haberlo superado, que ha pasado mucho tiempo, que él no está haciendo ningún tipo de voto de castidad, supongo que me está costando un poco más y es la primera vez que lo veo con otra chica. Toda mi vida he estado con él, no he tenido otro novio, no he estado con nadie más... Mis amigos intentan sacarme por ahí y creo que a veces no entienden que necesito un poco más de tiempo de adaptación a mi nueva vida, no sé si cuándo consiga pasar página sabré... —Beth, me digo mentalmente. Deja de hablar porque ya la estás cagando.

— Sabrás, ¿qué? –pregunta Aritz con los ojos muy abiertos.

— Es una tontería, de verdad, no tiene importancia.

— Beth, no creo que nada de lo que me cuentes sea una tontería.

— Está bien, a ver… es qué… ¿Cómo decirlo? —me retuerzo un poco nerviosa porque esto es complicado de decir. — Yo no he ligado en mi vida, no sé hacerlo. No sé qué tienes que decir para que te hagan caso o al menos llamar la atención del otro, como te tienes que comportar cuándo estás delante del chico que te gusta, no sé si me estoy explicando bien. —explicar puede que me esté explicando bien, pero el ridículo creo que también lo estoy haciendo.

Aritz me mira y cierra los ojos, he de decir que me encantaría que me dijera exactamente porque demonios cierra los ojos, ¿quiere reírse? ¿Le doy pena?

— No sé qué sentiré llegado el momento cuándo otras manos me toquen, no sé qué sentirá mi cuerpo cuándo sea otra persona la que me acaricie, cuándo sea otra persona la que me despierte a mi lado. Y antes de todo eso, ¿seré capaz algún día de hacerlo? Te debo de parecer un desastre, es muy triste mi vida y tú no tienes por qué aguantar a que te cuente mis penas, estás en París y yo te estoy torturando con mis historias, ahora mismo tendrías que estar por ahí disfrutando de la noche parisina y no aquí con una colgada como yo.

Mientras estaba hablando he visto como Aritz se ha ido tensando y destensando todo el rato, como le cambiaba el color de la cara cuándo alguna que otra lágrima he soltado, porque yo soy mucho de lágrimas fáciles, creo que las tengo en oferta. Y sin darme cuenta me he ido acercando y ahora me acaricia la cabeza como si fuera un perro, (bueno esto del perro quizás es un poco exagerado)

— Yo no te hubiera hecho llorar Beth, nunca te habría hecho llorar. —dice por fin y estoy segura de que se ha sorprendido hasta él por decir eso.

—Gracias por quedarte conmigo esta noche. No sé cómo te lo voy agradecer.

— Bueno, yo creo que con unos pinchos en una terracita cuándo volvamos a Barcelona me valdrán.

— ¿Unos pinchos? ¿No te valen unas bravas? Es que no soy mucho de pinchos

—Bueno, aceptamos bravas como tapa de compañía.

Aritz me abraza después de decir eso y puedo decir con total seguridad que me quedaría aquí para siempre, porque me siento como si nada malo me pudiera pasar. Noto como los parpados me van pesando y Amelie creo que no va a cansarse de seguir trotando feliz por París.

Mientras yo lo estoy dando todo y al borde de empezar a babear el cojín del sofá, la película termina y Aritz al ver que me habla y no le contesto (cómo se nota que no me conoce aún) me deja una nota que hace que, si no le quiera ya, poco me falte.

☐ Beth, la película ha terminado y se ha hecho tarde. He intentado despertarte para avisarte, pero... duermes como un tronco. ¿Sabes una cosa? La señora tenía razón, you are amazing. Por cierto, no he abusado de ti, pero sí que te he dado un beso en la frente, porque no podía evitarlo. Te veo mañana. (Aritz, un encanto de chico)

¿YO? ¿PRESIÓN? NADA, CERO...

Camino despacio pensando volver hacia atrás.
Aun me pregunto...
qué parte de tu destino se quedó conmigo.
Pregunto qué parte se quedó por el camino.
Tenía tanto que darte – Nena Daconte.

— Mierda de despertador, mierda de viaje, mierda de trabajo y mierda de todo. —blasfemo hasta con los ojos cerrados, como se nota que me encanta madrugar. — Bueno, vamos Beth que nos quedan dos días. —intento darme ánimos a mí misma, aunque creo que son un poco flojos.

Me estiro en la cama y siento como mis músculos me piden también cinco minutos más, me levanto del sofá y el pie se me queda en la sabana y bueno, abrazo mañanero al suelo, si no me conociera me preocuparía. Lo primero que hago es pegar un salgo y miro por todos los lados por si alguien me ha visto. ¿Qué? ¡Sí! Soy un amor y graciosa un rato también. Y sí, en defensa del vinito también diré que me tropiezo estando serena. Ala, ya lo he dicho.

Cuando salgo del baño me siento enfrente de la maleta, quizás esperando a que me diga que estaría bien que me vistiera y me dijera con qué. Pero como no tengo éxito porque las maletas no hablan, ni visten y si lo hicieran yo no estaría en un hotel, si no en un psiquiátrico.

Después de divagar un rato, cojo una falda negra por encima de las rodillas con un poco de vuelo, una camisa verde esperanza (ya que yo no la tengo, al menos que la tenga el color de mi camisa) y mi inseparable americana. Me vuelvo a sentar en la cama y maldijo en arameo cien veces a los tacones mientras me acaricio mis pies.

— Os prometo que en cuanto lleguemos a Barcelona me voy a plantar las bambas y no las voy a soltar ni con agua caliente. —les dijo a mis pies, que los veo un poco maltratados. — Con lo cómodas que son y lo poco que me deja utilizarlas Rita.

Después de vestirme y de plantarme los zapatos del demonio me maquillo suavemente, cojo el bolso y salgo de la habitación. Lo intento hacer todo rápido que mi cuerpo me permite, pero con cuidado que ya he abrazado el suelo una vez esta mañana y tampoco quiero hacerlo más veces, también quiero ir a por un café antes de ir a mi guerra particular.

Ayer estuve a punto de pedirle a Aritz que se quedara conmigo, pero sé que me hubiera extralimitado en mis funciones y ya le había pedido demasiado. Voy pensando en ello, mientras me dirijo a la cafetería, busco mi móvil y mierda... una llamada perdida de Rita, con lo poco que le gusta que no le cojan el móvil, así que no me lo pienso y le doy al botón de rellanada antes de que se me resbale el móvil y parezca un malabarista del circo del sol.

— Buenos días Rita.

— Buenos días Elizabeth Aurora, ¿Qué tal estás? ¿Has podido descansar?

— Estoy bien Rita, no te preocupes que he podido descansar y no se va a repetir el número de ayer, de verdad. Antes de nada, siento no haber respondido a tu llamada, no había escuchado el móvil, lo siento.

— Por dios Elizabeth Aurora, a riesgo de que me tachen de maleducada y ordinaria. —exclama mientras sonrío. — Me importa más bien poco que vuelvas a montar un número como el de ayer, yo quiero saber cómo estás tú.

Y me río, porque Rita lo ha intentado, a veces intenta hablar mal pero siempre se queda en algo parecido a lo que acaba de soltar *más bien poco,* en la vida le he escuchado soltar un taco. Quizás es tiene algún tipo de reacción alérgica. Bueno, puede ser mi nuevo propósito, me conformo con que diga un infantil *jopetas.*

— ¿Qué tal con el señor Bouvier? — digo mientras intento hurgar un plan para que Rita diga una palabrota. Sí, creo que tengo demasiado tiempo libre.

— Bueno no te lo vas a creer, pero realmente bien, tu actuación le sorprendió bastante y desde ese momento está más suave que un foulard de cachemir y ha aceptado todas nuestras propuestas sin apenas oponer resistencia.

Acaba de decir que está más suave que un foulard de cachemir, suspiro y pienso que me he equivocado de profesión, un foulard de cachemir... en fin.

— Menos mal.

— Elizabeth Aurora no lo entiendes, le impresionaste y ahora estoy segura que acatará todo lo que le digamos.

— ¿Y Mateo? —pregunto, porque yo soy mucho de preguntar, quizás no con las preguntas adecuadas, pero preguntar pregunto mucho, un montón.

— No debes preocuparte, quedó tan frustrado ayer que no volvió a inmiscuirse en la conversación.

— Me alegro, no me hubiera gustado que hubieras tenido problemas.

— ¿Dónde estás? —pregunta de pronto y vuelve la Rita jefa. Estos cambios de carácter o bien son porque es bipolar o es por la menopausia...

— Estoy de camino, he parado antes para tomarme un café

y creo que en menos de quince minutos llegaré.

— ¿Crees que te vendrá bien un café? ¿No es mejor una infusión?

— No te preocupes Rita, estoy bien.

— Me alegra oír eso porque quiero que sepas que ahora mismo eres una pieza indispensable en las negociaciones, ya te he dicho que el señor Bouvier quedo tan impresionado contigo que ha comentado que solo aceptara el proyecto si eres parte de él, quiere que seas tú quién lo supervise.

— ¿Yo? — digo de pronto, mientras me paro en medio de la calle como si fuera idiota. Pero es que estoy sorprendida, la gente me mira raro hasta que me doy cuenta que les estoy bloqueando el paso como las marujas hacen conmigo en el barrio.

— Por supuesto Elizabeth Aurora, eres lo que él denomina el ejemplo perfecto de mujer a la que irá destinado el programa.

— Suficiente Rita, de verdad que no quiero escuchar nada más. Creo que es demasiada información para estas horas de la mañana.

— No dejes que la presión te ofusque.

— ¿Presión? No, para nada, cero presiones.

— Está bien, cómo digas. No tardes y sube directa a la sala de reuniones.

Y así lo hago, diez minutos más tarde estoy delante de la sala de reuniones, respiro suavemente antes de entrar y empujo con toda la suavidad y la determinación que puedo tener a estas horas de la mañana.

Después de abrir la puerta veo como Mateo está sentado al lado de Aritz, aunque estos ni se miran y yo que me alegro. Dudo realmente que después de lo que le solté ayer a Aritz, este pueda tener una conversación medianamente decente con Mateo, pero bueno es lo que hay. El compañero de Mateo del cual sigo sin acordarme de cómo se llama está leyendo unos papeles y Rita está hablando con el señor Bouvier, este hombre es extraño, pero es majo.

— Buenos días señorita de la Vega, un placer volver a verla. —dice Bouvier mientras sonríe.

— Buenos días señor Bouvier.

— Bien, ahora que estamos todos y ya tenemos todos los puntos del contrato definidos. –empieza hablar Rita. – Solo nos queda firmar el acuerdo y comenzar a trabajar.

— ¡Un momento! –digo de pronto y estoy segura de que he sorprendido a todo el mundo, con decir que me he sorprendido hasta yo — Antes de que firméis, quiero deciros que no colaboraré si en el apartado de trucos de belleza sale algo así como, solo bebo mucha agua al día para estar así, –levanto el dedo para que entiendan que estoy hablando súper enserio. Veo como Bouvier empieza a reír, yo creo que le he gustado y todo, supongo que es porque soy todo lo opuesto a lo que normalmente se encuentra por el mundo. Rita ya me ha dejado por imposible.

Agacho un poco la cabeza porque ya no sé si les he sorprendido de verdad o solo he hecho el ridículo, así que espero un poco hasta esta vez todos sonríen y yo tengo algo parecido a una risa nerviosa. Para no terminar pareciendo a una de las focas retrasadas del Rey León, cojo mi iPad y me siento para seguir tomando notas, o al menos hacer que trabajo. He intentado decirle a Rita que sería sumamente feliz si en vez de este iPad tuviera lo que viene siendo una libreta y un bolígrafo BIC de los de toda la vida, por la mirada que me regaló creo que no comparte mí misma opinión. Pero… ¿Habéis probado a escribir en un chisme de estos? Bien, no hay más preguntas señoría.

Media hora más tarde, mientras siguen enfrascados todos en discusiones que seguramente mi madre terminaría con un grito, me acuerdo de ella. ¡Mierda! Debería de haberla llamado...

De pronto una ventana de Chat se abre y Aritz sonríe.

☐ ¿Te aburres? (Aritz, gran observador)

☐ Cómo una ostra... (Beth, mucho más que aburrida)

☐ ¿Has dormido bien? (Aritz, siempre preocupado y preguntón)

☐ Si, podías haberte quedado en el sofá, por norma general no muerdo y mi madre me puso todas las vacunas de pequeña. (Beth, que sigue son morder y en el caso de que lo hiciera, tiene todas las vacunas puestas)

☐ JAJAJA no te preocupes, tenía que pasar a cambiarme. Pero gracias por la invitación y la aclaración sobre tu cartilla de vacunas. (Aritz, saciado de información)

☐ Me siento como cuándo estaba en el instituto y le enviada notitas a Mario... aunque esto es mucho mejor y no tengo que desmontar el bolígrafo.

☐ Elizabeth Aurora de la Vega (no has dicho tu segundo apellido) dime que no eras una de las "malotas" de clase ¿? (Aritz, ya te he dicho que era muy preguntón)

☐ No, la verdad es que no... un poco trasto solo. (Beth, un trasto inofensivo)

☐ No creo que tengas mucho de inofensiva, ¿cierto? (Aritz, ¿Te he dicho que yo también me aburro?)

Mientras seguía hablando con Aritz y seguramente tenía una cara de besugo importante, sentía como Mateo no me quitaba la vista de encima... creo que ahora le resulto interesante. Así que vuelvo a mirar a la pantalla y pienso en qué contestarle a Aritz, en ese momento veo como una chica se acerca sonriente a nosotros mientras empuja un carro con varias tazas, un par de jarras y varios bollos rellenos de algo que ahora mismo pues no sé qué es, porque no he desarrollado rayos x todavía.

— Les dejo aquí los cafés señores. —dice sin dejar de sonreír.

No puedo evitar sonreír cuándo veo como Mateo le da un repaso de arriba abajo que debería de ser ilegal, no por el hecho de que se lo dé, si no por el cómo. Esta vez no hago ningún gesto, ningún comentario y mucho menos pretendo ponerme digna. Desisto y sonrío cuándo Aritz me mira con esos ojos interrogativos y yo tuerzo el gesto como diciendo *tranqui amigo, todo controlado.* En verdad no me lo estoy creyendo ni yo, pero bueno cuando estoy cerca de él me siento bien, eso tiene que significar algo ¿no?

— Muchas gracias, ya nos servimos nosotros. —digo mientras miro a la chica y me quedo más ancha que pancha. Sí, yo es que soy así.

Aunque por lo que veo no me está haciendo ni puñetero caso y solo tiene ojos para Mateo, pobre ilusa… estoy convencida que ha perdido las bragas en algún momento por la sala de reuniones y Mateo sonríe triunfante como diciendo *sí nena… lo sé, a todas les pasa lo mismo.*

Mateo se levanta de su asiento y yo pongo los ojos en blanco, no me veo… pero lo sé. Después empieza a preguntarles a todos como les gusta el café, menos a mí. Que digo yo que después de doce años juntos se acordará, ¿no?

Dos minutos después (bueno, quizás no dos minutos, pero a que queda bien cuándo lo lees) se acerca y me planta delante de mí un café tal y como me gusta, nuestros dedos se cruzan y no puedo evitar sentir un escalofrío que recorre mi espina dorsal, aunque no estoy muy segura a estas alturas de que sea de placer o emoción la verdad… ¡joder! Creo que no sobreviviré a este viaje, no veo el momento de subirme a un avión y volver a casa. Reencontrarme con mis lágrimas, mis novelas románticas, mis bolsas de patatas fritas, mis bollos… Sabéis lo que os digo, ¿no? Pues eso.

— ¿Lo tomas como siempre? —me pregunta mientras pone una sonrisa de esas que creo que ensaya delante del espejo todas las mañanas.

— Sí, hay cosas que no cambian. —contesto mientras me sigo peleando con el IPad del demonio, es que no puedo escribir bien con él, no lo entendéis...

— Por supuesto. —responde mirándome a los ojos, yo aún estoy esperando el momento en el que le diga cuatro cosas bien dichas... pero claro, entendemos que ahora mismo no es un buen momento.

— Esta noche es la presentación de la colección de joyas de la casa Morris. —interrumpe sonriente el señor Bouvier y por una vez me alegro de que ese hombre regordete con gafas hable.

Miro a Rita y espero que entienda que ahora mismo mi mirada es suplicante y le grita ¡Sálvame de ir! ¡Sálvame de ir! Y oye, parece que lo entiende, porque me hace un gesto con la mano como diciéndome que tenga paciencia, mientras no deja de sonreír.

— Sintiéndolo mucho yo esta noche no podré acompañarles, he de solventar algunos asuntos y me será imposible asistir. —Mateo sonríe y a mí en verdad si no va él ya me da lo mismo ir o no ir. Total, que tendría que hacer ¿Eh? Disfrazarme con ropa que seguramente nunca me pondría, sonreír y decir que todo es maravilloso, maravilloso.

— Elizabeth Aurora tampoco podrá asistir. —dice Rita de pronto, ¡mierda! Creo que ahora tendría que decirle que, si no viene Mateo, tampoco me supone una tortura medieval. Pero me callo, porque sé que es mejor no marear a Rita. — Empieza sus vacaciones y no quisiera robarle más tiempo reteniéndola en París.

¡Espera! ¿Ha dicho vacaciones? ¿Qué vacaciones? ¡Yo no tengo vacaciones! ¡Joder! ¡Me va a despedir! Supongo que mientras mi yo interior grita todo esto, estoy poniendo una cara de espanto que por suerte nadie entiende. O al menos eso es lo que pienso yo…

En cuánto termina la reunión corro para interceptar a Rita, pero mis piernas no están muy colaborativas y tropiezo con Mateo. ¡Joder!

— ¿Estás bien? —susurra cerca de mi oído.

— Por supuesto que estoy bien, es la moqueta que…—vale, espera… A él no le puedo mentir. — He de irme.

Encuentro a Rita a en la puerta del ascensor y creo que me estoy poniendo amarilla por momentos. Puede que este ascensor me esté dando alergia.

—Rita, Rita.

—Dime Elizabeth Aurora.

— ¿Qué vacaciones tengo? ¿Por qué tengo vacaciones? ¿Me vas a despedir?

Sí, porque yo a veces no puedo mantener esa boca que mi madre me ha dado cerrada.

— Necesito que vuelvas a Barcelona y te tomes un par de días de descanso. Quiero que te relajes trabajando y que no estés en tensión como lo estás ahora, porque a este ritmo seguramente te saldrá una ulcera en el estómago. Necesito sacar lo mejor de ti y en este estado no lo voy a tener. Así que vas a volver a Barcelona, te vas a tomar un par de días libres y después te quiero en mi despacho con la mejor de tus sonrisas y muchas ganas de trabajar. ¿He sido clara?

—Infinitamente clara, muy clara, súper clara.

—Suficiente Elizabeth Aurora y ahora… ¿Te vas a quedar en la puerta del ascensor o pretendes bajar?

— No, no le tengo un especial cariño a este ascensor y prefiero ir por las escaleras. —sonrío porque sé que es lo más sensato que puedo decir en estos momentos.

Unos minutos más tarde salgo del edificio de oficinas y miro el cielo, está negro, negro. Cómo diría mi padre va a caer la de San Quintín. Debería llamarle, pero creo que antes llamaré a Mario, sí, creo que llamaré de vuelta al hotel mientras doy un paseo para decirle que por fin vuelvo a casa.

—¡Mario! ¿A qué no sabes qué?

—Te has tirado a un francés y te ha hecho encoger los dedos de los pies.

—¿En serio? —pregunto aturdida.

—Pato, es que necesito cotilleos. La abstinencia tuya es muy aburrida para una maruja como yo.

—Vuelvo a casa, hoy, ahora mismo voy al hotel, hago la maleta y busco el primer vuelo que salga hacía Barcelona. ¿Me venís a buscar?

—Pues claro que sí pato, el dúo dinámico irá a buscarte. ¿A qué hora llegas?

—¿Me escuchas cuándo hablo? —suspiro y creo que debería de dejar a Mario por imposible. —En cuánto tenga el billete en las manos te aviso.

—Sí, que yo necesito que vengas y me cuentes lo del bicho, porque con esta angustia yo no puedo vivir.

—De verdad que te equivocaste de profesión, tendrías que haberte ido por el lado dramático y dejarte de historias de interiorismo, eres todo un *drama queen*.

—A veces dudo de verdad de la buena el porqué de mi amor por ti, pero bueno como decimos siempre correré un tupido velo y haré como si no hubiera escuchado nada.

—Está bien, pero no me quieres, me amas y me adoras. Voy a volver al hotel antes de que empiece a llover o a nevar porque creo que de pillar la tormenta no me libro.

—Dime algo cuándo sepas el vuelo en el que llegas.

— Tranquilo melón, te aviso cuándo lo sepa. Ahora voy a llamar a mi padre.

— No voy a ir a comer mañana con tus padres si eso es lo que quieres sacar de mí. He quedado con Caiden para comer, bueno no sé si comeré o le comeré a él, la cuestión es que voy a comer y no puedo acompañarte.

— No te lo iba a pedir tampoco. Te llamo después.

Me cuelga y aunque no quiera llamar a casa lo hago, porque a mi madre no tanto, pero a mi padre yo lo quiero mucho.

— ¡Pequeña! —mi padre contesta dos tonos más tarde.

— Vuelvo a Barcelona hoy, solo quería que lo supieras. ¿Cómo estás?

— Desenado darte un achuchón, ¿vienes mañana a comer?

— No, déjame estar un día en mi casa, en mi sofá y sin hacer nada, después prometo ir a comer contigo.

— Y con mamá.

— Y con mamá. —repito.

— ¿Cuándo llegas? ¿Quieres que te pase a buscar al aeropuerto?

— No lo sé, ahora iba a buscar un billete, me da igual cuál, solo quiero volver a casa. Cuándo lo sepa te digo algo, pero vendrá Mario y Xavi a buscarme.

— Está bien, avísame cuando llegues.

— Claro, no te preocupes. Te quiero papá.

— Y yo a ti pequeña.

Vuelvo a mirar el móvil y mientras entro por el hall del hotel encuentro un vuelo que sale en cinco horas, así que ni corta ni perezosa lo compro y después le mando un mensaje a Rita para informarle y sé que, por supuesto no me va a contestar, pero si no se lo mando después me recuerda que no le cuento las cosas y que para eso me paga el móvil. Giro y me quedo mirando el bar del hotel dónde me encontré con Mateo la primera noche en París. Desecho muy rápido ese pensamiento, saludo al recepcionista y me voy camino del ascensor. Entro en el primero y le doy al botón de mi planta, después voy a mi habitación tarjeta en mano y me voy desnudando mientras voy al baño. Una última ducha, me cambio de ropa y por fin siento ya como estoy más cerca de casa que nunca.

- [25 enero 12:50] Aritz: Como sé que querías volver a casa no me voy a tomar mal que no te despidas de mí, pero quiero que sepas que tenemos una cena pendiente. Tranquila, sé lo que me vas a decir y de verdad verdadera que no lo voy a llamar cita. Ahora que te han dado unas vacaciones que por tu cara no esperabas (tienes que fingir mejor) no tienes excusa. Bueno, voy a descansar un poco antes de la tortura medieval a la que me someterán esta noche. Buen viaje de vuelta. (Aritz, un hombre preparado para las torturas medievales y lo que le eches)

Me quedo mirando el móvil y sonrío, quizás debería de haberle contado a Mario de la existencia de este bonito del norte. Pero la verdad es que de momento prefiero guardármelo solo para mí, vuelvo a mirar el móvil y no me lo pienso.

- [25 enero 12:51] Beth: ¡Espera! ¿Me estás diciendo que cómo actriz no sirvo? (Beth anonadada)

- [25 enero 12:52] Aritz: No, supongo que no te daría el Óscar como mejor actriz, pero no me hagas mucho caso porque yo siempre te voy a ver con buenos ojos. (Aritz, tremendamente sincero y siempre a tu disposición)

- [25 enero 12:53] Beth: Vaya, espero que al menos me den un diploma o algo. Supongo que tendré que seguir practicando, quién sabe quizás soy buena y todo. Mi vuelo sale en cuatro horas y ya me voy para el aeropuerto. (Beth, la que no ganará nunca un Óscar)

- [25 enero 12:53] Aritz: No practiques, a mí me gusta la

Beth real. Si no te importa, avísame de que has llegado bien. (Aritz, una bellísima persona)

Dejo el móvil encima de la cama y vuelvo al baño porque me conozco y sé que me voy a olvidar algo. Ahí está el corrector de orejas que he utilizado hace un rato, suspiro mientras me miro en el espejo, poco más se puede hacer con esta cara de *necesito un spa o un gin-tonic, aún no lo he decidido.*

Vuelvo a recoger la maleta y la empujo maldiciendo todo lo que me he comprado y no debería. Saco la tarjeta del cacharrito dónde se activa la luz, doy la vuelta y voy hacía el ascensor, en menos que canta un gallo estoy en recepción.

— Señorita de la Vega. —esa soy yo. La recepcionista me mira sonriente y entiendo que le debo de parecer una santa por aguantar a mi jefa después del momentazo con las suites. — Espero que haya tenido una estancia agradable, me ha comentado la señora de Castro que usted abandona las instalaciones antes de tiempo y que simplemente tiene que dejar la llave, todo lo demás se quedará en manos de ella.

— Muchas gracias, muy amable. —contesto rápido mientras le doy la tarjeta, porque no me quiero chocar con Mateo. Él por su lado, yo por el mío. Fácil, sencillo, eficaz.

— Espero que la tormenta no obstaculice su vuelta a Barcelona.

— Sí, ya lo he visto y yo también lo espero. Nos veremos en otra ocasión, muchas gracias por todo. —sonrío, pero sé que no voy a volver nunca más (si no es por obligación) a este hotel. Pero bueno, ella no tiene por qué saberlo.

Vuelvo a subir el asa de la maleta y salgo por la puerta del hotel, el botones me mira mientras que sujeta un robusto paraguas. Mierda, ha empezado a llover y yo no tengo paraguas… ¿Debería de haber metido uno en la maleta? Intento buscar con la mirada desesperadamente un taxi, pero pasa como en todos lados. Cuándo no los quieres salen por debajo de las piedras y cuándo buscas uno... resulta que es más fácil encontrar a Wally el estadio del Atlético de Madrid.

— Si quiere puede volver dentro y pedir un taxi, ha empezado a llover y han puesto alerta naranja por lluvia, será más complicado localizar uno...

— No se preocupe, la lluvia solo moja. Esperaré aquí, necesito un taxi porque no puedo perder mi avión.

— Cómo usted quiera. —dice mientras me mira, yo creo que piensa que soy idiota...

Quince minutos después he de decir que me estoy empezando a poner un poco de mala leche, ¿Dónde demonios están los taxis en París?

— Vale Beth, no te pongas nerviosa. Respira hondo...—me digo a mí misma, mientras intento hacer esos ejercicios cual parturienta el día D, que no sirven para nada, pero al menos tienes la mente ocupada en otras cosas.

Vuelvo a mirar al botones que levanta los hombros mientras intenta decirme algo así como *se lo he dicho señorita.* Y claro, razón no le falta porque empiezo a notar como tengo empapados de agua los calcetines y eso hace que tenga algo de frío, si sigo aquí me voy a encontrar con Mateo y eso es lo que no quiero... pero hablando del rey de Roma...

— Maldita mi suerte. —digo entre dientes.

Lo cierto es que Mateo me estaba mirando desde hacía un rato des del hall del hotel, mientras acercaban su coche a la puerta. No había que ser un lince para entender que si llevaba la maleta y el bolso de mano lo que estaba haciendo era esperar un taxi, así que no se lo pensó demasiado y se acercó decidido a mí.

— ¿Vas al aeropuerto? —dice justo en el momento que pasa una moto de esas que hacen mucho ruido y yo que no acostumbro a llevar sonotone no le escucho. — Beth ¿Vas al aeropuerto? —repite y esta vez sí que le escucho, lo miro con cara de pocos amigos y asiento con la cabeza. —Te llevo.

—No hace falta, estoy esperando un taxi.

— Llevas casi media hora esperando un taxi, vamos que te llevo. —dice mientras señala el coche que se planta enfrente de nosotros.

— Puedo esperar, no te preocupes. —mierda de lluvia, mierda de día, mierda de semana y mierda de todo.

— No seas absurda Beth. —hablo el listo. — Puedes pasarte horas esperando a un taxi con esta tormenta, contra antes lleguemos al aeropuerto antes sabremos si los vuelos se han visto afectados por la tormenta.

Y me tenso, porque en eso no había caído y espero con todo mi corazón que mi vuelo salga sin problemas, aunque tenga turbulencias… ya me dan igual porque esto no es una peli americana, es mi vida y yo necesito llegar a casa. Vuelvo a mirar a Mateo y sé que en el fondo tiene razón por mucho que me joda. Mis calcetines empapados opinan lo mismo que yo. ¿Sería muy terrible que Mateo me llevara al aeropuerto? Bueno, tampoco es el fin del mundo.

— Está bien, llévame al aeropuerto. —termino diciendo entre dientes mientras él sonríe y le hace un gesto afirmativo al chofer que seguramente se está cagando en mi madre y no sin razón.

— Me permites. —dice mientras se acerca a mi maleta y coge del asa, este se piensa que estamos en una peli de los años cuarenta o algo así. Después se acerca al chofer que abre el maletero con ese paraguas que más que un paraguas parece una sombrilla de playa y sonríe. — Gracias Henry. —dice mientras el señor coge mi maleta y pone los ojos en blanco, Mateo vuelve y me abre la puerta.

—No es necesario, sé abrir puertas, tengo experiencia demostrada. Gracias.

—Veo que sigues siendo tan agradable como siempre. Sube,

hemos de irnos pronto porque no quiero perder mi vuelo a Barcelona.

Subo al coche y me abrocho el cinturón, sigo mirando a Mateo de reojo y espero que él no se dé cuenta. Una vez dentro y cuándo el coche se pone en marcha (yo creo que lo hace para que no abra la puerta y me tire en plancha) empieza hablar.

—Respecto al incidente del otro día...

— No tengo nada que decir. —sonrío con una risa más falsa que los billetes de trescientos.

—Tú no, pero yo sí. Creo que deberías disculparte.

— ¿Yo? —pregunto mientras pienso que es gilipollas y me giro para poder mirarlo de frente. Mi cuerpo se está empezando a tensar y no por gusto precisamente.

Le miro a los ojos, esos mismos que me llevaban al cielo y que ahora solo hacen que una rabia brote de mis venas y me impida pensar con claridad, si no tuviera que llegar al aeropuerto lo antes posible le pediría al chofer (que no pierde detalle) que parara el coche, para bajarme o quizás abriría la puerta y me tiraría en plan peli de acción, pero seamos sinceros... con lo patosa que soy seguramente terminaría en el hospital y no puedo olvidar que tiene mi maleta.

¿En serio esperaba una disculpa? ¿Él? ¿Dónde está la cámara oculta? Me parece increíble que después de todo sea él el ofendido, increíble... ¿He dicho ya que me parece increíble? Pues eso... intento relajarme, para no cogerle del pescuezo y me felicito mentalmente por lo bien que lo estoy haciendo.

— ¿Por qué? —pregunto de pronto.

— Me ridiculizaste delante de todo el restaurante y de nuestros socios.

— A ver, a ver, creo que no has entendido una mierda. —grito de pronto. — ¿Qué yo te ridiculicé? ¿En serio me estás diciendo que yo te ridiculicé? Tendrás valor...

— No creo que sea apropiado mezclar la vida personal con la profesional.

— Y me lo dices tú que trajiste a tu novia a los postres.

— No es mi novia, Jacqueline es una amiga con la que...

— ¡No quiero saberlo Mateo! Es que mucho mejor me lo pones, te parece una idea estupenda traer a la Barbie que te follas a una comida de trabajo. Dime, quiero saberlo, me interesa saberlo. —empiezo a gesticular como si me hubiera vuelto loca y me fuera la vida en ello.

— Creo que no he de responderte a eso, puesto que me dejaste.

¿Perdón? ¿En serio? ¿En serio tiene los santos cojones de decirme esto? Sí, supongo que sí porque yo hasta ahora escuchaba perfectamente.

— No perdona, —siento como la vena del cuello se me va hinchando lentamente y por voluntad propia. Eso no puede traer nada bueno, lo sé, me conozco. — Desistí, que es diferente. Desistí porque no quería seguir siendo la cuernuda de Barcelona. Porque mientras yo me ilusionaba con vestidos de novia, tú te follabas a todas las que se te ponían a tiro.

— Creo que estás exagerando Beth.

— Los cojones estoy exagerando Mateo, no me digas que podría haberlo tenido todo como me ha repetido por activa y por pasiva tu madre porque sabes qué me faltaría, ¿lo sabes? —pregunto, pero no dejo que me conteste, porque en verdad no necesito que me conteste mientras me estoy convirtiendo en la niña del exorcista. — En fin, ya no importa.

Después coge un mando a distancia pequeñito y pone música, nada más darle al botón empieza a sonar *quiero que vuelvas* de *Funambulista*. Esto es sin duda la respuesta a la pregunta ¿Tengo un buen karma? Así que dejo de mirarle todo lo dignamente que puedo y me pongo a mirar por la ventana, que será lo mejor. La canción me está puteando el día, me está puteando más el día.

□ *Te iré a buscar, preguntare en los bares y en los aeropuertos, en la estación de tren donde lanzamos besos... al marcharte lejos. Y te diré... qué quiero que vuelvas, a ver cómo te explico yo, qué vuelvas.* □

Mi humor se une en hermandad al tiempo y he de hacer grandes esfuerzos para no terminar siendo la niña del exorcista. Esta vez en serio. Apoyo la cabeza en el cristal bajo la atenta mirada de Mateo y cierro los ojos mientras los kilómetros al aeropuerto se me están haciendo eternos.

Cuándo me he cansado de ver la carretera, cojo el móvil y le mando un mensaje a Xavi que es el sensato del grupo y siempre tiene las palabras correctas para solucionar cualquier tipo de problema. Cuándo abro el Chat empiezo a jugar con él móvil pensando en qué decirle.

- [25 enero 16:10] Beth: ¿Te han contado mis últimas aventuras por tierras francesas?

Sí, yo creo que así es suficiente. Él es el listo del grupo y espero que lo entienda todo a la perfección. Y lo hace porque apenas tarda un par de segundos en contestarme, estoy segura que Mario ya le ha ido con el chisme sobre lo que paso en el restaurante y espero la charla, aunque no lo reconozca.

- [25 enero 16:12] Xavi: Bueno, la hija prodiga se digna hablar con la prole. Sí, me han contado todo con sumo detalle. Es una pena que me haya perdido el momento restaurante, habría pagado mucho dinero por poder presenciarlo. ¿Estás bien?

- [25 enero 16:13] Beth: Me está llevando Mateo al aeropuerto, está cayendo la del pulpo y no había ningún taxi. Espero que mi vuelo salga bien, porque por la radio las noticias sobre la tormenta son deprimentes y yo necesito volver a casa. Por cierto, Mateo me acaba de decir que se merece una disculpa por el numerito de ayer, es demasiado surrealista hasta para mí. ¡Dime que no estoy loca!

- [25 enero 16:13] Xavi: ¿Me estás usando de distracción?

- [25 enero 16:14] Beth: Lo siento, necesitaba leer las palabras del sensato del grupo.

- [25 enero 16:14] Xavi: Bien, teniendo en cuenta que tienes al susodicho cerca no te diré todo lo que tengo que decirte, pero te lo dije.

- [25 enero 16:15] Beth: Es cierto, me lo dijiste. Solo necesito que me repitas que soy estupenda y que lo voy hacer genial.

- [25 enero 16:16] Xavi: Cariño, eso te lo dice Mario yo soy más de decirte que no te olvides que respirar es importante. Después pide un vino en el aeropuerto y vuelve a casa lo antes posible. Te esperamos en el Prat, Mario tiene el coche en el taller y llevaremos el mío, Aida no puede venir. ¿Te conformas con nosotros dos?

- [25 enero 16:17] Beth: Por supuesto, me hubiera gustado más que estuviera Channing Tatum, pero me conformo con vosotros no os preocupéis.

- [25 enero 16:17] Xavi: Eres una capulla, dinos algo con cualquier cosa.

- [25 enero 16:18] Beth: Traed vino, no creo que me dejen bajarlo del avión en plan botellón.

Sonrío mientras miro el móvil y siento como Mateo me mira, pero no le digo nada porque tengo que hacerme la digna y estoy enfadada. Los minutos pasan y por fin veo a lo lejos el aeropuerto. O algo que se parece a un aeropuerto entre la cortina de lluvia que hay.

— ¿En qué vuelo sales?

— En el de las seis y media.

— Tenemos el mismo vuelo, yo también salgo a las seis y media.

— Qué bien. —sonrío. — ¿Quieres que te haga una fiesta?

— Espero que la tormenta no nos desvíe y podamos llegar en hora.

— Sí, yo también.

— Bien, no hables tanto que no me da tiempo a responder a todo lo que me dices.

Pero no le contesto, porque no quiero parecer una ordinaria. Realmente yo también espero que mi vuelo (y el suyo) salga en hora. Después de aguantar todas las canciones de amor y desamor habidas y por haber del mundo en el coche, necesito como agua de mayo una buena noticia.

En cuanto salimos del coche me peleo con el cinturón de seguridad que me lo está poniendo divertido, después del momentazo (ya estáis viendo que soy mucho de momentazos) consigo bajar del coche, coger la maleta y correr sin caerme hasta la entrada de este. Mateo anda muy cerca de mí, pero yo hago como que lo estoy viendo.

Cómo no podía ser de otra manera cuándo llegamos a la ventanilla de nuestra compañía aérea, la chica que hay allí nos informa que por seguridad han cancelado todos los vuelos.

— Por la seguridad de este, —señalo disimuladamente a Mateo. — Yo pondría en circulación todos los putos vuelos otra vez. —susurro muy bajito, mientras que la pobre chica empieza a poner una cara de pánico, en otras circunstancias de la vida me daría pena, pero ahora mismo no...

— Lo siento señorita, hemos tenido un par de problemas en los vuelos que atravesaban París y han decidido desviarlos todos por precaución.

— Ayer pensaba que las cosas no me podían ir peor, bien. No tenía ni puta idea...—termino diciendo mientras me siento derrotada.

Vuelvo a mirar a Mateo que está hablando por teléfono,

lo conozco tan bien que sé por su expresión que ya está buscando una manera alternativa para poder salir de la ciudad, aunque no puedo escuchar lo que dice. La pobre azafata que sigue en la ventanilla discutiendo con viajeros con el mismo buen carácter que yo (léase la ironía), creo que nada más llegar a casa se tomará un tranquimazin o algo similar.

—Genial… Atrapada en París. –digo totalmente desanimada.

— Beth, yo me voy a volver en coche. Puede que tarde un poco más pero no me voy a quedar hacer noche en París. ¿Te llevo a casa?

¿Te llevo a casa? Sí o no, esa era la cuestión. No quería quedarme en el aeropuerto, discutiendo con los turistas sobre si yo me había sentado antes en el asiento o lo había hecho él. Pero… ¿Quería pasar cuatro o cinco horas con Mateo en un coche? (tampoco sé a ciencia cierta cuándo se tarda de París a Barcelona en coche)

“La vida es de los valientes”. Recuerdo que me dijo Aritz… así que… si he sobrevivido doce años con Mateo, creo que por unas horas no me voy a morir. Total, siempre puedo ir durmiendo en el coche.

— Siempre puedes pasar el viaje durmiendo si no quieres hablar conmigo. –dice como si me hubiera leído la mente.

—Está bien, me has convencido. Vamos antes de que me arrepienta, contra antes salgamos, antes llegaremos.

Quizás es un error meterme en un coche con Mateo durante tantas horas, puede que sea mi yo interior que quiere ir desarrollando más mi lado masoca y tiene que ejercitarlo para no perder tono. Vuelvo a casa, en coche, con Mateo… Si me lo llegas a decir esta mañana lo más seguro es que me hubiera reído como las famosas hienas retrasadas del Rey León. Pero nada más lejos de la realidad, esto es lo que me está pasando en estos momentos. ¿Quién podría dudar que mi vida era aburrida?

— Déjame que te ayude con la maleta. —dice mientras vuelve a coger el asa de la maleta y la empuja al parking. A su favor diré que yo no sería tan amable con él, como él lo está siendo conmigo. — Estás empapada, deberías de cambiarte de ropa.

— No creo que me sienta cómoda con un vestido y unos tacones, cuándo me voy a pasar las próximas cinco horas o lo que tardemos en volver a casa sentada en un coche.

— Puedes comprarte algo en las tiendas de aquí.

— Poder puedo, otra cosa es que quiera.

— Lo digo por tu bien.

Lo miro como si me estuviera hablando en marciano, ¿en serio ahora quiere ser simpático conmigo? ¿De verdad? Intento poner un poco más de distancia con él y dejo que dé dos pasos antes de seguir, pero por desgracia mía Mateo me conoce demasiado y da un paso hacía mí. Noto su piel demasiado cerca de mí y ese plan alternativo me está dejando de parecer ideal.

— No gracias. —digo al fin.

— Vamos, aunque sea compra unos pantalones y unos calcetines, dejaremos atrás las deportivas para que se sequen.

— No es necesario, estoy bien Mateo.

— Siempre has sido una cabezota. —termina diciendo mientras cambia de rumbo sin avisarme y va como si tuviera un petardo en el culo hacía la zona de tiendas.

Es imposible discutir con él, siempre termina saliéndose con la suya y yo ya lo dejé por imposible hace mucho tiempo. No me da opción y ahí está, cogiendo algo de ropa para mí.

Después todo pasa muy deprisa, o al menos intento que pase deprisa. Me da las bolsas y me voy al baño a cambiarme, me ha comprado unas deportivas blancas, unos pantalones de deporte y un suéter nuevo. Después de cambiarme y media hora más tarde aquí estoy, sentada en el coche que ha alquilado Mateo. Pienso en poner la radio, pero suficiente música romántica he escuchado para volver a pasar por eso otra vez.

Atrás dejó París, si un par de semanas atrás me hubieran dicho esto, le habría dicho a Rita que tenía la gripe, que tenía que bañar a mi pez o que mi hormiga se había puesto mala. Intento mirar por la ventanilla para no hablar con Mateo, pero creo que él tiene ganas de hablar y está charlatán. ¡Qué viaje me espera!

— Tardaremos unas diez horas según el GPS, si te iba a ir a buscar alguien al aeropuerto es mejor que lo avises.

— ¿Diez? –grito de pronto y me vuelvo para mirarlo. — ¿Diez horas? ¿Me lo estás diciendo en serio?

— Según esto tardaremos nueve horas, treinta y siete minutos. —señala sonriendo el GPS mientras yo solo tengo ganas de estamparlo contra el salpicadero. Si las miradas matasen el GPS ahora estaría en la basura y Mateo no estaría ente nosotros.

— Voy a morir, esto no me puede estar pasando a mí...

— ¿Qué has dicho? — pregunta y yo aprovecho que para en un semáforo para mirarle.

— Mierda, lo he dicho en voz alta.

Vuelve a mirar la carretera y no dice nada, mejor. Creo que antes de poner en riesgo su integridad física prefiere callar. ¿Desde cuándo me he vuelto una violenta? Así que haciéndole caso a Mateo me dedico a mandarle un mensaje a Mario para que no vayan a buscarme al aeropuerto.

El karma me tenía guardado un final apoteósico para mi viaje a París, voy a morir... lo estoy viendo.

- [25 enero 20:30] Beth: Han cancelado todos los vuelos por

la tormenta, vuelvo a casa en coche... es una larga historia. Os llamo cuándo llegue a casa. Os quiero.

- [25 enero 20:32] Mario: Vale patito, te estaremos esperando. Te queremos mucho, ves con cuidado. ¿Has alquilado un coche? ¿Cómo estás volviendo? ¿Sola?

- [25 enero 20:33] Beth: Te he dicho que es una larga historia, te la contaré cuándo llegue a casa, porque si escribo en el coche me mareo y me multan.

Miento descabelladamente a Mario, sé que no era una buena idea llamarlo, porque entonces no podría haberle mentido como le acabo de mentir.

- [25 enero 20:34] Mario: Correcto, me la vas a contar en cuantito pongas un pie en Barcelona. Ve con cuidado. ¿Te he dicho que te quiero?

- [25 enero 20:35] Beth: ¿Te he dicho qué eres un "pelota"? Tranquilo, luego hablamos.

¿Cómo de incómoda sería una situación así para el resto del mundo? Cómo se actúa si tienes que pasar casi diez horas con tu ex en el mismo coche, teniendo en cuenta los antecedentes de este. Quizás porque la maleta está en el maletero y tengo cosas importantes si no me escaparía y volvería al aeropuerto con el resto de turistas histéricos.

Miro el reloj y solo han pasado cuarenta minutos, esto va a ser una tortura medieval y no lo de Aritz. Me quedan nueve horas y veinte minutos aún... y ya he mirado por la ventana, trasteado el móvil, he intentado pensar en cosas bonitas y lo que pensaba que había sido una eternidad (y para que mentir, un par de horas también) Solo han sido cuarenta miserables minutos. No era posible, esto no es normal.

(Su bonito del norte se había informado que todos los vuelos que salían de París habían sido cancelados y aunque no lo reconociera se estaba rebanando los sesos preguntándose dónde estaba Beth, no quería agobiarle y mandarle un mensaje, pero estaba preo-

cupado...)

— No me has dicho que te hubiera faltado. —vuelve a la carga Mateo.

—¿Cómo?

— No me has dicho que te hubiera faltado, —vuelve a repetir. — No me has dicho que te hubiera faltado si hubieras seguido conmigo.

Definitivamente es tonto, a veces dudo si es que le falta un hervor o por el contrario de pequeño se dio algún tipo de golpe en la cabeza y ahora el mundo sufre las consecuencias. "Quizás no tienes otra oportunidad" me dice mi yo interior y bueno, le hago caso. Porque a veces está bien hacerle caso.

—Confianza, amor...

— Amor no te hubiera faltado. Porque yo te quería, yo te quiero Beth.

—Sí, es un tanto extraña tu forma de querer.

—No voy a volverte a pedir perdón por aquello, porque de nada sirve.

— Gracias, por no volver a repetir el mismo cuento chino de siempre. Pero tienes razón, siento que no pueda perdonar a la persona que quería con toda mi alma, a mi primer novio, a mi primer todo, siento que no pueda perdonarle porque se follaba a otras mientras yo estaba organizando una boda, lo siento, debo de ser una persona horrible por no poder perdonar algo así. Por cierto, que habrías hecho tú. Digo, Si me hubiera estado tirando a otro.

Mi yo interior ahora mismo está dando palmas y buscando unos pompones, qué bien lo acabo de hacer, no me reconozco.

—Es diferente.

— No es diferente Mateo, es exactamente igual. —me giro para mirarlo de frente mientras él sigue con la vista fija en la carretera. — Lo que pasa es que eres gilipollas y no entiendes que lo que haces es lo mismo que no te gustaría que te hicieran a ti. Porque tú no me habrías perdonado y lo sabes.

— Yo... —intenta decir algo, pero tengo tantas ganas de seguir con esta conversación como de que me coma una anaconda. Así que como no quiero seguir escuchando historias para no dormir me giro para no verle, como si fuera una niña de cinco años. ¡Cuánta madurez! Me diría Mario.

— No te esfuerces Mateo, el daño ya está hecho. Pero tranquilo, podemos seguir con nuestras vidas.... Por separado por supuesto. —termino diciendo toda yo muy digna. — Solo quiero tener un viaje tranquilo y volver lo antes posible a casa.

— Está bien, como quieras. No quiero que te sientas presionada por hablar conmigo.

— ¿Presión? Para nada, cero presión.

LOS MOTELES DE CARRETERA SON MÁS CUTRES QUE EN LAS PELÍCULAS.

… Vete, olvida mis ojos, mis manos, mis labios que no te desean.

Vete, olvida que existo, que me conociste y no te sorprendas.

Olvídalo todo que tú para eso tienes experiencia.

Olvídame y pega la vuelta – Jennifer López & Marc Anthony

Llevo cinco horas en el coche, cinco horas con Mateo, cinco horas mirando por la ventana y lo único que distingo a través de ella son las carreras que se están disputando las gotas de agua, creo que estoy a cinco minutos de volverme loca.

— Creo que deberíamos parar un poco, al menos hasta que no llueva tan fuerte porque apenas puedo ver por la carretera. —suelta de pronto mi querido acompañante.

— Sí, yo también lo creo. Podemos buscar un área de servicio o algo.

— Estamos de acuerdo en algo al menos. —si las miradas matasen ahora mismo estaríamos llorando todos por Mateo, bueno menos yo que estaría en prisión preventiva.

Cuatro kilómetros más tarde, vemos lo que parece un ser un área de servicio y un hotel de carretera, veo como Mateo empieza a bostezar y yo la verdad es que estoy demasiado cansada hasta para replantearme el hecho de conducir hasta casa. He intentado no quedarme dormida durante estas cinco horas, porque sé que si me quedo dormida puedo llegar a cantar hasta la Traviatta y eso realmente no es una opción.

— ¿Te apetece descansar un poco? Podemos pedir...

— Habitaciones separadas para descansar un poco, sí Mateo, me parece una buena idea. Yo voy a ver si tienen habitaciones y tú puedes ir a por algo de comer. ¿Lo ves bien? ¿Tienes algo por lo que quejarte? —miro a Mateo mientras se quita el cinturón.

He de decir que me he parado a mirar dos veces si tenía el cinturón desabrochado porque paso de volver hacer el ridículo. Cuándo por fin salgo del coche siento como el agua golpea mi cara y hace que me despeje al momento, así que aprieto el bolso contra mi pecho y corro hacía la entrada del motel, cuándo me fijo en la recepción (si a esto se le puede llamar recepción) suspiro e intento sacar todas las fuerzas que seguramente tengo escondidas por algún sitio. A estas horas yo pensaba que estaría en mi sofá, con mi bolsa de patatas y grasas saturadas. ¡Pero no! Estoy perdida en un pueblo de la mano de cristo con Mateo, buscando un par de habitaciones en un motel de carretera para poder dormir algo antes de emprender la segunda parte de mi fantástico viaje. El tiempo ha decidido obsequiarme con un par de truenos que hacen que aumente mi cabreo y darle más emoción a mi final de viaje épico. Debe de ser algo cómico y todo desde otro punto de vista, porque des del mío es para echarse a llorar.

— Buenas noches. —le digo al recepcionista que me inspecciona de arriba abajo y me dan ganas de preguntarle si quiere una foto, pero no lo hago, respiro profundamente y pienso que con este viaje lo único que estoy consiguiendo es volverme una malota de instituto, a mi edad…

—Buenas noches.

—Quería dos habitaciones, por favor.

— Solo me queda una disponible. —contesta con una sonrisa lasciva que me provoca una arcada.

— Ya, pero yo necesito dos. —empiezo a ponerme nerviosa. ¿En serio está a tope de ocupación? ¿Me está tomando el pelo? —Créame, necesito dos habitaciones.

—Y yo le estoy diciendo que solo tengo una. El hotel es pequeño y lo están arreglando, no tengo más que una libre.

— ¿Tiene sofá la habitación? —pregunto mientras pienso que podría mandar a Mateo al sofá, de hecho, no sería la primera vez. Hasta yo podría dormir en el sofá.

—No, las habitaciones no tienen sofá. Tienen una cama, un armario y un baño.

Estoy a punto de ponerme a gritar, a llorar, a patalear como una niña de cinco años. No puedo dormir con Mateo, no puedo dormir en la misma cama que Mateo. Este hombre clarísimamente no tiene pinta de querer negociar conmigo… Yo no estoy segura de dónde me viene tanta mala suerte, la verdad.

— ¿Algún problema? —Mateo hace su entrada triunfal, mojado y perfecto…

Sí, esto ha sonado muy mal, ha sonado mal hasta para mí… pero es la verdad, está empapado de agua, mojado e arriba abajo.

— Solo queda una habitación. —me giro sobre mí misma para mirarlo de frente e intento disimular mi cara de preocupación.

— ¿Tienes algún problema? Si has podido dormir conmigo durante doce años, no creo que por una noche más te vayas a morir.

— Gilipollas. —maldigo entre dientes.

— Perdónela, nos estamos separando y está un poco irascible.

¡Yo le doy con el bolso en la cabeza!

— Entonces, quieren la habitación o no. No tengo toda la noche para soportar sus peleas de enamorados.

Mateo y el recepcionista que no ha dejado de mirarme de una manera lasciva (que, por cierto) me dan ganas de algo que confirmaría mi nivel de chunga, sonríen. Y porque no quiero ir a la cárcel, si no tendría serias dudas de quién se merece primero el golpe.

— Deme la habitación. —digo al fin, con toda la falsedad que puedo y le quito la llave que sostiene en sus grasientas manos.

Mientras el señor recepcionista informa a Mateo por dónde ir hacía nuestra habitación me quedo en la puerta y me enciendo un cigarro, sí, fumar mata... lo sé, me lo llevan repitiendo cinco años.

— Ya está, podemos irnos.

— Espero que sea cómodo el suelo.

— No voy a dormir en el suelo, voy a dormir en la cama, a tu lado o solo pero no me voy a ir al suelo a dormir.

— ¡Qué te den Mateo!

Empezamos a caminar bajo la lluvia sin decirnos no pío y entramos a la habitación. Siento como Mateo no me quita la vista de encima y esto hace que me ponga más nerviosa. Realmente este motel parece sacado de las películas de miedo de clase b, aunque esto no lo digo. Mateo en el fondo tenía un poquito de razón, si habíamos dormido durante doce años juntos, por una noche más no pasaría nada.

Pero por supuesto que pasa algo, esto si es una tortura medieval y no lo de Aritz, mierda, no le he dicho nada.

(Pero realmente sí que estaba siendo una especie de tortura medieval, aunque algo más Light. Cuándo vio entrar en el salón a Rita de Castro su corazón le dio un pequeño pellizco. Había conocido a Beth hacía una semana, pero en cuánto la rozó por primera vez y empezó hablar con ella sintió como si se estuviera despertando de un enorme letargo. Fue una sensación extraña y Beth también era una extraña, al fin y al cabo. No se conocían apenas y su corazón pedía a gritos una y otra vez que la protegiera con toda su alma, que no podía volver a verla llorar. Su mente desde que se había ido, había trabajado por enseñarle su imagen una y otra vez. ¿Qué le había pasado? ¿Dónde estaba el chico que tenía una larga e interminable lista de mujeres a su alrededor y que solo se quedaban las que estaban dispuestas a ofrecerles únicamente placer?

Volvió a mirar el reloj y se puso nervioso, le iba a mandar un mensaje, sí, lo iba hacer. No quería presionarle y sabía perfectamente que no había cogido ni aquel vuelo, ni ningún otro. Pero claro, eso no se lo iba a decir.)

Seguía mirando por la ventana, escucho como suena mi móvil y hago ver que lo ignoro. Mateo ha ido a por las maletas para poder darse una ducha y yo ni me he quitado la chaqueta. Supongo que si no me la quito parece que no me vaya a quedar aquí. Dos minutos después voy hasta la cama, me siento y cojo el móvil.

- [26 enero 00:50] Aritz: Dime que has cogido otro avión y estás de camino a las Maldivas y no te tendré en cuenta que no me has dicho nada. (Aritz, un hombre preocupado)

- [26 enero 6 00:53] Beth: Más quisiera yo estar de camino a las Maldivas, digamos que he tenido unos pequeños problemas y estoy volviendo por carretera. ¿Puedes hablar? (Beth, una chica de asfalto)

- [26 enero 00:53] Aritz: Contigo siempre puedo hablar. (Aritz, con ganas de paliqueo)

Leo el mensaje y mientras se me instala una sonrisa muy tonta en la cara marco su número de teléfono. (Bueno, lo busco en la agenda y le doy a llamar)

— ¿Qué tal tu tortura medieval? —pregunto mientras me vuelvo a ir a la ventana para contemplar la tormenta que ahora se me antoja diferente.

— Podría decirte que estupendamente, pero sería mentirte. ¿Estás volviendo por carretera? ¿Y eso?

— Vamos, seguro que lo has escuchado por algún sitio que han cancelado todos los vuelos por precaución. —paro durante unos segundos de hablar y me imagino a Aritz sonriendo. — Me gusta conducir y así puedo hacer un poco de turismo.

Por supuesto no le voy a decir que estoy volviendo con Mateo, porque tampoco soy idiota.

— Bueno, visto desde ese punto supongo que tienes razón, aunque no te siento muy contenta.

— Estoy cansada, eso es todo.

— No conducirás estando cansada, ¿no?

— Tranquilo he encontrado un motel de carretera que parece que lo hayas sacado de una película de terror, de las malas, por cierto, me quedaré esta noche aquí. Si mañana no doy señales de vida es que al final que se parezca esto a un decorado no va a ser una coincidencia. —reímos los dos y esto hace que me relaje. Me gusta la risa de Aritz y creo que me gusta Aritz. ¿Es posible?

— Está bien, no puedo decir nada a eso. Eres buena.

Mientras sigo hablando con Aritz, escucho como Mateo entra en la habitación y mi cuerpo se tensa sin poder evitarlo. Cuándo entra en la habitación Mateo se queda mirándome, no es porque sea una presumida, pero estoy segura de que aún recuerda el tacto de mi piel y su inconfundible olor a chocolate de ese gel que me encanta y me vuelve loca. Y sí, lo más seguro es que se había equivocado en las decisiones que había tomado, la ambición le había hecho perder a la que iba a ser la madre de sus hijos y su mujer, es decir yo. Siento como se acerca un poco más a mí mientras me río con alguna tontería que ha dicho Aritz y de la que no he prestado atención.

— Eso no lo dudes ni un solo momento bonito del norte. Voy a echarme a dormir un rato, mañana hablamos.

— Está bien, si no tengo noticias tuyas mandaré a los de la Ertzaintza que vayan a buscarte.

— Bueno, espero por mí bien que no tengas que mandar a la Ertzaintza para que me vengan a rescatar. Buenas noches Aritz.

— Buenas noches, preciosa.

Cuándo me doy la vuelta veo a Mateo sonriendo con un par de bocadillos en la mano, gilipollas.

— Había traído un par de bocadillos, un par de refresco y el desayuno para mañana, no creo que en el bar de aquí tengan mucha cosa para desayunar. —fuerza una sonrisa mientras me enseña las bolsas, creo que lo que ha podido escuchar de mi conversación con Aritz no le ha hecho ni pizca de gracia, pero no dice nada.

— Está bien, no tenía que haberte molestado.

— No quiero hacerlo difícil Beth.

— Yo tampoco. Ves cenando si quieres, voy a darme una ducha a ver si me despejo.

— Muy bien. —bufa Mateo. — ¿No quieres que te espere?

— No es necesario.

$$\triangle\triangle\triangle$$

— ¿Duermes en el lado de siempre? —pregunta Mateo.

— Me da igual, no te preocupes.

— Vamos Beth, parece que te estés en el corredor de la

muerte. No te voy acercar a ti, no te preocupes me ha quedado claro.

— No me toques los huevos Mateo, por favor.

No dice nada más y nos metemos en la cama, como cuándo estábamos enfadados y seguimos juntos, es más, creo que hacemos los mismos putos gestos. Después de apagar la luz y de lo que creo que ha sido una eternidad, sigo sin poder encontrar la postura y mucho menos coger el sueño.

— ¿Por qué me hiciste el amor aquella noche después de haberte follado a la otra? —suelto de pronto todo lo finamente que puedo. — Por favor Mateo, necesito saberlo para cerrar ese capítulo.

— ¿Otra vez con lo mismo?

— No Mateo, porque esto nunca te lo había preguntado. Y si quiero seguir con mi vida, necesito algunas respuestas a las preguntas que tengo.

— Está bien... Porque la otra como tú le llamas no era más que sexo, llegué a casa y te vi en la cama con aquel pijama que te había regalado Mario y... –empieza a ponerse nervioso, lo sé, lo conozco. Creo que ni él sabe porque se está poniendo nervioso, quizás porque es la primera vez que hablamos en la cama después del desastre. — Eras mi prometida, yo te quería, yo te quiero y siempre te he deseado.

Bueno, parece que volvemos a los cuentos de indios y vaqueros... ¡Qué aburrimiento!

— Pero no era suficiente. Está bien, no te preocupes no tenía que haberte preguntado nada. —me giro y me quedo de espaldas a él concentrándome en respirar y no perder la compostura. Siento como mis pulmones se expanden y se contraen, cierro los ojos e intento dormir, pero sobre todo intento relajarme para no perder los papeles en esta cama, de este motel de carretera y al lado de Mateo.

Supongo que mi mente, cansada de darle vueltas al a última pregunta que le había hecho a Mateo, desiste y decide arrastrarse dejándose llevar por los brazos de Morfeo. O lo que es lo mismo, que me duermo. Quizás nunca lo reconocería y nunca me explicaría la verdad. Supongo que sí que es cierto que con el resto solo tenía sexo como él decía y no otro tipo de sentimiento, eso era lo que al menos quería pensar yo. Pero mi mente no podrá entender jamás esa manera de quererme que tenía, que tiene. Porque me ha vuelto a repetir que me quiere y hace dos días se paseaba con la barbie delante de mí… ¿Entendéis que a veces piense que estoy loca?

Cuándo vuelvo abrir los ojos, lo primero que veo es a Mateo y mi cuerpo instintivamente se tensa. Al final voy a necesitar un masaje con tanta tensión en mis músculos, o un polvo… no estoy todavía segura. Lo que sí que hago es apartarme de él porque lo estoy utilizando como almohada y eso no es lo más normal del mundo.

— Duerme un poco más, aún es muy pronto. –dice sonriente.

— Esto… sí, siento lo de…–digo mientras señalo su pecho. —No me he dado cuenta, claro.

— No me importa, lo echaba de menos.

— No Mateo, no me hagas esto más difícil. —abro los ojos de golpe mientras estos se empeñan en cerrarse.

— Es la verdad, echaba de menos verte dormida recostada en mi pecho.

— Quieres torturarme, ¿verdad? ¡Quiero decir! ¿No has tenido suficiente? Yo… yo no te conozco Mateo, de verdad. —a la mierda mi buen despertar.

— Claro que me conoces, Beth.

— No Mateo, creo que ya no te conozco. —me giro y ahora separada de él me vuelvo a dormir, o al menos lo intento. — Voy a dormir un rato más.

— Lo siento. —susurra en mí oído un rato después y cuándo se piensa que estoy dormida, pero en verdad no lo estoy, simplemente estoy intentando poner mis ideas en orden.

¿Por qué mi cuerpo seguía reaccionando de esta manera? *Pues Beth, lo más seguro es que nos falte sexo*, me grita mi subconsciente y yo asiento mentalmente. Aunque en ninguno de los casos volvería a intercambiar fluidos con Mateo, no, esta vez no.

En algún momento de madrugada, siento como Mateo pasa un brazo por mi cintura, me abraza y se acomoda en mi espalda. Pero estoy tan cansada que ni me giro, ni me aparto, simplemente lo dejo estar. Ya me arrepentiré mañana cuándo me despierte.

Horas después cuándo me despierto (esta vez de verdad) suspiro al ver que Mateo ya no está a mi lado de la cama.

— ¡Oh, mierda! —grito cuándo abro la puerta del baño y lo veo en la ducha como su madre lo trajo al mundo. — Lo siento, no sabía que estabas aquí, no-no te he escuchado. —digo antes de salir corriendo y volver a meterme en la cama con las mejillas rojas como tomates.

Diez minutos después, veo como Mateo sale del baño con una toalla (demasiado pequeña para mi mente calenturienta) y se acuesta a mi lado, me coge de la cara y me aparta los mechones rebeldes que han decidido irse de fiesta.

— Beth, eh...—empieza a decirme. — Mírame Beth, soy yo. No tienes que pedirme perdón.

— Mateo yo...

— Dime Beth. —sonríe mientras se acerca un poco más a mí, mal Mateo, mal, lo estás haciendo mal.

— No me hagas esto, por favor.

Se acerca un poco más a mí hasta quedar a escasos centímetros de mi boca sin dejar de mirarme. Sus ojos brillan y a mí me está a punto de dar un sincope.

— No te haga ¿Qué?—pregunta como si no supiera de qué va la cosa.

Y sin esperarlo me besa suavemente. En el momento que siento los labios de Mateo en mi interior explota una guerra entre el bien y el mal. Por una parte, mi lado perverso me grita que me lo tire, que me lo tire ahora que lo tengo a huevo. Mi lado más responsable me dice que no, que entonces estaría perdida y nosotras no queremos volvernos a perder. ¡Joder! Qué complicado es esto.

Cuándo pone su mano en mi mejilla y siento su calor (porque en ningún momento me estoy apartando de él y esto en verdad es preocupante) mi mente vuelve a ponerse en marcha. ¿Realmente es una buena idea acostarte con tu ex? ¿No sería como marcarte un autogol? ¿Cuántas tardes de helado y patatas me costaría para superar esto? Antes de que la mano de Mateo siga bajando y pierda todo el autocontrol que creo tener, le cojo del a mano y me alejo de él, suspiro, me levanto de la cama y me meto en el baño.

El beso de Mateo he de decir que me ha dejado un poco aturdida, siempre ha conseguido dejarme mareada, y esta mañana no iba a ser diferente la cosa. Pero antes de gritar y ponerme a maldecir en siete idiomas, consigo calmarme y no soltar ni una sola lágrima. Qué orgulloso va a estar de mi Mario cuándo se lo cuente. Por qué va a estar orgulloso, ¿verdad?

— ¡Joder!— maldigo en un susurro cuándo logro ver mi reflejo en el baño y veo como mis labios están un poco hinchados después de lo que casi ha pasado en la cama.

Dos pasos más y cuándo intento entrar en la ducha me doy de bruces contra el suelo, corriendo me levanto y me apoyo en la pared mientras veo como en algún punto de mi cuerpo me he hecho daño, entonces me fijo en el suelo que se ha manchado con unas gotas de sangre y grito. No porque me de miedo la sangre, en verdad creo que estoy gritando de pura desesperación.

— ¿Estás bien? —pregunta Mateo que no sé cómo demonios ha llegado tan deprisa y ha abierto la puerta, tendría que haberle echado el pestillo.

— Sí, estoy bien. Creo que me he cortado en algún sitio, pero estoy bien. —genial, por qué mi vida parece sacada de una comedia americana.

— Yo creo que no estás bien, déjame ver.

— ¿Ahora también eres médico? —pregunto de forma sarcástica.

— No, no lo soy. Pero te has hecho una herida en la ceja.

— Estupendo...—murmuro.

— Yo te ayudo. —dice mientras se acerca peligrosamente a mí.

— No quiero que me ayudes. Puedo ducharme sola, de verdad.

— Voy a por algo para curarte eso.

Me meto en la ducha y me relajo, cuando salgo y me estoy secando veo como entra con una bolsa y lo que parece una especie de botiquín de primeros auxilios.

— He traído esto que tenía en el coche, déjame ver.

— No tenías que haberte molestado, de verdad que no te pega el papel de ex-afligido.

— Cállate y déjame ver. —se queda a mi altura y se vuelve acercar a mí, aunque esta vez no es para besarme, si no para curarme.

Después de curarme, nos quedamos como dos besugos mirándonos.

— ¿Nos vamos?, quiero volver a casa Mateo. —terminó diciendo en un susurro.

—Está bien.

△△△

—Buenos días bella durmiente. —me sonríe Mateo sin apartar la vista de la carretera.

—Buenas tardes. —respondemos yo y mi simpatía.

—Nos quedan apenas dos horas para llegar a casa, ahora iba a parar un poco para estirar las piernas, ir al baño, tomarme un café... ¿Te parece bien?

—¿Ahora quieres mi opinión?

—Vaya, veo que no nos hemos despertado con buen pie. ¿Cómo va tu herida? ¿Te duele la cabeza?

—No me voy a morir en tu coche si eso es lo que te preocupa.

—Está bien. Vamos a parar aquí. —nada más terminar la frase, sale por la primera desviación y aparca en lo que parece un área de descanso.

Entramos en silencio, como si fuéramos dos extraños que en algún momento de su vida se conocieron, pero ya no.

—¿Un café? —me pregunta Mateo cuándo nos sentamos en una de las mesas vacías.

—Sí por favor.

—¿Quieres algo de comer?

—No, no es necesario.

—Está bien.

Mientras Mateo se va a la barra a pedir el café, me entretengo haciendo barquitos de papel con las servilletas. No es que sea lo más adulto del mundo, pero al menos tengo la mente ocupada.

Cuándo voy por mi tercer barquito, se me acerca un niño

que apenas tendrá cuatro o cinco años y le sonrío. Siento como no deja de mirarme con los ojos muy abiertos, pero sigo haciendo el barco. No me gusta presionar a los niños y creo que hay que dejarles su tiempo, si quiere hablar conmigo lo hará, de eso no tengo dudas.

— Yo también sé hacer barcos, mi papá me ha enseñado. —dice de pronto, mientras me sonríe enseñándome sus pequeños dientes. — Pero no me salen bien.

— Bueno. — contesto mientras termino de hacer el barco. — Eso es porque tienes que hacer muchos para que te salgan bien. ¿Quieres el mío?

— ¿Tú eres una mamá? —pregunta y yo no puedo evitar abrir mucho los ojos. ¿Qué mierda les enseñan a los niños de hoy en día?

— No, no soy una mamá.

— Pues eres grande como una mamá. Los grandes son papás y mamás. —vuelve a sonreírme esta vez un poco confuso por mi respuesta.

— Hay grandes que no son ni mamás, ni papás. Pero yo lo seré, algún día seré una mamá, te lo prometo. —sonrío mientras él asiente intentando entender lo que le he dicho. — ¿Quieres mi barquito? Te lo regalo.

— Yo quiero hacer un dibujo, pero mi papá no tiene colores.

— Bueno, es que a veces los mayores no tenemos colores, pero si me prometes que no te vas a pintar las manos yo te regalo mi bolígrafo.

— ¡Sí! —exclama el niño. — Prometo no pintarme las manos... espera. ¿Por qué me tengo que pintar las manos? —pregunta mientras veo como Mateo se acerca y se queda a una distancia prudencial de nosotros sin perder detalle de la escena.

— Porque creo que a tu papá no le gustará que te pintes las

manos, a mi papá no le gustaba que me pintará las manos.

— Vale, ¿Cómo te llamas? Yo me llamo David, como mi papá.

— Está bien David, yo me llamo Beth. —sonrío. — Me encanta que te quedes hablando conmigo, pero creo que tú papá estará preocupado si no te ve cerca de él, ¿Verdad?

Mientras el niño me mira y asiente porque sabe que razón no me falta, su padre se acerca con una sonrisa y algo más relajado después de la fuga de su hijo.

—David, estás aquí. Deja de molestar a esta chica y vuelve a la mesa, ¿Qué te he dicho de molestar a la gente?

— Pero papá, Beth no es la gente. Es mayor, aunque no es una mamá, me va a regalar un color para pintar, pero no me puedo pintar las manos y me va a dar el barquito que tiene ella. Es un barquito como los que me haces tú. —termina sonriendo y he de decir que esa sonrisa me está enamorando. — ¿A qué sí?

— Está bien enano, volvamos a la mesa. —dice antes de coger a su hijo en brazos.

— ¡Espera papi! Yo le quiero dar un beso a Beth.

— Empezamos pronto. —susurra su padre y yo no puedo evitar reír.

— Ven, vamos. Dame un beso y después me tienes que prometer que le vas hacer caso a tu padre. ¿Vale?

— Claro, si siempre le hago caso a papá, porque si no los reyes magos ven que no le hago caso y no me traen lo que les pido.

— Eres un chico listo. —sonrío mirando al padre mientras que me dice algo así como *lo siento* y yo le susurro algo que espero que entienda como un *no pasa nada.* ′

Después de mi momento con el enano fugitivo, Mateo vuelve al a mesa.

— Al final no fuimos a por Lucas.

¡Mierda! Porque tiene que ser tan gilipollas. Cuándo llevábamos un par de años viviendo juntos y tras muchos años de relación, llegamos a una especie de conclusión y decidimos intentar ir a buscar durante un par de meses un embarazo (solo un par, si cuajaba perfecto, si no, no nos torturaríamos) Si llegaba a ir bien la cosa indudablemente queríamos que se llamara Lucas, desde entonces muchas veces habíamos dicho alguna de esas frases cursis de *vamos a buscar a Lucas,* o *vamos a poner un Lucas en nuestras vidas.*

— Al final no fuimos a por muchas cosas Mateo.

— Hubiera...

— No Mateo, no. No vayas por ahí porque no tengo ganas de hablar de niños, ni de cosas que queríamos hacer y al final no hicimos. Has terminado con el café, ¿podemos volver a casa?

— Te quiero Beth, porque no podemos volverlo a intentar.

Si es que no se puede estar callado, al final va a conseguir que se me agrie la leche en el estómago.

— No podemos volverlo a intentar porque yo, yo...

— ¿Tú qué?

— Yo ya no confío en ti, no puedo volver a confiar en ti y, a decir verdad, ya no estoy enamorada de ti. —a medida que suelto las palabras rezo para que no tenga un momento de debilidad. — Tampoco podría esperarte en casa pensando que te has vuelto a ir con otra, ¿No lo entiendes?

— Bien, pero podría volver hacer que confiaras en mí. Dime Beth, ¿Podrías volver a confiar en mí?

— No lo creo. No creo que pueda, no sé si podría volver a confiar en ti.

POST-PARÍS...

No quiero pensar que fue un delirio.
Yo te quiero matar, te quiero matar.
Te quiero matar de amor y no lo sabe nadie.
Lo saben mis zapatos – Pablo López.

—Papá, no han pasado ni veinticuatro horas desde que he vuelto de París, voy a ir a verte, pero hoy no.

—Está bien mi amor, pero ven a verme.

—Qué sí papá, mañana te llamo.

A decir verdad, podría ir a ver a mi padre, pero necesito un poco de tranquilidad. Necesito un poco más de tiempo y ver con perspectiva lo que me han pasado en estas últimas veinticuatro horas, noche con Mateo en el motel incluida. Mario sabe que le oculto algo, lo huelo a kilómetros. Estoy convencida de que en cuanto cierre el estudio vendrá cual tornado casa y yo que soy una bonita de la vida ya he preparado un par de botellas vino, porque lo conozco mejor que nadie.

Y no me equivoco porque un par de horas después aquí lo tengo, aporreando mi puerta como si escapara de un desfile de zombis.

— Mírame bien. —suelta nada más le abro la puerta.

Como policía de los que interrogan, a decir verdad, no se ganaría la vida, porque gesticula demasiado y levanta las cejas de una forma que lejos de imponer te hace gracia, es que mi gordo es muy teatral... Pero vamos, que yo lo quiero igual

— Te miro bien.

— ¿Qué no me has contado? —dice levantando la ceja y sonrío al ver que no me equivoco y que lo conozco tanto como si lo hubiera parido.

— Eres un ser retorcido amor a ver, a ver... ¿Qué no te he contado? Que me he hecho daño aquí, —digo mientras me señalo lo que espero que no sea mi próxima cicatriz. — Espero que no me deje una marca, aunque esta vez no me han puesto puntos... solo esos de tirita que les ponen a los niños pequeños.

— No me estoy refiriendo a tus patosidades pato, así que empieza hablar ahora mismo porque tengo una angustia que me está matando todito este cuerpo. —gira sobre sí mismo para darle más dramatismo al momento.

Lo miro y entonces algo en mi interior se activa y decido contarle la verdad sobre mi vuelta a casa, del viaje con Mateo, de la noche en el motel, del encontronazo en la ducha y del casi polvo. Lo único que no le cuento es de la existencia de Aritz.

— ¿Estaba desnudo? —se tapa la boca como si hubiera dicho pedo y tuviera tres años.

— ¿Tú te duchas vestido?

— No, por norma general no me ducho vestido.

— Sigue siendo jodidamente perfecto. —digo entre dientes. — Durante un minuto me bloqueé y de no haber respirado profundamente, lo hubiera empotrado contra la pared de la ducha y...

— Vale demasiada información para estas horas del día, no voy a volver a ese tema. Entiendo que la cara de espanto sea por eso, por lo que casi haces. Pero hay algo más que me ocultas bonita y no voy a parar hasta que me lo expliques todo, todito, todo.

—Bien, ¿vas a torturarme para que confiese?

—No, voy a dejarlo que lo hagas tu solita, mientras te vacío el minibar y espero a que te cambies porque nos vamos a tomar unas copichuelas que nos lo merecemos por el trabajo bien hecho.

— Sí, eso sería buena idea, pero no tengo ganas de arreglarme, ni de salir, ni de sociabilizar con el mundo. Prefiero quedarme en casa, tranquilamente en mi sofá mientras me auto compadezco de lo miserable que es mi vida, gracias por tu invitación, pero me veo en la obligación de rechazarla.

— De eso nada Elizabeth Aurora de la Vega Fernández. —vamos fuerte hoy...— Oix, me ha quedado como en las telenovelas, en fin, vamos a ver que encontramos. —vuelve a mirarme y sin más demoras se mete en mi habitación... madre mía la que me espera.

Saca un vestido corto de color negro, unos botines de tacón, mi cazadora de cuero y un conjunto de lencería negro que seguro que haría despertar a cualquiera.

— Date prisa, porque te doy exactamente.... Veinte minutos para que te arregles y salgas al comedor. No me mires con esa cara pato, sabes que yo te quiero.

— Déjame que a veces lo dude. —contesto mientras hago una mueca. — Pero que sepas que no estoy de humor para aguantar a ningún tipo de baboso doméstico. Avisado quedas.

—Vamos. Alegría, alegría.

—Mario, es que no tengo ganas de gastarme veinte euros en una copa y fingir que todo va de puta madre.

—Bien, ya estoy avisado, ahora vete a cambiar.

¿Entendéis por qué muchas veces lo dejo por imposible?

△△△

Una hora y media después, estamos en el local que ha elegido Mario, aunque casi no llega vivo cuándo ha decidido que me tenía que pintar y peinar como él quisiera. Nos sentamos en las mesas del fondo y Mario sale corriendo a pedir unas copas, cuándo vuelve sé perfectamente porque ha elegido este local... Caiden.

— Todo esto es por culpa del aftershave que me pone burro y me hace hablar como un ordinario.

— ¡Espera! ¿Has dicho te pone burro? Después soy yo la ordinaria, qué valor tienes.

— Es que pato... me pone burro. ¡Qué digo burro! ¡Me pone burrísimo!

— Deja de decir eso, no has pensado que quizás seas un ordinario y de ahí últimamente tu lenguaje. ¿Eh? Además... yo a este paso voy a volver a ser virgen, así que deja de hablar de sexo en mi presencia, joder. —termino diciendo algo molesta, a ver si va a ser verdad que voy a terminar volviendo a ser virgen, con lo mal que lo pase en mi primera vez...

— Eres una perra mala.

— Lo sé... pero tú eres un ordinario bonito.

— Pero es que madre mía como me pone Caiden... Habíamos quedado en salir por separado, pero claro... si al final hacemos que nos encontramos por casualidad... ¡Espera! Me estás prestando atención, ¿verdad?

— Pues claro melón. —miento, porque no estoy muy segura de en qué nivel está con el irlandés. — Claro, mira... por ahí vienen Aida y Xavi. —salvada por la campana.

Un rato después, entre copa y copa siento que debería empezar a bajar el ritmo. Pero bueno, tampoco es una cosa que me quite el sueño. Así que me levanto y me voy a la barra a por otra ronda, cuándo se me acerca un chico con una sonrisa Profident.

—Buenas noches bella dama, ¿cómo te llamas preciosa? Yo me llamo Romeo.

– Julieta. —respondo automáticamente y casi sin pensar.

– ¿En serio? Ostia, qué casualidad. —se sorprende mi Romeo particular.

Joder, hay gente que es más idiota de lo que me pensaba.

— Seré entonces su Romeo si usted quiere ser mi Julieta. —termina poniendo un toque teatral de la época y me invita con el brazo a bailar como si estuviéramos en Verona en el año tropecientos...

— A ver, a ver Romeo frena el carro. —digo un poco más alto cuándo veo que se me está acercando mucho. También veo a Mario que viene corriendo como si necesitara ayuda, pero con una mirada entiende que todo está controlado y vuelve a la mesa con el resto.

—Julieta...

— No solo no me ha hecho ningún tipo de gracia tu broma rollo Shakespeare, sino que tampoco me atraes nada y no quiero nada contigo, así que coge tu copa, a tus amigos que están detrás de ti y lárgate de mi lado antes de que yo emule también una obra de teatro y ten por seguro que no será tan romántica como Romeo y Julieta. ¿Lo has entendido o quieres que te dibuje para que lo entiendas?

— Eres una estrecha, pero tienes cojones morena.

— No soy una estrecha. —digo entre dientes enfadada. — Shakespeare moriría otra vez, pero esta vez de pura angustia al ver tu versión moderna de su obra.

— Está bien, te creeré... puedes contestarme a una pregunta.

— Depende de qué pregunta sea... Romeo. —pronuncio su nombre poco a poco.

— Si estuviéramos en mi casa solos, con la única compañía

de una botella de vino y algo de música que te gustaría que pasará... dime Julieta.

Y me lo deja a huevo, he visto una gracia en Internet está mañana que me viene como anillo al dedo y no me lo pienso mucho. Me giro totalmente mientras lo miró fijamente y suspiro, este Don Juan de mercadillo no sabe con quién está hablando. Mario sonríe a lo lejos, Xavi y Aida me miran expectantes, mientras no dejan de sonreír.

— Qué me hicieras croquetas y no soy Julieta, gilipollas.

Me giro y veo como el camarero sonríe mientras me cobra y me dice algo que la verdad no estoy entendiendo. Vuelvo a mirar al Romeo de mercadillo y me empieza a dar pena.

— Creo que tienes que perfeccionar más tus tácticas para ligar, aunque eso es cuestión de práctica. ¡Qué te vaya bien! —termino diciéndole mientras le doy unas palmaditas en la espalda, porque al final ha ganado la pena.

Mario volvió antes que yo a la mesa mientras se destornillaba de la risa.

— Creo que el tiempo que ha pasado junto a Mateo le ha trastocado. ¿Quién es esa Beth y qué ha hecho con nuestra amiga? —preguntó Mario.

— Bueno, quizás...—empezó hablar Aida, pero llegue y no pudo continuar.

— De verdad, no es que sea una experta en esto de ligar, pero...

— Estaba bueno, pero era un baboso pato, no te sulfures. Aunque...

— No me estoy sulfurando. Y no quiero saber tu "Aunque"

— Vale, lo que tú digas. —cojo la copa y le doy un largo trago, a ver si está vez mis penas se ahogan de verdad, porque creo que las hijas de puta han aprendido a nadar en alcohol.

— Creo que me voy a ir afuera un momento. No, —alzo la

mano cuándo veo como mis amigos intentan hacer el gesto de acompañarme. — Quedaros aquí, voy yo sola. No os vayáis muy lejos que no tardo nada, necesito que me dé un poco el aire.

Cojo la chaqueta (porque sé que voy a coger fresquete si voy sin ella) y salgo del pub, cuándo siento como el aire golpea mi cara, respiro profundamente hasta que una voz que conozco me llama.

— ¿Beth? —pregunta Aritz a mi espalda. — ¿Eres tú?

— No, soy el ratoncito Pérez que he salido hacer una ronda por si alguien perdía un diente entre alcoholizados castañazos nocturnos. —me sale del alma y sus amigos rompen a reír, mientras me miran de arriba abajo, no es que no tenga abuela y me quiera echar todas las flores del mundo... pero esas cosas se notan. — Lo siento, —digo cuándo veo su gesto serio. — Es que no estoy teniendo una buena noche con tanto baboso alcoholizado y estoy un poco cansada... ¿Qué... qué haces aquí?

— Pues lo mismo que tú supongo, he llegado este mediodía de París. —dice antes de que le pregunte. — Vaya, estás preciosa. —sonríe nervioso, mientras me mira de arriba abajo.

— Gracias, —siento como mis mejillas empiezan arder.

— Perdona, estos son mis amigos. Joseba y Asier.

— Hola, —sonrío mientras se me acercan y me dan dos besos cada uno.

Vale, tengo que decirlo... ¿De dónde demonios ha sacado Aritz a sus amigos? Madre del amor hermoso, menos mal que mi cuerpo reacciona y no se queda con la boca abierta como si fuera medio retrasada ni nada por el estilo. Después de las presentaciones, creo que estoy a punto de sufrir un colapso. En serio, de dónde han salido... al final va a tener razón Mario y lo que yo necesito son unos buenos chicarrones del norte.

— ¿Estás sola? —pregunta Aritz mientras se acerca un poco más a mí.

— Había salido a tomar un poco el aire. —digo mientras intento alejarme de él, no por nada, pero mis hormonas están como locas y podría perfectamente hacerle un placaje. Vale, quizás esto sea culpa un poco por el alcohol.

— Chicos, entrad que ahora voy yo. —dice mirando a sus amigos. — Vamos, te acompaño a tomar un poco de aire. ¿Está bueno? ¿Nunca lo he probado?

Y sonrío, porque esas cosas me encantan. Aritz hace que me ría, que me sienta segura y que esté tranquila... Estoy divagando otra vez.

— Eres idiota...—sonrío, mientras me intento alejar de la entrada y buscar el banco de madera que he visto cuándo venía de camino con Mario.

— Te iba a preguntar por tu herida, pero veo que está estupenda...

— Sí, fue una tontería.

— Pensaba que tu sofá te abría atrapado con unas bolsas de patatas fritas y demás.

— Sí, pero me he visto en la obligación de salir.

— ¿Te has visto en la obligación? —sonríe y yo creo que me voy a desmayar.

— No te rías de mí... no conoces a Mario. Ha entrado como un tornado en mi casa y no he podido decir ni pío. No sé si es su poder de persuasión o simplemente porque no quería escucharlo y al final he cedido, soy una blanda.

Nos miramos y volvemos a reír. Es absurdo negar que algo sí que me gusta Aritz, o al menos me atrae de una manera que no he experimentado desde hacía tiempo. Y sé que a él le pasa lo mismo, por la forma que me mira, por la forma que sonríe o al menos eso es lo que quiero pensar yo.

Aritz:

Sabía que, si quería un acercamiento con Beth, tenía que ar-

marme de paciencia. Primero porque le estaba mintiendo y aquello me torturaba por las noches. Pero como he dicho, estaba dispuesto a armarme de paciencia y esperar. Algún día os contaré que sentí cuándo la vi. De momento iba a esperar, tampoco era la primera vez que tenía que hacer acopio de paciencia. Mi historial sentimental también estaba marcado, también había sufrido en mis propias carnes el dolor del desamor. Esperad, ¿Esto ha quedado muy cursi verdad?

Iratxe había sido mi novia des del instituto, nos conocíamos desde que éramos unos renacuajos y todo el mundo pensaba que nos casaríamos, pero justo cuando decidí dar el paso y proponerle que nos fuéramos a vivir juntos paso... me confeso que no estaba enamorada de mí, que había conocido a alguien y había entendido que lo que sentía por mí era simplemente cariño. Exacto, sé lo que pensáis. ¡Menuda putada! También me confeso que ese alguien que había conocido, era nada más y nada menos uno de los que pensaba que era mi amigo. Maldito bastardo, se estaba tirando a la que era mi novia mientras yo les contaba mis planes de proponerle que viviéramos juntos.

Así que después de pasar una época algo oscura decidí armarme de paciencia y adaptarme a la nueva situación. ¿Qué otra cosa podía hacer? Al final se hizo más difícil de lo que pensaba en un primer momento y me quedo claro que estar en la misma ciudad y en el mismo grupo de amigos iba a terminar con mis nervios. Un buen día les propuse a mis amigos y compañeros en la comisaría pedir el traslado e irnos. Y así fue, cogimos la maleta y nos largamos a la ciudad condal, me convertí en lo que muchas odian, un don Juan de mala muerte que usaba a las chicas (y a veces ellas me usaban a mi) simplemente para obtener placer.

Pero Beth, Beth me hacía sentir cosas que creía que no volvería a sentir. ¿Pero quién era Beth? ¿Por qué había entrado en mi mente arrasando todo?

— Te has quedado como en Babia. —digo cuándo veo que Aritz está empezando a poner cara de besugo, aunque un besugo demasiado guapo.

— Lo siento, es que me distraes. —sonríe y yo me pierdo en su sonrisa por muy cursi y predecible que suene.

— Siempre que te veo, termino acaparándote. Tus amigos se tienen que estar preguntando dónde estás. —empiezo a decir, pero poco a poco noto como voy bajando la voz, porque no quiero que se vaya. —Deberías estar...

— Dónde quiero estar. —termina la frase por mí, aunque este final yo no lo hubiera dicho. —A mis amigos los tengo más vistos que el tebeo, así que no te preocupes que no se van a sentir excluidos, ni abandonados. ¿Has venido sola con Mario?

— No, mis amigos están dentro. No me mires con esa cara. —digo una vez más. —En verdad no sé qué hago aquí, debería de estar en mi sofá tranquilamente viendo una película o...

— Devorando kilos y kilos de patatas fritas, no me lo digas.

— Vale, está bien. Supongo que te tengo que hacer gracia.

— Entre otras cosas que de momento no te puedo decir, sí. Espero que después de que tengas esa cita con tu amado sofá, vayamos a cenar esos pintxos que nos debemos, pero no pongas esa cara de espanto que a la cena no le voy a llamar cita.

Justo cuándo le voy a contestar a eso, mi Romeo de mercadillo sale acompañado del pub con una chica, sonrío, porque al final sí que ha ligado y supongo que esos trucos, aunque un poco tristes funcionan.

— Hasta luego Julieta, le he dejado mi número a tus amigos. Al final vas a tener razón con lo de las tácticas y espero que me des alguna lección más, prometo ser un buen alumno.

— No corras tanto Romeo, que aún tienes mucho que aprender y algún que otro Danonino que comerte.

Miro a Aritz de recojo y siento que a su lado no me pueden pasar cosas malas y si me pasan no serán "para tanto" y me gusta estar con él, me divierte la forma en que tenía de terminar los mensajes, como me miraba, como hacía que me estremeciera sin apenas conocerle.... ¿Quién era Aritz y porque había entrado en mi vida sin avisar y arrasando todo lo que encontraba a su paso? Parecía que lo conocía de toda la vida y en verdad no hacía apenas un par de semanas que lo había conocido, en una oficina en el centro de París.

— ¿Julieta?

— Es una larga historia.

— Tengo todo el tiempo del mundo, no tengo prisa.

— Pero tus amigos...

— Pueden esperar, llevan toda la vida viéndome, no creo que por una noche que estén sin mí se vayan a morir.

— Ves lo que te decía, te acaparo.

— Quizás es que me gusta que me acapares.

△△△

— *¿Beth no está tardando mucho?*

— *Mario deja a Beth que es mayorcita.*

— *¿Crees que está llorando? Quizás deberíamos salir a buscarla.*

— *Podéis dejarla en paz. —protestó Xavi, definitivamente era la persona adulta y responsable del grupo. — ¡Tú! —señaló a Aida. — Deja de buscarle citas, si esos chicos que les presentas están solteros a su edad, será por algo y Beth no necesita en su vida más dramas masculinos. Y tú... —señaló a Mario. — Tú haz lo que quieras porque nunca haces ni puto caso.*

— *Voy a buscarle, está tardando mucho y me estoy reconcomiendo enterito por dentro.*

Mario sale y lo miro a lo lejos, veo como mira a Aritz y sus ojos le brillan. Estoy segura que se lo podría pedir en la carta a los reyes magos, su vena cotilla le impide retirarse y veo cómo avanza hacia mí.

— ¿Pato? —dice como con miedo, pero sin ningún tipo de remordimiento por estar interrumpiendo una conversación. Y sí, no podía haberme llamado Beth, como lo hace todo el mundo, no. Él me llama pato, así, con todas las letras.

—Mario...

— ¿El famoso Mario? —me da la sensación que Aritz se acaba de ganar a Mario con esa pregunta. Y si no, tiempo al tiempo.

— ¿Le has hablado de mí? —sonríe como un niño pequeño.— ¿En serio? —vuelve a preguntar con los ojos llenos de emoción, quizás cree que es gay y que se lo estoy buscando como novio por si Caiden le sale rana.

— Claro que me ha hablado del famoso Mario.

— ¡Oh, por favor! ¡Qué mono eres!

— Vale, a ver un momento. —intento poner orden.— Siento no haberte hablado de Aritz, —ahora miro al interesado.— Siento que no le haya hablado de ti a mis amigos. —sonríe, pero no se aleja de mi lado.— Mario, este es Aritz Gaztañaga, es la mano derecha de una de las personas con que nos teníamos que reunir en París. —ahora miro a Aritz.— Si, este es el famoso Mario.

— ¿De dónde eres? —pregunta Mario con los ojos muy abiertos.

— De Bilbao.

— ¡Espera! —grita de pronto Mario.— Conociste a este chicarrón del norte en París y yo me entero ahora. ¿Por qué?

— Es una larga historia, —miro a Mario que creo que se va a poner azul cual pitufo en cualquier momento.— Una larga historia que no pienso contarte ahora.

Y nos olvidamos de los que estaban dentro del pub, en verdad esto suena fatal, pero es la verdad. Seguimos hablando, vemos como aparece un chico que vende cervezas y como si fuéramos unos adolescentes nos ponemos a beber en medio de la calle. Mario ha caído rendido a los pies de Aritz, bueno creo que todo el mundo caí rendido a los pies de Aritz. Mi bonito del norte... cuándo miro el reloj me doy cuenta que llevamos una hora aquí fuera dándole a la sinhueso. Me encantaría quedarme toda la noche al lado de Aritz, pero sé que si me quedo más tiempo aquí voy a empezar a divagar y lo mejor es que emprenda el viaje de vuelta a casa.

— Chicos, me encanta vuestra compañía, pero me voy a ir a casa.

— Pero... Pero.... Y Xavi y Aida. —empieza a decir Mario.

— Amor, no te estoy diciendo que nos vayamos todos. Vuelve dentro y pásalo bien, busca a Caiden y diviértete. ¿Estamos? Mañana te llamo en cuantito me levante. ¿Te parece bien? —sonrío y creo que ha entendido el mensaje.

— Yo te acompaño. —dice de pronto Aritz.

— No, bastante cargaste conmigo en París, si me viste llorar como una posesa y sonarme los mocos.

— ¿Te sonaste los mocos delante de él? —Mario que no puede tener cerrada esa bocazas.

— Es una larga historia, digamos que cuándo te dije que venía Rita a la habitación...

— ¡Eras tú! —se tapa la boca y sé que esto me costara un par de botellas de vino, de vino del caro.

— Culpable. —levanta la mano Aritz en señal de rendición. — Y sí, es muy tarde y me vas a dejar que te acompañe a casa, prefiero que no vayas sola.

— Se andar sola por la ciudad, no es mi primera vez.

— Pero es la primera vez que quieres volver sola estando conmigo.

— ¡Me encanta este chicarrón del norte! —grita Mario y yo

quiero que la tierra me trague. — ¡Me encanta este chicarrón del norte! ¿No eres gay verdad?

— No, creo que no. Yo nunca...

— No digas nunca bombón. —voy a matar a Mario.

—Mario, por favor. Está bien, ¿Vamos dando un paseo? Creo que me vendrá bien.

Me despido de Mario con una mirada que, si no la entiende, es para matarlo. Cuándo le estoy dando dos besos le susurró al oído un *sí, te lo voy a contar todo.* Aritz le da un abrazo y veo como Mario empieza a derretirse, si no supiera que quiere a Caiden, podría incluso pensar que en cualquier momento se le va a tirar a la yugular.

Puede que mi casa esté a unos veinte o treinta minutos del pub, pero no me importa, no quiero volver en metro....

— Perdona a mi amigo, cuándo encuentra a un chico que se ajusta a su prototipo a veces puede llegar a ser...

— No te preocupes, me ha encantado conocerle.

— ¿En serio? No te has molestado porque no le hubiera hablado de ti.

— Bueno, podría haberme molestado un poco pero entonces nos habríamos perdido la expresión que ha puesto cuándo le has dicho que me habías conocido en París.

— Sabes que ahora le estará contando a mis amigos el chisme, ¿verdad?

—Cuento con ello. Vamos, sigamos andando. ¿Me vas a contar algo más de ti?

Así que le hablo de mi familia, bueno tampoco entro en detalles. Solo algo general y por encima. Le cuento mi trabajo con Rita, lo que esperaba al salir de la facultad... Él me cuenta que comparte piso con Joseba y Asier, que los conoce desde párvulos y cuándo me voy a dar cuenta llegamos a mi portería y maldigo, maldigo mucho.

— Gracias por acompañarme. —busco lentamente las llaves dentro del bolso, todo lo lentamente que puedo.

Miro al suelo intentando pensar que haría Mario en mi situación, bueno Mario o cualquier chica. Quizás no estoy preparada para una noche de sexo y desenfreno, cuándo ni siquiera sé que debería de hacer ahora. Con Mateo no me hizo falta nada de esto, porque... A ver, porque demonios pienso ahora en Mateo.

— No ha sido nada, esto... ¿Quieres que te llame mañana? Me debes una cena.

Durante unos segundos que seguramente a Aritz le parezcan eternos no lo miro, cuándo levanto la mirada no puedo evitar no fijarme en sus labios, qué mordisco tienen. Vaya, creo que estoy más salida que el pico de una puerta.

—Yo no sé tú, pero el lunes trabajo... pero puedes hablarme mañana.

— Por supuesto, no lo dudes. Descansa. —dice antes de darme un suave beso en la mejilla que se demora mucho más de la cuenta.

— Avísame cuando llegues. —suelto de pronto y de manera automática hasta que me encuentro su mirada y me maldigo a mí misma unas cien veces. — Lo siento, es la costumbre con Mario... pero avísame de todas maneras. Descansa tú también. —sonríe mientras empiezo a ruborizarme.

Entro en el portal rápido y sin mirar atrás, ni siquiera espero al ascensor y subo andando. Cuando entro me quito los botines, enchufo el móvil al cargador porque ya me estaba pidiendo el tiempo muerto y sigo desnudándome, cuándo voy por la mitad mi móvil empieza a sonar...

- [28 enero 03:50] Xavi: No quiero ser cotilla, porque para eso tenemos a Mario, pero tenemos que hablar, corre el rumor de que ligaste en París... ¿Quién es el chicarrón del norte? Supongo que tendrá un nombre ¿no?

- [28 enero 03:57] Aida: Desde cuándo conoces a un bombón en otro país y no nos dices nada. Quiero toda la información que para eso soy tu secretaria.

Sonrío, por supuesto que sonrío. Mario ha tardado nada y menos en ir con el cuento a nuestros amigos, pero lejos de molestarme me hace feliz. Así que hago un grupo de WhatsApp y les contesto a todos a la vez.

- [28 enero 03:59] Beth en "Sex and de city: Prometo contaros todo un día de estos.... Pasadlo bien.

Cuándo voy a dejar el móvil en la mesita, siento como vibra en mis manos y esta vez una sonrisa se instala en mi rostro y tiene pinta de querer quedarse ahí.

- [28 enero 04:02] Mi bonito del norte (Aritz): Acabo de llegar a casa sano y salvo, no he encontrado ningún enano asesino por el camino y tampoco me han intentado robar. Una pena, porque así tendría un motivo para comprarme un móvil o una cartera nueva. (Aritz, a quién no quieren ni los ladrones)

No espero en contestarle, lo hago al momento, no tardo ni un minuto.

- [28 enero 04:03] Beth: No te quejes tanto. Ahora a descansar, yo me voy hacer un Nesquik y me voy a la cama. Sí, has leído bien soy de esa clase de personas que por las noches se beben un Nesquik. (Beth, sugar girl.)

- [28 enero 04:04] Mi bonito del norte (Aritz): No dudaba de que fueras una chica dulce. Buenas noches preciosa, sueña con los angelitos. (Aritz, angelito a tiempo completo, por si no te habías dado cuenta y tenías dudas)

- [28 enero 04:04] Beth: Me estás insinuando señor Gaztañaga que quiere que sueñe con usted... ¿? (Beth, una chica con muchas dudas)

- [28 enero 04:05] Mi bonito del norte (Aritz): Estaría bien, yo seguramente sueñe con una chica increíble que se llama Elizabeth Aurora, no sé si la conoces... (Aritz, un encanto de chico)

- [28 enero 04:05] Beth: Puede ser que la conozca... aunque no me suena, yo a decir verdad lo más probable es que sueñe con un bonito del norte que conocí en París, tampoco sé si lo conocerás. Bueno, me voy a dormir. Buenas noches hermoso. (Beth, también hermosa)

△△△

He de decir que la mañana de mi vuelta al trabajo está siendo una mierda de manual, por suerte desde París Rita esta de un suave que me preocupa, pero el lado positivo es que no me ha sobrecargado de trabajo que ya me está muy bien.

Cuándo me quiero dar cuenta veo a Mateo que viene directamente hacía mí....

—Beth, ¿Tienes un momento?

—¿Para ti?

—¿Hay alguien más aquí?

—Lo suponía. No, no tengo momentos Mateo.

—Elizabeth Aurora de la Vega, siempre tan amable.

—Preocúpate de hacer tu trabajo y a mí déjame en paz.

Cuándo quiero volver alzar la mirada, Rita me mira des del umbral de la puerta con cara de pocos amigos y creo que me está diciendo que no quiere escenas en su oficina. Así que entre dientes llevo a Mateo a mi despacho.

— ¿Y bien? —insiste Mateo que no se cansa.

—Tienes cinco minutos, vamos a mi despacho.

Mateo me sigue y entra en silencio a mi despacho, dos minutos después siento como me coge del brazo....

—Nena...

— ¿Me acabas de llamar nena? —me quejo mientras me giro

para ver la expresión de Mateo que es imperturbable. — Sí, supongo que sí, porque que yo sepa no tengo tapones y que yo sepa aun no tengo perdidas auditivas. ¿Qué quieres? Y por favor. —alzo la mano para imponer seriedad. — No vuelvas a llamarme nena.

—Antes no eras tan quisquillosa.

—Antes estaba enamorada de ti.

— ¿Y ahora? —pregunta Mateo y yo tengo ganas de estamparle la grapadora en la cabeza, Aida me mira desde su mesa, pero no me dice nada, yo creo que hasta mejor que no me diga nada. — Supongo que el chico vasco con el que te ves últimamente está haciendo bien su trabajo. —contesta con maldad y noto como está cabreado.

— El vasco como tú lo llamas se llama Aritz y no, ni te va ni te viene lo que haga o lo que deje de hacer, no todos somos como tú.

— Vaya, lo llamas por su nombre y lo defiendes... interesante. ¿He dejado de ser el único ya? ¿O aún no habéis llegado tan lejos?

— Si vienes para esto, no tengo nada más que hablar contigo....

— Y tanto que tenemos que hablar, quieres que hablemos mientras cenamos ¿eh?

—Mateo...

—Eres tú quien quiere vender nuestra casa... tenemos una oferta y tenemos que hablar. Sé que está alquilada, pero es interesante y una oferta a tener en cuenta.

—Sí, sobre eso sí que puedo hablar.

— Beth...—se acerca hacía mí y yo me acerco a la grapadora... — Siempre vas a ser el amor de mi vida.

Cuándo termina de decirme eso, veo como Aida hace una mueca como si fuera a vomitar y sonrío. Pero Mateo es más rápido que nosotras y nos pilla de pleno, bueno en verdad me pilla a mí de pleno.

— Sí, el amor de tu vida... Yo soy el amor de tu vida, está bien. A las que te follabas ¿cómo las llamabas? —a veces soy algo venenosa... yo antes no era así.

— No voy a volver a ese tema, no eres esa persona fría como el hielo que intentas hacerme creer. Aunque te empeñes en decir lo contrario sabes que aún tienes sentimientos por mí.

— ¿El asco cuenta cómo sentimiento? Mmm... Podría ser... Está bien, —claudico porque si no sé qué no me lo voy a quitar de encima en todo el día. — He de ir a casa de mis padres esta tarde, quedemos esta noche y terminemos con todo. ¿Te parece?

— Perfecto, te paso a buscar a las ocho y media. ¿Me vas a dar dos besos o ya ni eso?

— Mateo yo no puedo darte dos besos, no me sale darte dos besos porque nunca lo he hecho. ¿No lo entiendes? Es complicado... ¿A ti te sale darme dos besos? —lo digo de verdad, es que no me sale darle dos besos, no sé cómo lo hace el resto de las exparejas del mundo, pero a mí no me sale.

— La verdad es que no, si de mí dependiera aún te cubriría de besos todo tu cuerpo.

Me reafirmo en lo de que Mateo se dio un golpe en la cabeza de pequeño, de verdad. Porque mi cuerpo se ha estremecido, pero no estoy muy segura si es por el cabreo que estoy pillando en estos momentos o porque es Mateo y en verdad llevo mucho tiempo sin sexo.

Intento buscar con la mirada todo lo disimuladamente que puedo a Aida, pero parece que está trabajando. Vaya, para una vez que quiero que esté mirando las musarañas y está trabajando. Pues qué bien.

Mateo gira sobre sí mismo y sale de mi despacho, pero justo antes tiene la poca vergüenza, (sí, porque eso es de poca vergüenza) de darme un beso lentamente en la comisura de los labios, y sí, ellos también se acuerdan de él, no sé si bien o mal, pero un escalofrío me recorre como diría Mario todita entera.

Justo en ese momento Aida parece que ha dejado de trabajar y ve el momento. Después de que Mateo se vaya de mi despacho tarda nada y menos en venir y plantarse a mi lado.

— ¿Qué ha pasado? —pregunta como si yo no estuviera en shock. — ¿Qué ha sido eso?

— Te he hecho gestos ¿sabes?, pero estabas trabajando.

— Es por eso por lo que se supone que me pagan, ¿recuerdas?

— Bien, pues cuándo entre Mateo en mi despacho a partir de este momento te prohíbo de trabajes, porque no sé si voy a necesitar que me rescates en algún momento. ¿Entiendes?

— Alto y claro jefa, pero tú ahora no te me vengas abajo ni vuelvas a cantar esa canción romántica de *me hizo llorar al besarme tan lento.*

— Bueno, me voy que he de ir a casa de mis padres. Por casualidad... ¿te apetece venir a comer?

— ¿Con las brujas? No, gracias. Hablamos después.

Cojo las carpetas, mi bolso, recojo el móvil e intento salir todo lo deprisa que puedo del despacho. Porque no quiero volver a ver a Mateo, aún no estoy segura de que he sentido cuándo casi me ha besado.... ¡otra vez!

La verdad es que cuándo sufres una ruptura (sea esta como sea) hay algo de todas esas cosas que nos dicen que tiene sentido, el punto de inflexión en cualquier tipo de recuperación tras un desastre amoroso es mucho más sencillo de lo que parece en un primer momento. Cuándo el primer pensamiento al despertarte no lo empleas en ese susodicho, es que vas bien.

Y sí, normalmente (salvo días puntuales) cuándo me levanto no pienso en Mateo, la verdad es que últimamente la imagen que tengo cuándo me despierto es la de Aritz. ¿Pensará él lo mismo?

MI QUERIDA FAMILIA, MI QUERIDO MATEO.

Tú tenías razón, ahora entiendo que tú no me mientes
Cuándo dices que eres diferente.
Porque tú, tú eres lo peor.
Y en verdad decirlo no me asusta, resultaste ser un hijode...
Hijoepu – Gloria Trevi & Karol G.

Nada más llegar a casa de mis padres escucho la voz de mi hermana, mal empezamos. Suerte que lo que pienso mi hermana no lo escucha porque si no... respiro profundo y como viene siendo costumbre, para después armarme de paciencia e intentar pasar una tarde lo más agradable posible en compañía de mis padres y de mi querida hermana pequeña.

— Vaya cara traes Beth, un poquito de corrector no te vendría nada mal.

Es que mi hermana es de un agradable que te quieres de morir...

— Traigo la cara que tengo...

— Con lo simpática que me ha contado la gente que eres en la oficina y lo desagradable que eres con tu hermana pequeña.

— Ensayo todos los días para tener mejor marca... ¿Lo voy haciendo bien? Puedo mejorar.

Y ahí se queda mi hermana, desisto de decirle nada más. Primero porque sé que si le digo algo más al final me va hacer sacar a la perra sádica salida de las entrañas del infierno que llevo dentro y segundo, porque mi padre viene de camino hacia mí con una enorme sonrisa.

—¡Hola pequeña!

—Hola papá, ¿Cómo estás?

—Pues aquí, esperando ver a mi hija mayor.

— Elizabeth.... —se acerca mi madre con esa cara de señora perfecta, pero sin el "señora" porque no asume su edad... Bueno, creo que en verdad nadie asume su edad, yo siempre que puedo digo que tengo veinticinco y me quedo tan tranquila.

—Hola mamá.

— ¿Te encuentras bien? —pregunta mi madre.

—Ya le he dicho que tenía una pinta horrible y que un poco de corrector no le vendría mal.

— Me encuentro perfectamente y no, prefiero tenerla cara libre de potingues todo el tiempo posible y así de mayor me ahorro unas cuantas arrugas, aunque gracias por vuestra preocupación.

Y nos quedamos en silencio los cuatro, mi padre porque hace tiempo que ha dejado de meterse en nuestras "conversaciones amigables" (vuelve a leer la ironía) y nosotras tres... bueno, supongo que estamos en ese momento de retarnos con la mirada que a mi madre tanto le gusta.

Mi madre es guapa, no puedo decir lo contrario. Tiene un color de pelo... digamos que claro, (sí, es que se lo tiñe porque no le gustan las canas y no sé muy bien si es un castaño claro, o rubio oscuro.... Demasiados nombres tienen los tintes.) Tiene los ojos claros, un cuerpo muy bien conservado y creo que, si no se le hubiera subido tanto la posición y el dinero a la cabeza, sería estupenda. Qué no digo que no lo sea, pero es demasiado... En fin, digamos que mi madre es especial.

Cuándo por fin me armo de valor y mi mente piensa en qué contestarle a mi hermana, siento cómo mi móvil vibra en el bolso, no sé si dar gracias a dios por no tener que pensar en qué decirle a mi hermana, miro el móvil y es Mario. Bueno, entre tener que escuchar a mí hermana y tener que escuchar a Mario, prefiero escuchar a Mario. Así que muy dignamente levanto la mano alzo el dedo y después cojo el móvil y ya tengo a Mario al otro lado.

— Pato... ¿Estás ya en casa de tus padres? ¿Cenamos está noche?

— Sí, aquí estoy y esta noche no puedo.... —muerdo mi labio pensando en qué podría decirle a Mario para no tener que dar muchos detalles sobre lo de esta noche. — Mario es que está noche, la verdad es que...

— ¿Vas a darle un revolcón al chicarrón del norte? —pregunta y estoy casi segura que está dando saltitos de la emoción.

— Nada de chicarrones del norte. He quedado para arreglar unos asuntos y no puedo.

— ¡No! —grita de pronto.

— No, ¿qué?

— Conozco ese tono pato, te conozco como si te hubiera parido... pensaba que lo que me había dicho Aida no era verdad, pero te conozco. Dime que no has quedado con Mateo, porfis, porfis, dime que no has quedado con el bicho.

— Mario. —intento cortarle rápidamente porque mi hermana tiene la antena puesta. — Te llamo más tarde y hablamos.

— Pero por supuesto que vamos hablar, es que no me lo puedo creer, no me lo puedo creer. ¡Vas a cenar con Mateo!

— ¡Mario!

—Mierda, me están escuchando, ¿Verdad?

—De la buena.

—Después de todos estos disgustos tan grandes que me das, vas a tener que pagarme un tratamiento facial. Es que con esta angustia yo no puedo vivir, no gano para cremas contigo. —ni yo para paracetamol y no le he dicho nada nunca. — Ya puedes estar por el amor de dios y de quién tú quieras, llamándome cuándo termines de cenar con el bicho, para contármelo absolutamente todo, ni un detalle en el tintero.

— Perfecto, después hablamos. —cuelgo porque sé que, si no, me va a tener aquí dos horas con el mismo tema.

— Sigo sin entender porque le dejaste antes de la boda. —dice de pronto Dani y yo ya quiero volver a matarla.

—Si no te importa, prefiero que mi vida privada siga siendo eso... privada.

La verdad es que tampoco había sido totalmente sincera con mis padres, en realidad no le había dicho absolutamente nada, simplemente que Mateo y yo no nos íbamos a casar. Podría haberles dicho que era una decisión que ambos habíamos tomado, hasta que Mateo llamó a mis padres para que intentaran mediar. Entendedme era tal el shock postraumático que sentía en ese momento que no quería desordenar más mi salud mental.

—Pues somos tu familia...

—No quiero hablar de eso.

—No claro, cómo no, tú nunca quieres hablar de nada.

—Te interesa saberlo porque tu lado cotilla te lo pide a gritos o realmente porque te preocupas por tu hermana mayor. Dime Dani, me gustaría saberlo.

El móvil suena y me avisa de que tengo un mensaje nuevo, yo solo rezo para que no sea Mateo. Así que lo miro temerosa y al ver que es Aritz, sonrío.... Cómo no voy a sonreír con los mensajes de mi bonito del norte.

- [31 enero 13:09] Mi bonito del norte (Aritz): ¿Sigues viva? (Aritz, tremendamente abandonado)

Miro a mi hermana que sigue delante de mí y desisto...

- [31 enero 13:14] Beth: Sí, sigo viva... o eso creo. No puedo estar pendiente del móvil cuándo estoy con mi madre, ¿quieres que me gane una colleja? (Beth, perpleja pero viva)

- [31 enero 13:14] Mi bonito del norte (Aritz): No, la verdad es que no quiero que te ganes una colleja. ¿Te darían tus padres una colleja si estás pendiente del móvil? (Aritz, curioso)

- [31 enero 13:15] Beth: Bueno, quizás me castigan sin salir... (Beth, sonriente y desafiando a sus padres con el móvil en la mano)

- [31 enero 13:16] Mi bonito del norte (Aritz): Bueno, entonces no te molestare más y solo te haré una pregunta ¿Elizabeth Aurora de la Vega, quieres cenar conmigo el viernes? (Aritz, expectante por tu respuesta.)

Levanto la vista y veo que mis padres han empezado a discutir (ninguna novedad), Dani me mira expectante y yo solo quiero gritar de la alegría. ¡Voy a tener una cita! ¿A esto se le puede llamar cita? ¡Dios! ¡Qué emoción! ¿Qué se supone que tengo que ponerme? *Vale Beth, tranquila y contéstale antes de montarte películas.* Porque yo soy de montarme muchas películas, la verdad es que me quedan preciosas y deberían de darme un óscar por ellas como dice la Vecina Rubia. Pero justo cuando le voy a contestar, mi parte negativa me dice que quizás no es una buena idea y toda mi emoción se esfuma...

- [31 enero 13:20] Beth: Aritz Gaztañaga no me sé tú segundo apellido, no creo que sea una buena idea cenar contigo. (Beth, ahora a secas porque no sé qué decir)

- [31 enero 13:20] Mi bonito del norte (Aritz): ¿Me vas a decir qué no? (Aritz, un poco aturdido)

-[31 enero 13:21] Beth: Aritz... (Beth, en conflicto)

-[31 enero 13:21] Mi bonito del norte (Aritz): Le vas a dar un buen disgusto a mi madre si se entera de que todos sus esfuerzos y noches en vela por conseguir educarme bien se han ido al traste y no han servido de nada. (Aritz, algo tristón)

- [31 enero 13:22] Beth: Cualquiera diría que te he dicho que no o que te hice la cobra muchas veces. (Beth, anonadada)

- [31 enero 13:23] Mi bonito del norte (Aritz): No, la cobra no, pero te cuesta aceptar el hecho de salir a cenar conmigo. ¿Tienes miedo de rendirte a mis encantos? (Aritz, con muchas preguntas como siempre)

-[31 enero 13:23] Beth: ¿Qué encantos? A ver, vuélvemelo a preguntar una vez más. (Beth, una Beth sonriente)

- [31 enero 13:24] Mi bonito del norte (Aritz): Elizabeth Aurora de la Vega, ¿Quieres cenar conmigo el viernes? (Aritz, parece que me repito, pero solo cumplo ordenes)

- [31 enero 13:25] Beth: Aritz Gaztañaga... Sí, quiero salir a cenar contigo el viernes, pero lo hago por no disgustar a tu madre, no se vaya a pensar que no ha servido de nada todas esas noches en vela intentando educarte bien. (Beth, sorprendida ante su respuesta)

- [31 enero 13:26] Mi bonito del norte (Aritz): No voy a decir que me gusta cómo ha sonado eso, pero me gusta cómo ha sonado eso. Entonces te recojo el viernes, ya te contaré que he pensado. (Aritz, feliz cual perdiz)

- [31 enero 13:28] Beth: Bueno, te dejo que mi hermana tiene pinta de estar a punto de querer sacarme los ojos con la cucharilla del flan. (Beth, por lo que veo una mala hermana)

- [31 enero 13:30] Mi bonito del norte (Aritz): Disfruta de tu familia, hablamos después. (Aritz, muy considerado)

He estado tentada de decirle que disfrutar, lo que se dice disfrutar, lo que realmente es... pues no, no voy a disfrutar y no suele ser eso lo que hago en casa de mis padres, pero de momento no le voy a contar mis historias para no dormir.

Vuelvo a levantar la vista y me vuelvo a encontrar con los ojos de mi hermana que por lo que se ve no ha perdido detalle de lo que estaba haciendo. Mis padres siguen discutiendo sobre el hecho de merendar en la cocina o en el salón. ¿Pero qué más dará? Me pregunto, pero no lo digo en alto, no vaya a ser que encima a mi edad me las gane yo. Cuándo estoy pensando en montarme una excusa de estas que suenan muy creíbles suena el timbre de la puerta y yo pienso que vuelvo a estar salvada por la campana y nunca mejor dicho.

— Mammiiiii —escuchó a mi sobrino que viene corriendo.

— Mierda, no me acostumbro a que tengo un sobrino. Debo de ser una tía horrible. —digo muy bajito para que nadie me escuche.

— Mi amor, dónde te has metido, mira cómo vas. —Dani se levanta y coge a su hijo. De pronto, mi hermana pequeña es todo amor y dulzura. Sí, definitivamente no soy una buena tía, ni hermana por lo que puedo ver.

— Titaaaaaa — esa debo de ser yo.

Noah tiene dos años y es un pequeño hombrecito rubio que es la viva imagen de mi hermana, siempre he pensado que tenía un aire a Mateo, pero supongo que es mi mente que me traiciona. Y no, no tiene nada (al menos físico) en común con su padre. Espero que cuándo crezca no se convierta en un "calzonazos" como él. Aunque apenas lo veo me tiene un amor incondicional. Quizás porque para ser adulta no le repito lo mismo que le repiten una y otra vez. "No te arrastres por el suelo" "Cuidado que te ensucias" "No abras los cajones" tampoco soy como mi padre que lo llena de caprichos como quien no quiere la cosa cuándo no le ven. Yo con él uso otra dinámica, no como mi hermana que le obliga a recoger absolutamente todos sus juguetes. ¿Debería de contarle en algún momento a mi sobrino, que su perfecta madre tenía la habitación como una leonera? Supongo que para él yo soy la combinación ideal, también porque a veces soy yo la que se lo pasa mejor que él con los dibujos animados.

— Ven a chocarme los cinco. —digo, porque yo de obligar a que me besen, pues no. Y eso los mayores lo hacemos mucho, dale un beso a tal, dale un beso a Pascual, no perdona señora es que quizás el niño no quiere darle un beso a usted, ¿no se lo ha pensado nunca?

— Un mua tita. —pero mi sobrino sí que me quiere besar y yo me dejo, por supuesto.

Mientras tengo a mi sobrino sobre las piernas, lo uso a modo de escudo contra las preguntas incómodas de mi hermana y mi madre, hasta que veo a Casper entrar por la puerta y coge a Noah, mierda, a la mierda mi escudo protector. Después le da un tierno beso a su esposa perfecta (es decir mi hermana) justo cuándo sus labios se separan mi teléfono vuelve a sonar.

— ¿Quién? —pregunto porque ni he mirado quién me llamaba.

— Beth soy Mateo. —informa el según Mario, bicho. — ¿Has borrado mi número de teléfono?

— No digas tonterías.

— ¿Sigues en casa de tus padres?

— No te importa.

— Una mala tarde, entiendo… ¿quieres hablar de ello?

— ¿Ahora te crees mi terapeuta?

— No, solo quiero que sepas que como te dije puedo hacer que vuelvas a confiar en mí.

— Mateo no me hagas reír, si te has tragado un payaso esta mañana y quieres darle uso inténtalo con alguien diferente y que no te conozca tanto como yo. —termino de decir y siento como los ojos de mi hermana se clavan en mí y entonces caigo en ello, mierda le he llamado por su nombre y ahora no voy a poder escapar de casa de mis padres... ¡joder!

— Te recojo a las nueve.

— Está bien. —digo para intentar cortar con la conversación cuanto antes.

— ¿Puedes arreglarte un poco? Había pensado en ir a...—pero ni de broma le dejo seguir.

— No Mateo, no. —total, de perdidos al río. — No me toques los cojones.

— Beth, es una noche. No empieces a poner excusas porque...

— Adiós Mateo. —después de esto le cuelgo, porque esto lo he visto hacer en las películas y mola mogollón, porque no decir también que hace que te sientas poderosa. Sí, le he colgado en sus morros, no, no me siento culpable por ello. Aunque he de decir que si tuviera un móvil con tapa de estas que se cierran... el momento habría sido infinitamente mejor.

En cuánto cuelgo el teléfono cierro los ojos y siento como todos se quedan mirándome fijamente. Bueno, todos no, porque Casper se ha llevado a Noah, por deseo de mi hermana para cambiarle la ropa que la tenía sucia.... (Creo que no entienden que es un niño y que normalmente los niños se manchan)

Me levanto de la mesa, le quito la botella de orujo que tiene mi padre en las manos y me pongo un chupito que me bebo del tirón, (con mueca extraña en mi cara incluida) después miro a mi hermana y pienso que ya he tenido suficiente por hoy, pero se ve que ella no ha tenido suficiente conmigo. ¡Cómo no!

— ¿Vas a cenar con Mateo? ¿Eso significa que lo vas arreglar con él? ¿Nos vas a contar qué pasó? Porque te recuerdo que cancelaste tu boda y él no nos quiso contar nada...—Dani me recuerda esto último por si se me había olvidado.

— Vaya, es verdad. Gracias por recordarme que cancele mi propia boda. De verdad, gracias por recordármelo porque casi, casi se me olvida.

— Elizabeth Aurora de la Vega, no le hables en ese tono a tu hermana. —mi madre siempre tan amable conmigo.

— En el momento en que se mete en mi vida personal, me da derecho hablarle como se me antoje.

— Mateo es un buen chico...

— ¡No mamá! No lo es...

En cuanto termina de decir aquello algo dentro de mí se rompe, una corriente de rabia atraviesa todo mi cuerpo y siento que voy a explotar en cualquier momento, por la expresión de mi padre sé que estoy apunto y él solo se puede preparar para el desastre.

Y exploto... por supuesto que exploto en la siguiente frase de mi madre...

— Pues no lo entendemos Beth, porque nunca se portó mal contigo y tú cancelaste tu boda.

— El Mateo al que vosotras adoráis...—la que voy a liar...— El Mateo al que vosotras adoráis. —vuelvo a repetir por si no queda claro. — Me era infiel, me era infiel con todo el mundo. Para que vosotras lo entendáis... se follaba a todas las que podía mientras yo me quedaba en casa, tenía tantos cuernos que no podía entrar por la puerta y cualquier cazador habría pagado un dineral por tener mi cabeza colgada en el salón de su cabaña en la montaña. —esto lo digo gritando porque ya me da lo mismo todo. — Lo admitía, no veía nada malo en tener amantes y lo siento, pero... aunque me dijo su madre que con él podría tenerlo todo, hay algo que al menos yo creo que es más importante en una relación y es la confianza. ¿Lo entendéis? ¿Seguís pensando que es un buen chico? —ya no había vuelta atrás en esto. — Se iba con las otras a cenar mientras a mí me engañaba y después de follárselas venía y se metía en la cama conmigo, así que no tenéis ni puta idea de lo que se siente y mucho menos al ver cómo les da las caricias a otras que en teoría tendrían que ser mías. Y no, tampoco voy arreglar nada hoy con él, pero tenemos muchas cosas a nombre de los dos que hay que solucionar. Así que haced el favor de dejarme en paz con ese tema y ahora, lo siento, pero me voy a casa.

Cuándo termino de gritar todo aquello me voy cuenta que he terminado gritando con los ojos llenos de lágrimas, así que para no dar más el espectáculo cojo mis cosas y me voy rendida.... Antes de abrir la puerta del coche siento como mi padre se queda a mi altura y me abraza, dios, cuánto necesitaba un abrazo así.

— Lo siento pequeña, no sabía nada. Me lo podías haber contado y te hubiera ayudado en medida de lo posible. Siento todo lo que has tenido que pasar sola. Entiendo que ahora mismo no quieras volver ahí dentro. —alza la mano y señala su casa. — Pero prométeme que me vas a llamar si te vuelves a sentir así. ¿Me lo prometes?

— Te lo prometo papá. —termino diciendo entre lágrimas e hipos. — Siento no haberte dicho nada, pero...

— Pero no pasa nada. Anda, vuelve a casa y descansa, pero no olvides que te quiero.

—No lo olvido papá... gracias.

— Te he dejado un par de botellitas de orujo en el maletero. Del que nos gusta. —dice cuándo ya he metido las llaves en el contacto.

— ¿Tienes algún tipo de problema con el orujo del que tenga que preocuparme?

— No soy alcohólico si es eso lo que te preocupa pequeña. Soy un viejo, mayor, llámalo como quieras y ahora mismo he decidido que si un día necesito tomarme un par de chupitos para no escuchar a tu madre, no hay nadie que me lo prohíba.

—Está bien, no me acordaba de lo difícil que es vivir con tu mujer.

—Y con tu madre.

—Eso, y con mi madre.

Eduardo entró en casa y vio a su hija pequeña y a su mujer en la misma posición en las que las había dejado cuándo había ido en busca de su hija mayor y no pudo contenerse, ni morderse la lengua.

—Estaréis contentas, ¿no? —preguntó.

—Eduardo de la Vega, como es posible que nos ocultara una cosa así. A nosotros, sus padres. —preguntó Joana indignada.

— Porque en ningún momento le has dicho ningún tipo de palabra de apoyo. Se ha ido llorando Joana, ¿no tienes ojos en la cara?

Dani por el contrario se quedó en silencio, sabía que aquello que había contado su hermana había removido algo en su interior y en cierto modo puede que tuviera algo de temor o quizás era su conciencia que estaba empezando a despertar y no estuviera todo lo limpia que cabría esperar. Pero no dijo nada, calló y siguió con la misma expresión que minutos antes.

△△△

Después de entrar en casa lo primero que hago es ponerme cómoda cómo toda hija de vecino, puede que mis pintas ahora mismo sean de mendiga, pero… ¿Y lo cómoda que estoy?

Saco una de las botellas de orujo que ha escondido mi padre en el maletero y yo después he metido en el bolso, me bebo uno o dos chupitos (quizás llevo alguno más). He de reconocer que esperaba que mis padres (los dos) salieran de casa a decirme alguna palabra de apoyo después de lo que les había dicho, pero solo salió mi padre. Mi madre estaba demasiado traumatizada para poder decir nada.

Mientras sigo torturándome sola escucho el timbre de la

puerta, cuándo descuelgo el interfono veo a Mateo y maldigo cien mil veces en todos los idiomas que sé. Debería de estar vestida y no semidesnuda, con estas pintas y algo pedo... Así que directamente le abro la puerta, paso de hablar, no quiero hablar. Lo que si de que hago es beberme otro chupito (o unos cuantos más) de orujo, voy a optar por lo que hace mi padre con mi madre, quizás el orujo le da algún súper poder para no escuchar.

En menos de cinco minutos tengo a Mateo en el umbral de la puerta de mi casa.

— ¿Elizabeth? —pregunta cuándo me ve.

— No, Elizabeth no... Ni Aurora... Creo que a este paso ni Beth.

Después de decir la lindeza de la noche me vuelvo a mirar, mi camiseta ancha me cae por el hombro y como no llevo sujetador se me marca la clavícula (un poco), la coleta que me había hecho en algún momento entre chupito y chupito se había desecho casi por completo, la camiseta es tan larga que apenas se ven mis pantalones cortos y parece que no lleve nada. Por suerte llevo unas bragas negras y no mis habituales tangas (que ya es un paso) también voy descalza, porque todos sabemos que en casa lo mejor es ir descalza. Y no me cuento los dedos de los pies porque seguramente vea alguno más.

— Beth... —vuelve a llamarme.

— Mateo... Creo que no me encuentro muy bien para ir a cenar. —sonrío con esa sonrisa de borrachilla que todas ponemos en algún momento.

— ¿Estás borracha? —pregunta algo que yo creía evidente.

— No, qué va. ¿Yo? ¿Borracha? Para nada, no me siento nada borracha. ¿Por qué lo dices?

— ¿Estás borracha? No me lo puedo creer.

— No, borracha no, algo mareada quizás, pero borracha de

decir puffff voy pedo, pues no.

Mateo se me queda mirando y yo ya no sé si empezar a reírme por lo cómico de la situación o no, no estoy muy segura... Así que procuro no mirarle mucho porque esas caras de "No me lo puedo creer" soy muy graciosas....

Vale, no lo he conseguido y siento como exploto en una carcajada que creo que los vecinos van a venir a llamarme la atención.

— Claro que sí, estás borracha. Ves a la ducha y yo preparo algo de cenar. Es evidente que no podemos salir en tu estado.

— ¿Ahora sabes cocinar? —me tapo la cara con mis manos intentando hacer un gesto de sorpresa, mientras no puedo evitar explotar en otra carcajada. — Lo siento, es que eres muy gracioso, no recordaba que fueras tan gracioso, ¿por qué dejaste de ser gracioso? —creo que a él no le está haciendo ni pizca de gracia porque está poniendo una cara rara. — Pero no, no quiero que explote mi cocina ni nada por el estilo, lo siento.

— Yo siempre he sido gracioso. —contesta enfadado. — Y puedo hacer la cena sin que tu cocina arda en llamas.

— Lo siento, no me convence. Por cierto, ¿por qué me tengo que ir al a ducha? ¿Huelo mal? —digo mientras intento oler mi camiseta que no, no huele mal, sigue oliendo al suavizante que compre por una oferta de estas con cartelito amarillo.

— Hueles a orujo Beth, hueles a orujo.

— Bah, chorradas. Y por llevarte la contraria no me voy a ir a la ducha, al menos mientras tú estés aquí, no vaya a ser que quieras verme el culo mientras me estoy duchando...

— Dime que no te has emborrachado como excusa para no cenar conmigo.

— ¿Tienes algún tipo de problema mental? —no hablo yo, habla el alcohol.

— ¿Te estás escuchando? —dice enfadado.

— Perdona, es que me has acusado de emborracharme para no cenar contigo.

— ¿Es qué no podemos ser amigos? —Mateo se queja y a mí me está empezando a poner de mala leche.

— Por supuesto que no, no soy tu amiga ni lo voy a ser. Cómo mucho tu expareja o tu ex-prometida y eso ya es mucho decir, amigo. —esto último ya lo pongo con tonito de burla.

—Beth...

—Mateo, vete.

— No me voy a ir Beth.... Y si me voy te prometo que mañana volveré

Y no... no lo puedo evitar. Así que cojo el mando de la tele que lo tengo al lado y lo uso de micrófono con toda la alegría del mundo y cómo si estuviera en un karaoque.

— Me voy, pero te juro que mañana volveré... —no sé si mañana volverá, pero lo que si espero es que no vuelva la lluvia. Ahora llega el estribillo y empiezo a menearme despacio de derecha a izquierda y de izquierda a derecha... dándolo todo con Nino Bravo, mi padre, que me ha enseñado la variedad musical. — Al partir, un beso y una flor... un te quiero, una caricia y un adiós... es ligero equipaje para tan largo viaje... las penas pesan en el corazón.

—Beth...

— Has empezado tú con Nino Bravo y no te pega nada Mateo, tú tienes otro rollo... Pero bueno que si te empeñas podemos cantar juntos, creo que tengo otro mando por ahí... —me quedo pensando y acabo de olvidar la canción y solo me viene a la cabeza la de "Se me enamora el alma, se me enamora...— ¿Cómo era la canción? Joder, la acabo de cantar y ya no me acuerdo.

— Eh, —se acerca a mí, mientras me levanta la barbilla para

mirarme a los ojos. Que manía le ha dado últimamente con hacer eso... — Voy hacer la cena, siéntate en el sofá y por lo que más quieras deja el orujo.

— Ni se te ocurra meterte en mi cocina. —grito mientras le levanto el dedo de una manera un tanto amenazadora.

— Madre de dios Beth, de verdad. Últimamente estás irreconocible.

— No estoy irreconocible Mateo, es que evoluciono sabes cómo los Pokémon...

— ¿Puedo preguntarte algo? dicen que los borrachos y los niños nunca mienten. Quizás terminas diciéndome todo lo que quiero saber.

— ¿Qué demonios quieres saber? Entre nosotros está todo dicho.

— ¿Me sigues queriendo?

— Mateo...

— ¿Me sigues queriendo? —vuelve a repetirme. Creo que no entiende que estoy borracha, no sorda.

— ¿Quieres saber la verdad?

— Por supuesto.

Me lo quedo mirando y sonrío al recordar aquello que me dijo Aritz, la vida es de los valientes...

— No. Tengo... Tengo cosas que me motivan para despertarme feliz por las mañanas.

— ¿Cosas...?

— Cosas.

— ¿Cosas?

— ¿En serio?

— Quieres que te diga yo lo que pienso de todo esto, ¿eh?

— Mateo, estoy demasiado borracha para que tu opinión

me importe más que un pimiento murciano.

— Voy a volver y nos vamos a ir de cenar, sin orujo de por medio. No quiero que entonces ni te vayas, ni te escondas. Vendré a por ti e iremos a cenar...

— Haz lo que quieras. —contesto con la risa floja, mientras Mateo se va de mi casa.

PRIMERAS CITAS...

**No preguntes cosas que no sé...
Yo no sé mañana, yo no sé mañana...
Si estaremos juntos, si se acaba el mundo.**
Yo no sé mañana – Sofía Macchi & Luis Enrique.

—¡Pato!

— ¡Mario! —exclamé cuándo descolgué el teléfono en la ya habitual llamada de los viernes.

¡Mierda! ¿Es viernes ya? ¿Pero que le ha pasado a mi semana?

— Dime que me llamas porque es miércoles y quieres hablar conmigo. —digo con la esperanza de que mi ordenador esté mal y haya puesto la fecha que a él le ha salido de los huevos.

— No pato, no. Es viernes y sé lo que estás pensando. Yo también pienso que a veces soy una azafata, porque el tiempo se me pasa volando. —ríe Mario. — ¿No te ríes?

— Mario... ¿Dónde has escuchado eso? A veces eres...

— Venga dime lo que estás pensando, me encantan los tópicos gais. Aunque la verdad es que lo leí en algún sitio de Internet. —dice al fin. — Pensaba que te haría gracia, en fin. ¿Qué tal tu semana?

— ¿Mi semana? —pregunto con ese tono irónico que tan poco le gusta a Mario. — Bien, bueno la verdad es que después del incidente del orujo no he vuelto a encontrarme con Mateo en la oficina, gracias a Hulk. Aunque tampoco he tenido

198

tiempo de pensar en nada más que respirar que ya es mucho, tengo demasiado trabajo, son las dos de la tarde y tendría que estar camino de casa, pero no, sigo aquí. Aida ya se ha ido, pero yo creo que me voy a tener que quedar un rato más...

— Imposible, eso es imposible. Esta noche es la noche, tienes que salir ya de la oficina. ¿Por qué te ha pedido Rita que te quedes precisamente hoy?

— Pues la verdad es que Rita no me ha pedido que me quede, solo pretendo terminar cosas que tengo pendientes y que sé que no voy hacer si no me obligo de vez en cuando, suena fatal, pero es que sé que después no las voy hacer.

— Elizabeth Aurora de la Vega Fernández. —dice como si estuviera en una de esas novelas de sobremesa. — No me hagas ir hasta allí y sacarte arrastras de la oficina. —vaya, parece que va en serio. — Así que ya puedes estar moviendo el culo de tu despacho y venir corriendo a casa, tenemos que preparar tu gran cita con el chicarrón del norte. ¿Estamos?

— ¿Tengo opción? Le podría decir a Aritz de aplazarla...

— Te veo en una hora en tu casa así que ya puedes estar moviendo el culo.

Al final le hago caso a Mario, porque lo conozco y sé que si no es capaz de presentarse en mi despacho. Así que intento recoger todo lo más deprisa que puedo y salgo de él, después pico al ascensor y cuándo las puertas se abren suspiro mientras me miro en el espejo.

Llevo el pelo suelto y aún conservo algo de maquillaje, los pantalones de pitillo siguen ajustados a mi cuerpo, la camisa roja no está tan arrugada como pensaba y los zapatos a juego me están haciendo un daño de mil demonios. Mientras sigo ensimismada en mis pensamientos el ascensor se vuelve a detener y las puertas se abren...

¡Mierda! ¡Joder! ¡Maldita mi suerte! Pienso, pero no lo digo en alto claro.

Mateo me mira y sonríe, malditos ascensores, es que no tendría que subirme nunca más en ninguno de ellos. Lo más seguro es que en otra vida tuve que ser algo relacionado con los ascensores si no, no me explico esta suerte mía. Menos mal que después de que lleguemos a la planta baja cada uno se va a ir por su camino y san se acabó.

Nada más término de pensar eso un movimiento brusco del ascensor hace que mi cuerpo se estremezca y tenga ganas de gritar. No puede ser, no puede ser, me repito una y otra vez como si funcionara o algo. No es que tenga claustrofobia, pero primero: no me entusiasma la idea de quedarme aquí sin aire y mucho menos con Mateo, que no se ha dignado a decirme nada, aunque tampoco voy a ir de esplendida porque yo tampoco le he dicho nada más allá de un hola seco. Muy seco, demasiado seco.

— Pero dale al botón de emergencias, coño. —grito y Mateo me mira como si estuviera loca.

— ¿Qué crees que hago Beth?

— Y me tiene que pasar justamente esto hoy, no podía ser el lunes.

— ¿Tienes planes? ¿Quieres cenar conmigo?

— No gracias, tengo planes.

— ¿Vas a cenar con Mario? No creo que le moleste que cenes conmigo. Siempre le he caído bien.

— ¿Tú crees?

Si supiera que le llama mal bicho, otro gallo cantaría, pero claro yo como soy una bellísima persona no se lo digo.

— Por supuesto que lo creo.

— Bueno, da lo mismo. No tengo porque darte explicaciones de ningún tipo, pero hoy me siento generosa y no, no voy a cenar con Mario.

— ¿Has quedado con un hombre?

¿En serio? ¿Has quedado con un hombre? ¡Tendrá valor a preguntarme algo así! ¿Qué estamos en las cavernas? ¿En serio he estado ciegamente enamorada de esta cosa? Sí, lo he estado, pero eso no quiere decir que deje de ser gilipollas.

— A ver cómo te lo explico sin que te sientas ofendido Mateo...

— No me has contestado a la pregunta. —dice y si no lo conociera pensaría que está hasta un poco celoso, o quizás solo molesto porque con otros sí que ceno y con él no.

— Ni lo voy hacer, porque no quiero discutir contigo. Simplemente voy a esperar a que vengan a sacarnos de aquí, me voy a ir a mi casa y VOY HACER LO QUE ME SALGA DE LOS HUEVOS.

— ¡Qué carácter mujer!

— Mateo... por favor.

— No seas insensata. —no estoy muy segura si está enfadado, molesto, o tenga un ataque de cuernos, pero en serio me ha dicho que no sea insensata, ¿de verdad? Qué se cree Gandalf con su famoso *corred insensatos.* — No quedas conmigo que soy su ex-prometido y quedas con otro... así no vamos a arreglar nada.

— Es que... —respira Beth, me repito como un mantra. — ¿Quién te ha dicho que yo quiera arreglar algo? Y perdona bonito, —levanto un dedo para que se calle, porque esto también lo he visto hacer en las películas y le da un toque interesante. — El que perdió la sensatez fuiste tú cuándo le abriste las piernas a las que follabas. —toma ya, y luego se queja Mario de que se ha vuelto un ordinario...

— No puedes vivir anclada en el pasado. Sé que necesito tiempo para que veas que puedo cambiar, pero...

— Es que no creo que lo estés entendiendo Mateo, no estás entendiendo absolutamente nada. Te voy a contar una cosa a ver si esto sí que lo puedes entender. Últimamente no tengo paciencia ni siquiera para esperar un minuto a que el microondas cumpla su función... sabiendo esto, ¿Realmente crees que voy a tener paciencia contigo? Qué encima eres gilipollas.

Me estoy cubriendo de gloria...

Mateo se queda en silencio y me mira paciente, creo que no sabe ni siquiera que puede decir. Definitivamente si quiere (o pretende) recuperarme necesita mucho más que esto... había pasado más de una década conmigo, nos habíamos prometido, vivíamos juntos... reconocía que se había equivocado, pero eso ya no era suficiente... yo necesito más, necesito mucho más y esto no me vale.

Cuarenta y cinco largos minutos después salimos del ascensor y ni siquiera le dedico dos minutos de mi tiempo para despedirme de él. Veinte minutos más tarde y algo de tráfico después llego a mi casa. Mario me espera impaciente en la puerta dando vueltas de un lado a otro y en cuánto me ve me enseña el reloj como un hincha desesperado pidiéndole tiempo al árbitro, ¡qué hombre!

—¿Por qué has tardado tanto?

—Me he quedado encerrada en el ascensor...

—¡No!

—Sí... ¿Adivina por cierto con quién me he quedado encerrada?

Mario pone cara de no puedo con mi vida y yo no sé si reír o ponerme a llorar a estas alturas.

—No estoy muy seguro pato, mi mente está pensando en muchas cosas y ninguna es buena.

—Mateo...

—¿Por qué estabas en un ascensor con Mateo?

—Casualidades, supongo... Tiene gracia, todas las cosas que me pasan últimamente con Mateo tienen que ver la gran mayoría con ascensores. Yo creo que en otra vida los arreglaba, o los creaba, no estoy muy segura de eso.

—¡Está bien! Vamos hacer como si este tema no lo hubiéramos hablado nunca y vamos a centrarnos en lo que realmente importa.

— ¿Qué es lo que de verdad importa?

—No te hagas la tonta, te lo voy a decir en pocas palabras… noche, cita, Aritz, posible polvo.

— ¿Posible polvo? —repito porque no estoy muy segura de haber escuchado bien.

—Pato, ¿Cuánto hace que no te das una alegría a ese cuerpo que tus padres te han dado?

—Pues la verdad es que…. Bueno, la verdad…

Me quedo mirando a Mario y pienso en la última vez que había *retozado* con alguien y la verdad me golpea brutalmente…

La última vez que me había acostado con alguien (intimando, claro está) fue la madrugada antes del fin, pero claro teniendo en cuenta que no me he acostado en mi vida con nadie más…

— Me pregunto si eso equivale a que ahora vuelvas a ser como virgen. —Mario sonríe mientras entramos a mi casa y directamente se va abrir una botella de vino… empezamos mal. — Está bien, qué no cunda el pánico. ¡Dios mío! ¡Madre de dios! —empieza a decir nervioso y supongo que a evaluar lo que acaba de entender. — Si es que no va a salir bien, es como si te fueras al frente con un camisón de conejitos, o arbolitos, o corazoncitos… ¿Lo entiendes?

— Gracias por estas palabras de cariño y esos ánimos, me quedo mucho más tranquila con lo que me acabas de decir. ¡Dónde va a parar! —suspiro y le doy otro trago a la copa de vino. — Creo que se me están quitando las ganas de salir y todo…

— Tranquila pato, ya he pensado yo en todo, no te preocupes. A veces me pregunto cómo puedo ser tan maravilloso... —suspira satisfecho con sus pensamientos. Es como Juan Palomo con su *yo me lo guiso, yo me lo como.*

—Sorpréndeme...

—Los chicos vienen de camino, vamos a darte apoyo entre todos.

— Es decir, qué vais a invadir mi casa mientras yo salgo a cenar con Aritz.

— Necesitas apoyo moral y nosotros como buenos amigos tuyos nos vamos a sacrificar por la causa.

— ¿Qué causa Mario? ¡Qué solo nos vamos a cenar!

—Sí, pero te repito que vamos a darte apoyo.

—Y a vaciarme el minibar.

— ¡Bah! Detalles sin importancia. —sonríe el muy capullo, no sé porque le quiero tanto...

Cuatro horas después de esa conversación, Xavi, Aida, Mario y Caiden me miran mientras sigo dando vueltas y me vuelvo a mirar en el espejo, con las pinzas de depilar en la mano para volver atacar mi ceja derecha que no me termina de convencer.

— Yo de ti, no me volvía a torturar esa ceja. —dice Aida con toda la suavidad del mundo.

— Si, ¿verdad? Yo también te lo iba a decir. —contesta Mario.— Pato, sabes que a ti las cejas finas pues, como que no te quedan bien.

De pronto el sonido de mi móvil hace que todo mi cuerpo se tense y mi corazón se desboca... ¿Se habrá arrepentido? ¿No podrá venir? Hulk, creo que me estoy poniendo nerviosa.

- [05 febrero 19:16] Mi bonito del norte (Aritz): Pasaré a buscarte a las ocho y media. No puedo llevar la carroza porque se le ha roto una rueda de madera, pero llevo el coche que es más cómodo para aparcar. (Aritz, sin carroza, pero con coche)

Sonrío y pongo los ojos en blanco, va en serio, voy a tener una cita y no es con Mateo. Doscientas cincuenta mil dudas se agolpan en mi cabeza, cuándo me quiero dar cuenta estoy contestando a Aritz de manera autómata y con mejor resultado del que esperaba.

- [05 febrero 19:19] Beth: ¿Crees que es mejor entonces que me deje los zapatos de cristal en casa? (Beth, con dudas sobre su calzado.)

- [05 febrero 19:21] Mi bonito del norte (Aritz): Sí, será mejor que los dejes en casa. (Aritz, resolviendo las dudas sobre calzado desde tiempos inmemorables.)

No le contesto, vuelvo a la cocina, abro la nevera y me quedo mirando el interior, un par de botellas de zumo, unos huevos, algo de verdura... ¿Por qué tienen ese poder las neveras del mundo? Todos en algún momento hemos abierto la nevera de nuestra casa para... nada, para absolutamente nada. ¿Cómo se supone que te tienes que comportar en una primera cita? Quiero decir, ¿qué se hace en una primera cita?

Una hora antes de la cita, mis amigos ríen y hablan en mi salón mientras yo estoy pensando en qué puedo morder que no sean mis uñas...

— ¿Sabéis qué creo? —pregunta Caiden de pronto, Caiden el novio de Mario que normalmente no suele hablar y más que un amigo parece un mueble, pero aun así lo queremos y lo decimos en serio, porque para aguantar a Mario en sus días grises hay que tener huevos y paciencia. Muchos huevos y mucha paciencia para ser exactos.

— ¿Qué crees mi amor? —contesta Mario con otra pregunta mientras me termina de maquillar, algo suave según él, yo de verdad que se lo agradezco porque si no fuera por Mario no habría atinado ni abrir la sombra de ojos. Ambos miramos a

Caiden con lo que parece ser la misma expresión y el resto de nuestros amigos se empiezan a reír.

— Pasáis demasiado tiempo juntos vosotros dos… habéis terminado los dos con un chico del norte. Dilo Caiden, no te cortes. —contesta Aida.

— Cierto, Caiden tiene razón. —se une a la afirmación Xavi.

— ¿Cómo sabías que iba a decir eso? —pregunta con los ojos muy abiertos Caiden, mientras Aida llora de la risa.

— Porque habláis casi igual, tenéis los mismos gestos y al final los dos habéis terminado con un chicarrón del norte.

— Tú primera cita post-bicho y es con un chicarrón del norte como dice Mario… —sigue el juego Xavi.

— ¡Hay dios mío! —vuelve a interrumpir Mario. — Es que yo escucho chicarrón del norte y a mi mente vienen palabras como, *sexo, polla, desenfreno… ¡dámelo todo!*

Caiden pone los ojos en blanco, Xavi hace tiempo que lo ha dejado por imposible y Aida casi se atraganta con el vino. Sí, esos son nuestras happy hour….

— Está bien Mario, nos hacemos a la idea. —Xavi, el sensato del grupo.

— La verdad es que no es realmente una cita, somos amigos y vamos a cenar. Ya está. —intento defenderme, pero tal y como me están mirando creo que tengo un éxito pésimo. — No pretendo acostarme o hacer el amor en la primera noche que salgo a cenar con alguien.

— ¿Hacer el amor? ¿Tú te estás escuchando? —pregunta Xavi. — Se llama follar Beth, se llama follar. —vuelve a repetirme, por si la primera vez no me ha quedado claro.

— Es que no lo estáis entendiendo, la verdad es que… —pero para qué me van a escuchar o dejar hablar.

— Todavía no te lo has tirado, así que…

— …Menos hablar y más follar Beth. —espera, Xavi no era el sensato del grupo, ¿eh?

— Yo no sé porque sigo siendo vuestra amiga, la verdad. A veces tengo serias dudas.

Me vuelvo a mirar en el espejo y suspiro… llevo una blusa roja con parte de encaje transparente que hace que no puedas apartar la vista de ella, unos vaqueros oscuros con varios rotos que le dan un toque sexy y mis estupendos zapatos de tacón rojos. Mario se ha empeñado en que me deje el pelo suelto y algo desenfadado, el maquillaje según él es suave pero muy efectivo. Esto último me lo ha repetido como unas tres veces en la última media hora así que supongo que tiene razón.

— Bueno. —interrumpe mis pensamientos Xavi. — Si al final pasa y te lo tiras, tampoco digas que te viene de sorpresa, porque vas para matar.

— Y recuerda, lo importante a la hora de la verdad es que sepa moverse.

Estos son mis amigos los que han venido a darme ánimos y a tranquilizarme, aunque realmente lo que están haciendo es ponerme más nerviosa. Después de la última frase tranquilizadora, mi cuerpo se vuelve a tensar cuándo escucho el timbre de casa. Mario salta por encima de Caiden y se planta en la ventana para observar en primera fila al misterioso chicarrón del norte que ha osado a proponerme una cita.

— Dios, que bueno que está. —suelta de pronto, pero cuándo se da cuenta vuelve a mirar a Caiden y sonríe. — Puedes mirar mi amor, ya sabes que yo soy todito tuyo, pero míralo bien…

— ¡Quiero verlo! —Aida alza las manos mientras que intenta apartar a Mario de la ventana para que le deje un hueco.

¡Yo los mato! ¡A los dos!

— Lleva una cazadora de cuero como tú, una camiseta negra y unos vaqueros oscuros, pelo despeinado y una sonrisa que me está enamorando hasta a mí.

— ¡Qué ya está aquí! —digo de pronto como si no me hubiera dado cuenta antes. —Hay dios, qué ya está aquí…

—Si pato, ya está aquí. Así que deja de mirarte en el espejo porque estás estupenda.

— Y recuerda. —dice Xavi de pronto. —El único final para la cita que conocemos se llama orgasmo.

—¿Pero tú no eras el sensato del grupo?

— Eres un bestia. —se queja Aida, gracias a dios parece que ella es hoy la sensata. — Por cierto flor. —se gira y me mira fijamente con una sonrisa que no me está gustando nada. — ¿Llevas condones?

—Olvidadme ya, los tres.

Como era de esperar no salgo nerviosa de mi casa, salgo lo siguiente. Bajo por el ascensor porque con estos tacones y mis nervios ni siquiera es una posibilidad que me replantee bajar por las escaleras. Cuando salgo lo veo apoyado en una farola sonriendo, está guapo no, está increíble y aunque no me guste reconocerlo me hace perder el norte, el sur y todo…

— Buenas noches. —digo sonriente mientras se va acercando poco a poco a mí y me da un beso muy despacito en mi mejilla, no sé si nota que arde, pero no puedo evitarlo.

¿Qué me está pasando? ¡Parezco una quinceañera! ¡A mi edad! ¡Qué vergüenza!

— Buenas noches, estás preciosa. —sigue sin dejar de sonreír, se acerca a mí y me da otro beso en la mejilla que hace que mi yo interior empiece a taconear como la flamenca del WhatsApp. — ¿Estás preparada?

—Sí, creo que sí.

Cuando llegamos al coche abre la puerta del copiloto y entro en él, arranca el motor e intento controlar los nervios. Porque, aunque no lo quiera reconocer (de momento) estoy muy nerviosa, mucho, muchísimo, un montón.

— ¿Dónde vamos a cenar? —pregunto, pero cuándo Aritz me mira y sonríe pienso que quizás es una sorpresa y la estoy liando. — Vamos, si se puede saber.

— A una tasca vasca que está en el gótico, te va a gustar.

Llegamos a la tasca que está en pleno centro del barrio gótico de la ciudad, nos sentamos, pedimos la cena y seguimos sonriendo como idiotas. A medida que pasa el tiempo me siento mucho más relajada con Aritz y eso me gusta a la vez que me aterra.

¿Son normales estas sensaciones? Lo cierto es que me recorren el cuerpo y me están empezando a preocupar, a ver si es la comida que me está sentando mal, son retortijones y yo me sigo empeñando en que sean mariposas...

— ¿Te gusta? —pregunta Aritz y yo despierto de mi ensoñación. — Sé que he sido muy predecible trayéndote a una taberna vasca, pero es un muy buen sitio. En Bilbao se come mejor, pero esto no está mal.

— Están muy bien los pintxos. —intento pronunciarlo como ha dicho él, pero suena raro de cojones. — El txakoli sí que lo había probado por eso, aunque bueno... ¿Esto cómo se llamaba? —señalo a los restos que quedan en el plato.

— Se llaman Kokotxas.

— Kokotxas... —intento repetir. — ¿Y en cristiano?

— Merluza con salsa verde en una cazuela de barro, lo de la cazuela no es negociable. —sonríe y yo sonrío con él. — Y de postre vas a probar las Carolinas.

— ¿Carolinas? —pregunto, porque si se piensa que... pero Aritz me mira divertido y niega con la cabeza.

— Sí, Carolinas. No te voy hacer que te comas a ninguna chica, no pongas esa cara. Las Carolinas son unos dulces al menos en imprescindibles en mi ciudad. Dulces de merengue con chocolate.

— ¿Quieres que me ponga como una vaca?

— No, solo quiero que sigas disfrutando mientras pruebas cosas nuevas. Me gusta ver como disfrutas con la comida…

— Sí, supongo que no es lo habitual, ¿no? —sonrío y Aritz pone los ojos en blanco. — ¿Con qué clase de chicas has salido Aritz Gaztañaga? —como veo que no contesta sigo en mi pequeño monólogo improvisado. — No, no me lo digas… seguro que no pasaban de la ensalada.

— Vamos a dejarlo en que hay gente que no sabe apreciar la gastronomía del mundo.

— Venga, pide las carolinas y déjate de historias para no dormir.

Después de las famosas Carolinas, que he de decir que están buenas hasta decir basta… aunque bueno, todo lo que lleve chocolate seguramente este bueno. Salimos a dar un paseo por la ciudad condal, la temperatura no es del todo mala para estar en febrero y me gusta que Aritz haya intentado darme la mano con esa timidez que seguramente no es propia de él.

— Ven, vamos por aquí. —digo cuándo llegamos a la plaza de la catedral. — Voy a llevarte a un sitio que espero que te guste.

— Si me llevas tú seguro que me va a gustar.

— Aritz…

Un par de calles después pasamos por la bajada de Santa Eulalia, mientras le voy explicando todos los secretos que me tienen perdidamente enamorada de mi ciudad. Dos minutos después llegamos a la plaza Felip Neri. He de reconocer que no es muy famosa y que con el paso del tiempo la han ido visitando más porque es uno de los escenarios de Vicky Cristina Barcelona.

— Quizás no es el mejor sitio al que traerte. —empiezo hablar nerviosa. — Si tenemos en cuenta que allí puedes ver. —explico mientras señalo la pared del fondo. — La metralla de las bombas que la aviación lanzó en algún momento de la guerra civil, a la iglesia y al colegio de ahí... —vuelvo a mirar a Aritz para intentar entender su expresión y creo que la he cagado sobremanera. Vaya, ahora cómo salgo yo de esta...

— La verdad es que...

— Lo siento, quizás no te gusta, no sé... Es uno de mis sitios preferidos del centro, puede que sea una tontería, pero no sé, me da paz. Cuándo tengo un mal día simplemente me gusta sentarme aquí y dejar que la ciudad me envuelva.

— ¡Eh! —dice mientras se acerca a mí y me levanta la barbilla para que le mire. Joder, pero que le ha dado a la gente para hacer ese gesto. — ¿Por qué pones esa cara? No he dicho que no me guste, simplemente me ha sorprendido con el sentimiento y la pasión con la que hablas de este sitio.

— Está bien, aunque sigo pensando que la he cagado con el sitio. Si te portas bien otro día te llevo a un lugar súper especial. Uno de mis favoritos.

— ¿En serio? —pregunta sonriente.

— Bueno, te lo tendrás que ganar, pero sí.

Nos quedamos sentados en la plaza y seguimos hablando, contándonos detalles y anécdotas que me hacen sonreír y me alegra el corazón cada detalle que me cuenta. (Sí, sé que suena demasiado cursi hasta para mí). No hablamos en ningún momento de nuestras relaciones anteriores (bueno, aunque yo solo he tenido una, pero se entiende ¿no?)

Una hora después y bien entrada la noche Aritz me acompaña a casa. Una parte de mi le cogería del cuello de la camiseta, lo arrastraría hasta mi casa, lo metería en mi habitación, lo acorralaría en la pared y seguramente me dejaría arrastrar por estas ganas locas que tengo de besarlo toda la noche...

Mi parte racional por el contrario me grita que no corra

tanto que no es el momento. Que no puedo por ir por la vida con esos pensamientos tan calenturientos, mi madre, me diría que no son propios de una chica como yo, mi padre se reiría mientras se bebe un chupito de orujo y mis amigos… mis amigos seguramente no estarían en esta parte racional mía.

Al final mi parte racional gana.

En mi contra y aunque ahora mismo me tire piedras sobre mi tejado diré que la falta de sexo, me está empezando afectar.

— Gracias por la cena, por el paseo… me lo he pasado muy bien.

— Espero que no sea la última vez y me dejes invitarte más veces.

Pone una mano en mi cintura y me atrae hasta él, cuándo pienso que es el momento del beso me doy cuenta que sale mi vecina con una bolsa de basura. ¡Joder! Esto en las películas es más fácil. Así que busco las llaves por el bolso y me tenso al no palpar mi móvil, seguramente estoy poniendo la cara de espanto que todos ponemos cuándo metemos la mano al; llámalo bolsillo, llámalo bolso y no lo encontramos. Aritz que es muy avispado me mira mientras levanta una ceja…

— ¿Has olvidado algo?

— Sí, no, espera. —sigo buscando el móvil en mi bolso y bingo, está en el bolsillo del bolso… son los nervios Beth, me digo a mí misma. Son los nervios. — Ya está, no me he olvidado nada.

— Yo creo que sí. —contesta sonriendo.

— ¿A sí? —pregunto confusa… puede ser, si Mario ya lo dice, soy un despiste en persona. — ¿Qué crees que me he olvidado? Tengo el móvil, las llaves, el monedero…

— Esto Beth, has olvidado esto. —dice antes de rodearme el rostro con las manos y apoderarse lentamente de mi boca.

¡Joder! ¡Creo que me voy a morir del gusto! ¡Y solo me está

besando!

Es un beso suave y lento que hace que mi cuerpo se estremezca, noto que me falta aire y me aparto de él asustada, como si él me pudiera llegar a electrocutar. Cuándo consigo separarme de él (no sin esfuerzo) lo miro algo confundida ¿qué creo que estoy haciendo? Me pregunto mientras lo miro intentando adivinar que piensa él (ahora voy de vidente), ¿no era esto lo que querías? Me pregunta mi voz interior.... Vale, tienes razón, era esto lo que quería, pero ahora no sé si es esto lo que quiero. ¿Es esto lo que quiero? Me vuelvo a preguntar a mí misma. ¿Puedes dejar de hablar mentalmente, que va a pensar que eres medio retrasada?

— No creo que pueda Aritz, no sé si estoy preparada... — Aritz me mira y no dice nada. Mierda, creo que, si no la he cagado antes, ahora sí... — No-no me conoces, pero yo no...

— Déjame hacerlo Beth. —susurra sin apartarse de mí y esto me está empezando a poner nerviosa. — A tu ritmo, con tus normas si quieres, con todo lo que tú quieras, pero déjame conocerte. No quería asustarte con este beso, pero digamos que no me he podido resistir.

Me acerco a él y le pongo una mano en su mejilla derecha, en mi interior en estos momentos se está disputando una lucha entre el bien y el mal. Por una parte, tengo miedo (o no, quién sabe a estas alturas) de que empiece a mirar a Aritz con otros ojos y me la vuelva a pegar como me paso con Mateo. Por otra parte, tengo unas ganas locas de decirle que suba a mi casa, que seguramente no jugaremos al parchís, pero nos lo pasaremos muy bien.

Al final el miedo gana.

— Está bien. —la voz de Aritz me despierta de mi ensoñación. — Me da la sensación de que no eres de esa clase de personas que improvisan y se dejan llevar. —esto lo hace para picarme clarísimamente. — Pero de verdad que quiero conocerte. No soy un chico de una noche Beth, ya no. Y quiero conocerte.

— ¡Espera! —¿Cómo que no soy de esa clase de personas que improvisan? ¡A mí me encanta improvisar! — ¿Cómo que no soy de esa clase de personas que improvisan? —repito está vez en voz alta. Yo sí que improviso, un montón. —intento sonar convincente pero no me lo creo ni yo. — ¡Me encanta improvisar! —hago un segundo intento por sonar convincente.

— ¿En serio? —ladea su sonrisa y yo estoy a punto de desmayarme del gusto. ¡Y solo me ha dado un beso! El día que me toque (si me llega a tocar) exploto, pego un petardazo que ríete tú de las Fallas de Valencia.

— Por supuesto, ya te he dicho que me encanta improvisar.

— Demuéstramelo. —me reta.

Y le beso, sin más lo vuelvo a besar. Siento como todo mi cuerpo se electrocuta y Aritz me rodea con esos brazos tan fuertes, estoy a un paso de desmayarme en cualquier momento e involuntariamente (o no) le paso las manos por su cuello intentando aferrarme a él para no caer de bruces contra el suelo. Y me reafirmo en lo que llevo diciendo desde hace diez minutos; si con solo un beso consigue que mi cuerpo reaccione de esta manera. ¿Qué pasaría si me fuera con él a la cama? Cuándo pienso que, si no paro, más tarde no voy a poder hacerlo me aparto de él con todas las dudas del mundo en mi cabeza.

— Está bien. —me rindo. — Conozcámonos, pero poco a poco, porque...

— Lo sé preciosa, poco a poco. No te voy a pedir nada más. Con eso me doy por satisfecho. —se vuelve acercar a mí y me da un tierno peso en la frente que hace que esté a punto de gritarle que haga el favor de subir a casa. Pero Aritz pone su mano en mi mejilla y sonríe. — Buenas noches Beth.

Madre de dios bendito... Cuándo se lo cuente a Mario.

SECRETOS EN EL PIRINEO CATALÁN...

No hace falta que jure querido compañero
Que no debí quererte, sin embargo, te quiero.
Así que no hagas trampas que sabes de sobra
Cuál es mi debilidad.
A diez centímetros de ti. – La oreja de Van Gogh.

— ¡Qué mal habré hecho yo para merecer esto! —Mario se queja por segunda vez esta mañana.

Ignoro lo que dice Mario y me quedo mirando por la ventana. Han pasado algunas semanas, vale, estoy mintiendo en verdad no han sido algunas semanas hace más de un mes desde mi cita con Aritz, no nos hemos vuelto a besar (aunque yo sí que quiero y creo que lo estoy empezando a necesitar), puede que no hayamos tenido besos de por medio lo que sí hemos tenido son citas, también cientos de mensajes y esos mensajes como bien sabréis me hacen sonreír como si tuviera quince años.

Desde la última vez que fui a ver a mis padres y les explique lo "buen chico" que era Mateo no he vuelto hablar ni con mi madre, ni con Dani. Mi padre me llama todos los días y se ha agenciado esas frases muy de madre…. ¿has comido bien? ¿Te estás abrigando que por las noches refresca? También me ha pedido paciencia con mi madre, pero es que no entiendo porque conmigo y con mi hermana se comporta tan diferente. Dani fue la que se quedó embarazado siendo una niña (sí, porque, aunque esto le pese a mi hermana, se casó embarazada). Se casó con Casper sin apenas llevar ¿qué? ¿Cuánto llevaban? Dios, no sé cuánto llevaban, confirmado… soy una pésima hermana mayor. Total, que el día que yo llegué como un alma en vilo con los ojos rojos como tomates y les dije que no había boda, mi querida madre puso el grito en el cielo.

Es decir, para la boda exprés de su hija pequeña y el nieto, encantada… pero para mí no boda parecía la doble de la niña del exorcista (eso sí, con unos años más.)

— Tienes que reconocer pato. —Mario me saca de mis conversaciones profundas conmigo misma. — Qué el onanismo está muy bien, que esos orgasmos no dudo que no sean buenos, incluso puede que alguno sea fascinante… pero no son comparables con esa sensación que te dio solo con un beso… cuándo…

—¡Vale! ¡Lo he entendido! Tienes razón…

—Siempre tengo razón pato. Lo que pasa es que Caiden y tú os negáis hacerme caso.

—Caiden es un santo y me encanta que estéis tan bien…

— Tú también puedes estarlo, pero lo que pasa es que eres tonta de remate. ¿No te das cuenta de cómo te habla y te mira Aritz? Te mira como si fueras comestible, llámale y queda con él.

—Hay alguna posibilidad real de que dejes en paz el asunto. Digo, porque me gustaría saberlo.

— No, absolutamente cero posibilidades. ¿Lo llamas tú? ¿Lo llamo yo?

Jugueteo con el móvil mientras Mario me mira amenazante, lejos de amedrentarme me saca una sonrisa. Cinco minutos después seguimos en la misma posición, él se levanta y se va a la cocina para buscar lo que creo que es otra botella de vino (yo no gano para botellas de vino con mis amigos)

Me levanto y le sigo a la cocina, me siento en uno de los taburetes que hay en la barra y Mario vuelve hacía mi sonriendo.

— ¿Qué va a tomar señorita? —pregunta de una forma muy teatral.

— Lo de siempre.

— ¿Malas decisiones? —es un capullo.

— Sí, dobles y sin hielo.

Me quedo mirando el calendario que tengo en mi nevera y siento como se me está empezando a helar el cuerpo...

— ¿Me cuentas por qué te has quedado con esa cara de mustia?

— ¿Qué día es hoy?

— Sábado...

— De numerito Mario, de numerito.

— Cinco... por el cu...—levanto una mano para que no siga por ahí. — Vale, no tengo gracia, lo sé...

— Mario...

— ¿Te ha dejado embarazada la paloma folladora? Por eso esa cara, porque no te ha bajado la regla.

— ¿Qué paloma folladora?

— El espíritu santo pato, que hay que contártelo todo.

— Mario. —digo todo lo sería que puedo. — Esto te va a sonar a excusa barata... pero no puedo llamar a Aritz, es día cinco, tenía que haber pagado ayer la factura del móvil, porque el banco decidió por iniciativa propia devolver el recibo y la teleoperadora me dijo de malas ganas que el día cuatro sería el último día que tendría línea. Entre que llamo y pago la factura no volveré a tener línea hasta mañana.

— Si eso es una excusa Beth, he de decir que es la más mala

que te has inventado hasta el momento. La mía sobre que me iba a estudiar pingüinos era mala, pero esta es peor.

— ¡Qué es verdad melón! ¡Qué me he olvidado! ¡No te estoy mintiendo! —le enseño el móvil para que vea que sí, puede ser que suene a excusa rancia, pero es verdad… ¡Hulk, soy un desastre!

— Vale, bien, está bien. Conociéndote como te conozco te creo, contigo todo en esta vida puede pasar.

— Pero tú estás tonto, crees que te voy a mentir. Mario… que tenemos una edad. —a veces creo que la adulta de la relación soy yo… hasta que viene Xavi y entendemos que no, que el adulto es él.

Mario me mira y sonríe, se mete la mano en el bolsillo trasero del pantalón y saca su reluciente nueva adquisición, un muy brillante móvil rosa. Pero muy brillante, os hacéis una idea de cómo es para que lo tenga que haber repetido dos veces, ¿no?

— ¿Rosa?

— Sí, si es rosa y brilla lo quiero, como dice esa rubia de Internet.

—No tienes remedio Mario…

— ¡Oh! Venga ya, no me digas que no es fabuloso. He estado esperando semanas por él, hasta que me lo han enviado… No me mires con esa cara pato, que el del trabajo es blanco. Es más neutro.

—Te voy a dar a ti neutro…

—¿Quieres mandarle un mensaje o no?

—Está bien, dame el móvil.

Tecleo en el teléfono de Mario sin pensar y le doy a enviar sin ni siquiera volver a leer el mensaje, segundos después de comprobar que se ha enviado lo borro, lo borro porque conozco a Mario y así evito su momento maruja del día.

Después le devuelvo el móvil y le miro sonriente...

— ¿Has borrado el mensaje? —grita de pronto.

— ¿Ibas a leerlo? ¿Sabes qué es una cosa privada?

Por suerte, el mensaje ya estaba enviado.

- [05 mayo 18:34] Beth: Hola, soy Beth. Le he robado el móvil a Mario porque el mío ahora mismo ha decidido tomarse unos días de vacaciones. Esto... me preguntaba si querías tomarte algo conmigo. (Claro, que idiota con quién va a ser si no) Bueno ya me dices algo, si no puedes no pasa nada porque en verdad te he avisado con poco tiempo... (Beth, robando móviles a mis amigos)

La respuesta de Aritz no se hace esperar, en cuánto el móvil de Mario suena me lanzo en plancha para cogerlo antes que lo enganche Mario.

- [05 mayo 18:34] Aritz: ¿Me dejas raptarte? Prometo ser bueno y dejarte en la oficina el lunes a primera hora. (Aritz, con ganas de verte)

— Mario... —digo con algo de miedo cuándo termino de leer el mensaje de Aritz.

— Dime pato... ¿Quedáis o no?

— Qué dice... La verdad es que... En realidad... —no tengo ni idea de cómo le voy a explicar esto.

No se lo piensa y me quita el móvil de entre las manos, lo lee y lo suelta de pronto para ponerse a dar saltitos mientras va aplaudiendo... y después la infantil soy yo.

— ¡Oh dios mío! ¡Oh dios mío! —repite, mientras va trotando por mi casa. —Mierda, lo tenía que haber dicho en ingles que le da más rollo al asunto.

— Mario... —vuelvo a repetir.

— ¿Qué demonios haces ahí sentada? ¡Ves hacer la maleta!

— Me dejas que lo piense mientras me termino el vino.

— Ya no tienes vino. —dice antes de darle un trago a mi copa y beberse todo el vino. — Contéstale y vete hacer la maleta si no quieres que te la haga yo.

Aritz tiene que pensar que me había dejado llevar por la emoción y me había asustado…. Pero nada más lejos de la realidad. Bueno en verdad sí que me había asustado un poco.

- [05 mayo 18:40] Aritz: Prometo pedir habitaciones separadas si es lo que quieres, pero no me digas que no. (Aritz, esperando un sí muy grande)

— ¡Oh por favor! Si no te lo pides tú, me lo pido yo. —Mario no sé porque es interiorista si podría ser perfectamente una cabra montesa, con esos saltos que está pegando. — ¡Me lo pido yo!

— ¿Y Caiden?

— ¿Qué pasa con Caiden?

— Si te pides para ti a Aritz, ¿Qué harías con Caiden?

— ¿Quién ha dicho que me quiera deshacer de Caiden?

— Eres incorregible… no lo entiendes Mario. Estoy tan escaldada con los hombres. Vale, tampoco es que haya tenido mucha experiencia en cuanto a hombres…Pero…

— Ni pero, ni para. Estás escaldada pero bien que te lo quieres beneficiar…

— ¡Touché!

— A veces el destino nos habla pato, a ti te está hablando ahora…

— Ya… pues habla muy bajito o habla en otro idioma porque no lo estoy entendiendo.

— Aritz me gusta, me gusta hasta para mi ¿Le vas a contestar ya? No quieras que conteste yo jovencita…

— A veces eres muy pesado Mario, mucho.

— Sí, pero me adoras…

—Está bien, dame el móvil.

— ¿Le vas a decir qué sí? ¿Le vas a decir qué sí? ¡Dime que le vas a decir qué sí!

— Si sigues dando palmas como cuándo teníamos cinco años, le voy a decir que no. —sonrío porque esto que acabo de decir no me lo estoy creyendo ni yo.

- [05 mayo 18:41] Beth: ¿Ropa de abrigo? (Beth, a punto de hacer una mochila)

- [05 mayo 18:41] Mi bonito del norte (Aritz): Llévate algo de abrigo y sobre todo ropa cómoda, te paso a buscar en dos horas. (Aritz, sonrisa Profident)

Estoy terminándome de duchar cuándo escucho el timbre, ese seguro que es Aritz. Sonrío mientras me sigo aclarando el pelo, estoy tan nerviosa que creo que es la tercera vez que me lo lavo. Mientras salgo escuchó como Mario lo hace pasar. Por dios, que no diga ninguna burrada.

— ¿Se puede? —escucho que dice Aritz nada más pasar la puerta (supongo).

— ¡Hola! —por dios que Mario no empiece a dar palmas por favor... — Pasa, Beth se está terminando de vestir. —informa Mario. — ¿Qué tal? —pero no le deja terminar. — ¡Oh por dios! No me desmayo contigo porque dios no quiere. ¿Seguro que no eres gay? —lo mato, mato a Mario, lo voy a matar entre terribles sufrimientos.

— ¡Mario cierra el pico! —grito desde la ducha

— Qué sí pato, qué sí. Que lo he entendido a la primera. La niña. —supongo que ahora le está diciendo a Aritz. — Qué me ha salido un poco cabrona y contestona, pero no te preocupes que solo lo es conmigo. ¿Quieres algo de beber?

—Un vaso de agua estará bien.

—Qué barato sales...

Me imagino como Aritz está mirando ahora mi casa. El

salón-comedor-cocina no es gran cosa, pero cumple su función. Mi casa no es muy grande pero lo suficiente para mi sola. La cocina abierta que se fusiona con el comedor y el salón es obra de Mario, que se empeñó y para no escucharle al final termine cediendo. Después hay tres puertas, normalmente dos serían habitaciones y la otra sería el baño, pero nada más lejos de la realidad porque de esto también se encargó mi querido amigo. Una de esas puertas que seguro que está mirando Aritz es la de mi estudio, la segundo es un pequeño aseo y la tercera es mi gran habitación, (digo gran porque le fuimos quitando metros a otros sitios para que así fuera) tiene un vestidor, un baño completo y una habitación pues con lo básico, una cama, unas mesitas, una alfombra…

En cuanto a la decoración… a mi madre casi le da un infarto cuándo decidí que no quería muebles nuevos de diseño como en casa de mi hermana. No me inspiran confianza ese tipo de muebles y a mí personalmente no me decían nada, yo quería una decoración que te abrazará, que te generará sensaciones de paz y tranquilidad. Así que empecé a buscar muebles de segunda mano para restaurar (de esos antiguos que tienen mil historias que contar, vaya esto ha sonado como la letra de una canción) también heredé muebles de amigos y compañeros. Me encantaban los detalles de madera, las velas, el incienso… no me daba para una chimenea, pero hubiera sido la ostia, es decir que hubiera sido fantástico.

Cuándo mi madre entró por primera vez a mi casa casi se infarta, decía que con el dinero que teníamos no entendía cómo podía vivir como si fuera una hippie… creo que la que no tiene ni puñetera idea de mis gustos es ella, pero bueno, no es que se lo dijera. Desde entonces creo que ha venido a regañadientes a casa no más de cinco veces…. Mi hermana y mi cuñado solo han venido dos veces y casi por obligación.

Aparezco cinco minutos después (bueno, o puede que algunos más) cuándo miro a Aritz sonrío y mis mejillas empiezan arder… me había puesto unos pantalones claros y rotos, mis relucientes deportivas blancas y una camiseta blanca de punto. No me había peinado (para que os voy a mentir) y llevaba el pelo suelto, así como al aire. Y ahora vais a entender porque me reía. Aritz llevaba también unos pantalones tejanos con rotos como los míos, una camiseta blanca a juego con unas bambas que supongo que en algún tiempo fueron blancas, ahora son más bien grises. Cuándo me acuerdo de Mario está con las manos en la cabeza haciendo un gesto teatrero... lo que yo os contaba, iba para actor y se quedó en interiorista y maruja.

— ¿Os habéis puesto de acuerdo? —si no lo dice explota.

— Mario, te he dicho alguna vez que calladito estás más bonito.

— Cada día desde que tengo uso de razón. Y a ti Aritz. —está vez lo mira a él. — Te ha contado Beth que cuándo repartieron la mala follá ella hizo cola dos veces, ¿eh? ¿Te lo ha contado?

— ¿En serio aún te consideras mi amigo?

— Soy más que eso mi amor, soy tu marido...

— Eres imposible.

Aritz tiene que estar literalmente flipando con nosotros, pero que le vamos hacer si somos así... adorables.

— Por favor. —dice mirando a Aritz. — Cuándo lleguéis a dónde sea, enviadme un mensaje para decirme que habéis llegado bien.

— Sí papá.

— Tranquilo, me encargo yo de que te avise en cuánto pongamos un pie en nuestro destino.

Nos despedimos de Mario y salimos de mi casa, para emprender camino a ¡no tengo ni puñetera idea!

Apenas dos horas después llegamos a Vielha. Vielha es una pequeña ciudad del Pirineo Catalán (por si andáis justos de geografía) justamente en la Vall d'Arán, situada a 974 metros de altura (esto lo sé porque lo he mirado en el Google y todo el mundo sabe que Google lo sabe todo y si dice que está a 974 metros de altura... será por algo), me quedo embobada mirando las montañas y las cumbres que según he leído antes superan los dos mil metros.

Pasamos por el casco antiguo y yo voy abriendo cada vez más la boca totalmente embelesada, esas casas medievales, esa iglesia parroquial (no es que sea yo muy devota, vamos que no soy nada devota, pero aquí podría hasta casarme yo) la transición del románico al gótico.

Es un lugar privilegiado, en un entorno natural y rural de ensueño que me tiene enamorada y apenas llevo aquí diez minutos... ¿Cómo no he venido nunca? ¿Cómo se le ha ocurrido a Aritz traerme aquí? ¿Qué más puedo pedir?

Cuando llegamos al parador de Vielha me doy cuenta de que es un hotel moderno en un entorno que... puffff, me deja sin palabras, y mira que a mí para dejarme sin palabras...

— ¡Madre mía Aritz! —consigo decir. — Esto es precioso.

— Sí, la verdad es que si, no sabía si eras más de montaña o de playa, pero esto es realmente bonito. Vamos, tenemos que hacer el check-in para entrar a las habitaciones. —dice y lo miro esperando a que no incumpla su promesa, aunque a quién quiero mentir, podría dormir con él perfectamente...

— Dos habitaciones, ¿verdad? —mi parte miedosa no me representa (en estos momentos).

— Dos habitaciones, a no ser que quieras dormir conmigo, en ese caso no tendré ningún problema ni pondré ninguna pega.

— Aritz...

— Tranquila, es broma. Dos habitaciones. Lo he entendido y soy un chico que cumple sus promesas.

Apenas unos minutos después de hacer el check-in subimos a las habitaciones para dejar las maletas.

△△△

— Este sitio es muy romántico, quiero decir. —Aritz creo que se está haciendo lo que se conoce como la picha un lío. — No romántico de amor, qué también. Me refiero a que este pueblo te envuelve, es como si te abrazara. No sé si me estoy explicando bien.

— Madre mía, qué cursilada hazme un favor y aléjate de mí. —sonrío y aunque haya dicho eso, a mí también me lo parece y eso de que un lugar te abrace lo digo mucho...

— No te rías de mí que sé que tú piensas lo mismo.

— Debería de llamar a Mario, no le hemos dicho nada y seguramente este preocupado.

Pero qué queréis que os diga, hemos hecho una ruta por los alrededores, hemos comido en una masía, hemos vuelto hacer otra ruta por el pueblo. Y ahora estamos cenando en el parador... ¿en serio pensáis que me he acordado de Mario? A él le diré que, por supuesto que me he acordado de él, pero entre vosotros y yo... ya me entendéis.

— Tienes razón, llámalo y así se queda tranquilo, pero tienes que salir que aquí dentro no creo que escuches nada. Y así hablas con él tranquilamente. ¿Quieres mi móvil?

— ¿En serio? ¿Por qué eres tan perfecto? ¿No tienes ningún defecto? Y no, no quiero tú móvil, Mario ha conseguido hablar con los de la compañía y como lo ha pagado con mi tarjeta me han dado línea al rato.

— Anda, corre a llamarle antes de que me arrepienta y no te deje salir.

Y eso hago, cojo el móvil y salgo afuera para llamarle, dos tonos más tarde tengo a Mario gritándome al otro lado... si lo sé no le llamo.

— ¿Ahora me avisas? Anda que estás como para una urgencia bonita.

— Bueno, tú tampoco me avisas nada más llegar cuándo te vas con Caiden.

— No me hagas hablar que al menos me digno a mandarte un mensaje.

— Bueno, pues ahora que sabes que he llegado ya está.

— Voy a cogerle celos a Aritz. Beth, nuestro matrimonio se va a pique clarísimamente.

— Lo nuestro es especial Mario.

— Claro, por eso me avisas cien años más tarde…

— Tienes suerte de que te haya avisado…

— Está bien, ves a follar mucho con tu príncipe azul.

— ¡Eres un ordinario!

— Hablo la santa, cuánta decencia junta de golpe Beth, bueno… vete con tu príncipe azul y hazle muchas veces el amor. ¿Mejor así?

— No es mi príncipe azul y para que lo sepas, hemos cogido habitaciones separadas.

— A veces hay que ahogar un poco al príncipe para que coja la tonalidad de azul que quieras y no te voy a responder nada sobre lo de las habitaciones separadas, te voy ahorrar el disgusto, tómatelo cómo mi regalo de cumpleaños.

— Eres incorregible.

— Pero me adoras.

— Te adoro, eso es verdad. Bueno, mañana hablamos. Te quiero.

Vuelvo a la mesa y seguimos hablando de todo y de nada, cuándo se está riendo por mi famoso mote siente que su teléfono móvil empieza a vibrar en su bolsillo y pone los ojos en blanco. En un abrir y cerrar, lo saca y lo apaga.

— Hoy y mañana, cero intentos de comunicación con el mundo exterior y menos si es por trabajo.

— Cógelo, no seas así. —digo, porque yo me conozco y sé lo que jode a Rita que no le coja el teléfono. — Puede que sea importante si es de trabajo. —ínsito y esta vez parece que funciona.

— Ahora vuelvo. —dice después de darme un tierno beso en la frente que ha hecho que se me suban los colores de golpe...

Y aquí me quedo, viéndolo como se va, observando a las parejas y a las personas de nuestro alrededor... Joder, cómo me gusta este sitio.

— *Arizaga.*

— *Soy el comisario, ¿Estás con el señor Bouvier?*

— *Quedamos en que este fin de semana lo tenía libre. No debería ni siquiera estar contestando al móvil. ¿Ha pasado algo? Por cierto, Joan, estoy fuera de Barcelona así que espero que no se te pase por la mente que vaya a la central.*

— *Está bien, era para ver a quién infiltraba en la fiesta de la casa Morris en Barcelona.*

— *¿Hay alguna novedad?*

— *No, de momento todo sigue igual. El hermano de Bouvier va a reunirse esta noche con unos posibles nuevos... vamos a llamarlos clientes y queríamos tenerlo bajo control. También hemos descubierto que vamos a decir que es cliente asiduo de varios sitios de variedades que no son todo lo legales que deberían ser.*

— *Perfecto, pues si me disculpa comisario...*

— *Aritz, no me quiero meter en tu vida privada, pero son muchos años y te considero como un hijo. Puedes tutearme sin problema.*

— *Esto es una llamada de trabajo.*

—*No, esto es una consulta. Descansa, mañana hablamos.*

— ¿Todo bien? —pregunto cuándo Aritz vuelve.

— Sí, está noche tienen un evento que no me acordé de... Bueno, historias de trabajo.

— Mejor, nada de trabajo, ni de princesas, ni de faldas tutú, ni de bolsos rosas y nada de purpurina de colores. Necesito mis momentos de desconexión.

— ¿Por qué trabajas con Rita si no te gusta este mundo?

— No es con lo que soñaba al salir de la facultad y ahora mismo puedo contarte mil historias para no dormir, pero es un trabajo y está vinculado al periodismo... No sé, a veces yo también me lo pregunto, la verdad. ¿No íbamos a dejar de hablar de trabajo?

— ¿Quieres tomarte una última copa?

— Sí, pero porque no vamos a dar una vuelta. Seguro que encontramos un sitio para tomarnos la última copa. —sonrío y él también sonríe...

△△△

Quizás no debería de haberme tomado la última copa, creo que no era necesaria.... Pero aquí estamos, de vuelta al hotel. Mi mente está trabajando a marchas forzadas y tengo interiormente una guerra que ríete tú de Troya.

— ¿Qué hacemos aquí Aritz? —digo de pronto, porque me encanta cargarme momentos importantes. — Quiero decir, ¿por qué me has traído aquí?

— Pues a ver. —empieza hablar con menos cara de susto que hace un par de segundos. — Hemos pasado una velada agradable, ¿velada ha sonado muy cursi? —pregunta, pero no me da tiempo a contestar, simplemente sonrío. — Bueno, vamos a dejarlo en que lo hemos pasado bien cenando... tonteando, hablando… haciendo manitas… ahora al menos yo estoy esperando a que te decidas a darme una oportunidad para que nos conozcamos y sobre todo a que te preguntes si antes de que te deje en tu habitación te voy a besar o por el contrario no lo voy hacer. —sonríe mientras pasa un brazo por mis hombros y me da otro beso en la frente.

Qué no digo que no sea bonito, pero coño un beso en la frente… ¿En la frente?

—Está bien….

Llegamos a nuestra planta y tengo la puerta de mi habitación justo delante, cómo me había dicho me ha acompañado a la puerta y ahora tiene toda la intención del mundo en irse a la suya… y eso hace, me da un beso en la mejilla y se va.

— Aritz…—digo en un susurro cuándo lo veo alejarse.

— Dime preciosa.

— ¿No quieres pasar un rato? —pregunto y me sorprendo hasta yo, para que mentir a estas alturas del cuento.

— Preciosa, no podría quedarme un rato, si me quedo no voy a querer irme de tu lado…

— Está bien….

— …—silencio.

— Aritz… —vuelvo a la carga porque yo mi lado masoca ya os dije que lo tengo súper desarrollado.

— Dime preciosa.

— ¿No quieres pasar a mi habitación? ¿No quieres quedarte?

Me mira, sonríe y pienso que estoy perdida, aunque solo puedo sonreír. Con esta pregunta sé que lo he puesto entre las cuerdas y cualquier comentario más está fuera de lugar.

En dos pasos llega a mi altura y me coge por la cintura mientras me besa y entramos a mi habitación. Me agarra del culo de una forma muy excitante, demasiado, demasiado excitante para mí que llevo muchos meses sin sexo, sin sentir aquel cosquilleo que tengo ahora mismo entre mis muslos. Había imaginado este momento mil veces, quizás no con Aritz, o bueno sí para que voy a mentir. He imaginado el momento en que alguien recorría con sus manos mi cuerpo, lo llenaba de besos, de caricias que se perdían debajo de mi espalda y entre cómo me está tocando Aritz y lo que mi mente ha empezado a imaginar me tenso y vuelve otra vez ese miedo que….

— Aritz. —digo de pronto con la voz entrecortada. —No sé si voy a poder…

— Tranquila preciosa, estoy aquí contigo y no me voy a ir a ningún lado, podemos parar cuándo tú quieras, cuándo tú digas. —dice tan aturdido como yo. Y seguramente lo hará, porque según me ha dicho le gusto, ¿no?

Las manos de Aritz se pierden por debajo de mi camiseta buscando mis pechos, los acaricia suavemente al principio, aunque cada vez los va apretando más. Esas sensaciones son nuevas para mí y mi cuerpo reacciona casi al momento, mi única experiencia con el sexo opuesto ha sido con Mateo, con él perdí la virginidad y ha sido el único con el que me he acostado…

¡Joder! ¡No es el momento de pensar en eso, idiota! —me regaño mentalmente un par de veces.

Estoy excitada, me siento tímida y pequeña a su lado, tanto que apenas puedo reaccionar y me quedo enganchada a él como una lapa mientras mi cuerpo se paraliza…

— Aritz, lo siento no puedo…—bufo rendida.

— Está bien preciosa, voy a esperar a que estés preparada, pero no me puedes negar que no se te acelera el pulso y los latidos cuándo estás cerca de mí, no puedes negar que no te falta el aire y que tu cuerpo se estremece cuándo me sientes cerca.

—dice como en un susurro en mi oído mientras nos intentamos recomponer y entonces, un miedo atroz me invade.

— Aritz.... Yo... no te vayas a tu habitación, quédate conmigo. —le pido. — No te vayas, por favor.

— No me voy a ir Beth, no me voy si tú me lo pides.

Y no se va, se queda conmigo, a mi lado portándose como un caballero de los de antes. Nos quedamos en la cama viendo una película y siento como mis parpados deciden que han tenido demasiadas emociones por hoy y se dejan arrastrar por Morfeo. Cuándo estoy dormida (o casi) escuchó el móvil de Aritz sonar, siento como me da un beso en la frente... ¡joder con los besos en la frente!

—Ahora vengo preciosa, voy a responder a Joseba que no ha dejado de llamarme.

Y se aleja un poco... lo justo para que no pueda escucharle y siga coqueteando con Morfeo.

— Qué coño quieres. —responde enfadado, pero entre susurros.

— ¿Por qué hablas tan bajo? ¿Te he estropeado un polvo? ¿Vuelves al mercado? ¿Dónde estás?

— Estoy con Beth, en Vielha. Y no, no me has... bah, déjalo, ¿qué quieres?

— Joder Eneko, te estás pillando. ¿Le has dicho la verdad? ¿Qué vas hacer?

— No sé qué voy hacer Joseba, no sé qué coño voy hacer.

— Pues estás listo...

— Se me están jodiendo las barreras.

— ¿Preparo la pamela?

— Vete a la mierda.

— No es por meterte presión hermano, pero cuándo se entere de que no te llamas Aritz Gaztañaga, si no Eneko Arizaga y no eres un simple lo que seas... va a flipar. Y va a flipar más cuándo se entere de que no eres un simple agente infiltrado si no inspector de la policía... yo te tú me ponía serio. Si te mola de verdad y confías en ella yo qué tú le echaba huevos, si no... déjala, no te convienen historias raras.

— Beth no es una historia rara...

— Pues tienes pocas opciones hermano, bueno te dejo que estoy de servicio, mañana hablamos, solo era para saber si iba mirando pamelas o me esperaba un poco.

△△△

Me despierto y lo primero que veo es a Aritz, estoy apoyada en su pecho y aquí me quedaría para siempre, para toda la vida (¿Eso suena muy cursi?). Veo como él duerme tranquilamente y me siento bien, me sentiría mejor si no le hubiera estado babeando encima de su pecho, pero bien, está bien.

Pero mientras lo miro maldigo mil veces, si estoy tan cómoda en el pecho de Aritz... ¿Entonces? ¿A qué demonios tengo miedo? Me pregunto mientras lo sigo observando. No soy virgen así que el hecho de hacer el amor, o follar como diría Xavi no es. Supongo que son las dudas que envuelven a ese hecho, las dudas que yo que soy muy simpática las transformo en miedo, miedo quizás a no ser suficiente para él, (porque de todos es conocida mi súper experiencia, eso quieras o no te atemoriza un poco, ¡joder! Que en mis casi treinta años solo me he acostado con un hombre, ¿Lo entendéis?) Miedo a no ser capaz de sentir o disfrutar con alguien más que no sea con el indeseable de mi ex-prometido (cosa que él no tenía problemas en esto, que todos lo sabemos también) Y aquí sigo yo, observando a Aritz dormir mientras mi mente está haciendo el subnormal, porque es lo que está haciendo.

Siento como Aritz se despierta y se queda en silencio mirándome mientras sonríe y yo sigo apoyada en su pecho pidiéndole tiempo y él dispuesto a dármelo, joder si es que esto parece el argumento de una película romántica americana.

— Buenos días. —sonríe y me da un beso en la frente sin dejar de mirarme.

— Buenos días. —contesto con esa sonrisa que se ha instalado en mi rostro y no tiene intención de irse.

Y así nos quedamos, en silencio, sonriendo y con las caras de besugo…

— Beth, —empieza hablar Aritz y yo me incorporo un poco en su pecho, aunque sin perder el contacto. — Ponme las cosas fáciles, sabes que me gustas y yo voy a esperar a que confíes en mí a que…. Ahora mismo lo último que quiero en mi vida es luchar a ciegas y sin saber que he de esperar. Por eso te digo que me pongas las cosas fáciles. Si no te gusto como tú me gustas a mi deja que me vaya, deja que me aparte de ti y yo lo haré…

De pronto un nudo se instala en mi estómago y solo quiero gritar que no se vaya, que no, que no quiero que se aparte de mi… ¿En serio me ha dicho que le diga que se vaya?

— Hazme el amor o fóllame, como quieras llamarlo Aritz, pero hazlo… ahora. —susurro de pronto y sin apenas pensarlo, porque si lo pienso estaría perdida, es más creo que la que habla es mi entrepierna, pero ahora mismo solo quiero que se quede conmigo y que… ejem.

— ¡Joder! —suelta de pronto Aritz, mientras pasa su mano por mi cintura y me atrae hacía él, ese simple contacto hace que termine de convencerme de que la autocombustión está cerca.

Y me besa…

Entonces siento un escalofrío que recorre mi cuerpo como una puta corriente eléctrica. Un beso suave, largo, cálido… como si fuera el agua que le calma la sed a un náufrago. Uno de esos que anula por derecho todos los besos anteriores.

Siento como poco a poco me va quitando suavemente el pijama, poco a poco, sin prisas, pero sin pausas y de pronto deja mi pecho al descubierto para cogerlo con ambas manos, primero acariciándolos poco a poco, después con un poco más de presión que lejos de molestarme hace que mi temperatura corporal suba. Parece que Aritz me conozca a la perfección y es absurdo pensar que es la primera vez que estamos juntos.

Después toca mis pezones con delicadeza para después besarlos mientras me recreo mentalmente, lo que me hace sentir es tan perfecto que pienso en lo que me había dicho Mario hace unos días sobre lo de auto combustionar y sí, estoy a punto de hacerlo.

Lentamente baja su mano y la deja entre mis muslos mientras no me deja de besar, sonrío y sus dedos empiezan a jugar lentamente con mi clítoris... voy a morir. Unas intensas oleadas de placer me golpean y hacen que pierda de golpe todos los conocimientos que tenía en cuanto a sexo.

— Aritz... no creo que aguante mucho más si sigues así...

— Pues no te aguantes Beth, disfruta, déjate llevar, déjate ir...

Mientras sigue jugando con mi clítoris, se vuelve apoderar de mis pezones y me retuerzo, sabe lo que hace y mi cuerpo ya está... bueno, no sé dónde está exactamente porque siento como empieza a meter en lo más profundo de mí varios dedos que me hacen perder definitivamente todo el juicio que tenía. Tiemblo mientras me dejo arrastrar sin compasión por el primer orgasmo.

— Aritz...—grito mientras mi cuerpo convulsiona de placer.

Demasiado rápido, demasiado pronto, demasiado perfecto. Vuelvo apoyar la cabeza en su pecho mientras intento acompasar la respiración y cuándo Aritz cree que he recuperado algo de cordura vuelve acariciar mi cara, mi pecho y después sigue bajando por el vientre, esquiva el centro de mi deseo y baja por su mano por mis piernas mientras que no deja de mirarme y sonreír.

Estoy cansada de este juego, quiero más, necesito más. ¿A ver si me he vuelto de repente en una ninfómana? Definitivamente llevo demasiado tiempo sin sexo y no he podido encontrar un mejor amante que Aritz, después de apartarle la mano giro sobre mí misma (sí, el rollo croqueta no es lo más erótico del mundo, pero es que no pienso con claridad en estos momentos) y me coloco encima de él.

— Eres una impaciente. —susurra.

— Puede ser... —sonrío porque a cada minuto que pasa el tema de la ninfomanía lo tengo más claro.

Me dejo caer encima de Aritz y está vez el beso no es suave ni lento. Seguimos dejándonos llevar por la pasión, sigue besándome, lamiéndome el cuerpo poco a poco hasta que llega a mi sexo y enloquezco, cuándo creo que voy a morir de placer para en seco y le miro. Sabe la presión exacta que tiene que hacer sobre mí para que me doble de placer y no duda en volver a meter un par de dedos en mi interior para llevarme al borde de la locura. Lo consigue, por supuesto que lo consigue y en la siguiente inmersión vuelvo a gritar mientas que mi cuerpo se vuelve arquear y él me agarra del pelo mientras siento como todo mi cuerpo tiembla e intenta apartarse de él para volver a su yo habitual.

—No te escapes Beth, solo acabo de empezar.

Madre de dios bendito, que dice que solo acaba de empezar... ¿Por qué demonios no he probado esto antes? ¿Dónde se ha metido este hombre durante toda mi vida?

— Vale, pero ahora me toca a mí. —intento decirle con la poca voz que me sale.

—Imposible. Ya habrá tiempo, necesito hacerte mía ya.

He muerto.... Definitivamente he muerto... He muerto y

estoy en un sitio totalmente delicioso, del que, por supuesto no quiero irme nunca jamás, jamás de los jamases.

Esas palabras hacen que me recorra un escalofrío por todo el cuerpo y sin perder el tiempo se pone encima de mí, coge su pene que está totalmente duro. Me adelanto a él, lo cojo y tanteo mi entrada... con ansias, con desesperación, movida por la locura.

—Beth...

—Tranquilo, me tomo cada día unas cositas maravillosas que se llaman pastillas anticonceptivas, no pasa nada. Yo confío en ti.

Esas palabras lo vuelven loco y después de decirle eso, la mete con toda la rudeza del mundo y empieza a moverse de arriba abajo, de abajo arriba mientras me coge de mis pechos y se los lleva de nuevo a su boca, la otra mano la lleva a mi culo y lo apresa. Voy a morir echando un polvo, ¿qué más se puede pedir? Vuelve apretar mi culo para que sus embestidas tomen otra profundidad y eso me hace enloquecer, escucho sus gemidos y me vuelvo loca, estoy al límite, estamos al límite y lo sabemos.

Escuchó como un gemido desgarrador sale de su garganta, se vacía dentro de mí y un poco de él se queda conmigo para siempre. Después me dejo caer sobre su cuerpo sudoroso y me abrazo para que no se vaya de mi lado.

El día pasa en un abrir y cerrar de ojos, no puedo dejar de tocarle, es como si tuviéramos un imán que nos impide separarnos. Y eso me encanta, para que voy a negarlo. Estoy recuperando a marchas forzadas todo el tiempo perdido.

Todo lo que ha pasado hoy podrían ser unas dignas escenas de un espectáculo de la sala Bagdad. Esas imágenes, esas sensaciones no las voy a olvidar tan fácilmente, como olvidar la imagen de Aritz devorando mi cuerpo, o las mías disfrutando de él como si fuera una piruleta sexual.

236

△△△

Creo que tengo agujetas en todos los músculos de mi cuerpo y en músculos que no sabía de su existencia… sigo embobada en él y seguramente pongo cara de besugo cuándo suena su móvil una y otra vez con prisas, con urgencia…

— ¡Joder! —bufa enfadado. — Les había dicho que estaba de fin de semana. —se levanta desnudo y cuándo va a coger el móvil le cambia el gesto.

— No pongas esa cara y coge el teléfono, no pasa nada. —digo sin perder la sonrisa.

— Ahora vuelvo. —dice, me besa y yo creo que voy a volver a desfallecer.

Se aleja un poco y yo aprovecho para ir al baño, no me considero una cotilla (para eso tengo a Mario) y es mejor que le dé un poco de espacio para que responda a esa llamada, que me juego lo que quieras a que es del señor Bouvier.

—Arizaga.

— Eneko, soy Joan. Tienes que volver a la central ya, he de salir de viaje mañana y he de adelantar el briefing. —el comisario esperó un par de segundos y como Eneko no contestó volvió a lo que esperaba que fuera un monologo. — Estamos casi al final de la misión y no podemos demorar más esto. Sé que estás fuera de Barcelona y sé con quién estás… pero es importante que estés aquí.

— ¡Joder! Tú lo has dicho, estoy fuera de Barcelona. No puede alguien contarme mañana cuándo vuelva los detalles.

— Arizaga no me toques los cojones, sé muy bien que estás fuera de Barcelona y solo tienes que volver, así de simple y a mí no me vuelvas hablar en ese tono que por mucha relación personal que tengamos, sabes que aquí sigo siendo tu superior.

— Eso no lo decías ayer cuándo me pedías que dejara de hablarte de usted, señor. —dijo esto último entre dientes y bastante enfadado.

Salgo del baño y me encuentro a Aritz enfadado haciendo aspavientos con las manos, esta guapo hasta cuándo se enfada, no es justo.

— Siento haberte hablado así, sé que eres mi superior, pero te vuelvo a repetir que estoy fuera de Barcelona. No tengo costumbre trabajar en mis días libres, yo también necesito descansar.

— En cuatro horas te quiero aquí, no quiero excusas así que no me toques los cojones.

— ¡Joder! —grita y tira el móvil que cae inerte a mi lado.

Suspiro y me encojo de hombros, vaya... hace lo mismo que me hacía a mi Rita.

— Eso me lo hacía Rita al principio. —digo de pronto. — Hasta que le plante cara y le hice entender que no porque sea su mano derecha soy su chacha.

— Sí, quizás el señor Bouvier esto no lo tiene demasiado por la mano. Pero he de volver a Barcelona, me esperan en el despacho para no sé qué historias.

— Tranquilo, no pasa nada. Vamos, recojamos todo esto y volvamos.

— ¿No te enfadas? —pregunta sorprendido y algo temeroso de que haga como el resto de las féminas del mundo y diga que no, cuándo es que sí.

— Supongo que no estás acostumbrado. Pero no, no pasa nada. Es trabajo y no quiero que por unos polvos lo pierdas.

— ¡Eh! —se acerca a mí y me pone sus manos en ambos lados de mi cara. — Contigo no son solo unos polvos, que te quede claro preciosa. ¿Seguro que no te enfadas?

— ¿Cómo podría hacerlo Aritz? Esto ha sido, esto ha sido... vaya, creo que me he quedado sin palabras.

Se acerca a mí y me da un sensual beso en los labios, me abraza lentamente y siento como mi cuerpo vuelve a temblar entre sus brazos.

—Gracias.

—No Aritz, gracias a ti.

—No quiero que esto se quede aquí Beth, yo necesito más.

—¿Cuánto más? —pregunto con cierto temor.

—No lo sé, a tu lado me siento perdido. No sé dónde está el límite, solo sé que no quiero que esto se quede en un fin de semana.

—Yo... —empiezo a dudar... — No sé si estoy preparada, no sé si puedo darte lo que quieres yo...—pero no me deja terminar.

—Beth, Beth... ya te he dicho mil veces que te voy a esperar, voy a esperar todo lo que tú quieras porque me gustas, tampoco sé realmente que quiero, de momento solo quiero tenerte a mi lado. ¿Lo entiendes preciosa?

—Lo entiendo precioso. —sonrío y le doy un beso. — Y ahora volvamos a casa si no quieres quedarte sin trabajo.

POR TODA LA NOCILLA DEL MUNDO.

**Me he dado cuenta que tenerte,
es mucho más que tener suerte.
Llegas con la tormenta, a demostrare
que, sin duda, con tu paraguas
bailaré en la lluvia.**

Más que suerte – Beatriz Luengo & Jesús Navarro.

— ¡Qué angustia tengo! —dice Mario nada más verme. — Hace horas que has llegado a casa y no me has llamado para contarme nada. —se queja y no sin razón, porque clarísimamente no le he llamado.

— ¿Has venido solo para decirme eso? ¿Sabes qué existen teléfonos?

— A veces eres de un agradable que asustas. Xavi y Aida me han llamado para saber cómo te había ido el fin de semana... —continúa hablando mientras entra como Pedro por su casa. — Y no he podido contarles, ni decirles nada... ¿Sabes por qué?

—Sorpréndeme.

—¡No sabía nada!

— Sí, contaba con ello. Anda, abre un vino que te cuento. Quieres la versión larga o quieres la versión corta, dime.

— ¿Da para una versión larga? —pregunta mientras abre mucho los ojos.

— Bueno supongo que no, pero como siempre me interrumpes al final tardaría lo mismo.

— Dime que te lo has tirado, porfis, porfis, dime que te lo has tirado...

— ¿Me vas a dejar hablar? —me quejo y no sin razón.

— No te interrumpo en ningún momento, simplemente le pongo la emoción que tú no le pones a la historia.

Abro una botella de vino, sirvo dos copas y me siento en el sofá, mientras él busca algo que sirva de picoteo. Le cuento y le describo todo el fin de semana, pero sin detalles morbosos, quiero llevarlo al límite para ver las expresiones que pone y como se va irritando ante la falta de decisión sexual.

— Vamos, que no te lo has tirado... bueno pato no te preocupes. Cuándo ocurra creo que será legendario, obsceno, pecaminoso, lujurioso... puede que incluso algo pornográfico. Eso sí, tenemos que reconocer que Aritz es un santo por llevar casi medio año quedando contigo y no haber...

— ¿Quién te ha dicho que no haya ocurrido ya? Todo en esta vida es posible Mario. —sonrío y sin querer un color rojo pasión se impone en mis mejillas.

— ¡Eres una perra!

— Por supuesto que soy una perra, tengo un buen maestro.

— Qué sepas que no me voy a mover de tu sofá hasta que no me lo cuentes todo, absolutamente todo, detalles guarros incluidos. Empieza por el principio...

— Le besé...

— ¿En la boca? —a veces dudo de la edad mental de Mario...

— ¿En serio me estás preguntando eso?

— Bueno vamos a ir a lo importante. Ahora es cuándo me tienes que dar la razón y lo sabes. Admite que el onanismo y el porno están bien, pero es como una película en blanco y negro… el sexo real es puro 3D. Y ahora sabes lo que va a pasar pato…

—Sí, que me voy a terminar de beber esta copa de vino.

— Eres imposible… bueno, al menos tenemos una buena noticia… míralo por el lado positivo.

—¿Qué buena noticia?

— Tus mariposas no están muertas ni nada por el estilo, no vas a volver a ser virgen y tienes una cara que a este paso en el diccionario al lado de la palabra semental vamos a poner una foto de Aritz.

—Anda, pásame la botella.

—Así me gusta pato, por botellas… nada de copas.

Exploto en una carcajada, no puedo evitarlo, por supuesto nos bebemos la botella de vino, y un par más.

— Madre del amor hermoso Mario y de todos los santos del santoral… es que… puffff no tengo ni palabras para describirlo. Si le cuento a la gente exactamente lo que me hizo Aritz, estoy segura de que empezaría a sufrir acoso sexual.

— ¡Por toda la Nocilla del mundo pato! —dice Mario con los ojos brillantes. — Me estás dando una envidia muy mala y muy preocupante.

—Está bien, vamos a dejar de hablar de mi aventura sexual. ¿Duermes conmigo?

— Perdona bonita mía de cara, pero yo no he sido quién ha empezado hablar del épico día sexual que he tenido. Y digo épico porque por cómo te brillan los ojos ese semental te ha llevado a sitios que ni yo creo que haya visitado.

—Mario…

—Dime pato.

— A dormir. —sentencio mientras sigo sonriendo.

△△△

— Si no dejas de mirarme así, no respondo de mis actos Beth. —dice Aritz mientras me da un sugerente beso en el cuello.

— No te he mirado de ninguna manera. —esta vez le susurro yo mientras le doy un suave mordisco en la oreja.

Han pasado un par de semanas desde nuestro "fin de semana en Vielha" y aunque nuestra relación va paso a paso, no hay pausas y va *viento en popa* como dicen mis amigos. Hoy como cada viernes hemos quedado para comer, hoy veo la diagonal de otra manera y es que de la mano de Aritz me siento como si pudiera hacer cualquier cosa. Mientras sigo embobada en una pareja, escucho el teléfono de Aritz sonar y sonrío, el señor Bouvier no va a cambiar en la vida.

Saca el móvil de su pantalón sin soltarme de la mano y siento como todo su cuerpo se tensa.... Eso claramente no puede ser nada bueno.

— Perdona. —dice mirando el teléfono. — Es mi madre y si no lo cojo seguramente esté llamándome hasta que consiga hablar conmigo, se preocupa demasiado y teniendo en cuenta a lo que... —pero no continua. — Quiero decir, que como vivo lejos y todo...—pero no le dejo continuar.

— Anda coge el teléfono y responde a tu madre.

— Hola mamá.

— Mi amor, al final voy a pensar que no me quieres. Desde cuándo olvidas llamar a tu madre. ¿Sabes los días que llevas sin llamarme? ¿Sabes lo preocupada que me tenías? Es que ya pensaba que te había pasado algo y que te había pillado algún delincuente de esos a los que persigues. ¿Te parece bonito Eneko? —*pregunta, pero no le da opción a contestar.* — No te preocupes, no me digas ninguna de las mentiras que me dices habitualmente, está bien. Solo te llamo para decirte que te había venido a dar una sorpresa y al final la sorpresa me la he llevado yo al no encontrarte en casa. ¿Me puedes explicar dónde demonios estás? ¿Estás trabajando? Porque me da lo mismo que estés trabajando, vas a venir abrirle la puerta a tu madre porque lo digo yo.

— ¡Espera! ¿Cómo que estás aquí? —pregunta más alto de lo normal.

— Pues estoy aquí porque he venido hijo, que preguntas más tontas le haces a tu madre. ¡Oh, vamos! Ven a recoger a tu solitaria madre e invítala a comer ostias, que al menos yo me digno a viajar para verte.

—Mamá… la verdad es que…

— ¿Estás con una chica? ¡Qué emoción! Es por eso por lo que últimamente no me llamas, ¿verdad? Está bien, venid a buscarme y comeremos algo, tranquilo no le voy hacer ningún tipo de interrogatorio. Nada de interrogatorios, para eso estás tú.

—Joder mamá…

—Eneko esa boca…

Mientras que Aritz sigue hablando con su madre me paro en un escaparate para dejarle más intimidad, mi madre también me pone nerviosa y entiendo que necesite un momento para respirar.

— Ella no… Quiero decir que ella no sabe dónde trabajo… —dijo esto último casi en un susurro.

— Madre de dios hermoso, me estás queriendo decir que ella no sabe a qué te dedicas. Crees que así puedes tener una relación normal Eneko, me estoy llevando un disgusto muy grande hijo mío, no te he criado para que andes mintiéndole al mundo.

— Mamá, basta ya. —murmura entre dientes. — Ahora

vamos, no te muevas de ahí y por favor sigue las instrucciones que te voy a mandar en un mensaje para que no... Tú solo lee el mensaje.

— Primero de todo jovencito, cuida esa boca y por cierto tampoco puedo moverme de aquí porque no conozco está ciudad así que aquí me tendrás y por supuesto voy a leer tu mensaje.

— Mejor, ahora llegamos.

Cuelga el teléfono, me mira y por la expresión que pone sé que lo que me va a decir no me va a gustar nada de nada.

— ¿Te importa que vayamos a buscar a mi madre? Ha venido de visita sorpresa y está en la puerta de mi casa. —pregunta con una cara de corderito degollado que me da pena, pero... ¿comer con su madre?

— ¿Quieres qué coma con tu madre?

— Claro que quiero que comas con mi madre, ¿Por qué no iba a querer? —pregunta mientras juguetea con un mechón de mi pelo. — Solo vamos a comer, no te va a hacer nada, por norma general no muerde y si lo hace no te preocupes tiene todas las vacunas puestas. —sonríe. — Vale, quizás la broma no ha sido la mejor del mundo. De verdad, te va a encantar, ya lo veras. Y si no estás a gusto me lo dices y nos vamos.

— Está bien, vamos a comer con tu madre... puedo hacerlo. ¿Por qué solo somos amigos no? Un poco especiales al fin y al cabo porque...

— Beth, tú no eres una simple amiga ya lo sabes. Pero eso lo discutiremos más tarde. De momento vamos a comer con mi madre y después vemos que somos nosotros dos. —sonríe y me vuelve a besar.

Cambiamos de rumbo y giramos por la calle Balmes para coger el coche y volver a casa de Aritz. Apenas unos minutos más tarde, vemos a una mujer sonriente en la portería de Aritz que entiendo que es su madre. Yo intento llenar mis pulmones de aire para no caer al suelo y montar otro de mis habituales numeritos. ¿Por qué he aceptado comer con su madre? ¿Yo no era la que quería ir despacio?

Salimos del coche y me quedo parada en la puerta mientras mi cuerpo tiembla, valoro la posibilidad de esconderme detrás de Aritz, pero creo que la señora en cuestión ya me ha visto.

—Quizás esto no es una buena idea.

—Mi madre no muerde, tranquila no te hará un interrogatorio. Si quieres le dejo las llaves de mi casa y nos escapamos, pero no creo que le guste mucho esa idea.

—¿No serás capaz?

—¿Por ti? Por ti sería capaz de todo preciosa.

—Madre de dios…

—Beth, tranquila. Mírame, está bien vale. —dice sonriendo mientras me arrastra al encuentro con su madre y me siento un perrito cuándo sabe que le van a llevar al veterinario y no quiere ir.

Veo como esa señora un poco más joven que mi madre (aparentemente) abraza a Aritz con todo el amor de su corazón y después me mira con una sonrisa sincera, o al menos es lo que me parece a mí.

— Hola cariño, soy la mamá de E..Aritz. —sonríe y yo me empiezo a relajar un poco.

— Encantada señora. —también sonrío, porque yo soy una persona muy simpática…

— ¡Ah no! Señora no, hombre por favor… soy Amaia, o la mamá de Aritz. —dice esto último mirando a su hijo y me resulta un poco raro, pero no digo nada. — Como tú quieras llamarme, pero señora no… que me haces mayor.

— Está bien Amaia, yo soy Elizabeth Aurora, aunque todo el mundo me llama Beth. —vuelvo a sonreír y de pronto me vuelvo la persona más tímida del mundo. ¿Esto me paso cuándo conocía a los padres de Mateo? No estoy muy segura.

— Me encanta esta chica cariño. —susurra a su hijo y a mí las mejillas se me vuelven a encender.

– Mamá...—se queja Aritz. — Vamos a comer, ¿qué te apetece?

— Cualquier cosa hijo, si sabes que yo no pongo ascos a un buen plato de comida.

— Bien, te llevarás bien con Beth entonces. Vamos dando un paseo y buscamos una terraza dónde poder sentarnos.

Seguimos caminando y siento como mi móvil suena y vibra una y otra vez. Lo miro disimuladamente y es Mario, así que cuelgo, pero el señor no se da por enterado y me vuelve a llamar.... Dos minutos después y cuándo estoy a punto de estampar el móvil contra el suelo decido cogerlo. Porque si no, sé que no me va a dejar comer tranquila.

— Perdonad, es Mario y si no se lo cojo me va a poner la cabeza como un bombo.

— Es el mejor amigo de Beth mamá...—dice cuándo esta me mira interrogante. — Y gay. —sonríe Aritz y Amaia también.

— Mario, no es un buen momento para que me llames, la verdad.

— ¿Estás con Aritz en la cama? ¿Te he estropeado el polvo? Hay, dime que no te he jodido un orgasmo porque no me lo podré perdonar en la vida. —duda durante unos segundos y sonríe. — Bueno, en verdad la noticia que te voy a dar bien lo merece. Y me lo podría perdonar porque eres una desvergonzada, todo el día dándole al tema. Aunque quiero decirte que estoy muy orgulloso de ti porque...

— Mario que te desvías del tema.

— ¿Pero estás en la cama con él o no? —quiere saber.

— No, Mario no estoy en la cama con nadie. La verdad es

que... bueno, la verdad es que...

— Elizabeth Aurora de la Vega, empieza hablar.

— Estoy comiendo con su madre. Bueno, aún no, ahora estamos buscando un sitio para comer... ha llegado de sorpresa y...

— ¡Oh! Esto huele a boda, espera... a ver... Aritz Gaztañaga, no me sé su segundo apellido y Elizabeth Aurora de la Vega Fernández se enorgullecen de invitarlos... ¡Sí! —grita de pronto y consigue dejarme sorda. — Queda genial, me encanta. ¡Es fabuloso!

— Mario por favor, que no es el momento. Deja de hacer volar tu imaginación y dime que es eso tan importante que me tenías que contar que no podía esperar y estabas dispuesto a joderme un polvo con tal de que te cogiera el teléfono.

— Nada importante, solo que me caso.

— ¿Qué te casas? ¿Sólo eso? ¿Cómo que te casas? —grito y noto como mi cuerpo va perdiendo tono y sé que si no me agarro me desmayaré, debo de tener la tensión por los suelos porque no es la primera vez que me pasa, aunque es la primera vez que Mario me dice que se casa.

Después del grito que le he pegado por teléfono a Mario, me doy cuenta que me he parado en medio de la calle y siento como debo de estar como mínimo pálida, o amarilla no estoy muy segura.

¿Cómo que Mario se casa? ¿Mario? ¿Mi amigo que estaba totalmente en contra de las BBC? Porque según palabras textuales de él: *Soy muy joven, prefiero ser el amigo que se emborracha en las vuestras.* Y encima ha tenido la poca vergüenza de decírmelo con el mismo tono que usa para decirme que se ha comprado la chaquetilla amarilla de Zara.

¡Quiere terminar conmigo!

— Si pato, has escuchado perfectamente. Me caso, esto supongo que tendré que repetirlo muchas veces para ir haciéndome a la idea. Pero no te pienses que voy a esperarme un año como hacéis las mujeres. En un par de meses Caiden y yo nos casamos. Ala, ya lo he dicho.

— ¿Cómo que te casas en un par de meses? ¿Pero cómo te vas a casar en un par de meses colgado? ¿Sabes lo que se tarda en organizar una boda? —vuelvo a gritar como una loca poseída. — Esto no me lo puedes decir por teléfono Mario, esto, esto... vale, voy a relajarme porque estoy al borde del infarto por tu culpa. —me quejo. — Voy a colgarte, voy a comer con Aritz y su madre y en cuantito termine te quiero en mi casa par que me lo cuentes todo. ¿Estamos?

— Tranquila mi amor, este fin de semana me voy a Irlanda, porque supongo que sus padres querrán saber que su hijo se casa. Estoy como loco por irme allí, te llamo el lunes cuándo vuelva, te quiero no lo olvides mi patito.

— Pero Mario...—pero Mario no me escucha porque ha colgado la llamada. Así es Mario y así me lo ha contado.

Mientras sigo en la inopia mental intentando poner orden a la información que Mario me acaba de dar, veo como Aritz habla con su madre, pero solo puedo ver como mueven los labios porque sigo en mis trece... Mario se casa, mi Mario se casa. ¿Pero qué clase de broma es esta?

— *Me parece una chica adorable Eneko, pero me puedes explicar porque diantres no le has dicho anda.*

— *Mamá... es complicado. La conocí trabajando y se piensa que soy la mano derecha del señor Bouvier, no puedo decirle que en verdad es una tapadera, que ni siquiera soy un agente encubierto que soy inspector de la policía y que no, no me llamo Aritz Gaztañaga, que mi nombre es Eneko Arizaga Urzúa. Es complicado, pero tranquila Joan está al resto de mi digamos "incipiente" relación y no me han puesto ninguna pega, simplemente quieren saber si podemos confiar en ella para que le digamos...*

— ¡Faltaría más Eneko! Faltaría más que te dijeran con quién puedes salir y con quién no. Solo quiero que un día entiendas lo peligroso que es ese trabajo y lo dejes de una vez por todas. Esa chica me gusta Eneko, me gusta para ti.

— Mamá... esto ya lo hemos hablado muchas veces y ahora por favor no digas absolutamente nada y haz el favor de llamarme Aritz.

— Lo siento, llevo treinta y cuatro años llamándote Eneko, es complicado sabes jovencito.

— Pues hazme el favor e inténtalo.

— Te voy a terminar dando dos ostias que te van a dar palmas las orejas como no cojas a esa chica y le digas la verdad, como la pierdas Eneko.... Avisado estás.

Me acerco aún sin color en mis mejillas, mientras que mi móvil no deja de sonar una y otra vez, está vez es Aida y Xavi que quieren saber si la locura que les acaba de decir Mario es real o simplemente es otro delirio de los suyos. Pero no les cojo el móvil, creo que aún sigo en shock y estoy algo mareada.

— ¿Estás bien Beth? Estás pálida...

— Si, sí, algo mareada pero bien. La tensión que seguramente se me ha vuelto a bajar, es que me han dado una noticia que no me esperaba y me he mareado un poco. Pero estoy bien, de verdad, un poco mareada pero bien.

Amaia mira a su hijo y este baja la mirada, tengo que practicar esa mirada definitivamente.

— Pues entonces vamos a sentarnos en esta terracita que parece estupenda. —dice Amaia e interrumpe mis pensamientos de bodas.

Pedimos unas copas de vino y algo para picar mientras que el amable camarero nos trae la carta. Amaia nos cuenta que ha decidido tomarse unas semanas de vacaciones y que cosa mejor podría hacer que venir a visitar a su hijo. Miro a la puerta del bar y mierda... Cuándo le digo al llámalo destino, llámalo karma si no me pueden pasar más cosas es una pregunta irónica, no un puto desafío.

— ¿Dani? —pregunto mientras me levanto de la silla y me acerco a mi hermana pequeña, que seguramente está buscando sitio en la terraza.

— ¿Beth? ¿Qué haces tú aquí?

— Ganchillo. —suelto sin querer.

— ¡Por favor! No puedes ser nunca agradable con tu hermana.

—Lo intento, pero es complicado.

—Me vas a decir que haces aquí.

— Podría hacerte la misma pregunta a ti... —pero en ese momento aparece mi cuñado con mi sobrino y reclama mi atención.

—¡Tita!

— ¡Enano! —sonrío mientras se tira a mis brazos. — ¡Qué grande estás! ¡Cuánto tiempo sin verte!

— Si te dignaras a venir a casa de mamá, lo verías más. —dice lo suficientemente algo para que Amaia y Aritz lo escuchen.

— Si cada vez que voy a visitar a mamá y a papá no me sintiera como en el corredor de la muerte, iría más a veros. —Dani mira a la mesa dónde está Aritz y Amaia esperando clarísimamente una presentación formal. ¡Mierda! ¿Es el día de las familias y nadie me lo ha dicho?

— Perdonad. —digo acercándome más a la mesa. — Esta es mi hermana pequeña Daniela, ellos son Amaia y Aritz, Amaia es la madre de Aritz y Aritz es...

— Su pareja, —dice Aritz y casi me atraganto con mi propia saliva.

— Encantada, soy Daniela como ha dicho mi querida hermana. —esto lo dice con un asco que si pudiera me vomitaría encima. — Aunque todo el mundo me llama Dani. —sonríe. — Él es Casper, mi marido y Noah, mi hijo… así que Aritz…

— Achís. —repite Noah ajeno a todo.

— El novio de mi hermana… ¿Por qué no sabíamos que tenías novio hermanita? ¿Acaso se lo quieres esconder a mamá y a papá…?

— Achís… —reclama mi sobrino.

— Hola amigo, ¿Cómo te llamas? —sonríe Aritz.

— Oah. —dice orgulloso con su lengua de trapo mientras intenta irse con él.

— Eres un vendido.

— La hermana de Beth, encantada, yo soy la mamá de E… Aritz, —dice Amaia. — ¿Por qué no os sentáis con nosotros? Aún no hemos pedido nada e íbamos a comer algo.

Dani me mira y supongo que ahora mismo se estará preguntando quién es ese chico. Su alma cotilla le hace decidir que sí, que es una maravillosa idea sentarse con nosotros y le pide al camarero un par de sillas más. Supongo que Aritz no ha perdido detalle de la maravillosa relación que tengo con mi hermana pequeña (véase la ironía, de nuevo).

Después de un par de copas de vino y unas cuántas tapas, estoy empezando a contar los minutos que le quedan a esta comida. Solo puedo rezar para que no se alargue y me pueda ir lo antes posible. Siento como le estoy pidiendo el tiempo al árbitro como en un partido de fútbol, estoy incómoda, eso no es ninguna novedad.

Como no puedo escaquearme de mala manera, me disculpo y salgo corriendo al baño. Aritz me ha leído el pensamiento y me intercepta unos minutos más tarde, justo cuando estoy saliendo de él.

— ¿Estás bien? ¿Sigues mareada?

— ¿Cómo de feo estaría vomitarle a mi hermana en sus manolos?

— Algún día me explicarás esa extraña relación que tienes con tu hermana y con tu madre.

— Es muy sencillo, soy la oveja negra, ella es la doña perfecta y mi madre la adora. Fin de la historia.

— No eres la oveja negra Beth, eres maravillosa. No te olvides de eso. —dice antes de darme un beso y poner todas mis terminaciones nerviosas en alerta. No puedo con este hombre, me calienta en cuestión de segundos como un puto microondas.

— No hay derecho de que seas tan perfecto, pero está bien, si yo te cuento mi "maravillosa" —gesticulo el entre comillas, mientras digo maravillosa. — Relación con mi familia tú me tienes que contar cosas de ti Aritz, no sé ni siquiera cuál es tu color favorito.

— Rojo, mi color favorito es el rojo. Como la camisa y los zapatos que llevabas el día que te conocí. —contesta con una sonrisa. — Ya lo sabes. ¿Qué más quieres saber?

— No es lo que quiera saber, es que… —entrecierro los ojos porque sé que no voy a ganar esto. — Deja de ser tan sumamente perfecto, vale. Volvamos a la mesa antes de que mi hermana empiece con su particular paseo de avestruz. Es fantástico, yo es que lo tengo muy visto, pero por lo que se ve a la gente le gusta.

— Eres terrible cuándo quieres.

— Qué va, solo lo justo.

Volvemos en dirección a la mesa, Aritz me coge de la mano y una vez más me recorre la columna vertebral un escalofrío, creo que nunca me voy hacer a la idea, sé que quiere darme ánimos, decirme que todo va a salir bien y sé (aunque suene un poco cursi) que es verdad, que con él todo saldría bien, en todos los sentidos. Cuando llegamos a la mesa intento deshacerme de la mano de Aritz, pero no me deja...

— El niño es precioso Dani. —escucho decir Amaia cuándo llegamos a la mesa. — ¿Lo tuviste muy joven?

— Con veinte años tuve a Noah, mis padres están encantados de ser abuelos, nuestra idea...—sonríe mientras mira a su perfecto marido. — La de Casper y la mía es llenarle la casa de nietos, porque es lo que siempre han querido mis padres, ya que mi hermana... en fin. —ahí está, siempre dispuesta para la estocada final.

— Dani...

— Y dime Aritz, —dice de pronto Dani con un toque de maldad. — ¿De qué me habías dicho que conocías a Beth? No me ha hablado nunca de ti...

— Tal vez porque nosotras no hablamos normalmente. —contesto ya un poco cabreada.

— Nos conocimos en París. —contesta sonriente. — Digamos que la salve de las formas de un desgraciado. —se gira mirando a Casper y se encoge de hombros. — Evidentemente sobra decir que ese era la vergüenza de nuestro género.

Me tapo la cara como si así no me vieran... ¿Eso no lo hacen los niños pequeños? Para que entendáis mi nivel de "tierra trágame y escúpeme muy lejos de aquí."

— ¿La vergüenza de vuestro género? —quiere saber mi hermana, que es la madre superiora del regimiento de cotillas del centro.

— Mateo...—susurro entre dientes como si no quisiera salir ese nombre de mi boca.

— Así que conociste también a Mateo... y dime Beth, qué hacías con Mateo en París...

— Trabajo. —se adelanta a contestar Aritz. — Aunque he de

decir que dudo que se merezca ese ser la compañía de tu hermana, esa persona en fin... Sí, nos conocimos por trabajo en París. Teníamos que cerrar un programa que os he de informar que Beth supervisara y será lo que todo el mundo llama "La jefa"

— Eres idiota. —suelto de pronto porque sé por dónde quiere ir.

Amaia sonríe y yo me muero de la vergüenza, aunque la miro. Está expectante y supongo que por los gestos que hacemos su hijo y yo tiene que ser como una novela verlo desde fuera (o quizás no) pero era gracioso ver los gestos que iba poniendo a medida que su hijo me defendía, eso he de decir que no lo había hecho Mateo en su miserable vida.

— Vaya hermanita, veo que escondes muchas cosas. —sentencia mi hermana. — Entonces... ¿Sois compañeros de trabajo?

La madre de Aritz se atraganta y yo casi que mejor vaya cavando un agujero para esconderme bajo tierra.

— No exactamente, trabajamos en diferentes empresas y no tenemos los mismos jefes, digamos que nuestros jefes son socios en ese proyecto, pero no estamos aquí para hablar de trabajo...

— ¿Pero estáis juntos? —vuelve a la carga.

— Si ahora mismo estamos sentados juntos... el resto ya sabéis... son cosas de pareja que se hablan en pareja y no con los demás.

Voy a morir... ¿Os había dicho ya que me quería morir? Bien, si no os lo había dicho antes os lo digo ahora... me quiero morir. Por suerte para mí la comida sigue su curso, el ambiente se relaja y yo con él. Dos horas después Amaia se ha encargado de pagarlo todo, aunque le he dicho que ya puede ir haciéndose a la idea de que es la primera y la última vez. La verdad es que creo que no me ha tomado muy en serio porque se ha reído… quizás debo de practicar más mi tono serio.

— ¿Vas a ir a ver a mamá? ¿O vas a seguir enfadada como una niña pequeña? —pregunta mi hermana mientras yo simplemente pretendo despedirme de ella.

— No estoy preparada aún para escuchar historias para no dormir.

— Vamos Beth, no seas infantil. —insiste mi hermana. — Mamá no sabía porque cancelaste tu boda. —y esto lo dice mirando Amaia… Es para matarla, no sé dónde entra tanta mala follá en un cuerpo tan pequeño.

— Cállate Dani. —digo entre dientes y durante un momento todo mi alrededor se para. Aritz le susurra algo a su madre, que creo que se ha quedado en shock después de escuchar eso. Casper pone los ojos en blanco y se aleja un poco con Noah, mi hermana sonríe de una forma malvada (como las malas de las películas de Disney, pues igual) y yo sigo ahí… creo que me estoy empezando a volver a marear… ¡joder con la tensión! Pienso mientras intento sacar fuerzas de algún sitio remoto de mi cuerpo.

— *Mamá, no es un buen momento para contarte. Pero quédate solo con que estaba al corriente de ese pequeño detalle, prometo saciar un poco tu vena cotilla más pronto que tarde.*

— ¡Por favor Beth! Ni que no estuviera todo el mundo al corriente de tu no-boda. ¿Acaso no se lo has contado a Aritz?

— ¡Basta! —grito enfadada y muy mareada. — Olvida el tema, como yo lo he olvidado. No quiero volver a escuchar absolutamente nada más. ¿Estamos? —digo en un tono amenazante que me sorprendo hasta yo. — Y para tu información a diferencia de ti y de mamá, papá me llama todos los putos días para saber cómo estoy, cosa que vosotras no habéis hecho en la puta vida. Y ahora si me disculpas me voy porque tengo cosas que hacer y me está entrando dolor de cabeza de escucharte. —ala, ahora giro sobre mí misma, intentando no caerme por supuesto y me quedo mirando a Aritz que creo que también se ha quedado algo pálido. — ¿Nos podemos ir? —mis deseos se ven que son órdenes para él porque sonríe, me coge del brazo (que yo agradezco porque tengo un mareo de mil demonios) nos despedimos de mi hermana y emprendemos junto a su madre el camino de vuelta a casa.

Seguimos avanzando y cuándo estamos cerca de casa de Aritz me paro en seco, vaya, creo que necesito un café o algo para que me suba la tensión. No, mejor... cosas saladas como me dijo la farmacéutica, sí, patatas, olivas. ¿Café con sal? No, me digo a mí misma, eso creo que era para la resaca.

— ¿Te encuentras bien hija? —pregunta Amaia sonriendo.

— Sí, debe de ser la tensión, a veces me pasa... la tengo últimamente muy baja.

— Pues no se hable más, nos vamos a casa y te preparo un café cargado que eso es mano de santo.

— La verdad es que os pretendía dejar solos, —veo como me miran los dos con los ojos muy abiertos, vaya... nadie puede decir que no tienen las mismas expresiones estos dos y que no son madre e hijo. — Bueno, quiero decir... —venga Beth, ahora arréglalo guapa. Me dice mi voz interior. — Supongo que tendréis cosas de que hablar, ¿no?

— No te preocupes cariño, a mi hijo lo tengo muy visto. Vamos, que necesitas un café y unas galletitas.

△△△

Mientras Amaia prepara una cafetera el teléfono de Aritz no ha dejado de sonar, este tuerce el gesto y yo sonrío, lo apaga y a los dos minutos vuelve a sonar, repite la operación y este deja de sonar, pero empieza el fijo de su casa. Vaya, mi chicarrón del norte aún no le ha puesto las cosas firmes a su jefe...

— Anda, coge el teléfono no vaya a ser que el señor Bouvier

deje de ser un regordete agradable y se convierta en un ogro.

— No tardo. —se acerca a mí, me da un tierno beso y va en busca del teléfono fijo.

— Venga no le hagas esperar, yo me quedo cotilleando con tu madre, —sonreímos los dos con cara de besugo y Amaia ríe por lo bajo.

—*Arizaga*

—*Eneko soy Joseba, vente a la central.*

—*No es un buen momento, a más estoy en mi día libre... tengo a mi madre y a Beth en casa.*

—*¿Está Amaia aquí? ¿Le has presentado a Beth? ¿Le has dicho a tu madre que para Beth te llamas Aritz? Ahí va la ostia Eneko, la que tienes montada, ¿no? Pero bueno da lo mismo que no sea un buen momento porque tienes que venir ya, no es una sugerencia es una orden de Joan.*

—*¡Joder!*

— *Ni joder ni ostias Eneko, estamos preparando el operativo y Joan te necesita aquí.*

— *¡Joder! No puedo dejar a mi madre con Beth, vete a saber de qué hablan y no le he explicado a mi madre que cosas puede decirle y que cosas es mejor que se guarde para ella.*

— *Te has metido en un buen berenjenal, pero eso no es una excusa para que no vengas.*

— *Tenía que intentarlo, dame veinte minutos y estoy allí.*

—*Así me gusta marica, que seas sumiso.*

Después de colgar se quedó mirando a Beth que estaba inmersa y con la mirada perdida en las vistas des del balcón. Antes de decirle a Beth que tenía que ir a la "oficina" fue en busca de su madre.

— *Mamá... He de irme a la central un momento. ¿Puedes quedarte con Beth? Y lo más importante de todo, puedes tener esa boca que dios te ha dado cerrada o al menos prometerme que no me meterás en un lío. Volveré lo más rápido que pueda.*

— *Eneko...—susurra su verdadero nombre para que Beth no pueda escucharles. — Esto al final te va a explotar en la cara y no quiero ni saber cómo va a terminar. Peor que el rosario de la Aurora que lo estoy viendo de venir. Qué no tienes quince años hijo, Beth es una buena chica, se nota que os gustáis, solo hay que veros... deja de mentirle.*

— *Ahora mismo no puedo mamá, pondría toda la operación en la que llevamos trabajando dos largos años. Dame tiempo, lo solucionaré. ¿Te puedes quedar con ella?*

— *Pues claro que me puedo quedar con ella hijo y claro que no le voy a contar quién eres realmente. Anda, ves a decirle a Beth que tienes que irte.*

La de veces que tomaría yo aquí el sol, pienso mientras me doy cuenta que me he quedado en la inopia cuándo miraba por balcón de Aritz, qué digo balcón... la terraza. Vuelvo a la cocina justo a tiempo para escuchar decirle a Amaia a su hijo que me diga que se tiene que ir...

— ¿A dónde te tienes que ir? —digo de pronto

— A la oficina, ha habido un problema y tengo que ir a solucionarlo. ¿Te importa quedarte un rato con mi madre? —se acerca más a mí y me da un beso en el cuello que hace que casi me derrita... ¿Se han vuelto mis piernas de gelatina y no me había dado cuenta? — Pero no te vayas muy lejos que tú y yo tenemos que hacer muchas cosas esta noche, pero antes necesito ir al a oficina un par de horas. ¿Puedes quedarte con ese viejo vejestorio que tienes ahí delante? —susurra en mi oído.

— Aritz, no llames así a tu madre... dónde ha quedado toda aquella educación del a que hacías gala cuándo intenté esquivar tus invitaciones a aquellas cenas... ¡Dime!

— Así que te daba calabazas, —interviene Amaia y yo vuelvo a enrojecer. — Está chica me está empezando a gustar mucho e...Aritz.

— A mí también me gusta mucho está chica. Prometo no tardar y no acepto un no por respuesta. —dice mirándome.

Después me da un rápido beso delante de su madre (para mi sorpresa) y se marcha...

CHICARRONES DEL NORTE, SÍ, EN PLURAL.

Felix, feliz, bihar berriz egono,
gara txanpain agur batekin.
Lau Teilatu – Amaia Montero & Mikel Erentxun

Para mi sorpresa, Amaia resulta ser encantadora. Llevo más de tres horas hablando con ella sobre las trastadas que Aritz hacía de pequeño. No me había equivocado en lo de que de pequeño debía ser un buen trasto.

‹‹*Mientras en la central de Policía de Barcelona...*

En la sala de juntas Eneko discutía con sus compañeros y con el comisario sobre el modo de actuar en la operación que estaban preparando.

Amaia no se había equivocado en ningún momento el nombrarle y aquello le tranquilizaba bastante, no entendía como si a su hijo le gustaba tanto aquella chica no era sincero con ella, aquello le molestaba y le enfadaba pero quién era ella para decirle nada.

— El mejor momento es cuándo lo que le ha encargado a los de Europa del este llegue.

— Lo veo demasiado precipitado. —dijo Eneko nervioso.

— Llevamos mucho tiempo y tenemos que aprovechar que van a estar todos juntos, aunque sigo sin fiarme de Bouvier. Para empezar, ¿qué hombre en su sano juicio no sabe el dinero que tiene en la cuenta corriente?

261

— *Confía en su hermano, es un error, pero lo hace, supongo que porque no sabe que su hermano utiliza su dinero y su empresa como tapadera para sus trapicheos...* –Eneko se levantó, se quedó mirando por la ventana de la comisaría y suspiró. *– Si está todo listo he de volver a casa...*

— *Vamos hacer antes de eso un pequeño resumen para ver si lo tenemos todo claro, ¿Estamos?*

— *Está bien... Pero rápido que he de volver a casa.* —terminó diciendo, antes de hacer un resumen rápido de toda la información que habían ido sonsacando a lo largo de esos dos años.

Cuándo terminaron de repasar todos los detalles de los que disponía, que llevaba dos años trabajando para el señor Bouvier, que en un principio sospechaban de él hasta que se dieron cuenta que era un mero títere en las manos de su querido hermano, que era este quién aprovechaba la confianza que tenía su hermano en él para desviar fondos de su empresa y comprar armas en el mercado negro, que no le temblaba el pulso si se tenía que deshacer de alguien, aunque nunca era él quién se manchaba las manos y que en unas semanas como mucho todo terminaría. Tenía que contarle a Beth toda la verdad antes de que eso pasara si no quería perderla, pero cada vez que lo intentaba un miedo atroz le invadía y no conseguía decir absolutamente nada.

— *Ahora sí, me voy a casa.*

— *Te acompañamos.* —dijeron al unísono Asier y Joseba.

— *Queremos ver a Amaia y de paso conocer a la futura señora de Arizaga.*

— *Asier tiene razón, ostias Eneko no nos mires con esa cara, solo hay que ver la cara de besugo enamorado que tienes.*

— *No creo que sea una buena idea.*

— *Eneko, yo creo que es una idea de puta madre.*

— *¿Tengo alternativa?* —quiso saber.

— *Ninguna.*

—*Tú conoces a sus amigos, es hora de que nosotros la conozcamos.*

—*Conozco solo a un amigo suyo.*

—*Suficiente, nos vale. Vamos que tengo un hambre canino.*

—*Tú siempre tienes un hambre canino.*

A regañadientes Eneko salió con sus compañeros y amigos en dirección a su casa. Por el camino discutieron si decirle la verdad sobre su oficio y finalmente, tras mucho discutir decidieron que le dirían que eran bomberos, no querían arriesgarse a que Beth atara cabos, guardarían sus armas reglamentarias y no pasaría nada.

—En...Aritz, viene de camino. —sonrío Amaia.

No me da tiempo a pensar en porque no me ha avisado a mí y le ha mandado un mensaje a su madre cuándo empiezo a escuchar una canción familiar...

☐Nunca creí que fuera así, cómo te fijarías en mí, toda la noche lo pensé... este para mí o para nadie... Me enamoré, me enamoré, lo vi solito y me lancé...

Amaia me mira y yo me quiero morir por el tono especial que le tengo puesto a Aritz...

—No me preguntes por favor, que ya me estoy yo sola muriendo de la vergüenza.

- [25 mayo 19:34] Mi bonito del norte (Aritz): Preciosa, estoy saliendo de la oficina ahora. Irán dos amigos a casa, no he podido persuadirlos y quieren conocerte. Lo siento, sé que con mi madre hoy has tenido suficiente, pero contra ellos no podemos luchar, así que si ves dos hombres muy grandes que parecen leñadores no te asustes, son inofensivos y si ves que te miran demasiado dímelo y tendré que tomar medidas. No tardo, ya te echó de menos. (Aritz, un hombre un poco blando cuándo piensa en ti)

Vuelvo a mirar el móvil y sonrío, Amaia me mira y también lo hace... si supiera en estos momentos que mi sonrisa es por todo lo que pretendo hacerle a su hijo cuándo nos quedemos a solas, no creo que tuviera la misma sonrisa.

- [25 mayo 19:35] Beth: Entonces... entiendo que me quedo sin esas cosas que teníamos pendientes tú y yo esta noche... ¿cierto? (Beth, no muy contenta con eso)

- [25 mayo 19:36] Mi bonito del norte (Aritz): Tranquila, pasaré por la farmacia y les compraré un par de somníferos para que se queden kao en los postres y así poder raptarte. (Aritz, un poco perverso)

- [25 mayo 19:37] Beth: Queda muy mal que diga esto, pero me parece bien... deja de enviarme mensajes y ven a casa ya. (Beth, sabedora de muchos secretos de tu infancia)

— Me ha dicho Aritz que vienen unos amigos suyos... Creo que me estoy empezando a poner nerviosa.

— Vaya, parece que hoy es el día de las presentaciones.

— Amaia... Yo...

— No te preocupes cariño, ten paciencia con Aritz él te quiere y a sus amigos los conozco desde que iban en pañales...

— Sí, está bien... creo que me voy a sentar un poco.

Cuando escucho el timbre empiezo a tener cierto terror, Amaia lo nota y sonríe, después abre el portal des del telefonillo y yo ya estoy hiperventilando.

— Tranquila mi niña. —Amaia me sonríe y me pasa el brazo por el hombro, aunque parezca mentira esto relaja... sobre todo si te lo hace la madre de tu novio. ¿He dicho la madre de mi novio? Vale, creo que necesito saber que es Aritz. —Ya te he dicho que a esos chicos los conozco desde que estaban en parvulario, parecen leñadores o cazadores de osos, pero son inofensivos. Y sí, les vas a caer estupendamente ya lo verás.

— Sí, aunque igualmente tengo algo de vértigo.

— ¡Amaia! —grita de pronto uno de esos dos dioses vikingos, madre de dios, pero de dónde saca los amigos Aritz.

— Hay pequeño, cuánto tiempo sin verte. —dice Amaia, claramente esta señora no ha visto el tamaño de este chico, qué digo chico... de este hombre. —A tu madre la veo todos los días, pero parece que no termináis de dejaros caer por el norte.

Estos chicos claramente serían la fantasía erótica de Mario, cuándo los conozca (si es que los conoce en algún momento) voy a tener que comprarle unos baberos...

— Ahí va la ostia. —dice el otro dios vikingo. —Pensábamos que nos estaba mintiendo el marica cuándo nos dijo que estabas aquí, pero es verdad. Estás guapísima Amaia.

— Tan aduladores como siempre. —dice sonrosada Amaia. — E...Aritz, no ha llegado todavía, pero pasad. Creo que voy a tener que ser yo quién haga las presentaciones oficiales. Chicos, ella es...

— Beth, ¿no? Aritz, nos ha hablado tanto de ti que parece que te conozcamos de toda la vida, aunque nos vimos aquella noche en la puerta del pub, ¿te acuerdas?

No estoy muy segura de que decir, creo que ahora mismo tengo que tener un gesto extraño, ¿Les ha hablado de mí? ¿A sus amigos? ¿A estos amigos que tengo delante? ¿Por qué no me acuerdo de que vi a esos dioses vikingos en el pub, la noche que volvió Aritz?

— ¿En serio? —pregunto. — Digo... Hola, encantada... esto... Sí, soy Beth. —muy bien Beth, ahora mismo tienen que pensar que eres retrasada.

Cuándo se acercan a darme los dos besos de rigor, mis fosas nasales se inundan de un aroma demasiado masculino hasta para mi... sí, oficialmente estoy salida.

— Cuidado dónde ponéis esas manos que os estoy viendo. —dice Aritz de pronto, ¿Cuándo ha llegado?

— ¿Estás celoso marica?

— Vaya, vaya... si llegamos a saber esto, venimos antes.

En dos pasos Aritz llega a mi altura y con determinación me da un beso, que he de decir que me sabe a poco...

— Hola...—digo más roja que un tomate de rama.

— Hola, te he echado de menos.

Madre de dios y este hombre es solo para mí...

— Bueno, no os da vergüenza con tu madre y nosotros delante.... Qué poca educación

— Yo... em... bueno... —Beth, antes de abrir esa boca que tus padres te han dado, intenta no estar en shock, me dice mi yo interior.

— Oh cariño, no les hagas caso. Están de broma, ya los irás conociendo.

— Qué si molestamos nos vamos y nos llevamos Amaia...

— Callaros ya. —gruñe Aritz.

Yo esto que ha dicho tampoco es que lo vea mal del todo

△△△

— Sois el jodido frente juventudes de Bilbao. —ríe Joseba, mientras Amaia le sigue contando las aventuras que tiene con su madre y con la de Asier.

— Eso dicen, teníais que haber visto la cara de susto cuándo tu madre. —mira a Asier. — Iba de camino al aeropuerto la primera vez... creemos que viaja tanto porque tiene un novio americano, ¿vamos desencaminadas?

— Un poco. —sonríe Asier. — Pero no te preocupes, ya os lo contará

— Eso espero...

— Lo dicho, el jodido frente juventudes de Bilbao.

Ha preparado una cena improvisada en un abrir y cerrar de ojos, eso me hace pensar que quizás he de pasar más tiempo con ella para que me explique cómo hace esas cosas. Aritz tiene su mano en mi pierna y lejos de incomodarme, me gusta. Aunque también he de decir que en un primer momento tenía ganas de huir, pero ya no.

— No somos el frente de nada, simplemente disfrutamos de nuestra prejubilación.

— No veo el momento de que nos llegue a nosotros.

— ¿A qué os dedicáis? —les pregunto, pero al ver la cara que ponen pienso que quizás esa pregunta ha estado de más. — Bueno, sí se puede saber claro. Es que parecéis leñadores de verdad, bueno… es un decir, porque claro, sois grandes, digo, bueno… ¡Oh! Vaya lo siento, no sé ni que estoy diciendo ahora mismo, siento haberos preguntado eso es vuestra vida y no tenéis porque contársela a una extraña.

— No pasa nada, somos funcionarios.

— ¿De los que van con traje? Vaya, pues no os hacía yo funcionarios…

— Bueno, en verdad somos bomberos. —contesta Joseba sonriendo.

— ¿En serio? —abro los ojos, sí, esto les pega más… ahora sí que oficialmente son la fantasía erótica de Mario… cuándo se entere se va a querer de morir.

ΔΔΔ

He de decir que Joseba y Asier me inspiran respeto… los veo y me los imagino con uniforme… ¿Qué tendrán los uniformes que ponen nerviosas a las féminas del mundo de cero a cien años?

— Bueno es tarde y tenemos que irnos. —dice de pronto Asier y yo vuelvo al mundo real.

— Sí, yo creo que también debería irme hijo, me he cogido

un hotel que queda aquí cerquita y estos dos chicos tan majos me van acompañar.

—Puedo acompañarte yo mamá.

—Para nada, te quiero mucho pero no es necesario. Tú quédate aquí con Beth.

Eso, quédate aquí conmigo que tenemos cosas que hacer. Pienso, pero no lo digo claro, no quiero que piensen que soy una ninfómana.

Cuándo sus amigos y su madre se alejan para coger el bolso y las cuatro pertenencias que tienen, Aritz se acerca un poco más a mí.

—Ni pienses en moverte de aquí, ya te he dicho que tú y yo tenemos un par de cosas pendientes.

— Pensaba que te habías olvidado… —sonrío con una sonrisa pícara que creo que me ha quedado estupenda.

Cuándo por fin nos quedamos solos Aritz me abraza por detrás como si tuviera miedo a que me fuera y no volviera nunca más. Es tonto, ¿Cómo me voy a ir? Si yo lo que quiero es llevármelo a la cama. Sí, oficialmente estoy más salida que el pico de una mesa.

— ¿Estás preparada? Ahora empieza lo bueno. —me susurra al oído.

—Espero que no sea una amenaza Aritz…

—No, es solo una promesa.

Me vuelvo a marear, pero esta vez de puro placer, mi cuerpo se prepara para lo que sabe que va a llegar y no puede dejar de estremecerse.

— Estoy deseando verte retorcerte de placer desde que te he visto esta mañana.

—Lo dudo…

— ¿Por qué? —deja de meterme mano y me mira.

— Porque ya habrías empezado Aritz.

Me vuelve a besar con fiereza y yo creo que mis piernas van a dejar de responderme de un momento a otro.

— Tranquila...—me susurra mientras lleva su mano hasta mi entrepierna, húmeda por lo que sabe que va a pasar. ¡Gracias al cielo llevo un vestido muy eficaz!

Recorre con su mano todos los rincones de mi cuerpo y llega a mi clítoris hinchado que reacciona de inmediato ante sus caricias y una ola de placer recorre todo mi cuerpo. Me muerde la boca y yo dejo ir un gemido que lo atrapa con una sonrisa.

— Muy bien Beth, déjate llevar para mí. —dice mientras juguetea con él y yo voy perdiendo toda la fuerza que tenía en las piernas y nos vamos quitando la ropa con prisas, como si estuviéramos desesperados y en cierta manera lo estamos.

Alargo la mano para tocar su increíble erección y sonrío, recorro desde la base hasta la punta y me muerdo el labio, sí, es solo para mí, toda mía. Vamos a trompicones hasta el sofá y lo dejo caer.

— Ahora vas a dejarme por fin que me encargue yo de esto... —señalo su increíble erección. — Después te dejo seguir con lo que estabas haciendo.

— Vas a terminar conmigo. —susurra excitado.

Empiezo a lamer (sí, he dicho lamer) su pecho y sigo bajando hasta debajo de su ombligo, recorro su pene y empiezo hacer círculos con la lengua, por sus gemidos sé que voy bien y no me detengo, sin pensarlo la sujeto con la mano y me la meto en la boca para ir subiendo y bajando.

— ¡Joder Beth!

Repito la operación una y otra vez hasta que sus gemidos suben de intensidad y creo que van hacer que me corra solo de escucharlo. Cuándo voy a volver a repetir la operación des del principio, me aparta, se incorpora y me coge en brazos.

— No amor, si sigues así me voy a correr y no quiero hacerlo.

Esa frase hace que esté a punto de arder, me nubla la vista, me hace volver a perder el juicio que tengo. Me encanta, me vuelve loca, podría seguir así toda la noche, pero Aritz me mira y sé que tengo cosas más importantes que hacer.

Aún en brazos de Aritz, siento como me mete dos dedos, los saca y repite la operación a un ritmo frenético, mi cuerpo se tensa y sé que la que se va a correr voy a ser yo...

— Aritz...

— Dime preciosa.

— Fóllame, por favor, hazlo ya, te necesito.

¡Espera! ¿Acabo de decir, lo que acabo de decir? Madre mía, este hombre va a terminar conmigo y con mi educación. Vale, bueno, olvidad esto último que os he dicho que yo siempre he sido de lengua rápida.

Y lo hace, me penetra sin pasión, sin piedad... mientras me embiste ejerce una pequeña presión sobre mi clítoris que hace que grite de placer (y seguramente me escuchen todos y cada uno de sus vecinos) clavo mis uñas en su espalda mientras le muerdo el hombro (ninfómana y caníbal... lo tengo todo.)

Siento como la erección de Aritz llega a su punto glorioso y palpita expectante avisándome de que va a correrse de un momento a otro. Nuestros gemidos se entrelazan y nos dejamos llevar, juntos.

— No te pongas muy cómoda que no he terminado contigo todavía. Quiero hacerte el amor en todos los sitios de esta casa, quiero hacerte el amor de todas las maneras posibles. Quiero seguir viendo cómo te mueres de placer entre mis brazos y como resucitas de pronto con una caricia y un beso... Quiero recuperar todo el tiempo perdido Beth.

— ¿Qué tiempo perdido?

— El tiempo que he perdido todos estos años hasta encontrarte.

Y desfallezco, desfallezco entre sus brazos pensando que yo también he perdido muchos años de mi vida hasta que le he encontrado.

△△△

Han pasado varios meses desde mi viaje a París y ahora lo veo como un recuerdo lejano, cinco meses desde que conocí a Aritz, casi medio año desde que Aritz llegó a mi vida y lo desmontó todo con una sonrisa y porque no decirlo, con algún que otro (por no decir muchos) orgasmos.

— ¡Aida! —llamo a mi amiga barra secretaria cuándo le veo aparecer por la oficina.

— Dime Beth.

— ¿Has visto a Rita?

— No, no ha llegado todavía. ¿Por qué?

— Me ha dicho que quería verme, por eso he llegado antes a la oficina, pero no estaba… así que no será tan importante como me ha dicho.

— ¿Te encuentras bien? —pregunta mientas me mira fijamente y tuerce el gesto.

— Sí, es que no he dormido mucho esta noche. He tenido una noche larga.

— Sí… será eso.

— Mario tenía razón… creo que tú también necesitas un chicarrón del norte en tu vida. Joseba te mira como si fueras comestible. —digo de pronto, mientras rememoro la noche que he tenido con Aritz.

— Pues que tenga cuidado que no me agrie en su estómago… es un creído, tiene un ego que no le entra en ese cuerpo.

—Sí, pero te lo tirarías…

—De eso no voy hablar en el trabajo.

— ¿Nos tomamos después unos vinitos y hablamos sobre eso?

—Hecho.

Hace más o menos un par de semanas que decidimos juntar a sus amigos con los míos, he de decir que tal y como os había contado Mario enloqueció con los amigos bomberos de Aritz, aunque a Caiden eso no le hizo mucha gracia. Todo genial, se comportaban como si se conocieran desde hacía años y eso me encanto, lo único que me encantó más que eso es la tensión sexual clarísimamente no resuelta entre Joseba y Aida. Estos dos terminan juntos y revueltos… si no, tiempo al tiempo.

Rita entra como un vendaval, Aida y yo nos quedamos mirándonos con la boca abierta, esto en nuestra oficina significa dos cosas, la primera es que Rita de Castro puede que se esté meando, la segunda y la que Aida y yo creemos que es la correcta es que está enfadada…. Y quiere hablar conmigo. Me encanta empezar así la semana, es maravilloso.

— ¿Estás segura de que quieres entrar ahora? —pregunta Aida como si tuviera miedo, en verdad he de decir que sigo pensando que le tiene miedo a Rita, pero es solo fachada porque en verdad es inofensiva… a veces.

—Sí, contra antes entremos, antes salimos.

—¿He de entrar contigo?

—¿Ves aquí a otra chica que trabaje junto a mí?

—No…

—Pues vamos.

Respiro profundamente y cierro los ojos para intentar calmarme antes de entrar en el despacho de mi jefa. Una respiración más tarde y dos toques después estamos dentro.

—Buenos días Rita, ¿qué tal? ¿Querías hablar conmigo?

— Entrad y tomar asiento. —vaya, parece que no está de humor. — ¿Te encuentras bien? —pregunta mientras me mira de arriba abajo.

— Sí, es que no he podido dormir mucho esta noche. —sonrío mientras veo como Aida intenta morderse el labio inferior para no reírse.

— Está bien. —parece que se lo cree. — ¿Has hablado con los de recursos humanos?

— No, ¿debería hablar con ellos? —dudo por un momento. — ¿Vas a despedirme? —me alarmo al mismo tiempo que mi cuerpo se empieza a entumecer... creo que me voy a desmayar en cualquier momento.

— Oh no querida. —sonríe y yo parece que me relajo un poco, pero no mucho. Aida está blanca. — No pretendo deshacerme de mi pieza más valiosa en la empresa. Lo que pasa es que me llamaron hace unas horas para preguntarme cuándo tenías pensado coger las vacaciones que te quedan antes de que digamos... caduquen.

—Creo que no te estoy entendiendo Rita...

— Está bien Elizabeth Aurora, vamos a ver. —se levanta de la butaca, se quita lentamente las gafas de pasta Versace y se toca el puente de la nariz... — Cuándo pediste los quince días para poder disfrutarlos en tu luna de miel, te propusimos que utilizaras también tus vacaciones para ampliar aquellos quince días, ¿lo recuerdas?

No me había parado a pensar en aquello durante estos meses, pero tiene razón. Me convencieron (de malas maneras) para que aprovechara las vacaciones de invierno y de verano para poder ampliar mis días de luna de miel y por supuesto tras mucho discutir acepte.

— Lo recuerdo…—digo al fin, no sin dudas.

— Me alegro que lo recuerdes. Legalmente tendrías que haberlas cogido hace un par de meses para no perderlas. No me llames egoísta, he esperado a decírtelo para cerrar el acuerdo sobre el que estábamos trabajando… no quiero que las pierdas Beth así que me veo obligada a obligarte que las cojas ya.

— Menos mal. —digo un poco más serena mientras vuelvo a sentir todas mis extremidades, porque yo al menos me veía en la calle.

— ¿Decías?

— ¡Oh! Es que pensaba que me querías despedir.

— Nunca pretendería despedirte Elizabeth Aurora y esto también va por usted señorita López.

— Bien, pues pensándolo bien sí que nos vendría bien un tiempo para descansar… —digo mientras mi mente está pensando en maneras de torturar sexualmente a Aritz, bueno quién dice torturar dice…. Ya me estáis entendiendo.

— Bien, hablad con los de recursos humanos y solucionad esto cuánto antes.

ΔΔΔ

— Llevo menos de veinticuatro horas de vacaciones y me aburro. —digo mientras me tiro en el sofá, pongo los ojos en blanco y escucho a Mario reír.

— Pues reina vente a trabajar conmigo, es muy sencillo. La parte positiva es que tienes a Aida que también tiene vacaciones.

— Sí, pero se ha ido a ver a sus padres… Y yo iré a ver a los míos en un rato, he intentado disuadir a Aritz de ir a conocer a mis padres, pero o me quiere mucho o es un poco kamikaze…

—Yo creo reina, que te quiere mucho y que también es un poco kamikaze por querer ir a conocer a tu madre... ¿Queréis quedar esta noche?

— Está noche tengo cosas más importantes que hacer.

— Dime que no es dormir,

— Puede ser...—sonrío pensando en el nuevo conjunto de ropa interior que me he comprado.

— Quiero mucho a Caiden y me voy a casar con él, pero me das una envidia muy mala.

—Voy hacer como que no he escuchado nada, llámame mañana para ver como llevas la organización de la boda.

— Llevamos, no lo olvides que habíamos quedado en que me ibas ayudar.

— Sí, no sé porque me ofrecí voluntaria... La verdad es que la idea de que te casarás en un mes y sin parafernalia me gustaba más que esta nueva... Permíteme que insista ¿Por qué me ofrecí voluntaria?

— Porque eres maravillosa y porque gracias a eso hemos conseguido reservar aquel sitio tan maravilloso, tan estupendo y tan perfecto con tan poco tiempo.

— No sigas por ahí, ya te he dicho que te iba ayudar así que no me hagas más la pelota. Voy a vaguear un rato... luego hablamos.

Cuándo cuelgo el móvil veo que tengo un mensaje de Aritz y sonrío, me encanta, cada día estoy más pillada por él y esto en verdad me está aterrando. Y sí, he dicho pillada porque no estoy preparada para decir que me estoy empezando a enamorar. ¿Se puede enamorar una tan rápido?

- [09 junio 09:55] Mi bonito del norte (Aritz): Estoy en la oficina aburrido, ven a rescatarme... te echo de menos. (Aritz, con muchas ganas de verte)

- [09 junio 09:55] Beth: Pues el corcel blanco lo tengo en el taller... (Beth, sin corcel para el rescate)

- [09 junio 09:56] Mi bonito del norte (Aritz): Vaya, yo me estaba haciendo ilusiones y como dice la vecina rubia esa que lees me estaban quedando preciosas. Salgo en media hora de la oficina y voy a buscarte hermosa. (Aritz, apenado porque no hay rescate)

- [09 junio 09:56] Beth: No tienes por qué venir a casa de mis padres... Lo sabes ¿verdad? (Beth, intentando salvarte de una verdadera tortura medieval)

- [09/06/2006 09:57] Mi bonito del norte (Aritz): Elizabeth Aurora de la Vega, olvídate de ir sin mí. (Aritz, muy serio siempre y dispuesto a conocer a tu madre aún con todo lo que me has contado de ella)

COMER CON AMIGOS, SIEMPRE ES UNA BUENA IDEA.

22 de enero de unos años antes.

— *¿Eduardo de la Vega, me estás diciendo que no vas a venir a comer? —preguntó Joana realmente enfadada.*

— *No, he quedado con Joan para comer. Te lo dije hace semanas mujer.*

— *Yo ni siquiera sé porque planeo nada, si al final haces lo que quieres siempre. Habíamos quedado con Elizabeth y Mateo para comer.*

— *Bueno, no te enfades yo podría llegar para el postre.*

— *Claro para el postre, a saber qué horas son esas.*

— *Bueno Joana, serán por días en los que podemos comer con los chicos. Luego hablamos que voy a entrar a la comisaría.*

— *Está bien, pero que sepas que no me gustan esas amistades tuyas que yo no conozco.*

— *Qué sí mujer, qué sí.*

— *Eduardo de la Vega no me hables así. No entiendo aún después de tantos años porque no conozco a todas tus amistades.*

— *Por el mismo motivo Joana que yo no conozco a todas tus amigas. Además a Joan sí que le conoces. ¿No te acuerdas de él?*

— No Eduardo, no me acuerdo de él. Te quiero aquí para el postre, sin excusas.

— Qué mujer...

Eduardo guardó el móvil y entró en la comisaría sonriente. Joan y él habían compartido horas y horas cuándo estudiaban en la misma facultad, después sus caminos se separaron pero una vez retomaron el contacto no lo volvieron a perder e intentaban quedar como mínimo una vez al mes para comer, siempre que sus agendas se lo permitían.

— ¿Le puedo ayudar en algo señor? —preguntó una joven agente de policía.

— Por supuesto, soy Eduardo de la Vega. He quedado con el comisario García.

— Si es tan amable de esperarle aquí, enseguida le aviso de que usted ha llegado.

— Muchas gracias.

Pero no hizo falta que le avisara, a lo lejos vio cómo su amigo Joan caminaba hacia él acompañado de un joven. Cuando llegaron a su altura ambos amigos se saludaron como hacían habitualmente.

— Eduardo, qué bueno que llegas pronto. Mira te presento a uno de los mejores inspectores que tengo ahora, al que adoro como un hijo y al que espero que me sustituya como comisario de aquí a unos años, cuándo siga tu ejemplo y me prejubile. —dijo mientras Eduardo sonreía, sabía que su amigo por mucho que lo dijera, no podría prejubilarse porque adoraba su trabajo. — Eneko Arizaga, este es mi buen amigo Eduardo de la Vega. ¿Te importa ir a tomarnos algo antes de ir a comer?

— No, no me importa... además me han dicho que Giulietta su sobrina está aquí, ¿no?

— Sí, ha vuelto para ayudarnos con un caso. Ahora está en el FBI.

— ¿Pero no era marine? —se rascó la cabeza pensando que así

sus ideas se aclararían un poco más.

—Si, pero después de su última misión la reclutaron junto a sus amigas para el FBI.

— Perdona muchacho, —sonrío Eduardo.— Un placer conocerte.

— Encantado señor. —dijo Eneko, mientras le daba la mano.

— Lo mismo digo muchacho. —sonrío Eduardo.

— Eneko, espera a que venga mi sobrina y así podéis ir con los demás a poneros al día.

— Claro, por supuesto.

—No te molesta, ¿verdad? Así le doy un achuchón antes de irnos a comer.

— Cómo me va a molestar. Entonces, ¿qué? ¿Vamos dónde siempre?

— Claro, Antonia ya nos ha preparado una mesa.

— Esa mujer es un cielo y hace unos platos para chuparse los dedos.

— Que no te oiga tu mujer hablar así.

— Deja, deja… qué aún no sé qué vi en ella hace tantos años.

— El amor a veces es ciego. —sonrío Joan.

— Ni que lo digas. —miró a Eneko y vio cómo se mordía el labio, intentando no reír.

—No te rías muchacho, ya te llegará.

—No, no me estoy riendo.

—Bien, eso está mejor.

TU CARA ME SUENA.

De esa extraña melodía,
Que algunos llaman destino
Y otros prefieren llamar casualidad
Destino o casualidad – Melendi & Ha Ash.

Entramos en la urbanización dónde viven mis padres y yo creo que no voy a poder controlar este tembleque que tengo… bajamos del coche y picamos a la puerta, bien, ya no hay marcha atrás.

— La hija prodiga ha vuelto. —sonríe Dani que sale a recibirnos. — Y acompañada.

Beth respira, Beth respira que es importante. Me digo a mí misma para no estrangularla con mis propias manos. ¿Cuántos años me podrían caer por asesinar a mi hermana?

— Hola Dani, ¿Te acuerdas de Aritz?

— Por supuesto que me acuerdo de Aritz, como no olvidarlo. —me sonríe y mira a Aritz que sigue sujetándome la mano con fuerza, juraría que le está poniendo ojitos, pero no creo que mi hermana la perfecta sea tan… ejem. — Hola Aritz, encantada de volver a verte. Vamos, están dentro esperándoos.

— Vamos a conocer a la suegra. —susurra Aritz en mi oído y lejos de relajarme me estreso un poquito más.

Antes de entrar por la puerta y como si fuera un flashback de esos que salen en las películas románticas que veo, me llega a mi mente la última conversación "seria" que tuve con Mario.

Sí, he puesto sería entre comillas porque lo nuestro nunca son conversaciones "serias".

— *He de decir que me encanta verte tan feliz con Aritz.*

— *No te has dado cuenta que últimamente estás de un "moñas" que asustas. —sonrío. — Pero que sepas que me encanta, me encanta que estés súper romántico, me encanta Aritz, me encanta todo, estoy encantada con la vida.*

— *Tienes razón con eso de que estoy un poco moñas, supongo que es por la boda, los corazones, los preparativos... estoy seguro de que estoy a un paso de cagar algodón de azúcar.*

— *A veces tienes la sensibilidad de un tocho Mario.*

— *Aritz te hace sentir mucho más de lo que quieres hacernos creer, cuándo vas hacer lo que sea que tengáis oficial. Porque.... ¿Qué sois? ¿Follamigos? ¿Novios? ¿Folla... qué? Porque está claro que con esa cara que tienes, follar, folláis seguro.*

— *¿Desde cuándo hablas así?*

— *Desde que estás rodeada de los protagonistas de mis fantasías eróticas, básicamente.*

— *Sabes, podría presentarle a mis padres... supongo que antes los amenazaría o algo similar... —veo que Mario me mira con una cara de no te lo crees ni tú. — Bueno, al menos lo intentaría porque por mi padre no, pero como mínimo mi hermana le volvería a decir alguna y mi madre... No quiero ni pensarlo... es tentar a la suerte demasiado.*

— *Pues yo me lanzaba patito. Aritz te adora, los dos hacéis una pareja increíble, solo hay que verlo. Besa el suelo que pisas pato. Y estoy segura que tus bragas se van corriendo cada vez que lo ves cerca...*

— *No te voy a contestar a eso.*

— *No me contestas porque sabes que tengo razón.*

Y aquí estoy cruzando la puerta de casa de mis padres con Aritz de la mano. Es tan diferente a Mateo, cuándo le dije que hoy vendría a casa de mis padres fue él quien me dijo que estaría muy bien conocerles. En serio, qué novio (o lo que sea que seamos) te dice eso, contadme, necesito información porque estas cosas a mí no me pasan. Yo en un primer momento pensé que me estaba tomando el pelo o que había algún tipo de cámara oculta, pero no, nada más lejos de la realidad. Quería conocer a mis padres, de verdad verdadera.

△△△

Después de las presentaciones y de que mi padre abriera una de sus botellas de vino, me alejo un poco de ellos para poder asegurarme de respirar con tranquilidad.

— La cara de tu amigo me suena hija, —dice mi padre cuándo me encuentra sola en la cocina.

— Bueno papá, quizás lo has visto en algún evento o vete tú a saber dónde. Lleva trabajando dos años para el señor Bouvier, quizás te suena de eso.

— No hija, vas a pensar que el orujo me ha frito el cerebro con lo que te voy a decir... Pero se parece mucho a un policía que conocí cuando fui a comer con Joan, mi amigo el comisario. ¿Te acuerdas del hermano de Marta? Marta la que se fue a vivir con su marido a Virginia, el tío del marine barra policía de la que te hablé hace tiempo ¿Él qué estudiaba conmigo? El...

— No papá. —contesto mientras pongo los ojos en blanco, ni siquiera me acuerdo de quién es Marta, para saber quién es su hermano, mi padre tiene muy arraigado eso que hacen en los pueblos, para decirte quién es fulanito, te mencionan a toda su familia. — No me acuerdo ni del hermano de Marta, ni del que estudiaba contigo y ahora que lo dices ni siquiera estoy segura a ciencia cierta de quién es Marta papá. Aritz se parecerá a quién tú quieras. Pero te aseguro que este no es policía, este se llama Aritz y no trabaja para ningún hermano de ninguna Marta.

Eneko había escuchado sin querer toda la conversación que había tenido Beth con su padre, durante unos minutos pensó que toda su mentira se desmoronaría de un momento a otro. Después escuchó como Beth decía que no, que no era policía y que se llamaba Aritz, maldijo su suerte y esperó a poder encontrarse con Eduardo para contárselo todo.

Quizás podría ser el primer paso. Cierto era que a él también le sonaba la cara del padre de Beth, cuándo escuchó lo que le contaba a su hija, su mente encontró el momento en el que lo vio con el comisario. Estaban a punto de coger al hermano del señor Bouvier y que su tapadera se desmoronaba no era una buena noticia.

— Tienes razón hija. —dice mi padre después de mucho pensar (o eso creo, que estaba pensando, porque últimamente ya no sé por dónde pillar a mi padre) — Quizás solo se parecen.

— Anda, vamos a comer antes de que mamá nos grite.

— Sí, porque últimamente tiene un carácter.

— Papá... mamá siempre ha tenido carácter, lo que pasa es que tú estás enamorado de ella y no lo notas tanto.

La comida pasa sin pena ni gloria, aprovecho que ahora Aritz ha ido al baño para jugar con mi sobrino y usarlo de escudo protector. Parece que a mi madre le ha caído muy bien Aritz, puede también que solo sea una fachada y espero el ataque, que parece que no llega. Pero bueno, cómo la conozco yo lo espero por si acaso.

— *Eduardo.* —*dice Aritz cuándo se encuentra al padre de Beth en el pasillo.* — *Puedo hablar con usted un momento.*

— *Claro hijo, ¿qué pasa? No me hable de usted por favor, qué me haces más mayor de lo que ya soy.*

— *Primero de todo.* —*respira hondo e intenta seguir manteniendo toda la calma posible.* — *Quiero que sepa que estoy enamorado de su hija.*

— Bien, eso es una buena noticia. Pero por favor, deja de llamarme de usted.

— Tenía usted razón, perdón, digo… que tenías razón. Conocí a Beth mientras estábamos en una de las reuniones que trascurrieron en París. Por eso no le he podido contar nada aún y cómo he dicho… Tienes razón, mi verdadero nombre es Eneko Arizaga como pensabas cuándo me has visto y soy inspector de policía. No he podido contarle a Beth aún mi verdadera identidad, aunque el comisario me lo haya comentado porque no he encontrado el momento, no corre ningún tipo de peligro si es eso lo que piensa. Pero la quiero, estoy enamorado de Beth y no la quiero perder. —se miró las manos, nervioso y sintió cómo le empezaban a sudar. — Lo que quiero decir, es que no estaba en mis planes a corto, ni a largo plazo enamorarme de ella… Pero sucedió, no quiero perderla por esta mentira que le he tenido que decir, aunque fuera por proteger toda la misión en la que llevo años sumergido….

Eduardo se quedó fijamente mirando a Eneko. Lo sabía, sabía que lo había visto en algún momento. Se sentía orgulloso por su descubrimiento, pero algo afectado porque había involucrado a su hija en una mentira de esas dimensiones.

Quizás por la amistad que le unía a Joan y por cómo se había sincerado Eneko, decidió darle su particular bendición al chico, pero antes le dijo un par de cosas.

— Está bien hijo, lo entiendo. Puede que sea un viejo, pero lo entiendo, entiendo que no le hayas podido decir nada. Conozco a Joan desde hace muchos años y sé que si hace años te veía como un hijo y confiaba en ti, lo seguirá haciendo ahora. También he visto como miras a mi hija y se nota que sentís algo que no se puede ocultar. —Eneko sonrío después de escuchar aquello. — Pero tienes que decirle la verdad, si quieres que esto que tenéis llegue a más, dile la verdad. Ya le mintieron lo suficiente y no se merece vivir engañada. Yo por mi parte no le voy a decir nada, pero quiero que sepas que voy a estar vigilándote de cerca, chico. Un paso en falso y no me tendrás de tu lado, es más… —se sintió por momentos más y más or-

gulloso por lo que estaba a punto de decir para concluir aquella con-
versación. — Si me entero de que mi niña sufre lo más mínimo, me
importará hablando mal, una soberana mierda que seas inspector o
sargento... ¿Entiendes chico?

— *Por supuesto Eduardo, en cuánto pueda me sinceraré con ella.*
Muchas gracias.

— *Anda, vamos que no sabes cómo se las gastan las mujeres de*
esta casa. Dile a Joan cuándo lo veas que me llame, que tenemos una
partida al mus aún a medias y aún no he podido darle el pésame por
lo de su sobrina.

— *Le diré mañana cuándo lo vea en la comisaría.*

— *Está bien. Está bien. Pero esto no lo digas delante de la madre*
de Beth, que no sabes cómo se las gasta.

△△△

Cuándo nos estamos despidiendo mi padre se acerca disimuladamente a mí sonriendo... creo que al final va a tener
que mirarse esa afición al orujo.

— ¿Quieres una botellita?

— Papá por favor, que al final vas a terminar por convencerme de que tienes un problema.

— Pero hija, si es de hiervas y eso va muy bien para después
de comer, lo dicen en el pueblo. —se defiende mi padre y yo me
río por no llorar.

— Voy hacer como si esto último no lo haya escuchado.

— Me cae muy bien Aritz. Me ha gustado mucho, se nota
que os gustáis y...

— Papá...

— Solo estoy diciendo la verdad, me gusta verte con él.
Te veo más feliz, engordaste un poquito y fíjate... tienes más
apetito.

—Lo del apetito son los nervios por la boda de Mario supongo. Me alegro de que Aritz te guste, a mí también me gusta mucho, hasta a Mario le gusta mucho.

—Lo sé pequeña, lo sé. Anda dame un abrazo y saca de aquí al muchacho antes de que venga tu madre.

Nos fundimos en un abrazo que me llena el corazón y el alma. La despedida con mi madre vuelve a ser fría como de costumbre y con mi hermana casi inexistente.

—Bueno, ya hablamos.

— Ha sido un placer conocerte Aritz. Ven cuándo quieras, está esta es tu casa. —dice mi padre y yo estoy a punto de comérmelo con patatas. A mi padre, claro… a Aritz directamente me lo como sin nada.

— El placer ha sido mío. —dice Aritz y yo sonrío como una idiota.

DESPEDIDAS, BODAS Y BEBÉS. PRIMERA PARTE.

Haces que mi cuelo vuelva a tener ese azul,
pintas de colores mis mañanas, solo tú.
Navego entre las olas de tu voz.
Y tú, y tú, y tú, solamente tú.
Haces que mi alma se despierte con tu luz.
Solamente tú – Pablo Alborán.

— ¡Alegría, alegría! —dice Mario cuándo me acerco a la mesa de la terraza dónde he quedado con él. — Pato, alegra esa cara que parece que vengas a un funeral.

— ¿Cuántas cervecitas te has tomado? —pregunto en cuánto le veo la cara de felicidad que lleva mi querido amigo.

— Qué sosa pato… ¿Sabes qué día es hoy?

— Sábado, diecisiete de junio, octavo día de mis fantásticas y algo aburridas vacaciones.

— ¿Te lo estás tirando todo el día verdad perra? —pregunta, pero yo no digo nada. — Bueno, no me contestes, no te preocupes… tarde o temprano me lo contaras todo. Por si no lo recuerdas hoy es mi despedida de soltero.

— Qué va, no me acordaba, todas las horas que llevo colgada al teléfono terminando de preparar lo de esta noche… era para una fiesta de pijamas infantil. Aunque por eso, porque hoy es tu despedida de soltero deberías de cómo mínimo intentar llegar sereno a ella. ¿No crees?

—Detalles sin importancia. Qué daño me van hacer un par de cervecitas…

—¿Estás seguro? Digo, de la boda y todo eso…

—Eres muy pesada con el mismo tema de siempre pato.

—Solo me preocupo por ti.

—Pues deja de preocuparte o nuestro matrimonio empezará hacer aguas.

— Estamos hablando de una boda Mario, no de unos zapatos nuevos… Esto es serio.

—Serio es el trauma que tú tienes reina, venga a lo importante… ¿Qué te vas a poner?

—Normalmente suelo llevar ropa.

—Esa simpatía tuya no sé por dónde cogerla a veces, pero que sepas que es pésima. Y si estás así de simpática porque me tienes envidia… te recuerdo que tú ya tuviste la tuya.

— ¡Oh! —me llevo una mano al pecho, para darle como hace él un toque teatral. — Lo olvidaba, había olvidado ese detalle. —le dedico una sonrisa algo forzada. — Me quedé con lo bueno de las bodas, la despedida de soltera y el alcohol de la barra libre. Mierda. —hago una mueca triste o al menos esa es mi intención. — Tenía que haberme quedado también con la luna de miel.

—Ves lo que te decía reina de la simpatía. ¿Lo estás viendo verdad? Bueno, tú intenta no llegar tarde y te perdono estos comentarios.

— Eso no te lo aseguro, aunque como buena amiga y madrina del acto intentaré no dejar que Aritz me meta mano mientras me preparo, porque si no… Nos empezamos a entretener y lo más seguro es que llegue cuándo tú ya te haya bebido el agua de los floreros. —termino de decirlo y Mario sonríe con una sonrisa entre malvada y pícara.

—Me encanta como estás recuperando el tiempo a marchas forzadas, no dejes que se me caiga el mito. Tú aprovéchate, métele mano, disfruta de los orgasmos que ese chicarrón del norte te regala... pero llega puntual a mi despedida de soltero.

— Gracias por invitar también a los amigos de Aritz. —digo de pronto, mientras una sonrisa absurda se instala en mi rostro.

— Adoro a esos leñadores del norte, tan varoniles, tan fantásticos y encima bomberos... Son como los protagonistas de mis fantasías más oscuras... ¡Qué maravilloso sería tenerlos de vecinos! Hola vecino, ¿me prestas tu manguera para apagar mi fuego? Claro pasa... —dice mientas va poniendo voces extrañas.

— Eres un cerdo Mario... Te acuerdas que vas a casarte, ¿verdad?

— Y que tendrán que ver las peras, con las manzanas... —pone los ojos en blanco y no puedo evitar reírme. —Por quién me tomas pato. Yo soy fiel a mi chicarrón del norte, otra cosa es que porque me case haya dejado de tener ojos en la cara y mucha imaginación en esta cabeza que dios me ha dado.

— Bueno, está bien.... Me voy a casa que aún tengo que hacer muchas cosas antes de que te vea esta noche. —me levanto y siento como mi cuerpo se entumece un poco, vaya mierda de tensión que tengo en mi cuerpo... pero hago como si nada, esperando que por una alineación de los planetas se me pase solo. —No olvides que te quiero y que antes que el marido de Caiden, eres el mío.

—Por supuesto pato, eso nunca lo olvido. Aunque no tenga sexo contigo, ya sabes... me encantas, pero me pones cero.

—A mí tampoco me pones.

—Menos mal. Porque sé que tengo un cuerpo irresistible y sería duro para ti.

— Pasamos demasiado tiempo los dos juntos... —termino

diciendo. — Mira, una prueba de ello es que yo también he encontrado un bonito del norte. —sonrío y me tengo que agarrar a la mesa porque la verdad es que sí que siento que mi cuerpo se entumece un poco demasiado y creo que me voy a dar una leche contra el suelo de un momento a otro. — Bueno, me siento dos minutos que me ha dado un poco el bajón y me voy a casa. Llevo un tiempo con la tensión fatal.

— ¿Te encuentras bien pato? —pregunta asustado.

— Sí, ya te he dicho que es la tensión que la tengo descontrolada últimamente. No te preocupes que no creo que por eso me muera, me vas a tener en tu despedida de soltero y en la boda dándote por saco.

— Eso espero pato, porque si no voy hasta el infierno a buscarte y te arrastro de los pelos para traerte de vuelta. —termina de decir, pero aún con la cara de preocupación.... Debo de estar blanca como Blancanieves. — ¿Segura que estás bien? ¡Te has quedado pálida!

— Voy a olvidar eso del infierno... ¿Por qué piensas que iría a él? Y sí, pídeme un zumo y verás cómo se me pasa en un periquete.

— Pato, no es la primera vez que te pasa esto... me estoy empezando a preocupar.

— No te pongas pesado y no, no es la primera vez que me pasa, pero no te preocupes ya te he dicho que será la tensión.

— Pues por si acaso prométeme que irás al médico y te mirarás esa tensión, porque con estos sustos yo no puedo vivir.

— Te lo prometo pesado. —digo mientras me vuelvo a sentar e intento sonreír.

$$\triangle\triangle\triangle$$

Abro un ojo y lo vuelvo a cerrar.... Pero de pronto abro los dos y doy un bote en el sofá cuándo escuchó el timbre de casa.

¡Mierda! ¡Me he quedado dormida! ¡Joder! ¡Joder! ¡Joder! ¡Y encima están llamando al timbre!

Camino a trompicones mientras me voy dando con los muebles de casa y con los ojos aún cerrados abro la puerta.

— Pensaba que ya estarías lista. —dice Aritz mientras me mira de arriba abajo.

— Esa era mi idea, pero me he sentado un momentito en el sofá porque me ha vuelto a dar un mareo de la tensión cuándo estaba con Mario y bueno... el resto es historia.

— ¿Pero te encuentras bien?

— Estoy perfectamente, no empieces como Mario. A más, el sueño ha sido muy reparador. —sonrío mientras seguramente este poniendo una cara de besugo enamorado.

— Anda, —dice mientras se acerca un poco más a mí y me abraza lentamente. — Vamos a vestirnos antes de que cambie de idea y al final no vayamos a ningún otro sitio que no sea la cama.

— Sabes que me encantaría, pero le he prometido a Mario que no llegaríamos tarde...—sonrío intentando esta vez poner una cara de niña buena, por la expresión de Aritz creo que la he puesto de niña mala, porque me coge del culo y hace que mis piernas vuelvan a entumecerse, pero esta vez nada tiene que ver la tensión y sí mucho mi deseo y mi mente calenturienta.

— Es verdad, vamos a vestirnos porque si no llegaremos tarde. —sigue con la mano en mi culo y empieza apretarlo lujuriosamente.

— ¿Qué pretendes Aritz? ¿Me estás metiendo mano?

— Estoy cogiendo unas manías más feas por las tardes-noches, unas manías que me tienen sorprendido...

— Bueno, podemos llegar cinco minutos tarde... ¿Crees que alguien se daría cuenta?

△△△

— ¿Lo haces para ponerme a prueba? —pregunta Aritz cuándo media hora después de que hubiéramos retozado en la cama me hubiera ido a prepararme. Me he puesto una amplia falda negra por encima de las rodillas, una camisa de encaje semitransparente roja a juego con mis zapatos fetiche, sí, sé que el color favorito de Aritz es el rojo, de verdad verdadera que no lo he hecho a propósito.

— No, la verdad es que ha sido casualidad.

— Tendré que estar alerta esta noche.

— ¿Te acuerdas que es una despedida de soltero gay? —le recuerdo cuándo lo veo con esos vaqueros que me hacen la boca agua.

— Por supuesto preciosa. —termina de decir mientras coge su mochila con la ropa que llevaba antes de cambiarse.

— ¿Te vas a llevar la mochila a la despedida de soltero?

— Pretendo dejarla en el coche... esto no nos pasaría si viviéramos juntos, no tendríamos que ir con las mochilas para arriba, mochilas para abajo.

— ¡Espera! —digo, porque creo que no he escuchado bien esto último que ha dicho.

— ¿Qué? —pregunta aturdido.

— ¿Qué has dicho? —vuelvo a preguntar.

— Que esto no nos pasaría si viviéramos juntos.

— ¿Quieres qué vivamos juntos? ¿En serio?

— Ya sabes Beth, me siento muy solo por las noches...

— Aritz yo...

— Está bien, vamos a dejar este tema para más adelante... —dice, pero mi cuerpo ya se ha quedado tenso para lo que queda de noche, esto supongo que se me pasará después de unos vinitos...— Mañana hablamos de ello.

— Aritz....

— Vamos, que llevamos retraso y al final vamos a llegar tarde. —termina de decir mientras recoge mi bolso y salimos de casa.

Salimos de casa en silencio, entre besos y arrumacos en dirección a la sala dónde Mario y Caiden celebran su despedida de soltero. Apenas nos separan un par de kilómetros de distancia así que llegamos puntuales, pero con una sensación extraña... Aritz quiere vivir conmigo y ni siquiera me ha dicho que me quiere... ¡Espera! ¿Me tiene qué decir antes que me quiere para que vivamos juntos? Esto debería de consultarlo con mis otros tres mosqueteros...

— Estás preciosa Beth, —susurra Aritz a mi oído y me besa, antes de llegar dónde están todos nuestros amigos.

— Tú también, aunque creo que demasiado para una despedida dónde la gran mayoría de los asistentes, por no decir todos estarían dispuestos a convertirte en su almohada.

— Conmigo no te tienes que preocupar de eso preciosa. —vuelve a besarme.

— ¡Espera!

— Beth, lo siento sé que me he precipitado al decirte que vivamos juntos, pero... —vuelve a besarme y la vista se me nubla un poco.

— ¿Esto significa que estamos bien? —pregunto, es que yo soy mucho de preguntar y necesito que me digan las cosas muy claras porque si no, me pierdo.

— ¿Sólo bien? Yo no sé tú, pero yo me estoy enamorando muy deprisa de ti.

— ¿En serio? —veis, si ya os estaba diciendo yo lo de preguntar.

—Claro tonta, te quiero. Te quiero por las mañanas, al mediodía, por las tardes, por las noches, cuándo estás enfadada, cuándo estás contenta, te quiero de todas las maneras… incluso con ese pijama de manzanas que te regaló Mario.

—Yo también te quiero. Sé que es muy pronto, pero…

— Sé lo que vas a decirme, a mí también me da miedo Beth… pero no puedo evitar pensar en ti durante todo el día, estar pendiente del reloj para ver cuándo voy a salir del despacho para ir a buscarte…

— Yo también tengo miedo. —contesto y nos miramos como dos besugos de los que en otro momento de mi vida me habrían dado ganas de vomitar por la cantidad de azúcar en sus palabras… pero… aquí estoy, diciendo cursiladas antes de ir a una despedida gay. Debo de estar ovulando o algo para estar de este cursi.

— Yo también tengo miedo como tú Beth. Pero te miro y cuándo veo como me miras se me pasa. —nos volvemos a besar, porque últimamente somos mucho de besarnos nosotros.

— Bueno, si os vais a poner tiernos por favor iros a vuestra casa que esto es una despedida de soltero. —dice Joseba riéndose.

— ¿Estás celoso? —pregunta Aritz.

— ¿De ti? Bueno, sabes que eres un partidazo, pero todos sabemos que eres un idiota. Es un misterio digno de estudio porque Beth está contigo y no conmigo, pero no puedo hacer nada contra eso.

— ¡Me podéis explicar porque estáis afuera y no dentro de mí despedida de soltero! —suelta a grito pelado Mario saliendo del local e interrumpiendo esta muestra de cariño que se están procesando Joseba y Aritz.

— ¡Mario! —digo de pronto, pero cuándo me fijo en la americana verde que lleva puesta y que no deja indiferente a nadie no puedo evitar abrir la boca… ¡dios! — Estás… Estás… —sí, me he quedado sin palabras. ¡Yo! Qué las tengo siempre en oferta.

— Sí, lo sé... si soy más guapo sería delito y sí, también sé que hago que ardáis todos de placer... mira, menos mal que tenemos aquí a dos bomberos del norte.

— Mario...—digo cuándo le veo sonreír con los ojos brillantes, a saber cuántas copas lleva ya.

— Si ves que te conviertes en delito, tenemos unos amigos que son policías que podrían detenerte.

— No creo que a su marido le hiciera mucha gracia qué no pudieras casarte por estar en los calabozos. —sonríe Asier que se mete también en la conversación.

— ¡Es verdad! Bueno, vamos dentro que hay que seguir bebiendo... que para eso está la barra libre.

Entre risas y empujones entramos al local, nos vamos desperdigando un poco y pasado no sé cuánto tiempo termino con Mario en la barra viendo como Aritz y sus amigos bailan, bueno o al menos intentan bailar. He de decir a mi favor que por supuesto tenía razón y el setenta por ciento de los invitados está babeando por ellos.

— Cómo se mueven, qué movimiento de cadera, si se mueven así en todos los sitios... dime que Aritz se mueve así en la cama también.

— ¡Mario! —grito y casi me atraganto con el trago que le he dado a mi copa. —No te voy a contar como se mueve Aritz en la cama... o al menos no ahora.

— Cuánta decencia de golpe Beth, no te reconozco.

— Creo que me estoy haciéndome muy amiga de la palabra ninfomanía.... ¿Contento?

— Mucho, aunque también muerto de envidia...

— Hoy nos hemos dicho que nos queremos. —digo muy orgullosa de mí misma y algo contenta por tanta copa, (para que negar lo evidente)

—Joder… ¡qué bonito! —dice y se le iluminan los ojos, no sé si tiene una lágrima en el ojo o es que necesito gafas

—Mario… ¿Vas a llorar?

—Estoy muy sensible últimamente.

— Sí, yo creo que también…. Me gusta verte así. —digo intentando evadir el tema de la sensibilidad. — Es increíble que el Mario devora-hombres que conozco se vaya a casar.

—Bueno, es que Caiden es mucho Caiden… mira, por ahí va tu chicarrón del norte.

Aritz llega junto a sus amigos, Xavi y Aida. Me encanta que se lleven tan bien, cuándo están más cerca de mí pongo la oreja como buena maruja que soy y escucho que Xavi le está contando mis batallitas… ¡Lo mato!

— Os lo prometo, por la tartana de su coche se pasó dos días llorando, teníais que haberla visto… no tendríamos que haberla dejado estar cuándo llego el del desguace.

— Dime que no le estás contando mis batallitas y para que lo sepas. —digo ya un poco más enfadada. — Era mi primer coche y era especial… aunque fuera feo.

— Era un Clío del año de mi abuela Beth. —sonríe Aida.

—Yo cuándo la vi haciendo pucheros ya me empecé a reír…

— Bueno ya está bien. —ala, a la mierda mi buen humor. — Podéis dejar de hablar de mí como si yo no estuviera delante.

— Pato no te pongas así… solo les estaba contando el momento en el que tu coche hizo su último viaje al matadero…

—Ya te he dicho que para mí era especial.

Aritz me abraza como si ese abrazo incluyera la promesa de no soltarme nunca más. Y aunque aún tenemos un tema pendiente del que supongo que tenemos que hablar largo y tendido me siento bien, qué leches, me siento mejor que nunca.

Después me besa en el cuello, sin soltarme ni un solo momento. Sentir como me abraza desde atrás es maravilloso, podría perderme en esos brazos tan grandes y tan fuertes para siempre.

— ¡Qué monos sois! —dice Mario emocionado. — Es que me encantáis, qué bonito.

— Puedes centrarte en tu futuro marido y dejarnos a nosotros un poco solos. —sonrío justo en el momento que llega Caiden. — Al final voy a pensar que te gusta Aritz y me voy a poner celosa.

— ¿Tengo que preocuparme cariño? —pregunta Caiden mientras besa a Mario.

— Sí, la verdad es que vienes que preocuparte. —digo sonriendo. — Si no controlas a tu futuro marido, enviudarás antes del día de la boda.

△△△

— Para Aritz, ¿Sabes qué tengo vecinos? —intento apartarme de él sin muchas ganas. — Tengo una reputación en el edificio, ¿qué van a pensar?

— Pues esos cotillas que tienes por vecinos pensaran, que tienes mucha suerte de estar como dice Mario un chicarrón del norte como yo.

— Bueno, bueno, bueno… baja modesto que sube Aritz.

— Deja de mirarme así porque al final no sales del coche Beth.

— ¿Es otra de tus amenazas Aritz?

— No, solo es otra de mis promesas.

— Vamos antes de que te termine violando y los cotillas de mis vecinos lo graben y lo vayan publicando por esas páginas para mayores de internet.

△△△

— Buenos días. —digo cuándo abro un ojo y lo primero que me encuentro es a Aritz desnudo mirándome, me encanta este hombre... Me encantan estos despertares.

— Buenos días preciosa. ¿Quieres un café?

¿Cómo de mal estaría decirle que prefiero desayunarle a él?

— No, prefiero seguir despertando contigo, la verdad. —no le voy a decir que no, que no quiero un café que lo que realmente quiero es que me quite la poca ropa que llevo y me devore entera... pero claro, eso no lo digo porque soy una señorita... así que sutilmente se lo dejo caer.

— Tus deseos son órdenes para mí.

Pasa la mano por mi cintura y me atrae más hacía él, mientras no deja de besarme. De mis labios sale un gemido que Aritz lo atrapa en su boca y hace que todos mis músculos se tensen.

— Te quiero...—susurra en mi oído mientras no dejo de moverme ansiosa porque sé lo que va a venir ahora. — No sabes la de...

— Deja de hablar Aritz y foll...—pero no deja que termine de hablar y se enreda en mí para llevarme por esos caminos lujuriosos que tanto visito últimamente.

FELICIDAD, QUÉ BONITO NOMBRE TIENES.

Nada más verte, le dije a mi sentido común:
Qué no me esperara levantado.
Tú haces latir mi corazón, sin ti tengo taquicardia.

Felicidad – La cabra mecánica.

— Perra. —abre los ojos Mario y se acerca un poco más a mí.

—Ahora, ¿por qué?

— Tú te has visto esas tetas que tienes, ¿no?

— Deja de mirarme así. —me quejo. — Me he engordado... la buena vida.

—Espero que, ya que me abandonaste en las clases de spinning, quemes la grasa de otra manera.

— No te preocupes, que quemar, quemo la grasa todos los días.

—Eres una perra mala.

—Calla.

— ¿Por qué eres una perra mala? —sonríe Aida, mientras se acerca un poco más a mí.

— Mírale las tetas. —susurra Mario con una sonrisa.

—Pues no sé, dos, cómo siempre... lo normal ¿no?

—De verdad que poca sangre en las venas...

— ¿Qué? —se queja Aida.

— ¿Te ha pasado algo con un chicarrón del norte que se llama Joseba? —así, sin anestesia... siempre es mejor preguntar las cosas.

— Nada Beth, no me ha pasado nada.

— Es decir, qué sí...

— Es imbécil.

— Voy a por vino. —pega un bote Mario mientras va en dirección a mi cocina. No, si yo no gano para botellas de vino en esta casa.

— Tenemos que irnos en dos horas.

— Joder pato, que nos da tiempo.

— Sí, eso dijiste la última vez.... A ver, —miro a Aida. — ¿Por qué es imbécil?

Y así, tres horas después nos hemos bebido cuatro botellas de vino, hemos abierto unas latas de aceitunas y una bolsa de patatas campesinas, con dos cojones... sí, con dos cojones a ver cómo le explicamos a los dos señores que acaban de llamar a la puerta que aquí seguimos y ni siquiera nos hemos puesto los zapatos.

— ¿Estáis listos? —entran por la puerta dos chicarrones del norte, el que habla, el mío, claro. Pone los ojos en blanco cuándo nos ve. — ¿Qué pasa?

— Nada, hemos tenido una crisis. —sonríe Mario, mientras intenta levantarse del suelo. — ¿Queréis una copa?

— Pero hemos quedado en ir a... —sí, creo que nos acaba de dejar por imposibles.

— Bueno, ¿qué? —vuelve a preguntar Mario y yo ahora mismo no sé si reírme o ponerme a llorar.

Al final Mario medio convence a esos dos hombretones y se unen a nosotras, sí, habíamos quedado en salir a cenar, no pasa nada, siempre podemos pedir comida a domicilio, ¿no?

— ¿Asier? —le pregunto a Aritz cuándo llega a mi altura en la cocina y antes de que me muerda en el cuello.

— En Virginia.

— ¿Virginia de Estados Unidos?

— Sí, Virginia de Estados Unidos.

— ¿Ha ido a visitar a algún ligue? —abro mucho los ojos y joder, no puedo averiguar esa expresión suya que tiene... Amaia seguro que ya habría sacado algo, sí, quizás hasta ella sepa algo— ¿Qué? — No es por nada, pero siempre viaja allí y nunca nos cuenta nada, cómo dice Mario mi sangre cotilla necesita información.

— Beth... no puedo contarte nada, si pudiera ya te habría dicho algo, pero no puedo.

— Está bien, no pasa nada.... Volveré a preguntarte en la cama.

— Beth...

— Sí, así me llaman. Vale, —me medio rindo... — Pero él... ¿Está bien? No ha ido por nada malo.

— No, no ha ido por nada malo y sí, está bien.

Después, sucumben a nuestra idea, pedimos la cena y abrimos otras dos botellas de vino más, menos mal que no voy al ritmo del resto, porque entonces ya estaría en la cama tumbada.

— ¿Dónde vais de luna de miel? —pregunta Joseba, mientras coge otro trozo de pizza... sí, al final hemos llamado al señor de las pizzas... viva la dieta mediterránea.

— A un resort en las Maldivas... quince días, sin nada ni nadie que nos moleste.

— ¿Tienes sitio en la maleta para dos? —pregunto mientras veo como Aritz sonríe y yo intento no reírme y esperar a lo que llega ahora. — Aida y yo prometemos no hacer ruido.

— ¿Aida y tú? —Asier vuelve a poner los ojos en blanco y abre otra cerveza.

— Sí, con ella sé que no tendré dolores de cabeza...—murmulla por lo bajo Aida, Mario y yo rompemos a reír. Joseba y Aritz... no tienen nada que hacer con nosotras.

— Mario, escúchame bien con esas orejas con las que tu madre te obsequió.

—Siempre te escucho pato.

— Tendrás valor. —murmulla Aida por lo bajo.

—Me caso la semana que viene, es normal que esté un poco por las nubes.

— Mario, tú vives en las nubes. —me quejo.

—Qué más dará, vivir aquí, allí...

—El viernes por la mañana tienes que ir a recoger tu traje...

— Lo sé, y el sábado seré un hombre casado. ¿Te lo puedes creer?

—No, no me lo puedo creer aún.

—Asier estará. ¿Verdad? No puedo casarme sin mi otro chicarrón del norte.

— Asier aterrizará el viernes al mediodía.

— Está bien, ¿traerá acompañante? —vuelve a preguntar y sé que está intentando sacar información de esos viajes misteriosos que hace.

— ¿Asier? —preguntan Joseba y Aritz a la vez. — Qué va. —dice el primero.

—Bien, porque sería estupendo, pero me desmontaría todo lo que he montado.

— Mario, —me pongo de pie con los brazos en jarra. — Lo he estado haciendo yo.

—Detalles sin importancia pato.

△△△

Un tono...

Dos tonos...

Aida cógeme el teléfono.

Tres tonos...

¿Dónde diablos estás?

Cuatro tonos...

—Dime.

—¿Dónde estás?

—En casa.

—¿Sola? —sonrío, aunque sé que ella no puede verlo.

—¿Tu qué crees?

—Ven a tomarte un coffe conmigo, porfa, porfis.

—¿Cómo va tu mano? ¿Estarás manca para la boda?

—Deja de juntarte con Mario porque él no es gracioso. —me quejo e intento poner cara de enfadada, pero no me sale muy bien. —Está bien, ya os lo dije el otro día, solo fue el golpe.

—Sí, si yo no digo lo contrario. Pero cuándo el imbécil perdió color me asusté.

—Deja de llamar a Joseba imbécil.

—Pero es un imbécil.

—Puede ser, pero ese imbécil te pone.

—Sí, me pone de mala leche. Por cierto... Fuiste a ver si podían arreglarte el vestido ya, ¿Verdad?

—El vestido... —soplo. —Sí, pero la señora costurera me dijo que no tenía más tela con el mismo diseño... así que después de mucho discutir, vino Mario y consiguió que hicieran un apaño.

— La buena vida pato. —ríe. — Por eso te has engordado, no te traumatices por eso.

— No estoy nada traumatizada, tampoco voy a dejar de comer lo que me gusta por dos kilos que me he engordado, estamos locos o ¿qué?

— Tu hermana ya se habría puesto un entrenador.

— Sí, a ella le preocupan doscientos gramos, a mí, la verdad es que…

— Sí, lo sabemos.

— Gracias por quererme aún con dos kilos de más.

— Déjame que me vista y voy para allí, así me acompañas a comprar un momento que quiero ver si encuentro el gel ese que sale en la tele.

— Sabes que esas cosas no funcionan, ¿Verdad?

— Sí, pero voy a intentar ver si me reafirma el culo o sigue como siempre.

— Vale, te espero en la puerta si quieres.

△△△

— ¿Veintisiete con noventa? Pero qué se creen, qué somos ricas y a ver cuánto tiene. —le quito la botella de gel según dice aquí reafirmante, le doy la vuelta y empiezo a leer. — Increíble… doscientos mililitros… ¿por cuánto saldría el litro? —intento hacer la cuenta con la mano y desisto, muy caro.

— Pues hay más caros. —murmura Aida, me giro para mirarle y pongo los ojos en blanco… no, sí lo que yo os decía… se piensan que somos ricas o algo.

— Ciento veinticinco con cincuenta y cinco euros te sale el litro de eso… ¿Estamos locos? —vuelvo a preguntar porque clarísimamente aún no me lo creo. — Anda, acompáñame a comprar un tarro de nívea, de las de toda la vida y que sirven para todo.

— ¿Crees que eso funciona?

— No lo sé, pero me gusta cómo te deja la piel y créeme los cuatro euros que cuestan lo confirman... —seguimos caminando y de pronto un niño me atropella, sí, me atropella. Cuándo consigo recomponerme el niño en cuestión está plantado delante de mí y sonríe.

— Perdone señora. —agacha la cabeza y yo la giro casi como la niña del exorcista para mirar a Aida, ¿me ha llamado señora?

— ¿Perdona? —pregunto, porque creo que ahora sí tengo algún tipo de problema auditivo.

— Le he dicho que me perdone por darle, señora. —ahí está, la confirmación. ¿Desde cuándo soy señora? ¿Qué ha pasado? ¡Pero si ni siquiera tengo treinta! Lo vuelvo a mirar, con la cara de cómo sigas llamándome señora vas a ir derecho al congelador, entre las judías y los guisantes congelados... pero tú a mí, no me vuelves a llamar señora en tu vida enano, mocoso, Ahhhhh. Qué desesperación más grande, eso duele ¿sabéis? ¡Qué te llamen señora duele!

— No soy señora, no soy tan mayor. ¿Estamos? —el niño me mira con los ojos muy abiertos y escucho a Aida sonreír... sí, ríete, pero si yo soy una señora... tú también.

— Lo siento... ¿chica?

— Vuelve con tu madre y piensa en ello. Vamos. —cojo a Aida y la arrastro por el pasillo de las cremas, los aceites y la madre del cordero.

— Pobre niño... ha pensado que le ibas a tirar algo a la cabeza.

— Tirarle algo no, pero encerrarlo entre las judías congeladas y los guisantes sí... señora, pero qué es eso, ¿cómo que señora? —vuelvo a quejarme.

— Anda, vamos a tomarnos algo que seguro que lo necesitas.

—Sí, eso creo, necesito un Martini o algo así.

—¿Un vasito de chinchón?

—Aida, si quieres llegar viva a la boda de Mario... cállate.

—Vale, no he dicho nada... Ahora vamos a beber algo.

Salimos de la tienda después de pagar cada una su crema y nos vamos directas a un bar que está muy bien para tomarse una copa de vino y blasfemar del mundo, así que eso hacemos. Nos sentamos y al poco llega el camarero.

— ¿Qué va a ser señoritas? —ves, si él lo tiene claro, porque el niño ¿no? ¿qué clase de educación les dan hoy en día a esos enanos? No lo entiendo, no lo entiendo.

—Yo quiero una copa de vino, tinto a poder ser.

— Qué sean dos y nos traes patatas, olvidas o algo así para acompañar.

— ¿Tienes croquetas? —pregunta Aida.

—Sí, tenemos de setas, de queso, de jamón, de...

—¿En total?

—Nueve variedades.

—Bueno, pon dos de cada y deja aquí la botella.

—Eso, qué no se diga... dieta mediterránea.

El camarero se va y me acomodo un poco más...

—¿Dónde está Mario?

— Creo que habrá salido ya del Spa, dice que necesita unos tratamientos para la piel antes de su boda.

—Pensé que estaría en el trabajo.

— Qué va, —sonrío, porque yo de mayor quiero ser como

Mario... — Se ha cogido vacaciones y ya no vuelve hasta después de la luna de miel.

—Joder, qué bien vive el tío.

—Lo sé, yo de mayor quiero ser como él.

DESPEDIDAS, BODAS Y BEBÉS. SEGUNDA PARTE.

Maite zaitud, maite, maite zaitud.
Ilarfiraino era bueltan Maite zaitud
Maite zaitud – Canciones populares.

— El que te casas eres tú y la que está nerviosa pérdida soy yo, no me lo puedo creer. —me dejo caer en el sofá mientras intento controlar mis nervios. — Voy a ir un momento a recoger unas cosas con Aida a casa y vuelvo, en media hora como mucho estoy aquí... por cierto. —digo por fin, (una media hora después) cuándo me doy cuenta que a Caiden no lo he visto en ningún momento. — ¿Dónde está Caiden?

— En casa de Aritz, dice que es para conservar la tradición... si no fuera hetero pensaría que es porque quería disfrutar de su última noche como soltero.

— ¿Con Aritz? ¿La tradición? ¿Qué tradición? —yo creo que hoy estoy muy espesa...

— La tradición de que los novios no pueden dormir juntos la noche antes pato, mira que tenga que ser yo quién te lo diga... creo que no se ha terminado de dar cuenta que esto es una boda gay y que no, que no es nada tradicional. Que esta boda de tradicional tiene lo que yo de virgen...

— Lo he entendido petardo, la verdad es que no tenías que ser tan descriptivo... En un rato vuelvo. ¡Procuramos no tardar! Vete tomando una tila que te veo algo nervioso.

— Creo que me voy a tomar un vinito.

— ¡Eh! —le señalo amenazante. — No quiero llevarte borracho al altar.

— Yo también te quiero pato.

— Eres indomable.

— Y eso te pone...

— Si, un montón... —le saco la lengua. — Pero no cachonda si es eso lo que piensas...

— Luego soy yo el cerdo.

— Te quiero melón.

△△△

— Me muero de dolor de barriga. —se queja Aida mientras rebusca por el neceser un paracetamol. — Este mes la regla me ha venido a matar y encima hoy...

La regla... ¿Qué día me vino a mí la regla? ¡Espera! ¿Este mes me vino la regla? Dudo por unos momentos pero no lo recuerdo bien, así que lo dejo estar, supongo que sí porque yo me he seguido tomando las pastillas así que bueno, supongo que sí.

— ¿Por qué pones esa cara? —dice mirándome fijamente.

— No estoy muy segura de qué día me vino a mí la regla...

— Qué yo recuerde este mes no te he oído quejarte ningún día...

— Ya, es verdad y el mes pasado tampoco me acuerdo. Supongo que no me enteré.

— ¿Te estás tomando las pastillas? —pregunta con los ojos muy abiertos.

— Claro, no he dejado de tomármelas en ningún momento.

—Pues yo de ti iría al médico, no es normal y que yo recuerde como buena secretaria que soy no la has tenido. ¿No estarás embarazada y le estás echando las culpas a la tensión por los mareos que tienes últimamente? Porque entre eso y el que has engordado...

—Anda, no digas tonterías. Vamos a ver cómo sigue Mario y no te montes más películas. ¿Cómo voy a estar yo embarazada? ¿Estás tonta?

Cuánto entramos a casa de Mario (sí, entramos sin llamar porque molamos mogollón y porque básicamente tengo sus llaves) nos lo encontramos en el sofá cantándole a su cerveza.

—*Yo te quiero con limón y sal, yo te quiero tal y cómo estás, no hace falta... cambiarte nada...*

— ¿Mario? —pregunto cuándo voy entrando a su casa. —¿Qué haces?

—Cantándole a mi segunda o tercera cervecita mañanera... estoy tan nervioso que casi podría hacer un Ironman de esos o como leches se diga... No puedo respirar de los nervios que estoy teniendo.

—O por las birras que te has tomado... ¿Cuántas llevas?

— Es que no estoy pudiendo controlar los nervios Beth... me cuesta respirar.

— Pues deja de beber y céntrate en respirar melón que es importante. —digo quitándole la cerveza y dándosela a Aida.

— Estoy tan contento chicas, me voy a casar con el hombre de mi vida... lo amo, lo adoro, lo quiero todo para mi... Estoy como loco por cruzar el pasillo y ser su marido, no veo el momento de mirarle y decirle... ¡sí, quiero! —termina diciendo a grito pelado.

Madre de Hulk bendito, tendré que meterlo en la ducha porque con este pedal no puedo llevarlo al altar...

— Vaya, así que no tienes un ataque de pánico y no vas

hacer un novio a la fuga... jo... que bonito eso que has dicho de cruzar el pasillo...—digo con los ojos brillantes a punto de explotar en mil lágrimas, yo... que hasta hace un segundo y medio estaba pensando en matarlo después de meterlo en la ducha si no le bajaba el pedal que lleva... A ver si voy a ser bipolar (y ninfómana) y no me he dado cuenta hasta ahora...

— ¿Estás llorando? Joder pato, estás hormonas premenstruales tuyas o lo que sean me tienen desquiciado, estás de un sensible últimamente...

— Es que estoy tan contenta de que estés tan contento. —bien, llorar me hace divagar... qué bien.

— ¿Pato? ¿Estás bien? —dice Mario mientras se acerca un poco más a mí, mientras yo ya he empezado a hipar.

— Sí, es que joder es tan bonito lo que has dicho, me parece tan bonito, todo es tan bonito. Pensaba que Caiden sería otro más en tu larga lista de conquistas como Peter o como Jock, pero... Se te ve tan bien con él... hacéis una pareja tan bonita, ves, todo es tan bonito...

— Mario. —suelta de pronto Aida. — ¿Tu recuerdas últimamente si Beth se ha quejado por la regla?

La mato, juro que mato a Aida. Otra vez con el mismo tema que hace un rato. Madre mía, he pasado de querer matar a Mario, a llorar como María Magdalena a tener sed de venganza con Aida

— No, la verdad es que hace un mucho tiempo que no... ¡Un momento! ¿No estarás embarazada?

— Otro igual, qué tonterías decís, ¿Cómo voy a estar yo embarazada? ¡Por favor!

— Estás muy rara pato, muy rara... normalmente ya eres rara pero últimamente estás mucho más.

— Sí, eso sin contar que te mareas, te has engordado... ah, sí, y se te duplicaron las tetas de la noche a la mañana. —pero

Mario no le dejó terminar.

— ¡Ahora vuelvo!

— No se me ha duplicado nada, sigo teniendo dos. ¿Dónde vas? —grito, pero Mario ha salido corriendo como alma que lleva el diablo... ¡Espera! Si se fuera a fugar, nos habría avisado. ¿Verdad?

Y se va, se pira... se va a casar y ahora se da a la fuga... no me lo puedo creer.

Mario salió de su portal como alma que lleva el diablo camino de la farmacia que había en la esquina de su calle, conocía perfectamente a su amiga y sabía que aquello que había dicho hacía escasos minutos no la ponía así. Cuándo Aida le preguntó por la regla de Beth le vino la idea del embarazo y como un impulso salió corriendo hacía la farmacia. No perdía nada por hacerse una prueba, o dos... tampoco es que se fiara mucho de aquellos palitos que normalmente cambiaban vidas. Cuándo entró en la farmacia se sintió por primera vez nervioso, ya no por su inminente boda si no por algo mucho más sencillo que pensaba que nunca llegaría a comprar. ¿Cómo se pedía una prueba de embarazo? Es decir, cómo empezabas a hablar a la señora farmacéutica que te conocía de toda la vida y le pedías una prueba de embarazo. Sin pensarlo demasiado se encaminó hacia dónde estaba ella sonriendo e intentó sonreír también y mantenerse calmado.

— *Buenos días Mario.*

— *Buenos días Tere, primero de todo necesito algo para mis nervios porque no sé si lo sabes pero hoy me caso y por supuesto estoy que me subo enterito por las paredes. —cuándo terminó de decir aquello se quedó mirando a la farmacéutica que no entendía nada. — Se entiende que no de manera literal, por dios no me veo trepando como un loco a lo Spiderman, no me gusta nada ese body que lleva y qué estampado más horrible. ¿Tienes algo que sea legal y que me calmen estos nervios que me comen enterito? Por supuesto no quiero dejar de beberme el maravilloso vino que hemos elegido para la cena. —sonrío.*

— *Por supuesto Mario, te voy a dar algo natural que te cambie esos nervios, pero no abuses.*

— *Sí, está bien, porque ya te he dicho que quiero brindar en mi boda y a poder ser no con mosto.*

— *Perfecto, un momento.*

Cuándo la farmacéutica se alejó, buscó entre las estanterías las pruebas de embarazo. ¿No deberían de estar en la sección bebés? Era la primera vez que compraba algo así y pensó que quizás Tere, la farmacéutica las habría colocado entre biberones y papillas, total también estaba relacionado con bebés y se ahorraría por así decirlo el trago de pedirle la prueba, lo habría dejado en el mostrador y se habría quedado tan tranquilo.

— *¿Buscas algo más?* —*quiso saber la farmacéutica cuándo lo vio buscar entre estanterías.*

— *Esto... no... quiero decir, ¡Sí! Quiero decir... a ver.* —*se quedó parado en medio de la farmacia y empezó a respirar con dificultad por los nervios.* — *Es que mi amiga está últimamente muy rara, aunque ella es rara de por sí.* —*empezó a divagar, hasta que volvió la vista a la farmacéutica y entendió que no podía irse por los cerros de Úbeda por mucho tiempo.* — *Come cantidades industriales de chocolate, se duerme por todos los rincones, llora por cosas que... puede que a mí me hicieran llorar, pero a mi pato no, se marea y le echa la culpa a la tensión. Bueno sin contar que ahora tiene unas tetas que te quieres de morir...*

— *¿Quieres una prueba de embarazo?* —*preguntó sonriente la farmacéutica.*

— *Esto... ¡Sí! ¡Eso mismo! Quiero una prueba de embarazo, bueno, mejor deme tres. Nunca se sabe si esas cosas funcionan bien y es mejor estar prevenidos.*

— *¿La quieres digital? Son muy fiables. ¿Prefieres las tradicionales de los palitos?*

— *¿Hay digitales? A mí dame las más fiables, por favor.*

—*Está bien, un momento que voy a por ellas. Aunque tal y como están diseñadas no hacen falta tres, con una tendréis suficiente.*

—*No, no… es mejor no jugársela.*

Veinte minutos más tarde entraba en su casa y mientras que Aida estaba mirando la televisión como si con ella no fuera la cosa, Beth estaba hurgando en la nevera mientras devoraba una tableta de chocolate.

— ¿Has terminado ya con mis provisiones de chocolate? —pregunta Mario, doy un salto y me doy con la cabeza en la balda de arriba. ¡Quién me mandaría a mí meter la cabeza en la nevera! ¡El calor! Si es que este calor que está haciendo tampoco es muy normal.

—¡Mario! Lo siento, me has asustado.

— Ya bueno… Aida. —grita de pronto. — Puedes venir, estamos listos.

—Mario, yo no sé cómo pretendes casarte pero nosotras no vamos a ir en vaqueros a tu boda… ¿Lo sabes verdad?

— Por supuesto que no estamos listos para una boda, yo tampoco pienso casarme con estos pantalones, por dios, que poco glamour tendría, sería el novio más espantoso del mundo…. Estamos listos para otra cosa. —dice y saca de la bolsa tres test de embarazo, no uno, ni dos… tres. ¡Tres test de embarazo!

— No digáis tonterías, no estoy embarazada, no me siento nada embarazada creedme.

— El que tengas mareos, llores por frases… preciosas por cierto, hayas empezado una relación muy estrecha por las tardes con tus sofás… ¡Pato! —exclama de pronto. — Que tus siestas, más que siestas se parecen a comas profundos… podría seguir pero cariño, estás muy rara.

— Todo eso no tiene nada que ver, ¿no? —también se mete en la conversación Aida.

— Este malestar no es por un embarazo, os lo prometo. No me siento nada embarazada, ya os lo he dicho.

— Hablo la madre experiencia después de sus siete embarazos múltiples.

— Vale pesados, está bien. Dadme el maldito test, contra antes me lo haga antes podré daros con él en los morros.

— Qué asco pato...—se queja Mario y yo sonrío, aunque ya no sé si es por los nervios o por qué diablos es. — Date prisa en mear en los palitos que por si se te había olvidado me caso y al final llegaré tarde. —sigue diciendo mientras me siguen al baño.

— Podéis salir del baño que así no me puedo concentrar en mear en el puto palito. —suelto ya enfadada. — Si estáis mirándome no puedo... es imposible, es que no me sale.

Me da los tres test de embarazos y me los quedo mirando, por qué demonios habrá comprado tres, normalmente con uno es suficiente. Son fiables y los digitales son por norma general mucho más seguros en su resultado.

— ¿Por qué demonios me has comprado tres? —pregunto confusa mientras sigo sentada en la taza del baño, que se me antoja más frío que de costumbre. Quizás son los nervios.

— No me dan mucha confianza, ya sabes lo que dice el refrán... a la tercera va la vencida y sabremos si estás embarazada que yo juraría que sí y por cómo me ha mirado la farmacéutica ella también lo cree. —deja de hablar y supongo que está mirando a Aida. — Sí reina, sí. Sé que tú también opinas que está preñada...

— ¡Callaros de una vez, pesados! —vuelvo a decirles ya un poco cabreada, me van a dar el día, lo estoy viendo venir.

Me quedo mirando al vacío mientras intento hacer memoria. No, no se me ha olvidado ninguna pastilla, tampoco he tomado antibióticos y el vino que me he tomado no tiene pinta de matar los ingredientes de las anticonceptivas. Así que es imposible que esto diga que estoy embarazada, pero por darle el placer a Mario y también a Aida mearé en estos palos, les daré en los morros con los negativos y nos iremos a que el niño se nos case.

Hago malabares para poder impregnar los tres palos sin parecer retrasada y cuándo los tengo listos, los cierro y por si acaso los envuelvo en papel... porque es una guarrada total, todo hay que decirlo.

Salgo del baño y los dejo encima de la mesa del comedor dónde han puesto una toalla como altar y miró a mis amigos que me miran con ojos de cordero degollado...

— Bien, esperemos. —sonrío. — Después de terminar con este paripé, deberíamos empezar a arreglarnos porque al final llegamos tarde con tanta tontería.

— ¿Cuánto tiempo ha pasado? —pregunta Aida mientras yo creo que por lo menos ha pasado una eternidad.

— Tres minutos, nos quedan dos más... —sonríe Mario,

No sé si sonríe por la cantidad de vino y cerveza que corre por sus venas, por los nervios preboda o porque quiere ver el posi... ¡No! ¡No lo voy a decir!

— Vamos con el primero. —pega un salto Mario y empieza a dar palmitas, yo estoy a punto de darle un mamporro en la cabeza mientras estoy hiperventilando, pero me contengo porque no puedo llevarlo lesionado al altar. — Primer test.... Positivo...—calla de golpe y creo que mi corazón ha dejado de latir...

— Segundo test...—está vez es Aida quién tiene el segundo en las manos. — Positivo.

— Pato, estamos a un test de saber la verdad.... ¡Qué nervios! —suspira y lo coge como si tuviera en las manos el sobre que da el nombre del ganador de... ¡qué sé yo! ¿Un Óscar? ¿Un globo de oro? — ¡Positivo! ¡Estás embarazada! — ¡Joder!

He de decir que des del primer positivo me he quedado en shock, es imposible... ¿Pero cómo voy a estar yo embarazada? Mientras miles de preguntas se amontonan en mi mente, consigo decir algo más que un monosílabo y noto que voy a empezar a vomitar en cualquier momento.

— No, imposible... —sí, esto es todo lo que consigo decir...

— ¡Estás embarazada! —grita también Aida y yo creo que mis piernas han dejado de hacerme caso y me dejo caer en el sofá.

— ¡Qué no! Que eso está mal, que tienen que estar mal.

— Patito, uno puede estar mal... ¿Pero tres?

— A ver mendrugo, como voy a ser madre si no he cambiado un puto pañal en mi vida.

— ¿Ni a tu sobrino? —pregunta Aida.

— Ni a mi sobrino.

— Pues ahora te vas hartar guapa, —sonríe mientras se aleja lentamente de mí y se pone otra copa de vino. — Y ahora nos tenemos que arreglar, que por si no os acordáis me caso...

— Creo que me voy a desmayar... no, no, no... es imposible. ¿Cómo voy a estar embarazada?

— Pues si quieres te lo explico pero creo que sabes perfectamente cómo se hacen los bebés, mira... para empezar debes de coger a un buen macho, de esos que te quitan todo el norte... ¡Ah mira! Hablando del norte, el padre del niño es un chicarrón del norte, bien, que divago, después...

— Voy a morir. —me tapo la cara con las manos mientras que todo mi mundo se empieza a derrumbar.

— No reina, no es un tumor ni nada, es un bebé y créeme que por esto la gente no se muere.

No muy lejos de allí, Xavi, Caiden y Aritz se preparaban para ir a la boda. Beth era la madrina de Mario y Xavi era el padrino de

Caiden.

Mientras que Xavi abría un botellín de cerveza el móvil de Aritz empezó a sonar, intentó alejarse lo más disimuladamente posible para responder sin que Caiden, ni Xavi lo escucharan. Pero Xavi llevaba tiempo con la mosca detrás de la oreja, no le gustaba que cada vez que el teléfono móvil de él sonara, el novio de su amiga se tensara y se alejaba del grupo para hablar. ¿Tendría algo que esconder? ¿Estaba engañando a Beth?

— Arizaga. —contestó mientras miraba a Xavi y Caiden para que no se dieran cuenta de aquella conversación.

— Te llamo solo para informarte de que tenemos todo preparado y en menos de veinticuatro horas procederemos a la detención del hermano de Bouvier y sus cómplices, estamos cerca de que todo termine tío, así que lleva en el coche tu identificación y demás por si tenemos que salir corriendo.

— Gracias por avisar tío, mañana por la mañana iré a la central para el operativo. Supongo que hoy es mi último día como Aritz. —terminó de decir mientras que Xavi estaba escuchando toda la conversación.

— Te aconsejo que empieces hacerlo bien, porque puedes tener problemas con Beth.

— No me toques los cojones, sé perfectamente que puedo tener problemas con Beth, si se entera de algo antes de que yo se lo explique, ya hablé con su padre y le puse al corriente de todo, él sabe que necesito un poco de tiempo para poder organizarme y contarle la verdad sobre quién soy.

— Pues tiempo, lo que se dice tiempo no tienes Eneko.

— Te he dicho que no me toques los cojones, ya sé que no tengo tiempo. Pero como Eneko Arizaga que me llamo voy arreglar esto. Cuándo veas al comisario dile que no me ha llegado la documentación que le pedí y que quiero repasarlo bien todo antes del operativo. ¿Me has escuchado?

— Pues claro que te he escuchado marica. Te dejo que he de se-

guir trabajando, pásalo bien y habla con Beth.

— Hablaré con Beth, pero hoy es la boda de Mario y no puedo hacerlo.

— Capullo, que no tienes tiempo a ver cómo quieres que te lo explique. ¿En suajili?

— Qué sí, hablamos después. Mantenme informado que para algo soy tu superior.

— Pesado que eres colega, ya hablamos.

Xavi había escuchado toda la conversación. ¿Con quién estaba hablando? Quién era Aritz... o tenía que llamarle Eneko. ¿Por qué un comisario tenía que enviarle documentación? ¿De quién era superior? ¿Por qué el padre de Beth estaba al corriente de todo? Sin esperar ni un solo momento más... se fue directo a Aritz, o Eneko, (tampoco sabía cómo se llamaba a esas alturas) e intentando ordenar todas sus ideas consiguió calmarse para poder hablar con coherencia.

— ¿Quién eres? ¿Quién eres Aritz? ¿O debería de llamarte Eneko? No me mientas porque no me das miedo ni tú, ni cien como tú. ¿Por qué es tú último día como Aritz? ¿Por qué un comisario te tiene que enviar documentación? ¿Por qué el padre de Beth está al corriente de todo? ¿Por qué coño estás engañando a Beth? ¿Es todo una falsa? Cómo estés jugando con ella te juro que puede que sea lo último que haga pero me las pagas, ella no se merece que otro cabrón la engañe. —gritó cuándo vio como al que consideraba su amigo ponía los ojos en blanco y empezaba a maldecir.

— Puedo explicarlo. —intentó explicarse a duras penas Eneko.

— Lo estoy esperando. —dijo tan fuerte Xavi que Caiden llego al encuentro de aquellos dos.

— Está bien. Primero de todo tal y como le dije a Eduardo, estoy enamorado de Beth, mis sentimientos son reales, no pretendía enamorarme pero lo he hecho. La quiero y no concibo una vida sin ella.

— Palabrerías a otro… —bufo enfadado Xavi.

— Antes de contarte nada, tienes que entender que esto es información clasificada de la policía y como ha hecho Eduardo tienes que prometerme que de momento no contarás nada a nadie, si no me temo que no puedo contarte absolutamente nada. Es por vuestra seguridad, por la de Beth y por la de todos vosotros.

Xavi al escuchar aquello se tensó, ¿quién demonios era? ¿Realmente era tan delicado el asunto que no podía contarle nada a nadie?

— Estoy esperando que empieces. —dijo cuándo consiguió calmarse un poco, aún con cierto temor en sus palabras. Caiden los miraba como si fuera un partido de tenis, aquello realmente estaba mitigando los nervios previos a su boda.

— Mi nombre es Eneko Arizaga, soy inspector de la policía y llevo dos años infiltrado en la empresa del señor Bouvier, que son los socios con los que la empresa de Beth está haciendo negocios en estos momentos. No puedo darte los detalles de la operación, ni porque la policía va detrás de la empresa de este señor, pero esa es la verdad. Para él señor Bouvier y sus socios soy Aritz Gaztañaga y soy… vamos a llamarlo el asistente, barra chico para todo. Durante uno de los viajes que realice con él, conocí a Beth y caí rendido a sus pies, no sé cómo paso, pero paso. Rápidamente puse en conocimiento a mis superiores mi relación con ella, he de decir que peligró o al menos pensé que peligró mi tapadera cuándo conocí al padre de Beth, porque por alguna extraña razón es amigo del comisario y mi jefe. Le prometí que en cuánto pudiera le contaría todo a su hija, en unas horas terminará todo porque se han precipitado los acontecimientos y yo sigo sin haber encontrado el puto momento para contarle la verdad. —terminó diciendo mientras se sentaba en el sofá y hundía la cabeza entre sus manos en señal de derrota. — No quiero perderla, no podía contarle nada, no porque no confiara en ella… La quiero Xavi, Caiden. —dijo mientras los miraba los ojos vidriosos. — De verdad que la quiero, pero es todo mucho más complicado de lo que parece.

Xavi y Caiden se quedaron en silencio mientras le observaban, realmente no sabían cómo actuar, ¿Aritz no era Aritz? ¿Por qué no les había contado al verdad? En ellos se podía confiar. Cuándo por fin Xavi se detuvo y vio como en los ojos de Eneko había temor por la posibilidad de perder a su amiga volvió a la cocina y cogió tres cervezas, para después de un par de minutos volver a dónde estaban sus amigos sentados y unirse a ellos que hablaban con tranquilidad.

— Así que te llamas Eneko y eres poli... Entiendo que Joseba y Asier también lo son y no son bomberos, ¿me equivoco? Beth no se merece que la hayas tenido engañada, ella no habría dicho nada. No estoy seguro de cómo se va a tomar la mentira, le han mentido mucho.

— Sé lo que le hizo el indeseable de Mateo, sé lo que ha pasado con eso, pero la quiero, quiero pasar el resto de mi puta vida con ella. Si no le he dicho nada ha sido porque no he podido, no porque no haya querido. Eduardo está al corriente de todo y me dijo que tuviera paciencia y buscara el mejor momento, pero con ella es muy difícil encontrar el mejor momento.

Xavi se quedó mirando a Eneko y le creyó, si Eduardo lo había hecho él también lo iba hacer. Cuándo fue hablar el teléfono de Eneko volvió a sonar rompiendo el silencio incómodo que se había creado.

— Perdonad, he de cogerlo... están las cosas un poco complicadas y no puedo permitirme no responder. —respiró profundamente antes de apretar el botón verde del teléfono y se lo llevo a la oreja. — Arizaga. —contestó cuándo vio que era una llamada de la central.

— Soy el comisario, —respondió una voz autoritaria al otro lado del teléfono.

— Hola comisario, le he pedido a Joseba que me envíe el informe para darle un último repaso antes de...—pero el comisario no le dejó que terminará.

— No voy a enviártelo Eneko.

—¿Cómo qué no me lo vais a enviar? —quiso saber él.

—El operativo está repasado y sabes todos los detalles a la perfección.

—Pero...

—Eneko, te conozco desde que llegaste con Joseba y Asier a mi comisaría, he visto vuestra evolución y a ti personalmente te considero un hijo. He estado hablando con ellos y también con Eduardo de la Vega, sé de qué me sonaba el nombre de la chica con la que has empezado una relación. Elizabeth Aurora de la Vega Fernández, es hija de uno de mis mejores amigos. Sé que no le has dicho la verdad sobre tu identidad y eso te honra, lo que te voy a decir ahora es extraprofesional y por lo tanto espero que no salga de aquí. He estado hablando con Eduardo y espero que aceptes nuestro consejo si realmente esa chica te gusta. Sé que hoy irás a una boda con ella, tienes menos de dieciséis horas para encontrar el momento y decirle la verdad sobre tu identidad, si no quieres perderla. Espero que no me defraudes hijo.

Durante unos minutos ninguno de los dos habló, Eneko porque no encontraba palabras con las cuales contestarle al comisario. Joan, el comisario porque sabía que todo lo que le tenía que decir estaba dicho y solo debía esperar a que su inspector decidiera que hacer. Xavi y Caiden por su parte habían escuchado casi al completo la conversación aunque no lo reconocerían y sabían que ayudarían a Eneko, o al menos lo intentarían.

—Señor, puede pasarme con Joseba o Asier si siguen en la comisaría.

—Por supuesto hijo, te paso con ellos. Piensa en lo que te he dicho, lleva todo lo necesario cerca o en el coche por si se precipita todo y si no recibes ninguna llamada, mañana a las diez te quiero aquí.

—Claro señor, mañana a las diez estaré allí y no se preocupe siempre llevo la identificación cerca por si la necesito llegado el momento.

—*Así me gusta, te paso con Asier.*

Apenas un minuto más tarde, Asier estaba al teléfono.

— *¿Os importa que ponga el altavoz? —preguntó Eneko a Xavi y Caiden. Estos negaron con la cabeza y Eneko sonrío.*

— *¿Eneko? —se había sorprendido Asier al pensar que su amigo, estaría a esas horas alegremente en una boda. Había decidido que él y Joseba irían después, a tomarse algo porque no querían verse como unos acoplados.*

— *Tenemos un problema.*

— *Tienes. —corrigió Xavi.*

— *Es verdad, tengo un problema.*

— *¡Espera! ¿Xavi? —preguntó y se alarmó Asier. — ¿Eres Xavi? ¿Xavi, Xavi? ¿Xavi el amigo de Beth que conocí hace poco? ¡Mierda! —intentó reaccionar rápido, pero había sido demasiado tarde. — Dime Aritz, ¿Qué pasa?*

— *Dejaros de gilipolleces que ya sé la verdad.*

— *¿Qué? —se puso nervioso Asier. — ¿Cómo? ¿Cómo qué sabes? ¿Qué sabes?*

— *Asier, sabe que no me llamo Aritz, qué soy inspector de policía y qué estoy infiltrado...*

— *Joder...—maldijo poniéndose la mano en la cabeza e intentando respirar con normalidad. — ¿Lo sabe Beth? Ya nos lo advirtió Amaia y su padre, que esto terminaría mal...*

— *¿Quién es Amaia? —preguntó Xavi.*

— *Mi madre. —respondió Eneko mientras lo miraba y ponía los ojos en blanco.*

— *¿Tú madre también sabía que le estabas mintiendo a Beth? ¿Tu madre y su padre han estado todo este tiempo al corriente?*

— *Espera, espera...—intervino Asier. — ¿A qué hora es la boda? ¿Podemos quedar antes y hablar con tranquilidad?*

— Sí, sí… porque tengo muchas preguntas y esto creo que me está superando y estoy a punto de empezar hablar como Mario.

— Está bien, danos cinco minutos y mándanos la dirección, salimos para allí.

Eneko colgó el teléfono y miró a Xavi que lo seguía mirando fijamente sin apenas pestañear, Caiden estaba tan encantado con aquella situación que no se sorprendió cuándo en poco menos de cinco minutos Asier y Joseba picaban a la puerta.

— ¡Joder! —se sorprendió Xavi. — Sí que han ido rápidos.

— Las sirenas hacen milagros. —sonrío Eneko.

Cuándo Xavi abrió la puerta no se esperaba ver a Joseba y Asier con la placa colgada del cinturón y con una especie de chaleco dónde tenían las pistolas reglamentarias. Les saludo, les invitó a pasar y cuándo llegaron al comedor se encontraron a Eneko dando vueltas por este, mucho más nervioso que minutos antes.

— Te dijimos que tuvieras cuidado gilipollas. —se quejaron sus dos amigos.

— Ha sigo mi culpa. —interrumpió Xavi. — Escuche una conversación por teléfono y bueno… no entiendo porque nos habéis mentido, somos de confianza joder.

— Eneko, eres un partidazo. —empezó hablar Joseba. — Pero también eres un gilipollas, es un misterio digno de estudio entender porque Beth está enamorada de ti.

TENEMOS QUE HABLAR. PRIMERA PARTE.

Aunque me mientas,
tú nunca vas a callar.
Aunque me mientas,
yo no te dejo de amar.
Aunque me mientas – Alejandra Guzmán.

Olvidándose de que tenían que empezar a preparase, porque Caiden se casaba en unas horas, los cinco estaban bebiéndose unas cervezas frías mientras ayudaban a Eneko con el discurso que le diría horas más tarde a Beth. O al menos, que intentaría decirle horas más tarde a Beth.

— Joder, ni con los votos de este hemos tardado tanto. —se quejó Xavi, mientras que Joseba traía cinco cervezas más. — A este paso llegamos pedos al a boda.

— ¿En serio te han ayudado con los votos? —preguntó sorprendido Joseba.

— Ni te imaginas las guarradas que pretendía decirle, a más Caiden. —dijo esta vez mirando a su amigo. — El decir las cosas finamente no es tu fuerte.

— No me toquéis los huevos. —se quejó Caiden.

De pronto uno de los teléfonos empezó a sonar y todos miraron a Xavi.

— Puedes alcanzarme el teléfono, deben de ser las chicas que necesitan meterme prisa para poder seguir viviendo.

Joseba miro el móvil y vio que era Mario.

— Es Mario. —les informó.

— Pero mira que eres cotilla tío, —se quejó Asier, mientras que Eneko volvía a poner los ojos en blanco. — Nadie te ha dicho que mires quién es, solo te han dicho que le pases el teléfono, joder.

— Lo siento tío, me ha poseído el espíritu maruja.

— ¡Joder es Mario! —volvió a repetir Xavi, por si había quedado algún tipo de duda.

— Vaya equipo me he buscado… —sonrío Eneko, mientras ponía una vez más los ojos en blanco.

— Digo yo que tendrás que cogerlo. —dijo de pronto Caiden, que había permanecido callado durante la mayor parte del tiempo y solo hablaba cuándo lo nombraban — No creo que se haya fugado de nuestra propia boda, bueno eso espero… Porque sería una putada.

— Hola Mario, te he puesto el manos libres porque nos estamos terminando de arreglar. —mintió. — Si me llamas para decirme que te has fugado, decirte que queda un poco feo porque tengo al novio al lado y como buen padrino de la boda que soy, no lo veo bien. Si me llamas para decirme eso, que sepas que te vamos a buscar a dónde haga falta porque para eso me he comprado una corbata.

— Esto… —empezó a dudar Mario. — Tengo que hablar contigo…. Cosita te quiero y no me voy a fugar porque me quiero casar contigo. —grito de pronto para calmar los nervios de Caiden, al escuchar que tenía que hablar con Xavi a solas.

— Sí, sí, tranquilo… Dime que pasa que puedo hablar. —termino diciendo cuándo el resto le miraron fijamente. Después de lo que les había contado, aquello que iba hacer él ahora era claramente un signo de confianza.

— Tenemos un problema importante. —paro de hablar, Xavi y los demás podían incluso oír la respiración entrecortada de Mario. No creía que fuera más importante que lo que le acababa de confesar Eneko, pero bueno...

— ¿Cómo un problema? ¿Quién tiene un problema? ¡Mario! —quiso saber nervioso Xavi.

— Beth, Beth tiene un problema ahora mismo.

— ¿Cómo que Beth tiene un problema? ¿Pero Beth no estaba contigo? No estoy entendiendo nada Mario. —en cuánto Eneko escuchó que Beth tenía un problema, de un brinco llego delante de Xavi. Sus amigos al ver como Eneko se alteraba miraron fijamente a Xavi, que aún no sabía a ciencia cierta qué estaba pasando. Asier se llevó a Eneko a la cocina mientras que Joseba y Caiden se quedaron al lado de Xavi.

— Beth no responde Xavi.

— ¿Cómo que no responde? De verdad, pasáis demasiado tiempo juntos y cuándo os ponéis así no hay quién os entienda. ¿Por qué no responde? ¿No me has dicho que estaba contigo? Puedes calmarte y explicarme qué cojones está pasando. —gritó algo enfadado

— No dejes que entre. —le dijo a Joseba mientras tapaba el móvil para que Mario no la escuchara. — Mario habla que en... Aritz no está aquí.

— Tranquilo, con Asier no se mueve de la cocina.

— Xavi ha sido culpa mía, estaba rara y le he obligado hacerse tres pruebas y...

— ¡Espera! ¿De qué cojones estás hablando Mario?

— Y han dado positivo... las tres. Y claro Beth se ha metido en el baño y ahora no sale.

— ¿Pero qué cojones ha dado positivo Mario? —dijo Xavi ya algo nervioso.

— Pues qué va a ser Xavi, ¿qué pruebas puedo comprar yo en la farmacia y obligarle hacerse si solo soy un simple pero maravilloso diseñador de interiores?

— ¡No!

—¡Sí!

— ¡No! ¡Joder! Esto complica más las cosas. —volvió a decir gritando. — Espera, vale, qué no cunda el pánico, la prueba puede fallar, no son cien por cien fiables.

— Sí, eso pensaba yo y por eso he comprado tres. Y ahora no responde... a este paso no me caso, a este paso no llego a mi boda... lo entiendes. ¡Tenemos un problema!

— Mario tranquilízate, te voy a mandar a alguien para que ayude a Beth y podáis iros a que te casen, es importante que mantengamos la calma. ¿Confías en mí?

— Pues por supuesto que confío en ti, y en Beth... pero ahora mismo no la reconozco.

— Está bien...

— No puedes decirle nada a Aritz... tiene que decírselo ella.

Cuándo Mario terminó de decir aquello, los tres se miraron y empezaron a reírse, sí, definitivamente tenían una larga conversación aquellos dos.

— ¿Estoy yo en plena crisis y vosotros os estáis riendo?

— Está bien mi amor, déjanos que nosotros nos ocupemos de esto, no te preocupes. Te veo en nuestra boda. —dijo Caiden y Mario sonrío.

— ¿Mario me escuchas? —pregunto Xavi. — Te voy a mandar a alguien y tranquilo porque no es Aritz.

—Xavier Sáez, me caso en menos de tres horas y Beth sigue encerrada en el baño de mi casa así que me da igual a quién mandes, pero te aconsejo que sean por lo menos los SWAT así que daros prisa porque como me tenga que meter en el baño de la colleja que le voy a dar le van hacer palmas las orejas, ¿Me estás escuchando?

— ¿Quién eres tú y que le has hecho a mi amigo Mario alias devora-hombres-que-no-se-iba-a-casar-nunca?

— Xavi, no estoy para jueguecitos. Me caso, me quiero casar, es *mi intención casarme y Beth no me lo está poniendo fácil... ¿Sabes? Por cierto...*

—¿Qué?

—No se habrá colgado del cable de la ducha, ¿Verdad?

—Eres un dramas Mario, no te preocupes que ahora mando a un amigo y podrá tirar la puerta de tu baño sin problemas si Beth no abre la puerta y tú quieres llegar puntual a la boda, porque me da a mí... que vamos a llegar todos tarde a este paso.

Cuándo Xavi por fin colgó a Mario se quedó mirando fijamente a Joseba, esté fue a buscar a Eneko y Asier.

— ¿Qué le pasa a Beth? —salió nervioso Eneko de la cocina.

— ¿Qué le va a pasar? No le pasa nada, cosas de chicas. —intentó calmar a su amigo. — Me voy a llevarle una cosa que me ha pedido y ya está, tranquilo, todo está bien. Vosotros terminaros de arreglar que tenéis que iros a una boda.

— Todos tenemos que irnos a una boda. —sentenció Caiden que hasta el momento se había mantenido al margen.

—Cómo le pase algo a Beth, os juro que...

— No me vas a jurar nada, porque no le pasa nada a Beth. ¿Estamos? —intentó calmarlo mientras le ponía las manos en los brazos para relajarlo. — ¿A qué no le pasa nada Xavi? —pero Xavi estaba en la luna de valencia. — ¿Xavi? —volvió a insistir.

—No, no le pasa nada. Es que no conoces a Mario que enseguida hace una montaña de un grano de arena, ya le irás conociendo.

— Xavi tiene razón. —también dijo Caiden. — Mario es así y aun así lo quiero y me quiero casar con él. Es extraño pero es verdad. —sonrío.

— Bien, voy a ir a llevarle eso a Beth, vosotros ir arreglándose que hay que ir a una boda. Tened controlado el móvil que os iré informando por ahí.

— Es mejor que hagamos un grupo de WhatsApp, para estar

todos enterados. —volvió hablar Caiden.

— *Se te están pegando las cosas malas de Mario tío. —se quejó Xavi. — No le quites el puesto del señor de los grupos…*

— *¿Señor de los grupos? —preguntaron al unísono Joseba y Asier.*

— *No les deis nunca vuestro número de teléfono, por todo hace grupos… —río Xavi.*

Se despidieron y al final fue Asier quién emprendió camino a casa de Mario, apenas tardo diez minutos. Cuándo Mario abrió la puerta iba a medio vestir y estaba demasiado nervioso para poder entablar una conversación.

—*Oh, por dios… ¡mi bombero! ¿Qué haces aquí?*

— *¿Dónde está Beth Mario? —dijo Asier con total tranquilidad. Pero al ver que Mario no reaccionaba tuvo que respirar hondo y armarse de paciencia. — Lo sé todo Mario, estaba con los chicos, no preguntes. Aritz no sabe nada, pero no podía permitir ni que él, ni que Xavi, ni que decir de Caiden vinieran hasta aquí. Ahora contéstame a la pregunta. ¿Dónde está Beth?*

—*Está… Está…*

— *En el baño, final del pasillo. Supongo que tiene el pestillo echado porque no nos ha dejado abrir. —por fin hablo Aida que se había quedado en un discreto segundo plano.*

— *Estás muy guapa, ya verás cuándo te vea Joseba. —dijo de pronto Joseba.*

— *Tú también y me da igual lo que diga ese imbécil. —sonrío.*

— *Podéis dejar de hacer el idiota que tenemos un problema importante, sí Asier, es más importante que la tensión sexual no resuelta de esos dos. —despertó de pronto Mario.*

— *Terminar de arreglaros que tenéis una boda a la que ir.*

— *Tenemos, ya me ha dicho mi espero que futuro marido, digo espero porque a este paso no nos casamos ni mañana, que vosotros también venís.*

— Ahora vuelvo con Beth.

En cuatro zancadas llego al a puerta del baño y pico con mucha calma y tranquilidad.

— Beth. —escuchó como alguien llama a la puerta (y digo alguien porque soy incapaz de distinguir esa voz.) pero no contesto, ni abro, ni siquiera me puedo mover de dónde estoy sentada, aunque he de decir que tengo el culo congelado de llevar sentada (no sé cuánto tiempo) en el suelo del baño de Mario.

Sé que el suelo no es el mejor sitio para sentarme pero aquí estoy, mirando las tres pruebas de embarazo que siguen delante de mí, como si fuera mí sentencia, mi billete al patíbulo... ¿Qué ha pasado? Quiero decir, yo me he tomado todas las putas pastillas, todos los putos días. ¿Soy la excepción que confirma la regla sobre que las pastillas anticonceptivas son fiables? Soy ese miserable 0,9%... yo leí el día que empecé a tomármelas que eran efectivas en un 91% de los casos... bien, estaba bien. Entonces por qué demonios soy ese 0,9%, ¿No hay más gente en el mundo? ¡Joder!, ¿¡Por qué yo!?

— Beth, soy Asier. Abre la puerta por favor. —insiste una vez más.

Como una autómata me levanto del suelo y le abro la puerta, con cuidado de que no entre nadie más, le dejo pasar y vuelvo a cerrar la puerta con pestillo.... Sí, no estoy muy segura de porque estoy haciendo esto, quizás son las hormonas... Ves, eso es lo bueno, que ahora le voy a poder echar la culpa a las hormonas... ves, no sé ni qué demonios estoy diciendo... ¡Joder! ¡Y encima estoy llorando otra vez!

— Asier, Aritz no... no... —aunque lo intenté no puedo decir nada más.

— Tranquila, —se sienta en el suelo a mi lado y deja que me recueste en su pecho... no entiendo porque nadie ha caído en sus redes... ¡Qué pecho! Es mucho más ancho que el de Aritz.

— Esto lo tienes que hablar con él, yo no le he dicho absolutamente nada. Pero tienes fuera a Mario muy preocupado por ti, ha llamado a Caiden y a Xavi... están todos preocupados por ti, no querrás estropearles su día, ¿verdad?

— No, no quiero joderles el día, pero... Asier yo... La verdad es que... ¡Joder!

— Vaya, al final va a ser verdad que pasas demasiado tiempo con Mario, tartamudeáis igual. —dice riendo y a mí eso aunque parezca una tontería me relaja mucho, — ¿Sabes? Tienes una boda a la que ir, después puedes volver a encerrarte en el baño las horas que quieras, yo me ofrezco hacer de chico de seguridad en la puerta y dejar por unas horas de rescatar gatos de los árboles. ¿Te parece?

— Estoy embarazada. —vuelvo a repetir, más para mí que para él que por el vistazo que le ha echado a los tres test que hay delante de nosotros le ha quedado bastante claro.

— Sí, eso dicen estos test. Quizás no es lo que esperabas y no sé yo si e... Aritz se lo espera tampoco, pero es lo que hay morena. Creo que no es mortal por eso.

— Yo... Yo no me olvide ninguna pastilla, de verdad. De verdad que me las he tomado todas, todos los días. No quiero que piense que lo hice a propósito... madre mía me voy a morir... se va a pensar que lo hice a propósito para forzarle a algo que no quiere y... madre mía, madre mía... —sigo diciendo mientras me pongo las manos en la cara, para qué se yo.... ¿Esconderme? — ¿Qué va a pensar de mí? ¿Y Amaia? ¿Y mi madre?

— Bueno, creo que hoy no es el día para pensar en todo esto Beth. Ahora tenemos que levantarnos de aquí porque me han dicho que hay alguien fuera que te tiene que pintar y todas esas cosas que hacéis las mujeres y creo que Mario no se merece que te encierres en su baño el día de su boda. Si tú quieres yo me quedo contigo todo el día, por si ves que quieres encerrarte otra vez en el baño, pero por favor... espera al "sí quiero", después puedes hacer lo que quieras.

— Asier...

— Dime.

— Sé que esto te puede sonar raro de narices, básicamente porque apenas te conozco y ahora te estoy contando mis problemas en el suelo de un baño, que de no saber que es de Mario ni siquiera me hubiera sentado así en él, bueno o quizás sí, no estoy muy segura pero... ¿me das un abrazo?

Asier me mira y levanta las cejas, se acerca un poco más a mí y por su expresión creo que es la primera vez que una chica (porque yo soy una chica, puede me parezca más a un huevo Kínder, un huevo Kínder por lo de que voy con sorpresa, pero sigo siendo una chica) le pide un abrazo en estas circunstancias, se tensa, pero al final me da el abrazo. Hay una parte de mí que quiere saber el porqué de esos misteriosos viajes, quizás ha encontrado al amor de su vida y no nos lo quiere contar aún, por lo que acaba de hacer hoy, sé que esperaré el tiempo que quiera a que me lo termine contando...

Diez minutos después salgo del baño y voy a la habitación de Mario dónde me lo encuentro histérico dando vueltas de un lado a otro.

— Mario. —empiezo a decirle. — Lo siento. —digo antes de romper a llorar, porque últimamente a llorar no me gana ni cristo. — Debo de ser una amiga horrible, pero es que nunca he estado embarazada y yo...

— Yo también lo siento patito. —rompe a llorar también Mario. — Siento haber llamado a todos y hacer que viniera a este chicarrón del norte para que te sacara del baño, pero es que no salías y yo ahora me caso y no sabía qué hacer, y... y...

— Bueno a ver. —suelta de pronto Aida, que parece que es la adulta de la habitación en estos momentos. — Os quiero mucho a los dos, pero...

—Mario, te casas en una hora y no creo que quieras llegar

tarde, podemos dejar las muestras de cariño para después y centrarnos en prepararos para la boda.

— ¿Por qué terminas mis frases? ¿No me ves capacitada? ¿Te ha dicho Joseba que no estoy capacitada?

— Sería raro que no saliera tu amigo en una conversación. —suelta de pronto Mario. — Cuánta paciencia estoy teniendo con vosotros, cuánta paciencia.

— ¡Calla Mario!—grita Aida como molesta, pero sé que en el fondo ella también sabe que tienen tensión sexual no resuelta con Joseba y que puede discutir con cualquiera por aquello.

—Es que estoy muy nervioso... qué me caso, qué me caso... Joder, ¡qué me voy a casar!

ΔΔΔ

— Y yo qué pensaba que era más fácil subir el Everest en tacones, que encontrar un marido decente y míralo, me está esperando al final del pasillo. —dice Mario mientras que mira a Caiden por una rendija que hay y puede ver todo el salón dónde Caiden lo espera junto a Xavi al final del pasillo.

— ¿Estás nervioso?

— ¿En serio me estás preguntando si estoy nervioso?

— Sí. —contesto mientras le miro, porque realmente es algo que me intriga...

¿Qué se siente antes de empezar andar por ese pasillo que quieras o no cambiará tu vida? Aunque claro, eso lo habría sabido si el gilipollas de Mateo no hubiera sido un infiel de mierda. Ahora con este bombo y cuándo Aritz me deje (porque sé que se va a pensar que soy una fresca que lo he querido engatusar con el embarazo... o vete tú a saber.) ¿Quién se va a querer casar conmigo? Si es que me estoy viendo como la madre loca de los gatos y soltera... con el poco cariño que les tengo a esos animales.

Si es que lo que pasa (para que no me miréis mal y esto es totalmente verídico, aunque no esté orgullosa de aquello) de pequeña, le estiré de la cola a uno de ellos... el pobre pues ¿Qué creéis que hizo? Sí, cabrearse, darse la vuelta y meterme el zarpazo de su vida. Después de que me pusieran una vacuna decidí que no me gustaban los gatos... sí, soy un amor, lo sé, no os enamoréis mucho de mí que ahora mismo soy un huevo Kínder y vengo con sorpresa.

— Beth...—me saca Mario de mis idas de olla.

— ¿Decías?

— Te estaba contestando...

— No te he escuchado...

— Te preguntaba ¿qué si tú me veías nervioso? Porque yo no me siento nada nervioso, estoy aquí de tranquis, esperando a que empiece a sonar la música que me llevará al final del pasillo dónde me espera el amor de mi vida para casarme con él y mientras tanto hablo con mi mejor amiga, que más que una amiga es mi hermana y ¿sabes? Esa amiga que es cómo una hermana y que está embarazada. Aunque ella no lo ha asumido, yo estoy deseando ya mimar a ese bebé... Ves, no estoy nervioso. —dice de carrerilla mientras veo cómo se va retorciendo las manos...

— Claro, eso... Es decir, que estás atacado.

— Ataque de pánico creo que lo llaman.

Sonrío y cuándo le quiero contestar una música preciosa inunda mis oídos y cojo del brazo a Mario mientras sonrío. No tengo ni la más remota idea de cómo se llama está canción, pero es preciosa... he de decir que estoy intentando contener mis lágrimas todo lo que puedo y que me estoy haciendo la fuerte, espero como mínimo llegar al altar sin romper a llorar, ni tropezarme con el vestido ni nada por el estilo.

— ¿Estás preparado?

— No, pero ahora no puedo salir corriendo. ¿Cómo estoy? —pregunta mientras da una última vuelta sobre sí mismo.

Mario se mira y supongo que debe de estar observando el chaqué que lleva, porque sí, se ha plantado uno de esos, aunque él me ha repetido por activa y por pasiva que es un semi-chaqué... es decir que es un poco más largo... Todo el traje en sí es como "con un poco de brilli-brilli", la americana (o la chaqueta del semi-chaqué) es verde, sí, habéis leído perfectamente... ¡Verde! Caiden y él la llevan a juego, como una parte de mi vestido que ahora os cuento como es, chaleco y pajaritas negras y una camisa blanca que ya os adelanto yo, que limpia le va a durar medio banquete...

Y mí vestido... Pues yo cuándo aquella tarde entre del brazo de Mario en la tienda de Rosa Clara del centro de Barcelona y me contó que tenía el vestido perfecto para mí... ¡Me quise morir! Cómo me quise morir cuándo no me entraba y Mario termino a grito pelado en la tienda para que buscaran uno exactamente igual, pero de mi talla.

Es un vestido largo de estilo sirena que es toda una obra de artesanía. Una como dijo Caiden "sublime creación de tul" a mí a lo primero no me entusiasmaba mucho el tul (también he de decir) pero es de tul, hilo bordado, pedrería y chantilly con aires vintage que recrea un dibujo increíble que según la señora que nos quería encasquetar un par en la tienda (y que lo consiguió) embellece la silueta femenina. El segundo, que es el que llevaré para la fiesta (porque Mario lo ha dado todo) es también de estilo sirena con efecto de dos piezas, por un lago tiene una falda crepe con mucha caída y talle a la cintura que se funde con un cuerpo en escote pico, con unos finos tirantes realizado íntegramente con pedrería... ¿Cómo os quedáis? No penséis que me sabía todo esto, solo reproduzco las palabras de mis queridos futuros marido y marido favoritos.

Solo os diré una cosa... más de dos mil eurazos. ¡Ahí es nada!

—Estás increíble Mario.

—Gracias, es que me gusta escucharlo.... Beth.

—Dime.

—Por favor, no te tropieces de camino al altar.

Comenzamos a reírnos como si no hubiera mañana justo cuándo las puertas se abren y nos indican que tenemos que empezar andar. Todo el mundo nos mira, mientras que nosotros seguimos quietos en el marco de la puerta riéndonos y mirándonos a los ojos.

Y no, por si os lo estáis preguntando... no me tropiezo de camino al altar.

... Qué poca fe tiene el mundo en mí.

TENEMOS QUE HABLAR. SEGUNDA PARTE.

Con los ojos cerrados te seguí...
Si yo busqué dolor, lo conseguí.
No eres la persona que pensé, que creí, que pedí.
Mientes, me haces daño y luego te arrepientes.
Mientes – Camila.

— ¿Estás bien? —pregunta Asier en mi oído y como en un susurro.

— ¿Crees qué si me tomo una copa de vino pasaría algo?

—Beth... en tu estado no es aconsejable que bebas...

— Ya me podía haber enterado mañana y hoy haberme bebido aunque sea una copa de vino... ¿Me dejas oler el tuyo? Sabes que estas semanas me he bebido muchas más de dos botellas de vino.

—Beth...

— Vale, estoy degenerando, no pasa nada... Es que no sé cómo contarle a Aritz esto...

Cuándo iba a contestarme su teléfono móvil volvió a sonar, llevaba sonando un buen rato y él hacía como que no le escuchaba... ¿Sería algún ligue?

Joseba llego andando más deprisa que de costumbre mientras hablaba por teléfono, colgó cuándo llego a nuestra altura y miró seriamente a Asier. Aquello no me gustó nada, ¿Habría algún incendio? ¿Sería muy grave para que los llamaran con tanta insistencia?

— Es de la central, tenemos que irnos... ¡Ya! —dijo esto último Asier tan serio que daba miedo.

—Está bien, ve despidiéndote de los novios que enseguida voy.

— Adiós bombón. —dice Joseba mientras me planta dos besos. — Cuídate y nos vemos pronto. —guiña un ojo y yo siento como mis piernas empiezan a flaquear... Por dios... ¿Pero cuánta gente lo sabe?

Me dan dos besos cada uno y veo cómo se van alejando... cuándo encuentro a Aritz, veo en sus ojos una expresión que no me gusta nada y empiezo a temer que algo me va a decir que no me va a gustar nada.

—Aritz, quieres salir a dar una vuelta... Me gustaría hablar contigo y...

— Beth, no puedo. He recibido una llamada urgente y he de irme. Le he explicado a Caiden y Xavi, pero no puedo quedarme. Lo siento mucho, pero he de irme.

—Aritz, pero yo... La verdad es que tengo que hablar contigo.

—Lo sé preciosa y no me iría si no fuera muy urgente que lo hiciera.

— Está bien...—consigo decir mientras siento como se forma un nudo en el pecho que crece y crece, me oprime y me avisa que en breves me pondré a llorar... ¡qué novedad!

Un beso más tarde Aritz se va y yo sigo aquí, plantada en medio de la pista dónde la gente a mí alrededor baila, se divierte y bebe... mientras que yo sigo con mi zumito de melocotón, plantada cual árbol de navidad en febrero.

△△△

Creía que después de la boda de Mario tendría una resaca descomunal, pero no. Lo que tengo es un cabreo monumental, desde que ayer en medio de la boda se fuera Aritz no he vuelto a tener noticias de él... y ya no sé qué pensar. Ni siquiera le he podido decir que estaba embarazada. Le he llamado un par de veces pero siempre deja que salte el buzón de voz y no lo coge y no, no le he dejado ningún mensaje de voz... me siento un poco tonta hablando sola rollo loca de los gatos. Así que opto por enviarle un mensaje.

-[24 junio 03:59] Beth: Aritz soy yo... Sé que te he llamado un montón de veces, pero estoy preocupada. Ayer te fuiste y aún no sé nada de ti. ¿Estás bien? ¿Te ha pasado algo? Sé que también te he dicho que tengo que hablar contigo y es verdad, tengo que contarte algo que es importante pero... Está bien, llámame cuándo puedas... te quiero (Beth, una chica preocupada por su bonito del norte)

Veo como se conecta y salen los famosos (y odiados) dos tics del WhatsApp y al momento se desconecta... *puede que esté en el baño o no pueda contestar.* Me digo a mí misma. *Ahora te contesta y ya verás cómo te estás montando tú sola la película.* Me repito una y otra vez como si fuera un mantra.

Cinco minutos... sin respuesta.

Diez minutos... sin respuesta.

Quince minutos... sin respuesta.

Veinte minutos... sin respuesta.

Ciento ochenta y cinco minutos... barajo varias posibilidades y me pregunto cuántos años me caerían por matarle entre terribles sufrimientos...

Me quedo con el móvil en la mano y cuándo me intento hacer la fuerte para no dormirme el teléfono me despierta...

— Aritz. —grito, mientras busco el teléfono y descuelgo la llamada sin ni siquiera mirar quién me estaba llamando. — Aritz... —vuelvo a repetir.

— Elizabeth Aurora, soy Rita. —¿mi jefa? Esto debe de ser una broma... — Siento llamarte tan pronto y más teniendo en cuenta que es domingo, pero han surgido unos problemas y necesito que vengas lo más rápidamente que puedas al despacho.

— ¿Qué hora es? —pregunto, mientras intento abrir los ojos.

— Las ocho y media de la mañana.

— ¿Las ocho y qué? —vuelvo a gritar, mientras miro a mi alrededor y compruebo que anoche (o esta madrugada) me he quedado dormida de malas maneras en el sofá.

— ¿Estás bien Elizabeth Aurora?

— ¡No! Digo sí, digo voy Rita, dame unos momentos para que me ubique, me vista, vaya al despacho y me cuentas, no creo que en estos momentos pueda tener una conversación coherente y ahora que me llamas... yo también he de contarte algo.

— No te retrases Elizabeth Aurora, es urgente y muy importante que estés aquí cuánto antes.

En nada y menos consigo vestirme con lo primero que encuentro en el armario, no creo que mi jefa me monte un pollo por ir con *tan poco glamour* a la oficina porque clarísimamente no estoy en mi horario laboral.

Cuándo entro por la puerta me encuentro a Aida con cara de *¿Por qué no me he muerto?,* no hace falta ser un lince para saber que tiene una resaca en todo lo alto y ahora mismo si por ella fuera se tiraría en plancha al sofá del despacho para echarse un sueñecito. Me acerco a ella con cara de (bueno, en verdad es que estoy un poco dormida y no estoy muy segura de la expresión que tengo, aunque cabreada estoy un rato).

— ¿Has venido derecha de la boda?

— No me hables tan alto Beth, creo que me va a explotar la cabeza... no voy a volver a beber.

— Permíteme que no te crea, he escuchado y dicho tantas

veces esa frase que creo que es prima hermana del *mañana te llamo*. —digo con cierto retintín, en estos momentos podría coger a Aritz del pescuezo y retorcérselo sin sentirme mal por ello. Yo antes no tenía esta vena homicida que me está saliendo en estas últimas horas. ¿Serán las hormonas?

— ¿Has podido hablar con Aritz? —pregunta y cuándo termina de pronunciar su nombre noto que algo dentro de mí se rompe un poco más...

— No sé nada de él desde que ayer se fue de la boda, estoy preocupada, ni siquiera sabe que estoy embarazada. —digo un poco más alto de lo que pretendía y no me doy cuenta que Rita está detrás de mí.

—Elizabeth Aurora dime que eso no es cierto...

—¡Mierda! —suelto de pronto.

— Pasad a mi despacho por favor, esto no podemos discutirlo aquí en medio de la oficina.

Aida me mira y no puedo hacer otra cosa que suspirar mientras entrábamos al despacho de Rita de Castro... aunque hoy sí que se parece a la mala de ciento un dálmatas.

— ¿Es cierto? —pregunta sin demora cuándo cierra la puerta tras ella, dando un portazo.

— ¿Qué estoy embarazada? Sí, al menos eso es lo que decían las tres pruebas de embarazo que me hice ayer. ¿Vas a despedirme? —solté a bocajarro.

— No, no voy a despedirme si me prometes que vas a poder seguir trabajando, aunque sea desde casa por si decides cogerte un año sabático, cuándo dediques el tiempo que necesites a cuidar a tu bebé desde casa.

—Sí, voy a poder seguir trabajando.

—Está bien, felicidades Elizabeth Aurora. No soy muy dada a las muestras de afecto, pero espero que realmente te vaya todo muy bien.

— Gracias. —¿se dan las gracias en casos así? Sí, supongo que sí.

— Sentaros por favor, tenemos un problema que hemos de tratar y espero que sea con la máxima discreción posible. Ahora vendrán unos policías a tomaros declaración y espero vuestra total colaboración.

— ¿Policías? ¿Qué ha pasado? —Aida se levanta de un salto de la silla y juraría que se le ha pasado de golpe la resaca, o quizás ha llegado pedo a la oficina… sea como fuere se le acaba de pasar de golpe.

— ¿Os acordáis del señor Bouvier?

— ¿Está bien? —le interrumpo aún sabiendas de que me puede caer la del pulpo porque a Rita de Castro nadie le interrumpe… supongo que esto es cosa de las hormonas, ¿no?

— Elizabeth Aurora, deja de interrumpirme jovencita. —uiiii eso no ha sonado muy bien. — El señor Bouvier está en perfectas condiciones, su hermano y administrador de su empresa ha sido detenido por varios delitos, entre ellos: blanqueo de capitales, pertenencia a banda criminal y otros que ahora no recuerdo. Como ha utilizado la empresa del señor Bouvier como tapadera y nosotros cerremos hace poco un acuerdo con él, la policía precisa haceros algunas preguntas. ¿Tenéis algún tipo de problema para colaborar con ellos?

— Yo creo que me estoy mareando un poco. —digo antes de intentar buscar desesperadamente una silla o lo que sea para sentarme y no caerme al suelo….

¿Y si a Aritz lo han detenido? ¿Y si por eso no me contestaba al móvil? *Beth, frena el carro.* Me digo a mí misma, cuándo recuerdo que el capullo leyó perfectamente el mensaje que le mandé anoche y no creo que en los calabozos te dejen tener el móvil…

— Elizabeth Aurora, ¿Estás bien? Trae un poco de agua Aida. —ordena Rita y yo creo que estoy a punto de desvanecerme como en las películas que me sugiere Google. — Perdonadme un momento. —alza la mano mientras coge el móvil que ha empezado a sonar.

Mientras Aida va a por un vaso de agua y Rita está hablando por teléfono, cojo el mío y le mando un mensaje a Asier... quizás me estoy volviendo paranoica y estoy perdiendo los papeles... pero pensar que Aritz puede estar en los calabozos mientras yo estoy embarazada, no me tranquiliza lo más mínimo.

- [25 junio 09:39] Beth: Asier soy Beth, perdona si te molesto, pero desde que se fue ayer de la boda Aritz (sí, se fue poco después de vosotros) no sé nada de él y ahora estoy en las oficinas porque nos han llamado a Aida y a mí para que declaremos con la policía por no sé qué historias con el señor Bouvier y estoy preocupada... ¿Puedes llamarme, llamarle a él o algo? La verdad es que ya no sé qué hacer...

Sigo dándole vueltas al móvil mientras Aida vuelve con el vaso de agua y escucho que mi móvil me avisa de que tengo un nuevo mensaje.

- [25 junio 09:46] Asier: Beth, soy Asier, puedes ir disimuladamente al baño de mujeres de la primera planta (sí, de tu edificio). Te espero allí.

¿Perdona? ¿Cómo que me espera en el baño de mujeres? ¿Qué hace Asier en mi trabajo? Creo que me estoy volviendo a marear, miro a Aida y después a Rita, como si estuvieran disputando un partido de tenis, con lo mal que se me da a mí fingir y ahora voy a tener que ir al baño de chicas de la primera planta.

Está bien, Beth lo va a entender, Beth lo entenderá. Se repetía una y otra vez Eneko que estaba en las oficinas donde trabajaba Beth tomando declaración a los socios de la empresa con la que el señor Bouvier había colaborado.

Asier le había dicho que iba a salir un momento y que ense-

guida volvía, no le dijo nada más así que pensó que quizás necesitaba cinco minutos de descanso, y así Joseba y él siguieron trabajando, ajenos a lo que su amigo iba hacer.

—Ahora vengo, necesito ir un momento al baño.

— ¿Te sigues encontrando indispuesta? —pregunta Rita mientras yo intento poner cara de sí, un montón... no se me nota¿?

— No, la verdad es que me encuentro mejor, pero necesito ir un momento al baño. Enseguida vuelvo.

— No tardes Elizabeth Aurora que los policías llegarán enseguida.

— ¿Quieres que te acompañe? —pregunta Aida y yo intento no poner los ojos en blanco.

—¡No! Prefiero ir sola, no os preocupéis estoy bien, solo necesito ir al baño.

Salgo del despacho y escucho como murmuran alrededor de mí, mierda la noticia de mi embarazo ha corrido como la pólvora y ahora soy carne de cañón. ¡Lo que me faltaba! ¡Estaban escuchando detrás de la puerta!

Eneko salió del despacho dónde estaba tomando declaración y se quedó en la sala dónde había una máquina de café, varias personas murmuraban alrededor de él que llevaba su placa colgada del cinturón, muy cerca de su arma reglamentaria. Intentó escuchar con atención por si murmuraban algo en relación a su caso, pero lo que escuchó le heló la sangre.

— *Os habéis enterado de la bomba informativa de "De la Vega", ¿no? —preguntó una de las secretarías de dirección.*

Aquella pregunta tensó a Eneko, que intentó poner más atención a lo que tenía que decir.

— *Esto hoy parece el plato de Sálvame con tantas noticias exclusivas. ¿Qué le pasa al esbirro de Rita de Castro?*

— *Está embarazada... ahora estaban haciendo apuestas sobre* quién es el padre, porque las cuentas no cuadran si hace casi un año que dejó plantado a su prometido en el altar, como aquel que dice.

— No me lo puedo creer... ¿aunque no decían que tenía un novio?

—Sí, quizás eso explica que no estuviera tan amargada últimamente.

Eneko tiró el café a la papelera y salió corriendo en busca de Joseba que lo encontró revisando informes.

— ¿Beth está embarazada? —preguntó sin demora.

—¡Joder! ¿Cómo te has enterado?

— No capullo, la pregunta no es como me he enterado, la pregunta es ¿Por qué cojones no me lo habéis dicho? ¿Y por qué lo sabes tú? —gritó furioso.

—Es una larga historia, que no me toca contarte. Si le hubieras contestado al mensaje que te envió anoche... ¿qué le vas a decir cuándo tengas que interrogarla? No te enfades con ella, porque no es la única que se guarda secretos.

— ¡Joder! ¡Joder! ¡Joder! ¿Dónde está Asier? —quiso saber.

—Ha salido un momento, no me ha dicho dónde iba.

—¡Joder!

— ¿Puedes decir algo más a aparte de joder?

— Cállate Joseba, no estoy de humor ahora mismo. Y si Beth se va a enfadar... ni te cuento Aida, ¿Te has parado a pensar en eso?

— Bien, ¿puedes decirme algo que no sepa?

— Puedes callarte y dejar que piense.

Consigo llegar al baño sin que nadie me pare e intentando no gritarle a la gente que se meta en su vida y deje la mía tranquila, ¿no tienen suficiente con la vida de los famosos y con las telenovelas de sobremesa? Se ve que no, porque no me han dejado de echarme miraditas... me quedo mirándome en el baño y observo mi barriga, no se nota absolutamente nada...

pero yo sé que dentro hay algo, o mejor dicho hay alguien.

Abro el grifo y dejo correr el agua, para después echarme un poco en la nuca. He pensado en pellizcarme y ver que todo esto que me está pasando es un sueño, pero sé que si lo hago lo único que conseguiría es hacerme daño así que desisto.

— ¿Beth? —oigo como Asier me llama y doy un salgo mientras giro sobre mí misma para mirarle.

Y lo que veo no me gusta nada, lleva una placa de la policía colgada del cinturón y veo algo metalizado que tiene toda la pinta de ser una pistola.... Creo que ve mi cara de susto porque levanta las manos en señal de paz y se acerca poco a poco a mí.

— Déjame que te lo explique. —sigue acercándose a mí con las manos en alto.

— Es que no estoy muy segura de sí quiero escuchar lo que me vas a decir.

— Me llamo Asier Goikoetxea y soy policía, Joseba también es policía. Te contamos que éramos bomberos porque estábamos trabajando en un caso importante y no queríamos que corrieras riesgos innecesarios. Siento mucho haberte mentido, no era mi intención, a decir verdad, no era la intención de Joseba ni mía, pero no teníamos otra opción. Por supuesto confiamos en ti, pero como te he dicho no queríamos ponerte en peligro. Aunque he de decir que esta gente no es peligrosa, solo una panda de ladrones de guante blanco. Caiden, Xavi saben que somos policías porque ayer antes de la boda estábamos con ellos, por eso fui yo a buscarte....—sigue hablando pero yo me he perdido en la primera frase... no es bombero.

— Me habéis mentido...

— No era nuestra intención.

— Pero lo habéis hecho... o por favor, pero por qué todo el mundo me miente...—vuelvo a repetir. — ¿Y Aritz? ¿Dónde está? ¿Por qué no me coge el teléfono?

— Está bien, no te preocupes. Pero creo que tenéis que hablar de muchas cosas. —dice mientras me señala la barriga inexistente. —Sabes que puedes contar conmigo siempre, ¿verdad?

Cuándo voy a contestarle escuchó como llaman a la puerta e intento recomponerme porque sin darme cuenta he empezado a llorar…. Malditas hormonas, acabo de enterarme de que estoy embarazada y ya me están puteando. Aunque, a decir verdad, ya me habían empezado a putear desde hace semanas.

— Asier soy Eneko, ¿qué coño haces en el baño de mujeres? —esa voz…

De pronto veo a Aritz con otra placa de policía colgada del cinturón y lo que intuyó que es una pistola… ¿Por qué ha dicho que es Eneko? ¿Qué está pasando? ¿Quién es Aritz? ¿También me ha mentido?

— ¿Qué…? —pero no puedo decir nada más porque siento como mi cuerpo se va entumeciendo y de pronto lo veo todo negro.

△△△

Siento mi cuerpo totalmente descansado e intento abrir un ojo, aunque me pesan mucho los parpados… vaya mierda de pesadilla que he tenido. De pronto Asier no es bombero sino policía, el hermano del señor Bouvier es un delincuente y Asier me cita en los baños de la oficina… en fin, viva mi imaginación. Lo que si recuerdo es que estoy embrazada, que seguramente después de la boda me senté en el sofá y ni siquiera me levante para ir a la cama… ¡Ah, sí! Y que sigo sin noticias de Aritz, eso no se me ha olvidado en ningún momento.

Cuándo por fin logro abrir un ojo me encuentro a mi padre, a Mario y Aida a mi alrededor. ¿Dónde demonios estoy? ¿Qué me ha pasado?

— ¡Ya despierta! —escucho como Mario grita mientras

empieza a dar palmas y todos me vuelven a mirar con cara de preocupación.

— Oh, cielos santos pequeña. ¿Cómo estás? ¿Cómo te encuentras? ¿Estás bien? —empieza a preguntar mi padre muy deprisa y hace que me maree un poco.

En ese momento entra una enfermera y veo como le mira con cara de desaprobación.

— No la atosiguéis, en su estado no es bueno. —les dice con voz seria. — ¿Cómo te encuentras Elizabeth Aurora?

—Yo... Yo... ¿Qué me ha pasado? ¿Dónde estoy?

— Has sufrido una bajada de hipoglucemia, te has desvanecido pero no te preocupes porque te han traído muy rápido los policías con los que estabas y no hay nada que lamentar, el bebé y tú estáis perfectamente.

Veo como mi padre abre mucho los ojos y creo que me voy a volver a desmayar en cualquier momento.

—Papá yo...

— No te preocupes hija, Aida y Mario me lo han contado todo. Ya habrá tiempo de que me cuentes si te ves con fuerzas. Lo importante es que tu estés bien, por mamá no te preocupes... ya le contarás si quieres.

— Estaba con Asier... y después entró Aritz...pero decía que no era Aritz y Rita... —empiezo a decir mientras noto como mis palabras se atropellan unas con otras.

— Elizabeth, tranquila, no es bueno que te alteres y si sigues así me voy a tener que ver obligada a echar a tus acompañantes de la habitación.

— Nosotros vamos a ir a tomarnos un café pato y ahora volvemos. —dice Mario mientras se acerca a mí y me da un beso en la frente.

Antes de que mis amigos se vayan, Xavi se acerca a mí y antes de darme un beso en la frente me mira y sonríe tímidamente.

— Escúchame Beth, sé que ahora parece que te estemos llevando al patíbulo al dejarte sola, pero no tomes decisiones precipitadas ¿vale? Tranquilízate, escucha bien e intenta no tomar decisiones a la ligera, mientras te dejas arrastrar por la locura.

— Pero yo… No te estoy entendiendo Xavi.

— Confía en mí, nada es lo que parece pero todo está bien, no hay de qué preocuparse y todo es por una buena causa.

— Vale, creo que me han drogado porque sigo sin entenderte.

— Lo harás. —me susurra antes de irse y dejarme sola con mi padre.

Cuándo cierran la puerta y se van acompañados de la enfermera que me ha dicho que me deja un rato más y después me manda a casa, escuchó como alguien pica a la puerta…

— Adelante. —suelta mi padre, como si eso fuera su casa.

— Buenos días. —dice un señor de la edad de mi padre, que por cómo se saludan deben de ser amigos.

— Pequeña, te presento a Joan. ¿Te acuerdas del hermano de Marta? Mi amigo el comisario, pues es él. Joan, te presento a mi hija Beth. —espera… mi padre ha dicho que me llamo Beth, madre mía tengo que estar peor de lo que me han contado.

— Siento que no me pueda levantar. —sonrío de manera irónica para ver si mi padre de una vez por todas entiende que no estoy muy por la labor de conocer a sus amigos.

— No te preocupes hija, tenía muchas ganas de ponerte rostro al fin. ¿Qué tal te encuentras?

— Pues debo de estar drogada o algo, porque desde hace un rato no estoy entendiendo nada, de lo que dice la gente a mi alrededor. —termino de decir cuándo vuelven a picar a la puerta y entran Asier, Joseba y Aritz.

Mi padre y su amigo, se van al final de la habitación y se sientan en el sofá que hay al lado de la ventana, qué bien... voy a tener público.

Me fijo un poco más en Aritz y como en mi sueño (porque espero que lo de antes haya sido un sueño) sigue llevando una placa colgada del cinturón.

— ¿Qué? —digo mientras señalo el cinturón... — ¿Pero qué? —cierro los ojos e intento respirar como me enseñó mi terapeuta sintiendo como mis pulmones se contraen y se expanden haciendo que el aire entre salga de mis pulmones con facilidad.

— Deja que te lo explique yo si me permitís. —dice de pronto el amigo de mi padre, que no sé quién le ha dado vela en este entierro, porque yo desde luego que no. — Aritz como tú lo conoces en verdad se llama Eneko Arizaga Urzúa y es uno de los mejores inspectores que tiene en estos momentos la policía, quiero decir. Es uno de los mejores inspectores que han trabajado para mí, claro... sin contar con mi sobrina, pero eso es otra historia. —dice mirando esta vez a Asier... quizás la sobrina del amigo de mi padre es el ligue de Asier... vaya día, a cada minuto esto se tuerce más.

— Y un buen chico. —suelta de pronto mi padre.

— Lo es Eduardo, lo es.

— No... Yo... —me cuesta horrores intentar enlazar dos palabras para que suenen de una manera coherente.

— Hace dos años...—empieza hablar el amigo de mi padre, es decir el que me ha dicho que es comisario.

— Comisario, si no os importa me gustaría ser yo quién le contara esto a Beth.

— Sí, soy consciente, pero voy a ser yo quién le ponga en antecedentes. Soy tu superior y esto en parte ha sido por un procedimiento del que yo estaba al cargo, eres como mi hijo Eneko y necesito que ella entienda que esto no ha sido en su contra. —dice mirándole. — Después podéis hablar vosotros dos solos. —dijo antes de que ese chico que ya no sabía si era Aritz o Eneko o quién demonios era pusiera los ojos en blanco.

Lo único que tengo claro en estos momentos que ese no sé de verdad quién es ese chico, es que es el padre de mi hijo, o hija... tampoco lo sé.

—Cómo te iba diciendo Elizabeth Aurora.

— Beth. —corrijo al señor comisario de mala gana. (Véase la poca gracia que me está haciendo en estos momentos todo esto)

—Bien, Beth. Como te iba diciendo hace dos años le ordenamos que se infiltrara en la empresa del señor Bouvier. Entiendo que cuándo os conocisteis no pudiera contarte nada porque lo tenía totalmente prohibido. Por circunstancias de la vida empezasteis una relación, tanto yo como tu padre y el resto de sus compañeros, al ver las intenciones que tenía contigo le aconsejamos que te contara la verdad, siempre y cuándo mantuvieras su identidad adquirida... por problemas de último momento nos vimos obligados adelantar la operación y por consecuente Eneko no encontró el momento de decirte la verdad. Es un buen chico Beth, lo hizo por protegerte, porque como entenderás se trataba de una operación delicada y aunque no son peligrosos los sujetos a quién nos enfrentábamos no las teníamos todas con nosotros.

Reconozco que desde que ha dicho que llevaba dos años infiltrado he dejado de escuchar... me ha mentido, me he enamorado de un mentiroso... Esto no me puede estar pasando a mí, tengo ganas de gritar, de llorar y de volver a gritarles para que se vayan de mi habitación. Quiero volver a casa, a poder ser sola para llorar en mi sofá... pero no creo que me vayan a dejar...

— Dejadme sola... —consigo decir. — Todos... No quiero ver a nadie.

— Pero Beth...—me llama el padre de mi bebé (porque no estoy segura de sí se llama Aritz o Eneko o Perico el de los Palotes)

— ¡Me has mentido! —grito como una loca posesa y una de las máquinas que sigue conectada a mí empieza a pitar como si no hubiera un mañana. — ¡Me has mentido! Ni siquiera te llamas Aritz...

— Beth, yo... déjame que te lo explique, no te pongas nerviosa. Mira como tienes las pulsaciones. —dice mientras señala una de las máquinas.

— No quiero escuchar absolutamente nada de ti. No quiero tener nada que ver contigo, ni yo ni mi bebé tenemos absolutamente nada que ver contigo. ¡Vete! —vuelvo a gritar mientras mis lágrimas caen alegremente por mis mejillas.

— Beth, yo te quiero, no me digas eso... hablemos. Este secreto... Seguramente tú también tienes secretos... —pero no le dejo terminar.

— ¿Sabes? Por supuesto que yo también tengo secretos, pero no es como el tuyo. Por ejemplo, no me gusta el color de pelo de mi madre. —digo y después miro a mi padre. — Lo siento papá, pero es verdad, no tiene edad para esos colores. Fui yo quién le cogió la camisa preferida de seda a mi hermana, también fui yo quien se la manchó sin querer de lejía y aunque lo intento muchas veces no entiendo a mi cuñado cuándo habla y asiento dándole la razón como a los locos, con tal de no volver a escucharle. ¡Ah! Y sigo pensando que mi sobrino no se parece en nada a mi hermana y quizás los rumores sobre que escuche en su momento sobre si Casper era o no el padre de mi sobrino me hizo dudar, pero nunca lo he dicho en voz alta. Yo también tengo secretos, pero no le miento a la persona de la que estoy enamorada Aritz, o Eneko, o cómo demonios quieras llamarte.

— Beth, por favor...

— Idos, idos todos a tomar por culo, qué os den por culo a todos… idos… —grito y ya he perdido todo el control sobre mi cuerpo que convulsiona por la cantidad de agua que están soltando mis ojos… estoy hasta hipando y todo. — ¡He dicho que os vayáis y me dejéis sola, joder!

Y se van, todos. Me quedo sola en esa habitación que ahora se me antoja más fría y de pronto entiendo lo que me ha querido decir Xavi. Ahora si estuviera aquí me diría el famoso *Te lo dije* y tendría razón.

TE ECHO DE MENOS, PERO LA VIDA SIGUE.

**Vaig imaginant que ens queda
una segona part.
Però mentre, el temps ens va passant.
I tú, ets tan lluny.**
No hi ha problemes – Lexu's.

A partir de la llamada número treinta y siete he perdido la cuenta de cuántas veces me ha llamado Eneko. Estoy bien, aquí en el sofá viendo como Chicote rescata restaurantes, o como los hunde... aún no estoy muy segura de que hace con ellos, porque en mi barrio había uno que en teoría lo rescato y al final la dueña lo cerró. Aunque eso era un caso aparte, aquella señora no tenía piedad y criticaba a todo el mundo, clientes incluidos. Qué si usaste mucho papel para secarte las manos, que si llevas tres cervezas, que si ese vino de la casa que he comprado en el supermercado por menos de un euro y que por supuesto no te diré esto, no puedes criticarlo, etc., etc.

Hoy es veinticinco de agosto, así que hoy hace ocho semanas que no lo veo, que no veo a Eneko, (sí, ya lo he asumido que se llama Eneko y no Aritz.) ocho semanas, unos cincuenta y seis días, mil trescientas veinticuatro horas y no, no he contado los minutos, aunque lo he intentado... pero es que al final termino haciéndome un jaleo.

Mi comadrona me dijo ayer que estoy de dieciséis semanas, porque no, los embarazos no van por meses, van por semanas. Yo le dije que si según ella tenía que estar cuarenta semanas embarazada nos habían tenido toda la vida engañadas con eso de que los embarazos duran nueve meses. ¿Nueve meses de qué? Porque si te paras a contar cuarenta semanas con diez meses... Julia, que así se llama mi comadrona me miró como si estuviera loca, pero al final termino sonriendo con mi ocurrencia, aunque creo que no descarta por el momento que esté loca porque o me ponía a reír en la consulta como si no hubiera un mañana, o lloraba como si se me hubiera muerto el canario, en fin.

Mi padre me llama todos los días (de mi familia es el único que sabe que estoy embarazada, y mejor así.) También es el único que viene a verme cada vez que puede escaparse a casa. Mi médico me ha dado la baja y mi economía no me da para fugarme ahora que voy a ser madre soltera, así que estoy de retiro en casa.

Aquí estoy, embarazada, sola y rodeada de patatas y olivas mientras veo a chicote y busco la séptima película del día. Me he dado cuenta que cuando escribo películas románticas para ver en Google, él que es muy cabrón me sigue sugiriendo *quizás quieres decir* películas románticas para llorar... es más majo, me quiere más...

A veces pienso que igual he perdido los papeles, pero bueno, ya los buscaré en algún momento.

Cuándo por fin encuentro una película con la que creo que podría volver a llenar el mar de Aral, alguien toca el timbre y yo espero que no sea otra vez Eneko porque esta vez sí que pienso tirarle huevos desde la ventana. Con dos cojones.

— ¿Quién? —pregunto cuándo descuelgo el interfono.

Silencio...

— ¿Hola? —vuelvo a preguntar porque quizás la primera

vez no me ha escuchado.

Silencio...

Estoy a punto de mandar a freír espárragos a mi visitante sorpresa cuando escucho una voz que me resulta familiar, demasiado familiar.

—Beth, soy Amaia. Sé que soy la última persona a la que quieres ver, pero me gustaría hablar contigo, he venido sin el cafre de mi hijo y estoy sola.

¿Qué queréis que os cuente? Me ha ganado cuándo le ha llamado cafre a su hijo, así que le doy al botón del interfono sin soltar la bolsa de patatas. Y le abro la puerta, porque ella no tiene la culpa de que su hijo sea subnormal.

Cuándo llega a mi encuentro sigo de pie en el marco de la puerta, mientras devoro mi duodécima patata frita, me mira y hace una mueca. Mis pintas seguramente son dignas de estudio, pero no me importa, me da dos besos, me abraza antes de decirme nada y siento que voy a empezar a llorar de un momento a otro. ¡Malditas hormonas!

△△△

—¿Qué te pasa Beth? —pregunta Amaia cuándo ve que me he vuelto a ir a la luna de valencia.

—Amaia, no te enfades por lo que te voy a decir, pero la mayoría del tiempo tengo ganas de coger a tu hijo y ahogarlo entre terribles sufrimientos. No entiendo cómo me pudo engañar... ¿Acaso no confiaba en mí? ¿Se pensaba que lo iba a publicar o algo? Es que por más que lo intento no lo entiendo.

—Te entiendo perfectamente Beth. Se lo estuve diciendo tantas veces, que no me sorprende en absoluto.

Amaia, me ha contado en el rato que lleva sentada en mi comedor, todo y más. Desde el porqué del trabajo de su hijo, hasta las broncas que le ha echado por ocultarme su verdadera identidad, etc., etc.

Y la creo, la creo porque su mirada me dice que no miente.

— Yo sé que no puedo pedirte nada Beth, pero no me dejes al margen de la vida de mi nieta, o nieto. Por favor... —me pide con los ojos vidriosos y a mí se me rompe un poco el alma.

¡Qué no llore, porque como empiece ella, le sigo yo y la tenemos liada!

— He conocido a tu padre y al con perdón al ogro de tu madre, pero no te preocupes porque no sabe nada de tu embarazo. —sonrío al escuchar cómo ha llamado a mi madre.

— No te preocupes Amaia, no voy a apartarte de la vida de tu nieto o nieta. Me han dicho que en la siguiente ecografía podrían ver si se deja el sexo del bebé. ¿Quieres acompañarme? —digo de pronto y casi sin pensarlo. — Ese día mi padre no puede acompañarme y antes de decirle a Mario o a los chicos, he pensado que a ti te haría más ilusión, eres su abuela ¿no?

— Por supuesto que quiero acompañarte. ¡Qué ilusión! Qué contento estaría mi marido... abuela, —dice mientras empieza a llorar. — Abuela, voy a ser abuela.

Y ya está... el resto de la noche sé que la vamos a pasar como dos María Magdalenas.

△△△

Una de las cosas positivas que estoy sacando de mi embarazo son las tetas. ¡Madre de dios! Las quiero así para mí, para siempre. Vuelvo a mirarme una vez más en el espejo y sonrío, me encantan mis nuevas tetas. Sí, me encantan. Realmente como uso ropa ancha es lo único que se me nota, apenas he engordado, aunque hay mucha ropa que no me queda como antes y mi barriga va creciendo a buen ritmo y en algún que otro momento me sienta como una morcilla de Burgos. Vale, sí que me he engordado... ya llevaba dos kilos antes de enterarme, pero en comparación con las fotos que he visto de otras personas... puedo decir que yo apenas lo hice.

Salgo al comedor y me encuentro con Mario rezando (o eso creo) mientras ojea una revista.

—Señor, no me dejes caer en la nueva colección de Zara... si ves que tienes tiempo claro, si no... No pasa nada. Líbrame del mal de comprar en rebajas, amen.

—¿Qué haces Mario?

— Pato, últimamente parece que eres un extra de The Walking Dead.

—Yo también te quiero.

—¿Por qué no salimos? Llevas demasiado tiempo en casa, sola, sin salir... ¿No te aburres?

—No, yo estoy aquí con mis pensamientos y mis cosas de embarazada...

— ¿Por qué no salimos? —vuelve a preguntar y estoy a punto de decirle que la primera vez lo he entendido perfectamente y que no estoy sorda, si no embarazada.

— Cuándo esté bien saldré, pero no quiero salir ahora y fingir que todo va de puta madre mientas me bebo una copa de veinte euros que ni siquiera lleva alcohol. Eso porque no me has visto... no me entran mis pantalones de siempre... Parece que sí que me van a entrar pero no terminan de cerrarme bien y parezco una morcilla de Burgos.

— Estás embarazada pato, es normal... ¿Te puedo hacer una pregunta?

—Pregunta, otra cosa es que al final yo te conteste.

—¿Sigues enamorada de Eneko? —termina de pronunciar su nombre muy despacio como si dijera Lord Voldemort en pleno Hogwarts.

—¿Enamorada de Eneko? ¿Enamorada dices? Para seguir enamorada de Eneko tendría que haberlo conocido y yo conocí a Aritz... ¿Sabes quién era Aritz? ¡Una mentira! Era como los putos reyes magos... ¡Un timo!

—Vivan tu hormonas pato... Exageras, de todos modos...

—No exagero Mario.

—¿Desde cuándo te has vuelto tan gilipollas?

—Vete a la mierda, para que vengas a mi casa y me insultes mejor te vas.

—Madre de dios como estamos hoy...

— ¿Quieres un trozo más de bizcocho o no? —pregunto mientras sigo con el bizcocho que he hecho en la mano. Sí, con el embarazo he desarrollado una vena bipolar que hasta a mí me sorprende de vez en cuando.

—Yo no es por nada pato, pero estas hormonas tuyas van a terminar conmigo... por cierto, ¿Desde cuándo cocinas?

—Te diré solo dos palabras... tutoriales de YouTube.

— Me voy a trabajar, esto es demasiado hasta para mí. Entre tus hormonas, los tutoriales de YouTube y los bizcochos, creo que al final voy a necesitar terapia o un entrenador personal, no estoy muy seguro.

— Está bien, llámame después. No te canses mucho. —digo mientras veo cómo se va de casa.

Después de que Mario se vaya entro en mi habitación y me quedo mirando el vestidor, definitivamente he de comprarme algo más de ropa... porque mis vaqueros de siempre no me quedan como me gustaría. Así que me planto el primer vestido largo que veo, se ajusta perfectamente a mi cuerpo y hace que mi barriga parezca más grande de lo que es en realidad, pero me da lo mismo, me animo a mí misma para emprender el camino al centro comercial. No creo que me vaya arruinar por un par de vestidos. Solo espero no terminar comprando cosas para el bebé como hice la última vez.

Y si no sabéis de que os hablo, esperaros a estar embarazada, que tu mejor amiga o tu hermana esté embarazada o algo así... terminas yendo en dirección a la sección de bebés sin poder evitarlo, es como un imán, como si algo de esa sección te llamará y no pudieras hacer nada para cambiar de rumbo o de dirección.

$$\triangle\triangle\triangle$$

— ¿Beth? —escucho a mi espalda y mi cuerpo instintivamente se tensa, y yo que pensaba que no podía tener peor suerte... qué equivocada estaba.

Hago como que no he escuchado nada y sigo mirando toda la gama de patatas fritas que hay en el mercado, sé que tendría que dejarlas de comer... pero es como lo de la sección de bebés, no puedo evitarlo.

— Beth... —vuelvo a escuchar y la opción de esconderme ya no es viable, así que me giro como quién no quiere la cosa y sonrío...

— Mateo... tú por aquí. —más falsa y no nazco... sí, tal cual, el primer paso es reconocerlo.

—Cuánto tiempo, ¿qué tal estás?

—Bien, normal, como siempre... ¿Qué quieres Mateo?

—Tomarme algo contigo, ¿te apetece?

— Me resulta igual de tentador que el lametazo de una rana venenosa, la verdad.

—Vaya, te has vuelto muy graciosa últimamente ¿no?

—Qué va, del montón.

—Anda, vamos a tomarnos algo que te invito.

— Está bien. —digo, ¿por qué no? Total, ya no siento absolutamente nada por él, que hay de malo. — Deja que pague esto y nos vamos a tomar algo, pero por aquí, no pienso ir mucho más lejos contigo.

Vamos a la caja y noto como observa con detalle todo lo que he comprado, un par de vestidos para mí, unos pantalones de premamá que me han dicho que puedes ir ajustándolos mes a mes, unos cuántos bodis de bebé, unas camisetas también de bebé, unos baberos que me han hecho tanta gracia que no me he podido resistir y así la lista sigue hasta que la cajera me despierta de mi trance.

—Son ciento sesenta euros con cincuenta céntimos.

Joder con la broma, esto de ser madre me va a salir muy caro.

—Creo que me tienes que contar muchas cosas.

— Creo que te contaré lo que me de la real gana. —contesto movida por mis hormonas.

Termino de pagar y siento como la cajera tiene que tirar de la tarjeta que le doy sin estar muy convencida. Después la pasa y me pasa la TPV para que ponga mi pin, lo hago y me quedo observándola hasta que la máquina pita, saca mi copia de la visa y me la da.

Miro a Mateo y salimos de la tienda en busca de la primera cafetería que vemos abierta, nos sentamos y se pide una cerveza, yo me pido un zumo... es lo más fuerte que tomo últimamente.

—Así que es cierto. —pregunta sonriendo.

—¿Es cierto el qué?

—Qué estás embarazada...

— ¿Has tardado todo este tiempo sin mirarme la barriga y toda la cantidad de artículos de bebé en deducirlo Mateo? ¿En serio? Pensaba que eras más avispado. Estás perdiendo facultades, te creía más rápido.

—Me alegro Beth, sé que siempre has querido ser madre, aunque no sea nuestro Lucas y aunque dudo que lo creas, estoy feliz por ti. ¿Puedo darte un abrazo o también eso tengo prohibido?

A pocos metros de la mesa de Mateo y Beth, estaban sentados Joseba y Eneko. Había sido casualidad pero en cuánto Eneko vio a Beth, no pudo apartar la mirada de ella.

—*Me parece increíble que esté sentada con él.*

— *¿Vas a estar toda la tarde con el mismo tema o podemos hablar de otra cosa? Asier llega en dos horas al Barcelona, podríamos ir a buscarlo al aeropuerto, ¿te parece? —dijo Joseba mientras que observaba como Mateo abrazaba en ese momento a Beth felicitándola por su maternidad. (Aunque de esto último no estaban totalmente seguros)*

—*Míralo, no puede tener las putas manos en los putos bolsillos. ¿Qué se cree que está haciendo?*

—*Eneko...*

—*Cuándo el pulpo cabrón se largue o se quede quieto cambiaré de tema Joseba. Me parece increíble que no quiera hablar conmigo que soy el padre del hijo que está esperando y quiera hablar con ese que encima de un pulpo cabrón, es un infiel de mierda.*

—*Pero qué dices de pulpo, si solo le ha dado un abrazo. ¿Tampoco puede nadie darle un abrazo?*

— *No. —contestó muy serio.*

—*Estás enfermo, tienes un problema.*

— *Camarero. —llamó al chico que intentaba esquivar la mesa de Joseba y Eneko. — Tráeme otra cerveza.*

— *¿Quieres pedir también otro pan, para que lo sigas descuar-*

tizando? —Joseba miró a Eneko que seguía desmenuzando el trozo de pan que la camarera había traído en algún momento.

—Qué te jodan, tío. Qué te jodan.

Desde el día en que Beth lo había echado de la habitación del hospital entre lágrimas no había vuelto a tener noticias de ella, hasta ese día en que había visto como se acercaba con Mateo y se sentaban en aquella mesa, de aquella cafetería. La paciencia no era una de las virtudes de Eneko y no había encontrado otra manera de lamer sus heridas que con alcohol y mala leche, aunque eso no siempre era lo acertado, iban de la mano.

—Creo que es suficiente Eneko, ¿por qué no nos vamos a recoger a Asier?

—He dicho que te esperes y te sientes en la puta silla.

Joseba resopló y se volvió a sentar en la silla maldiciendo a su amigo, si no arreglaba las cosas con Beth o al menos hablaba con ella iba a terminar por matarlo con sus propias manos.

—Se me ha hecho tarde Mateo. —miento mientras miro el reloj, cambio mi peso de una pierna a otra y voy pensando en qué excusa puedo ponerle para que suene todo lo creíble que pueda.

— ¿Quieres que vayamos a cenar esta noche? —pregunta y yo no puedo evitar poner los ojos en blanco y dar un paso hacia atrás. A ver qué mierdas le digo para darle largas de una manera elegante.

— Mateo, Beth no puede. —escucho que alguien dice a mi espalda y yo sin querer me vuelvo a tensar y siento como mis piernas van perdiendo fuelle.

¡¿Pero qué demonios?! ¿Qué hace Eneko aquí? ¿Cómo sabía…? ¡Espera! ¿Por qué demonios se mete en mis conversaciones? ¿Quién se cree que es? Me cago en la leche.

—Eso tendría que decidirlo ella, ¿no crees?

—Ella está ocupada esta noche.

— ¿Estoy ocupada esta noche? —digo sin pensarlo.

— Lo estás. —contesta tan serio Eneko que solo puedo mirarle fijamente y asentir.

Bueno, en verdad era la excusa que necesitaba ¿no? Ahora solo voy a tener que mandar a freír espárragos a Eneko y eso es más fácil, bueno eso creo. La cosa es que aquí tengo delante de mis narices, a los dos hombres de los que me he enamorado en pleno ejercicio de madurez, sí señor.

— Es verdad Mateo... Eneko y yo tenemos... tenemos una cosa, bueno en verdad tenemos alguna que otra cosa en común y... eso. —muy bien Beth, eres la mejor para improvisar. No sé porque nadie me ha contratado para hacer una obra de teatro aún...

Mario y Eneko se miran y juraría que se están retando con la mirada, si ya os lo he dicho... ¡Hombres! Dios los "cría" y ellos se van encontrando solos.

Cuándo estoy a punto de coger, darme la vuelta e irme. Se me adelanta Mateo, se acerca a darme dos besos y después de un llámame se aleja de mi poco a poco. Giro sobre mí misma y me quedo mirando a Eneko que está sonriendo... de buena gana le quitaba la sonrisa esa de un plumazo.

— ¿Quién demonios te crees que eres? —empiezo a decir, pero sé que diga lo que diga será como enseñarle las tablas de multiplicar a un burro. — Vete a la mierda Eneko. —grito y me voy, he tenido suficiente por hoy y por lo que queda de semana.

De camino a mi casa llamo a Mario, creo que necesito una terapia exprés antes de que se incremente mi instinto homicida.

—Dime mamá pato, ¿has horneado más pastelitos?

— ¿Mamá qué? Da igual... a qué no sabes a quién he visto hoy y me ha espantado a Mateo... sí, lo de Mateo te lo cuento después porque ahora mismo es lo último que me preocupa.

—Pues no lo sé pato, no tengo ni idea… ¿a tu madre?

—A Eneko.

— ¿Qué Eneko? ¿Eneko, Eneko? ¿Eneko que antes era Aritz?

—¿Cuántos *Eneko* conoces?

—Perdón, es la costumbre.

Al final termino cantándole la Traviatta, como era de esperar por otra parte. Y lo que me parece más increíble es que mi amigo, ese que dice que es como mi hermano también me diga que lo que tengo es que hablar con él. Tendrá valor de decirme eso.

—En fin, pero tu haz lo que te salga de los ovarios esos tan hermosos que tienes como haces siempre…

— Tenías que haberlos visto cuándo se estaban retando con la mirada… parecían dos adolescentes hormonados.

—Hombres, son unos inútiles que le vamos hacer…

— Mario, tú también eres un hombre. —digo mientras abro la puerta de mi casa.

—Bah, todos tenemos defectos pato.

— Bueno, me voy a tumbar un rato. Venid esta noche a cenar si queréis.

— Cuando llegue a casa y hable con Caiden te digo algo. ¿Vale? Te quiero

— Yo también te quiero. —digo mientras bostezo… joder con las hormonas.

Entro en casa, dejo las bolsas en el vestidor y me siento en el sofá, sé que me voy a dormir pero últimamente no puedo evitarlo y me voy durmiendo por los rincones.

I'TS A GIRL.

El mundo es como es y no puedo cambiártelo, pero siempre te seguiré para darte una mano. Y espero a ciegas, imaginando el color de tu mirada.

Yo te esperaba – Alejandra Guzmán.

— Beth, vamos a llegar tarde. —dice Amaia mientras yo sigo intentando entrar en el vestido de otoño que en teoría tendría que entrarme perfectamente, pero no, no me entra. Lo único que me está entrando es un cabreo de mil demonios.

— Estoy demasiado gorda. —alzo la mirada y me mira sonriendo y yo suspiro. — Dime que tu hijo no peso mucho cuándo nació, por favor.

— Bueno, Eneko peso poco más de cuatro kilos. Pero los niños suelen pesar mucho más que las niñas. —me mira y sabe que eso me ha puesto mucho más nerviosa de lo que ya estoy. — No sabemos aún el sexo del bebé así que no empieces a pensar en eso. Tranquila, no te preocupes, respira hondo, disfruta del embarazo.

— Es que no puedo disfrutarlo Amaia... —me quedo en la inopia pensando en cuánto echo de menos a Eneko y más en estos momentos... — No voy a poder hacerlo sola, no voy a poder. —vuelvo a repetir y rompo a llorar, porque últimamente ya os he dicho que lloro hasta porque se me ha terminado el champú del pelo.

— ¿Has hablado con mi hijo? —pregunta sin pestañear siquiera.

— Me da hasta vergüenza hacerlo ahora, he pasado tanto tiempo sola y enfadada porque me hubiera mentido que... —he llegado a ese momento del llanto en el que terminas hipando, si es que no hay derecho lo que me están haciendo las hormonas.

Amaia se acerca a mí lentamente y me abraza.

—Ya no sé cómo hacerlo Amaia, no sé cómo decirle nada. Ni siquiera sé si ha conocido a alguien...

— Tus amigos hablan con él y tengo entendido que hasta tu padre lo hace Beth. No creo que sea tarde, tenéis algo en común que nada ni nadie podrá romper.

— No pude decirle que estaba embarazada, no sé cómo se enteró, ni se lo pregunté... Soy una persona horrible. —mientras voy hablando, lloro y me toco la barriga.

Se mueve, puedo sentir como se mueve. El primer día que lo sentí estaba sola en casa, me habría encantado que Eneko hubiera estado conmigo... pero lo eché de la habitación del hospital y no le dejé que se explicara.

Joan, el comisario y amigo de mi padre (y como siempre dice el hermano de Marta) ha venido algún día a verme con él, cada día está más emocionado con lo de volver a ser abuelo, sí, abuelo... no estoy muy segura que historia tiene con Amaia y yo tampoco he querido preguntarles mucho. Mi madre es otra historia, según ella soy una descerebrada por emprender la aventura de tener un niño sola... sola... ni siquiera se ha parado a pensar en nada más, solo en el qué dirán. En el que voy a ser madre y no tengo a nadie a mi lado.

Llegamos a la clínica dónde está la consulta de mi comadrona, según la recepcionista aún no ha llegado así que nos toca esperar. Al final he dejado por imposible el vestido nuevo y me he puesto con el que sabía que no tendría que luchar para poder entrar. Está bien, estas cosas pasan. Bueno no lo sé porque nunca he estado embarazada, pero según me ha dicho Amaia estas cosas pasan.

La ecografía que me van a decir hoy es una extra, porque me han dicho que con mi nivel de ansiedad me van hacer más controles. Hoy espero saber si es un niño o una niña porque en la que me hicieron antes aquí el amigo, o la amiga no se dejó ver porque se cruzó de piernas... nos ha salido con extra de timidez y ya estoy de veinticinco semanas así que estaría genial que al menos supiera que es. Aunque cada vez queda menos y se me pasa el tiempo más rápido no he querido pensar en ningún nombre porque... pues no lo sé, supongo que necesito a Eneko para estas cosas.

— En un momento estoy contigo Beth, puedes ir entrando si quieres. —dice Julia que viene casi corriendo.

— Ves entrando Beth, que voy un momento al baño y entro contigo. —me sonríe Amaia mientras me mira de una manera un tanto extraña.

— ¿Te encuentras bien?

— Sí, debe de ser el café que me ha sentado mal, no te preocupes cielo. —termina diciendo mientras siento como mi móvil comienza a sonar... Mario, como no.

— ¿Sabemos ya lo que es o aún no? —pregunta nervioso. — Por cierto, hola patito.

— Hola Mario, no, no sabemos aun lo que es porque aún no me han hecho la eco aunque ya estoy en la consulta. —escucho ruido y si me ha dicho algo, no lo he entendido. — ¿Dónde estás?

— En el centro comercial, el primer conjunto se lo tengo que comprar yo.

— ¿Conjunto? —pregunto mientras entro a la consulta y me siento en la butaca mientras espero a Julia.

— Pato, si es una niña pienso comprarle el mejor vestido de todos los tiempos… había pensado en una pamela, pero no hay de su talla y si es un niño… bueno, la verdad es que aún me he decidido si una camisa con su pajarita o algo así.

— Eres ingobernable. —suelto mientras sonrió. — Te dejo que pican a la puerta y supongo que tiene que ser mi comadrona. —me levanto y empiezo a dar vueltas por la consulta, últimamente no encuentro la postura en casi ninguna silla, butaca o lo que sea, que no sea un sofá.

— En cuánto sepas que es llámame.

— Qué si pesado, que yo os llamo.

Vuelvo a sentarme en la silla y me tenso al ver que Amaia está tardando mucho, alguien abre la puerta como con prisa y veo que no es Julia…

— Eneko. —digo de pronto.

— Joder, casi no llego. ¿Ha llegado ya la doctora?

— ¿Qué? —no sé si estoy enfadada, sorprendida, no sabría cómo describirlo… — ¿Qué haces aquí?

— ¿A qué voy a venir? No empieces con el mismo cuento de siempre, no hablar conmigo e intentar echarme de todos los sitios.

— ¿Perdón? —digo mientras sigo buscando la cámara oculta.

— Vengo a saber el sexo de mi hijo, o de mi hija. Me has escuchado perfectamente la primera vez Beth. —suspira y se pasa la mano por el pelo y yo me quiero morir en estos momentos. — Mi madre me dijo que hoy era la ecografía y Mario me ha dicho que aún no te la habían hecho.

Estoy flipando, porque encima está enfadado… cuándo la que tendría que estar enfadada soy yo que ha entrado como un vendaval y como si le fuera la vida en ello.

— ¿Quién coño te crees que eres para entrar y hablarme

así? ¿Por qué conspiras con mis amigos en contra de mí? —vivan las hormonas, como diría Mario.

Eneko me mira y vuelve a suspirar, creo que está perdiendo la paciencia conmigo y yo estoy a punto de volver a empezar a llorar...

— En algún momento de tu vida aceptarás que soy tu futuro marido, te guste o no, también soy el padre del bebé, el que va a soportar tu jodido y complicado carácter toda su puta vida, así que si no te gusta tienes que joderte Beth, me he cansado de esperar a que decidas comportarte como la adulta que eres. No puedes seguir comportándote así. ¿Lo entiendes?

Ahora sí que siento como mis lágrimas intentan abrirse paso, pero entra Julia y rompe el momento. Nos ve mirándonos en silencio sin saber nuestra historia, sin saber que casi nos tiramos de los pelos (o al menos casi se los tiro yo en su consulta) y sonríe.

— ¿Estáis preparados papis? —nos pregunta Julia con una enorme sonrisa, pobre... no sabe que para lo que estoy preparada ahora mismo es para convertir su consulta en un matadero. — Venga papás, hoy vais a saber el sexo del bebé. Beth, túmbate en la camilla y...—sonríe. — Ya sabes lo que tienes que hacer.

Me tumbo en la camilla sin perder de vista a Eneko y me levanto el vestido, sé que está impresionado por el volumen de mi barriga. Julia se sienta en esos taburetes que tienen los médicos y coge el tubo con el gel ese que está más frío que un Calipo y me pone una buena cantidad en la barriga, después coge el ecógrafo y empieza a presionar por ella, eso hace que mi enano o enana se revolucione y empiece a darlo todo como si estuviera en Ibiza en pleno Amnesia.

Siento como mi pulso late con más fuerza y mis nervios están al borde del colapso.

— Tranquila... —sonríe Julia y vuelve a mirar la pantalla. —A ver, estás en la semana veinticinco del embarazo y todo está bien, el bebé está creciendo a un ritmo normal, pesa un kilo y está perfecto Beth. Pero intenta relajarte un poco porque el estrés no le hace bien, ¿Vale? ¿Queréis saber qué es?

Miro a Eneko y me sonríe, me muero de ganas por saber que es, es genial aunque diga que no, que él esté aquí...

— Sí, queremos saberlo. —dice Eneko y eso me enfada, ¿Por qué habla por los dos? Bueno, mi lado bipolar vuelve a la carga.

— Sí... —contesto apenas con un hilo de voz.

— Felicidades papás, es una niña.

— Una niña. —decimos al unísono y vuelvo a llorar... malditas hormonas de las narices, que me voy a pasar todo el embarazo llorando como si no hubiera un mañana.

— Os voy a dejar un momento a solas, enseguida vuelvo.

Veo como Julia vuelve a tocar un par de teclas y sale de la consulta, me quedo mirando la pantalla dónde se ve mi bebé, mi niña.

— Eneko... —susurro cuándo está cerca de mí.

— ¿Qué?

— ¿Me puedes abrazar? —digo con lágrimas en los ojos. —Por favor.

Se acerca un poco más a mí y me abraza con todo el amor de su corazón. Cuánto echo de menos esos brazos, cuánto he echado de menos esta sensación que me embarga ahora.

— No te vayas.

— Os voy a plastar a ti y al bebé.

— Tú solo abrázame. —vuelvo a insistir cuándo veo que no lo ha entendido bien.

△△△

— No me amenaces con irte que te pago el metro. —miro a Mario muy enfadada y Aida que está a su lado no dice ni pío.

— Pato, para pagarme el metro mejor págame un taxi.

— Eres ingobernable.

— Eso me lo repites constantemente pato, lo que no entiendo es porque no has hablado con Eneko.

— Lo llamaron del trabajo y tuvo que irse, me dijo que me llamaría... otra vez me dijo que me llamaría. ¿Y sabéis qué? No me ha llamado, aunque claro, no sé porque no me sorprende si siempre hace lo mismo...

— No puedes seguir así, de verdad pato, es que no puedes seguir así.

No puedo seguir así, ¿Cómo es así? ¿Sentirme sola? ¿Tener miedo? ¿Echarlo de menos todos los días? Aida sigue mirándonos sin decir nada, sabe por experiencia que a la que diga algo va recibir por todos los lados.

— ¿Qué quieres que haga? Vamos a cambiar de tema que me estáis estresando.

— Eso, haz como siempre...

— ¿Tú con Joseba qué tal? —digo mirando a Aida que sigue muy callada.

— Casi puedo asegurar que es el hombre perfecto, pero...

— ¿Pero? Si es el hombre perfecto, ¿por qué no estás con él?

— No es mi hombre perfecto, es demasiado para mi... ¿Me estáis entendiendo?

Mario y yo nos miramos, sé porque dice eso Aida... cuándo ves a Joseba es como si vieras a un qué te digo yo, un rey vikingo, un dios griego… es como si los dioses hubieran esculpido su cuerpo para que los demás lo adoraran. Y Aida, quizás no se quiere tanto como debería…

— Pero te gusta florecilla silvestre… hay sentimiento.

— Bueno, pues los sentimientos para quién los sepa manejar, no para mi…

— Estoy apañado con vosotras dos, me quitáis las ganas de vivir.

— Tienes la sensibilidad de un tocho Mario. —sonrío mientras me toco la barriga, me gusta hacerlo, cada vez que lo hago mi enana me da una patada como si me quisiera decir algo así como *mammi, eres muuuuyyyy pesaaadaaaa.*

— Bueno, la verdad es que…—suelta de pronto Aida y Mario y yo nos quedamos mirándola.— Hay algo que no os he contado… El otro día, bueno…—empieza a ponerse nerviosa y sé perfectamente por dónde quiere ir.

— La verdad es que no te culpo, el chico es una piruleta sexual.

— ¿Cómo lo has adivinado? — Aida ya no es mi amiga, ni siquiera mi secretaria, ahora es un tomate de rama en oferta.

— ¿De verdad? ¿En serio? —no salgo de mi asombro. — ¡Ostias! Yo lo había dicho por decir algo, vaya… ahora no sé qué decir.

— ¿Te lo has tirado? —grita Mario. — No me extraña, si es que con esos brazos de empotrador que tiene, que…

— Para fiera que te vienes arriba. —sonrío, porque Mario en seguida empieza a divagar.

— Cuéntanoslo todo. —vuelve a gritar Mario.

— No, por favor… Que mi vagina se siente sola y abandonada… Si empiezas hablar de las proezas de Joseba no lo va a superar… Yo necesito sexo, ala, ya lo he dicho… quiero un polvo, quiero que me cojan y…—pero Mario no me deja seguir.

—Pato, eres una ordinaria.

—Mario, son las hormonas.

—Eso, tú échale siempre la culpa a las hormonas.

Cuándo creo que Aida no se puede poner más roja, suena el timbre del portal y Mario trota hasta que llega hacía el y contesta. No escucho quién es pero vuelve con una sonrisa de oreja a oreja.

—Aida, tú chico ha llegado... qué digo chico, por esa cara que estás poniendo lo ideal sería decir que abajo te espera tu semental. Disfruta reina, qué envidia mala que me das. ¿Duerme con la pistola también? ¡Dime que te ha esposado!

—Podéis parar de hablar de sexo, os recuerdo que a este ritmo voy a volver a ser virgen.

—Si, la virgen María. Con esa barriga mi amor, pinta de virgen no tienes.

—A veces os mataría entre terribles sufrimientos. —digo dándome por vencida. — Pero no sé porque motivo os adoro...

Aida nos da dos besos y se va con su particular semental, no le culpo que a veces piense que no es el hombre de su vida, que se sienta inferior de alguna manera. Pero sé que Joseba sería el compañero perfecto para Aida, que la cuidaría siempre... vale, creo que he empezado a divagar seguramente esté poniendo los ojos en blanco... cuándo vuelvo en sí Mario me mira y Aida tiene una expresión rara...

—¿Qué? ¿No te ibas?

—Esto... Beth...

— No me está gustando nada esa expresión que estás poniendo.

— Ahora vuelvo. —dice Aida antes de darme un beso y

salir corriendo.

— ¿Qué mosca le ha picado? —pregunto a Mario.

— Supongo que es porque no está acostumbrada a tantos orgasmos...

Cuándo me quiero dar cuenta Aida está al lado de Joseba en mi comedor con una gran caja blanca y un enorme lazo de color rosa.

¿A qué no sabéis lo que hago yo? Sí, por supuesto... llorar....

— Sus hormonas me matan. —dice Mario de pronto después de trastear su móvil. —Te dejo en buenas manos pato, lo siento pero tengo cosas que hacer y no puedo quedarme más. Luego te traigo chocolate y helado, prometido.

— Vale, pero trae el mismo del otro día y no llegues tarde...

— No te preocupes mi amol —dice sonriendo y sí, con L. —Que no voy a tardar, dime que lo haces por mí y no por el helado...

— La verdad es que lo hago por el helado.

— Me matas. —dice con un gesto muy teatral, poniéndose la mano en el pecho, mientras echa la cabeza hacía atrás.

— ¿Te he dicho alguna vez que eres un payaso?

— Sí, muchas veces últimamente, pero tú adoras y amas a este payaso.

— Es verdad.

— Anda, te dejo con estos dos tortolitos y con ese regalo que tiene pinta de hacerte llorar otra vez.

— Vale. —digo como si fuera una niña pequeña.

Después Mario me da un beso y se va, yo me quedo mirando a Joseba y a Aida que no han dejado de sonreír en ningún momento.

— Se lo puedes decir, no come aunque esté súper hormonada y parezca que sí. —escucho como le dice Aida a Joseba.

— No estoy muy seguro. —sigo escuchando pero yo me hago la loca, mi alma de cotilla me hace quedarme un rato más fingiendo que no escucho aquella conversación ajena.

— Parece que tenga un alien dentro, pero en verdad va a ser nuestra sobrina así que...

— ¿Decís algo? —no puedo evitar preguntar.

— Joseba quiere tocarte la barriga y notar como la mini alíen se mueve.

— No llames así a mi chica. —digo algo más enfadada de lo que pretendía. — Pero no te preocupes chicarrón que cuándo se mueva yo te aviso y sientes como me patea por dentro, le va el rollo, de madrugada parece que se quiera ir de after y hay momentos que en vez de en mi barriga, parece que esté en el Amnesia de Ibiza...

Me acerco al paquete bajo la atenta mirada de Aida y Joseba y estiro del enorme lazo rosa... cuándo se abre me encuentro con un carricoche de color negro con todos los detalles en flores de color rosa y lila y con más extras que mi coche. Dentro de él está lleno de biberones, baberos, vestiditos en los que puedo leer *"Soy la princesa de papá" "Soy el resultado perfecto del amor entre papá y mamá" "A mis papis se les cae la baba conmigo"*... no puedo seguir leyendo, ni siquiera puedo tocarlo porque se me ha nublado la vista con tantas lágrimas que estoy generando...

Me voy hasta la ventana y de pronto siento como todas esas lágrimas que paseaban alegremente por mi cara desaparecen al ver a Eneko con una chica... ¡Osea! Tiene algo con esa y no me ha dicho nada, yo, qué estoy esperando una hija suya... ¿Por qué?

Supongo que debo poner una cara digna de estudio porque Joseba y Aida vienen a la ventana para ver que estoy mirando con esta cara de susto.

—Mira no hay derecho de que esté más guapo que nunca, encima ya me ha remplazado, aunque claro yo también lo haría porque ahora mismo soy una foca, qué digo una foca… Soy un cachalote.

— Es su prima Beth. —dice de pronto Joseba y yo solo quiero y necesito que me trague la tierra. — Aunque se han criado como hermanos. Ha venido desde Bilbao y la estamos entreteniéndola hasta que decidas hablar y perdonar a Eneko.

— Nosotros nos vamos…—dice Aida antes de darme un beso. — Deberías de hablar con él.

— No. —digo mientras me alejo de la ventana intentando controlar todos estos sentimientos que me superan.

— ¿Sabes? —pregunta de pronto Joseba. — El día que Asier y yo te vimos por primera vez en la puerta de aquel pub, supe que serías la mujer de su vida… nunca pensé que Eneko sería el hombre de la tuya. Dejad el orgullo a un lado y hablad, aunque solo sea por esa renacuaja. —dice mientras me toca la barriga y sonríe, supongo que le ha tenido que caer bien a mi chica porque de pronto le da una patada, como si le estuviera dando la razón. — Creo que la renacuaja opina como yo.

— ¿Está muy enfadado conmigo? —pregunto mientras noto como mis pulsaciones se duplican.

—Bueno, no somos expertos en hormonas pero entiende que todo esto ha pasado muy rápido…

— Hoy no puedo hablar con él, dejadme sola por favor… —digo mientras los acompaño a la puerta…

Soy una cobarde, esto es un hecho, el tiempo pasa y la bola se ha hecho tan grande que necesito un tiempo de reflexión para saber que voy a decirle cuándo lo tenga delante de mí.

MI BONITO DEL NORTE FAVORITO.

No vaya a ser,
que me enamoré aún más de ti.
No vaya a ser,
Que me equivoque y te vuelva a perder.
No vaya a ser – Pablo Alborán.

Estoy gorda, es un hecho, mi barriga ha crecido tanto que ya no me veo el chirri... pero aquí estoy en la heladería de debajo de mi casa pidiendo un chocolate caliente. Sé que la doctora me ha dicho que no abuse, pero estos son naturales y bla, bla, bla... Cuándo la chica me da el chocolate me alejo un poco, no es porque me sienta gorda (qué también) pero estoy escuchando a Pablo Alborán en la radio y yo últimamente con este chico tengo una relación muy estrecha... Vamos, que lo escucho a todas horas y me pego unas panzadas de llorar que son dignas de estudio, estás hormonas me están matando lentamente.

Cuándo por fin estoy sentada en un banco saboreando lo que me queda de chocolate (porque esto es un vicio que lo pagaré caro en algún momento) suena mi móvil, menos mal que como persona precavida tengo para cada uno de mis amigos una melodía diferente, para saber si he de ignorarlo o no... No me juzguéis, hace tiempo que yo tampoco me reconozco. En mi favor he de deciros que empecé solo poniéndole un tono especial a Rita, después se sumó mi madre y terminé pensando que era una buena idea ponerle un tono que dijera mucho de esa persona…. Vaya, debería de llamar a Rita, desde que estoy de baja la tengo un poco abandonada… Nota mental Beth, llamar a Rita de Castro antes de que se enfade más contigo.

— ¿Cómo está mi mamá pato? —Mario, porque lo quiero si no estaría pensando en maneras de sacarle los ojos con la cucharilla del flan por llamarme mamá pato.

— Mamá pato está dándolo todo con un chocolate, sentada en un banquito del parque… ¿Qué haces? —pero de pronto escucho voces y no sé porque me da que no me va a gustar lo que me va a contestar, pero yo que soy mucho de preguntar no puedo quedarme calladita. — ¿Con quién estás?

—Con mi marido, Joseba y Eneko… acabamos de dejar en el aeropuerto al otro chicarrón del norte.

— Ea, a la mierda mi buen humor…

Sí, mis amigos son amigos de Eneko, Eneko el padre de mi hija… Eneko que antes era Aritz, Eneko que es un mentiroso… vale, a quién quiero engañar, soy la única que no lo ha perdonado. Vale, quizás eso no sea del todo cierto. Lo he perdonado, de verdad que lo he perdonado… pero ha pasado tanto tiempo que como ya os conté ahora mismo me da hasta vergüenza confesar que no estoy enfadada con él por mentirme, es más… lo echo de menos, vamos a tener un bebé… soy gilipollas, pero gilipollas de verdad, con todas sus letras.

— Pato, ¿Por qué no te levantas del banco y te vas volando en tu escoba?

— Vete a la mierda, Mario.

— Así es mi pato, toda dulzura y buenos sentimientos. —escucho como le dice esto a sus acompañantes.

— Bueno, ¿Qué quieres?

— No te lo vas a creer, estoy tan contento que parezco la

prota de un anuncio de compresas... Y si quieres saber porque tú mejor amigo, porque por supuesto que soy tu más mejor amigo está más feliz que una perdiz... tienes que venir esta noche a cenar a casa. Y no es una invitación, es una orden.

— No. —digo sin pestañear.

— ¿Cómo qué no? ¿Qué estás haciendo que sea más importante que venir a cenar con tu mejor amigo?

— Estoy ahora mismo como Blancanieves, dándolo todo con los pajaritos del parque y lo que queda de mi chocolate.

— Ahora vengo. —escucho que dice y después como da un portazo y arrastra los pies, para hacerme ver que está enfadado, muy enfadado. — ¿Pato?

— Sigo en el mismo sitio que hace dos minutos Mario.

— Mira, lo de Mateo fue mucho más fuerte así que deja de ir de víctima, de pobrecita y de lo que tú quieras. Te doy exactamente veinte minutos para que vengas a casa si no quieres que mande a Eneko a buscarte.

— Me mintió....

— Sí, hace más de seis meses... ¡Beth que no se follo a nadie, joder! ¡Qué no tenía alternativa!

— Mario...

— Vale, voy a buscarte. Nos tomamos un zumo y te doy una hora para que me convenzas de que no vas a venir a cenar a mi casa.

— No es justo, puedes decírmelo si vas a venir y nos vamos a ir a tomar un zumo... ¡Joder, qué ganas de poder cambiar un zumo por una copa!

— Estoy saliendo por la puerta.

△△△

Llevamos media hora en el mismo banquito hablando, Mario creo que está a dos frases de empezar a echar humo por las orejas....

— ¿Pero qué te pasa Mario? No te enfades por no querer ir a tu casa a cenar, ni que fuera el fin del mundo.

— ¿Qué me pasa? Y encima me preguntas ¿qué me pasa? Me pasa que ha llegado el momento de que alguien te ponga los puntos sobre las íes y te diga que eres gilipollas.

— ...

Y rompo a llorar, porque tiene razón, porque soy gilipollas, gilipollas de verdad.

— ¡Pero no llores! —dice cuándo se gira y ve que he empezado a llorar como si no hubiera un mañana.

— Son las hormonas... —consigo decir.

— ¡Joder con las hormonas! —dice mientras trastea su móvil.

— Tienes razón... Soy gilipollas. Gilipollas porque quiero tardes como la de hoy con él, porque quise esas tarde de otoño con él cuándo se empezaban a caer las hojas... Voy a querer noches de invierno como las que tenemos ahora y tormentas con él, abrazados en el sofá.... Quiero ver cómo llega la primavera a su lado, y como vuelve el verano... Quiero abrazos que me hagan sentir en casa, quiero que sienta como la enana se mueve y que me diga que está bien, que voy a poder con el parto que me aterroriza, que va a ir bien porque va a estar conmigo. Quiero alguien con quien hablar, con quién pelear... Y esa persona es él, no hay nadie mejor para darme todo lo que necesito Mario, porque le necesito a él.

— ¡Mierda!

¿En serio? Después de todo lo que le he dicho dice, mierda.

— ¿Mario? —pregunto cuándo vuelvo en sí y le miro, no sé porque tiene ese rostro pálido pero no me está gustando nada todo esto.

— Beth... No te estreses, qué no quiero que la niña nazca aquí...

— Mario... —vuelvo a repetir porque creo que estoy a punto de liar la de San Quintín.

— Le iba a mandar una nota de voz a Caiden y de pronto has empezado a decir todo eso... y me puesto nervioso y no he soltado el botoncito y... y...

— Mario... —vuelvo a repetir una vez más...

— He enviado tu momento romántico a Caiden...

— ¡Te mato! —me levanto de pronto y siento como hasta la niña está desarrollando instintos homicidas hacía su tío, que a este ritmo no lo va a conocer...

— Es Caiden. —levanta su teléfono para que lo mire. — Dime amor. —escucho como contesta al teléfono.

— *Dile a Beth, que volvería a enamorarme de ella con los ojos cerrados.*

Durante el rato que duro el audio que sin querer había enviado Mario, Beth había sido todo su mundo, aquella sensación le inundaba, le fascinaba, le volvía loco. No lo había olvidado, no sabía a ciencia cierta si le había perdonado o no, pero le quería y quería todas esas cosas que él quería con ella. Solo tenía que esperar un poco, hacerle ver que todo aquello era posible... Un poco más, un poco más y lo tendría.

— No creo que sea un buen momento para que retransmita tú mensaje... básicamente porque quiere matarme, pero tomo nota. —contesta Mario, mientras no deja de mirarme.

—*Está bien, tendré que tomármelo con más calma ¿no? Pero es que si le doy el espacio que necesita me voy acabar muriendo Mario.*

— Esto... Sigo tomando nota, ahora vamos a correr un tupido velo y vais a seguir preparando la cena.

—*Está bien.*

△△△

— Vamos derechos al desastre. —escuchó como le dice Mario a Caiden.

— No digas tonterías, de momento no ha corrido la sangre.

— Tú guarda el vino. —amenaza Mario a su marido mientras yo sigo en la puerta, porque no quiero interrumpir ese momento tan de pareja, pero es que necesito entrar así que…

— Chicos… —intento decir lo más suave que puedo.

— ¿Necesitas ayuda con esos grandullones? —sonríe Caiden.

— No, de momento no se me han asilvestrado, ni nada por el estilo.

— Está bien, vamos a cenar porque si no esto se va a quedar frío… —sonríe Mario.

No sé porque me da la sensación de que Mario no tiene absolutamente nada que contarme y esto es una encerrona de manual, pero no le digo nada. No le digo nada porque sé que lo ha hecho con todo el amor del mundo y con eso me vale.

Nos sentamos todos en la mesa y empezamos a cenar, a la enana se ve que le gustan los experimentos de su tío Mario, porque sorprendentemente no se queja en ningún momento.

— Está bueno Mario. —sonríe Joseba que creo que en estos momentos está teniendo un orgasmo culinario.

Me sorprende que aquí no esté Aida, pero me dijo ayer que iba a pasar un par de días con su madre así que solo espero que su historia siga viento en popa y a toda vela, cómo se suele decir.

— ¿No notáis nada diferente? —pregunta mientras nos mira a todos como si estuviera en un interrogatorio. Realmente

Mario tendría que haber sido actor y no interiorista, sí, sé que lo digo siempre pero es que es verdad.

— No, no noto nada diferente. —vuelvo a coger un poco más de berenjena para notar eso diferente, pero nada...

— ¡Está bien! No es crema de Módena, en la tienda no había y cuándo mandé a Caiden...

— Compre vinagre de Módena y no crema... —confiesa Caiden y por su cara, me da la sensación de que Mario ya le ha cantado las cuarenta.

— ¡Exacto! —dice tenedor en mano. — Vinagre de Módena, nada que ver... absolutamente nada que ver.

— Bueno, ni que fuera algo importante. —dejo de comer a dos carrillos y miro a mi amigo que creo que le va a dar un pumba de un momento a otro. — ¿A quién le importa?

— ¡A mí me importa Beth! ¡A mí me importa!

— ¡Eh! —digo ya algo enfadada, porque me parece increíble que esté montando este número hormonal solo por la maldita crema de Módena. — ¡Qué la embarazada y la hormonada soy yo!

— Bueno Beth. —Joseba no sabe dónde meterse el pobre. — ¿Ya has pensado en nombres para la niña? —lo ha intentado.... Lo ha hecho fatal, pero al menos lo ha intentado.

— No, la verdad es que no.

Y no es que no lo haya pensado, pero no me veo capaz de hacerlo sola como le dije a Amaia.

— Lo he estado hablando con Amaia y no me siento capaz, es algo importante y que lo va a llevar toda la vida, si no se lo cambia claro. No me siento preparada para hacerlo sola... —dejo caer el cuchillo como si no fuera conmigo.

— Supongo que tendremos que hablarlo. —suelta de pronto Eneko, que sorprendentemente ha estado callado durante toda la cena.

—Sí, supongo que tendremos que hablarlo.

△△△

— Chicos, me he de ir que he quedado que pasaría a recoger a Aida. —sonríe Joseba mientras se levanta de la silla y va a buscar su chaqueta.— Nos vemos mañana.—sonríe mientras se despide de nosotros.

Apenas han pasado diez minutos y estoy intentando hacerme la fuerte para no sentarme en el sofá y quedarme dormida…

— Yo también me voy a ir a casa, me estoy muriendo de sueño y la peque creo que me va a dar la noche… vuelve a pensarse que está en pleno Amnesia. —sonrío mientras me toco la barriga y vuelve a darme otra patada. — Por favor gorda, si no tienes sitio ahí dentro sal… pero deja de torturarme. —le hablo a mi barriga, como llevo haciendo un par de semanas.

No sé si realmente la niña entenderá lo que le estoy diciendo, la mayoría de las veces pasa de mi cara… yo intento poner voz autoritaria, pero es que no me está saliendo todo lo autoritaria que me gustaría.

—No te vas a ir sola a casa.

— No me voy a quedar a dormir aquí, Mario. Me voy a mi casa.

—No puedes irte sola.

— ¿Por qué no puedo irme sola?—cruzo los brazos y lo miro desafiante, tengo que practicar esta mirada, porque por la expresión que está poniendo Caiden, me está saliendo medianamente bien.

—Porque ahora es diferente.

—¿Por qué es diferente?

—Porque sí.

— Vaya argumentación, sí señor, me has convencido. —sonrío y me doy media vuelta en busca de mi chaqueta. — Me voy a casa chicos, es muy tarde y estoy cansada.

— Te llevo, o al menos te acompaño… yo también me voy a casa ya.

— Está bien. —sonrío y miro de reojo a Mario, que evidentemente ahora mismo no me dirá ni pío.

△△△

— Tenemos que hablar. —suelta Eneko en cuanto llegamos a mi portal y yo me tenso sin quererlo, se tensa hasta la niña… ¿Habrá reconocido la voz de su padre? ¿Cómo la va a reconocer Beth, si no le has dejado acercarse a ella?

— ¡Joder con la maldita frase!

— ¿Qué frase? —este es tonto y Amaia aún no se ha dado cuenta, ¿qué frase me suelta? En fin Beth, respira, respira que es importante.

— ¿Sabes? Estoy segura que cada vez que alguien dice esa frase se mueren dos centauros, tres unicornios y cien hadas se quedan sin polvo mágico y pierden sus alas… Y sin sus alas se mueren, ¿sabes?

— Beth…—pobre, ahora mismo tiene que pensar que estoy loca.

— No Eneko, creo que no puedo con esto…

— Esto solo es un bache, algo grande pero solo un bache, sé que no me has olvidado. —dice mientras me mira y yo creo que me voy a convertir una vez más en María Magdalena.

— ¿Bache? Un bache dices… Eneko, esto es un puto socavón, ¡un cráter!

— Beth, yo te quiero. —me dice mientras no deja de mirarme a los ojos y yo siento que quiero que la tierra me trague en estos momentos. Creo que por primera vez mi enana también vota porque nos trague la tierra.

En estos momentos la verdad es que me tiraría en plancha a sus brazos, bueno en plancha no que entonces aplastaría a mi gordi. Pero me habéis entendido, ¿verdad?

Mientras sigo debatiendo que contestarle a eso y mi subconsciente me grita un alto y claro: Dile que tú también lo quieres, so'mema. El teléfono de Eneko destruye este intento de momento entre nosotros y tuerce el gesto mientras lo busca, lo mira y cuelga.

— Es del trabajo, he de irme a la comisaria. —dice esto último muy despacio. — Beth, tú y yo tenemos un amor pendiente, vamos a llamarlo café o zumo pendiente. Que supongo que da menos miedo. —sonríe y se acerca a despedirse dándome un tierno y cariñoso beso en la frente mientras pone su mano en mi abultada barriga.

—Está bien… Ten… Ten cuidado.

Ahora que he descubierto (bueno, hace tiempo que lo he descubierto claro) que es inspector de policía, muchas noches me he despertado pensando en que no me perdonaría si le pasará algo y no le hubiera dicho todo lo que tengo y quiero decirle.

— ¿Podemos vernos mañana? Para hablar de la niña solo, si no quieres hablar de nosotros.

— No. —digo de pronto con miedo de que si le digo que no quiero hablar de nosotros, ya no quiera volver hablar de nosotros nunca más. — Quiero decir, está bien, podemos hablar de todo… De la niña, de nosotros… bueno, si queda un nosotros.

— ¿Acaso no quieres intentarlo? —me pregunta un poco más cerca de mí, cuándo está lo suficientemente cerca y siento su respiración en mi frente, escuchó como su teléfono vuelve a sonar y mi hija a modo de queja me da una patada que hace que me encoja.

—¡Joder gorda, qué soy tu madre!

— Desde luego, no se puede decir que no tiene carácter. Lleva toda la noche que cuando algo no le gusta, te pega una patada. ¿Estás segura que la doctora esa no se equivocó y es un niño?

— A ver si va a ser, que realmente lo que no quiere es que perdone a su padre ni que lo tenga tan cera de mi...

Iba a decirle que no quiere que esté tan cerca de mí, porque sabe perfectamente que su madre se tiraría a la yugular, pero me quedo calladita porque así estoy más bonita.

— Porque no le gusta que su padre intente besar a su madre...

— Por ejemplo.

— Podemos hacer la prueba. —sonríe mientras que sigue acercándose un poco más a mí.

— Podemos probar...

Se acerca un poco más y deja caer su mano detrás de mi espalda hasta llegar a mi cintura para acercarme un poco más a él... y me besa, me besa y se me olvida todo, una corriente eléctrica atraviesa mi cuerpo y siento que me podría morir de felicidad ahora mismo, cómo echaba de menos esos labios, cómo demonios echaba de menos esos besos... y justo en medio de nuestro beso, mi hija me vuelve arrear una patada que... ¡Ni que fuera una partida en el Mortal Kombat, oye!

— No le hagas caso, haz cómo si no la sintieras... no puedes dejar que gane ella siempre. —me dice Eneko sin apartarse un milímetro de mí y sonríe. — Porque ahora que he vuelto acercarme un poco más a ti, no quiero volver a tenerte lejos Beth... no puedo darte el espacio que me pides, porque me muero... —sigue hablando mientras el móvil vuelve a sonar. — ¡Joder!

Saca el móvil del bolsillo y tuerce el gesto, descuelga y

poniendo la mano en el me susurra un "lo siento" que me estremece.

— Arizaga. —contesta muy serio. — Sí, comisario…. Por supuesto… Voy para allí. —cuelga el teléfono y me mira, sonríe y vuelve a tocar mi barriga. — Me encantaría quedarme con mis dos chicas preferidas, aunque la mayor aún no las tenga todas consigo para perdonarme. —se acerca un poco más a mi barriga y por primera vez mientras la toca, le habla a nuestra hija. — Vas a tener que ayudarme en esto enana, vas a tenerle que hacer entender a tu madre todo lo que tú y yo sabemos… ¿Nos vemos mañana?

— Sí, podemos vernos mañana.

— ¿Para cenar? —pregunta mientras no deja de mirarme a los ojos.

— Sí, podemos quedar mañana para cenar.

— Genial, nos vemos mañana para cenar. —sí, hay cosas que no cambian y mis conversaciones de besugo no iban a quedarse en el tintero.

LA VIDA TE DA SORPRESAS, SORPRESAS TE DA LA VIDA.

**Questo sera sei bellissimo,
se lo sai che non è finita abbracciami,
Anche se penserai ce non è poteica.
Questa vida ci ha sorriso e lo sai...
Non è mai finita, abbracciami**

Poetica – Cesare Cremonini.

-[15 diciembre 23:00] Mario: ¿Aún no has vuelto a casa?

- [15 diciembre 23:05] Mario: Cuándo llegues a casa avísame.

-[15 diciembre 23:10] Mario: ¡¡¡¡Ni se te ocurra no decirme nada!!!!

-[15 diciembre 23:15] Mario: Espero que no sea verdad que me estás ignorando...☹

-[15 diciembre 23:20] Mario: ¡¡¡¡¡¡¡¡¡¡Eres una perra!!!!!!!!!!!

Vuelvo a mirar el móvil y sonrío... Mario es demasiado, definitivamente cómo él no hay dos y gracias a dios, porque si no el mundo no podría soportarlo. Pero no le voy a contestar aún, voy hacerlo sufrir un poco más. Me levanto del sofá y vuelvo a la cocina para hacerme un vaso de leche con galletas, no es que me haya quedado con hambre en la cena que he tenido con Eneko, pero estoy embarazada, muy embarazada y parezco un pozo sin fondo... pero sin fondo de verdad.

Sobre nuestro "retorno" no hemos hablado, pero he sido lo suficientemente valiente para decirle que hace muchos meses le perdone… Aunque también os tengo que decir que mientras estábamos cenando me ha dicho que no es que estuviera enfadado conmigo, pero algo molesto sí… por mi cabezonería, básicamente.

Lo que sí que hemos hablado largo y tendido es sobre todo lo referente a la pequeña pateadora que tengo dentro de mí. Habíamos pensado en varios nombres, como Laia, Leire o Amaia. Aunque en cuánto lo he dicho Eneko me ha dicho que ni hablar, que no quería que se llamara igual que su madre aunque la quisiera mucho… Así que nos hemos decidido por Leire, en unas semanas tendremos a Leire Arizaga de Castro en la ciudad condal.

- [16 diciembre 00:00] Mario: Pero porque diablos no me contestas.

Vuelvo a mirar el móvil como si fuera un ser vivo y le hubiera salido otra cabeza.

— Este hombre no entiende que si no le contesto es porque o no puedo o porque no me sale del mismísimo… —digo mientras sonrío mirando el móvil, este parece que me contesta porque en menos que canta un gallo y apenas diez minutos después llega otro mensaje.

- [15 diciembre 00:10] Mario: Me da igual que estés en pijama o tirándote a Eneko… Vamos para tu casa. Ni se te ocurra no abrir la puerta. Y no, no es una advertencia, es una amenaza.

Sonrío mientras me imagino a Caiden poner los ojos en blanco y dejándose arrastrar por Mario, lo quiero, lo adoro, pero a veces lo vendería por Wallapop. Y cuándo os digo que todo lo que tiene Caiden de guapo lo tiene de calzonazos es por algo… porque apenas diez minutos después escucho el timbre de casa, me pienso si abrirles la puerta o no, pero Leire me da una patada voladora y desisto en mi empeño por ser la mala del cuento.

— A pesados no os gana nadie... —suelto de pronto mientras abro la puerta y veo a mis cuatro mosqueteros sonreír, o lo que es lo mismo veo a Caiden (bastante somnoliento), Mario, Joseba y Aida, juraría conociendo a Mario que a estos dos últimos los ha arrastrado de malas maneras a mi casa. — Lo vuestro roza lo incomprensible... ¿No podías esperar como todo el mundo a que te contestara al mensaje? —digo esto último mirando a Mario porque sé que es el cabecilla de esta operación.

— Podría pato, por poder podría... Pero lo tuyo no tiene perdón, tienes la sensibilidad de un tocho últimamente... no empatizas con tus amigos, necesitamos información. ¿Volvéis a estar juntos? Es que no puedo con esta angustia que me come enterito...

— Eres una súpermaruja, Mario... ¡Un meticón!

— ¿Esa palabra existe?

— Lo he mirado en la RAE.

— Da igual, necesitamos información pato, toda la información posible.

— ¿Vosotros también estáis de acuerdo con esta locura? —pregunto mirando a Aida y a Joseba.

— Nos hemos dejado arrastrar... El señor Xavier nos ha mandado a freír espárragos cuándo le hemos dicho que veníamos para tu casa.

— Hombre sabio. —digo mientras veo como Mario atraviesa mi comedor sonriendo y va directamente a lo que antes era un buen minibar y ahora es apenas solo un recuerdo.

— Las copas y el abridor están en el primer cajón. Pero bueno, que eso ya lo sabes. —desisto cuándo pienso que seguramente él conozca mejor mi casa que yo.

— ¿Quién necesita copas? —se encoje de hombros como si fuera un angelito... pero de angelito tiene lo que yo... en fin, que lo han echado a patadas del cielo clarísimamente.

— Así me gusta Mario. Por botellas, nada de copas… Las copas son para los flojos. —dice Joseba sonriendo y uniéndose a la fiesta improvisada en mi salón.

Mario mira el mármol de la cocina que está lleno de envoltorios de las galletas que me acabo de meter entre pecho y espalda, como segundo postre. ¿Eso puedo decirlo en mi defensa?

— ¿Has dejado algo para los demás pato? O has terminado con las reservas tú solita…

— Alguna vez vas a comportarte como una persona normal. Pregunto…

— Milagros a Lourdes, yo hago lo que puedo. Vas a contarnos como ha ido la cena o voy a tener que ponerme serio.

Sonrío y les hago un gesto para que se sienten, cojo aire y le explico que le he dicho con dos ovarios que hace muchos meses que le perdone y les cuento que a él le molesto un poco bastante mi cabezonería veo a Joseba y se ríe por lo bajo, vamos… que juraría que Eneko le hizo en su momento una intensiva sobre eso. También les he dicho que aunque sé que tenían alguna que otra apuesta sobre el nombre que le pondría a la pequeña pateadora (esto no me lo habían dicho, pero conociéndoles era lo que se esperaba de ellos) También les cuento que todos los flecos sueltos de la niña los tenemos resueltos…

— No tenemos aún muy claro como lo vamos hacer, porque vivimos cada uno en su casa, pero no quiero ponerle horarios para que venga a ver a la peque, cómo si quiere acampar en mi sofá, es su padre y sé que quiere estar presente en la vida de Leire.

— ¿Cómo has dicho que se iba a llamar? —pregunta Joseba que creo que no lo ha escuchado bien entre bostezo y bostezo.

— Leire, se va a llamar Leire Arizaga de Castro.

— Está bien, quedamos en tablas chicos… ¿Qué hacemos con las pelas del bote?

— Joseba. —digo muy seria mientras que le miró fijamente. — Rellenar mi minibar sería una idea estupenda.

— Sigo sin saber porque no habéis solucionado ya lo vuestro... ¿Ahora que se supone que sois? —pregunta Mario mientras se rellena la copa.

— Los padres de Leire. —digo sonriendo mientras me voy por los cerros de Úbeda, porque yo en eso señores... soy toda una experta. — Tampoco sé si queda un "lo nuestro". —hago el gesto de entre comillas mientas todos me miran con los ojos en blanco.

"Claro que queda mucho nuestro Beth", me grita mi subconsciente... ni que fueras novata.

Mientras mis amigos están en pleno debate de qué deberíamos hacer Eneko y yo, sin querer pongo yo también un par de veces los ojos en blanco... No es que lo haga a propósito, pero es que hay que darles de beber aparte.

— Estáis muy mal, pero que muy mal... Anda Caiden, dame un poco de vino porque estás tonterías vuestras son imposibles de digerir con un triste zumo de piña.

— No puedes beber, es más... Te nombramos vigilanta oficial del evento, este de ahora... y de todos los futuros eventos hasta que Leire decida hacer acto de presencia.

— Os aprovecháis de que estoy embarazada y que sepáis que no es nada justo, absolutamente nada justo... Cuándo Leire decida salir, vais a flipar

— Sí, creo que tendremos que ir rellenando todos los huecos libres del minibar... Apenas te queda nada para que la peque salga... Es más, —Aida abre los ojos de par en par... — Podría salir en cualquier momento, por favor... no te pongas de parto cuándo estés conmigo.

Media hora después de que mis amigos sigan en su empeño por vaciarme mis reservas de vino, patatas, aceitunas y picoteo vario se van a su casa... y aunque esto suene fatal les deseo la peor de las resacas de la historia y que sus vecinos se organicen para hacer un maratón de colgar cuadros y cambiar muebles... Pero vamos que aunque diga todo esto, yo les quiero.

ΔΔΔ

Eneko llega tarde... Hace una semana (más o menos) hemos vuelto a vernos casi a diario. He de decir que he estado en muchas ocasiones a diez segundos de tirarme sobre su cuello... pero me he comportado. Hoy vamos a ir a comer con Amaia, ya que ha vuelto a Barcelona por navidad (y sí, si os lo estáis preguntando la vamos a pasar todos juntos), y se quedará algo más de tiempo dado que Leire está a punto de salir del horno. (Vale, quizás esto no tiene gracia para vosotros... Pero la embarazada soy yo y a mí me parece divertido lo de salir del horno)

Suena el timbre y Leire me avisa con una patada, por si no me he dado cuenta del timbrazo... Mi hija es así, no ha nacido y ya es especial...

— Leire por dios, sabemos que ya no tienes sitio... sal ya y deja de torturar a tu madre, es decir yo. —digo mientras me acaricio la barriga y sonrío. (Bueno, barriga es demasiado suave... mejor decir barrigón) — Has tardado mucho en llegar, tu madre nos está esperando. —digo en cuanto abro la puerta y veo a Eneko.

— Sí, pero he llegado en el momento justo. —sonríe y se acera a mi mientras me da un suave beso en la comisura de los labios y hace que me estremezca entera.

— No puedes ser más zalamero... Voy a ver si consigo que me entre algo, no puedo estar más gorda. —me quejo otra vez mientras me siento en la cama, porque yo quejarme... me quejo mucho.

—Estás embarazada, además... así tengo más trocito parar

reconquistar, querer y mimar…

—… —escucho el golpe seco del zapato que le he tirado y sonrío.

— ¡Ah! Pero no me tires un zapato. —se queja mientras frota la zona del impacto, no sé si serán las hormonas pero he acertado de pleno, suerte tiene que no haya sido un zapato de tacón.

— Suerte tienes que solo he tirado un zapato, vuelve a repetir eso y reza para que lo que te tire sea solo un zapato plano y no de tacón. —vuelvo a repetir la palabra zapato muy despacio y con mala leche.

Se acerca lentamente a mí mientras sonríe para quedarse delante de mí y rodearme con sus musculosos brazos… madre mía esto es horrible, mis hormonas están en plena guerra fría y luchan para no tirarse en plancha hacía él.

—Siempre podemos darle plantón a mi madre y quedarnos los dos aquí…

— Para. —digo de pronto y me sorprendo hasta yo.

¡Qué cojones estás haciendo Beth! Me reprendo a mí misma, es decir… viene, te abraza, te estremeces y le dices que pare… Esto mío no hay médico que me lo trate.

— ¿Qué? —pregunta tan confuso como yo.

— ¿Qué estamos haciendo Eneko? Quiero decir… —pero no me deja terminar y me agarra con más fuerzas.

— Pues en estos momentos íbamos a besarnos…

—Eneko…

— Te quiero Beth… Te quiero como nunca he querido a nadie, me duele no tenerte cerca, cuándo me alejaste de tu lado no solo perdí al amor de mi vida, perdí a la persona que me complementaba para ser mejor, a mi confidente, a mi saco de boxeo en mis días malos. —sigue hablando mientras pongo una mueca por eso último que ha dicho… ¿Saco de boxeo? —

Perdí a mi roca en la adversidad, a la que se reía de mis chistes malos....

— Es que todos son malos. —sonrío por esto último mientras recuerdo el chiste de la bolsa.... Que no tiene ni gracia ni nada...

— Déjame continuar... —vuelvo a sonreír, creo que no he dejado de hacerlo. — A la que le llevaría el desayuno a la cama todos los días de mi vida, a la que cuidaría cuándo se pusiera mala, a la que le quitaría los tacones cuándo volviéramos a casa y se sintiera agotada. Te quiero, nací para quererte... si no es a ti no será a ninguna otra. —cuándo termina de decir esto Leire hace acto de presencia y me regala otro patadón... madre mía con esta niña. — Vale, enana a ti también te voy a querer pero es un amor diferente.

— Inspector Arizaga... —veo como me mira fijamente porque es la primera vez que le llamo así. — No recordaba que era usted un romántico.

— Y duermo con una pistola, apuesto a que eso tampoco lo sabías....

Y no puedo contestarle porque antes de que pueda decirle algo, acalla mis palabras al estampar sus labios contra los míos y me estremezco. Me siento como si un terremoto se desencadenara en mi interior y el epicentro palpita furioso, siento que mis piernas empiezan a temblarme y antes de que desfallezca, me agarro a su cuello como si fuera mi tabla de salvación después de un naufragio.

Eneko se toma el gesto como una señal y me coge (o hace el intento) de arrastrarme a la cama, mientras que siento como el pecho me va a explotar y espero solo que Leire no recuerde nada de esto cuándo nazca... joder Beth, no pienses en eso ahora mismo que estás a punto de echar un polvo...

Me sujeta el rostro y hunde sus manos en mi pelo, me muerde el labio y creo que ese olor masculino, su cuerpo y su calidez va hacer que me auto combustione de un momento a otro... Deslizo una mano por su espalda y empiezo a subir su camiseta, siento como su piel arde igual que la mía, nunca había estado tan excitada pero es que esa dulce boca y esos gemidos que hace que salgan de la mía me están volviendo loca.

Doy un paso para atrás para poder quitarme la camiseta y en una fracción de segundo tiemblo y me doy cuenta de que sí, estoy a un paso de acostarme con él....

—Esto... Eneko creo que... que no deberíamos...

—Beth, lo estás deseando tanto como yo.

— Ya, pero le podemos hacer daño a la niña y... —madre del amor hermoso, alguien puede bajar a darme una colleja, ¡gracias!

— Iré con cuidado si es eso lo que quieres...—dice mientras me vuelve a besar y a partir de ese momento me olvido de absolutamente todo.

Nuestros cuerpos se convierten en uno y siento como solo me calma ese deseo sus brazos, sus manos y esos mordiscos que me da entre el vaivén de nuestros cuerpos mientras nos seguimos moviendo por la habitación.

Noto como me empuja con suavidad hasta que me tumba en la cama y veo cómo se va liberando de cada prenda de ropa, madre mía se me había olvidado como era Eneko sin ropa...

— ¿Qué hiciste conmigo, Beth?

— ¿Yo? —pregunto mientras siento como empieza a besarme por el cuello y va bajando lentamente...

—Estas deliciosa...

— Ya te veía yo con hambre desde que has entrado por la puerta. —sonrío, creo que son los nervios... ni que fuera virgen.

Eneko me vuelve a besar y después vuelve a deslizar su boca por mi cuello, bajando por mis pechos y siguiendo una línea recta hasta mis muslos, sin dejar de besarme ni un momento, teniendo especial cuidado cuándo pasa sus labios por mi barriga, me besa, sonríe y ese gesto me pierde.

Normalmente siempre que nos habíamos acostado los dos teníamos la necesidad de complacernos, pero Eneko no me deja hacer nada, es como si tuviera la necesidad de ser él quien lo hiciese, como si solo quisiera satisfacerme.

Me separa las piernas y antes de que pudiera decir nada, me besa y me pierdo en un cálido orgasmo que hace que termine jadeando y soltando un grito que sorprende a Eneko, después se levanta y me mira, lo veo especialmente guapo, al menos tan atractivo como siempre.

Vuelve a besarme como si así pudiera eliminar cada duda mía, como si así pudiera memorizar cada centímetro de mi piel, una corriente eléctrica recorre mi cuerpo cuándo siento como entra dentro de mí y ese movimiento lento siento que me va a matar…

—Eneko… Más rápido.

Y aunque dudo de que él quisiera hacerlo más rápido, termina rindiéndose a mis deseos y noto como se mueve más deprisa dentro de mí, más y más deprisa tan fuerte y tan intenso que siento que Leire va a salir por mi boca.

Después me sujeta las muñecas y las sube por encima de mi cabeza, mientras me mira a los ojos y siento como mi cuerpo vuelve a tensarse anunciando un nuevo orgasmo, mientras siento el cuerpo tenso de Eneko encima de mí, un par de minutos después escucho un gruñido ronco y una explosión de placer me deja sin aliento.

Tardo unos segundos en volver en sí y cuándo lo hago veo como me mira fijamente.

— Te quiero Beth. —dice antes de besarme y yo me quiero morir de amor.

△△△

Me levanto con una sonrisa de oreja a oreja y voy a la cocina a por un zumo, Eneko se ha ido esta mañana a trabajar y me ha dicho que después me vendría a buscar a casa de mi madre.

Sí, aunque no es de forma oficial, pero podríamos decir que vivimos juntos a poco más de unas semanas de que Leire llegue a nuestras vidas.

Desde hace unos días mi madre (esa señora que ahora parece que debe de estar con la menopausia o algo porque está más rara que de costumbre) me dijo que porque no pasaba esta tarde a verla, que tenía que hablar conmigo... así que mientras busco un bollo o algo dulce, le escribo un mensaje a Mario, por si se apiada de mí y me acompaña.

- [08 enero 10:16] Beth: ¡Mario! ¿Qué haces? Me honras con tu presencia y me acompañas a ver a mis padres, ¿eh? ¿Qué me dices?

- [08 enero 10:17] Mario: Si en la frase te hubieras ahorrado la visita a casa de tu madre, hubiera salido del despacho como alma que lleva el diablo, pero no, gracias. Prefiero quedarme aquí con mi montón de papeles trabajando.

- [08 enero 10:17] Beth: Gracias, ¡yo también te quiero!

Cuándo voy a guardar el móvil me llega otro mensaje, dudo de que sea Eneko y tengo puestas todas mis esperanzas en que sea Mario que al final se lo ha repensado mejor y me quiere acompañar. Pero no, es mi madre... Que la señora (A parte que está de un raro que no la reconozco, le ha dado por la mensajería instantánea.

- [08 enero 10:18] AA Joana: Elizabeth Aurora, vamos a salir a buscar a Noah y no llegaremos hasta la noche. Siento avisarte tan tarde, un beso.

— Pues mira, ese viaje que me ahorro. —me digo a mí misma en voz alta, mientras acaricio mi barriga y me vuelvo a sentar en el sofá.

SON LAS HORMONAS, SON LAS HORMONAS.

De repente no puedo respirar, necesito un poco de libertad,
que te alejes por un tiempo de mi lado ¡qué me dejes en paz!
Al ratito ya te empiezo a extrañar, me preocupa que te pueda perder...
Necesito que te acerces a mí, ¡para sentir el calor de tu cuerpo!

Un osito de peluche en Taiwán – Los auténticos decadentes.

— ¡Hoy son cuarenta! ¡Hoy son cuarenta! —escucho gritar como si no hubiera un mañana.

Miro al lugar de dónde creo que viene la voz, pensando que alguien estaba felicitando a un amigo por cumplir... ¿cuarenta años? Pero no, es Mario, mi mejor amigo, mi hermano, el hombre perfecto de cualquiera, muy guapo, muy rubio y muy gay.

Viene hacía mi corriendo con ese estilo tan suyo de princesa en apuros, que tanto llama la atención teniendo en cuenta el físico que tiene. Se detiene delante de mí y me da un abrazo de titánicas dimensiones, espachurrándome entre sus brazos... Imaginaos cómo tiene que ser el abrazo que Leire me pega una patada y creo que la siente hasta Mario.

— ¿Puede ser que tu hija me haga agredido? ¡Lo he notado!

—Puede ser que ya entienda que su tío es un poco… bastante pesado.

— Pues que sepas. —dice muy serio mirando fijamente mi barriga. — Qué te vas a quedar sin la vespa rosa que tenía mirada para ti.

—Eres consciente de que la niña aún no ha nacido, ¿verdad?

— Detalles sin importancia, estoy muy seguro de que me escucha perfectamente.

Sonrío al verle sonreír y tocar suavemente mi barriga, sé que va a ser un tío estupendo y que va a consentir a Leire hasta el fin de sus días.

— ¿Alguien me puede ayudar? —escucho a Caiden.

— ¿Pero qué habéis comprado tarados? —grito. — Si Leire ya tiene más cosas que yo.

— Si algo tienes que empezar asumir. —dice Caiden muy serio. — Es que su tío Mario la va a consentir demasiado, es bueno que lo empieces a tener claro.

— Nada, un par de pasteles de pañales, que eso siempre viene bien. Unos camisones muy monos para el hospital, porque amor… —Mario levanta una ceja mientras me mira muy serio. — Esos que tienes son horribles, de lo peor del mercado.

— Pero son cómodos y cumplen su función. —me quejo, porque ya sabéis… yo soy mucho de quejarme.

— Hola, sigo aquí… —vuelve a decir Caiden ya un poco molesto.

Nos giramos los dos para verle y sigue cargado de bolsas en medio de mi comedor…

— Si lo que yo te diga Beth, todo lo que tiene de guapo lo tiene de tonto… —ríe y se gira mirando a su marido. — Me puedes explicar porque no las dejaste en el suelo, ¿eh?

Y río, no sé porque ese momento me recuerda a "escenas de matrimonio" y me río cómo hacía mucho que no me reía.

— Parad de discutir que me meo al final. —digo entre hipos.

— Eso Beth, tú ríete de nosotros... —me recrimina Mario.
— Es que amor, de verdad que no te ha dado tus dos neuronas para pensar en dejar las bolsas en el suelo.

— Tengo más de dos neuronas.

— Y aun así, después de todo... te quiero, increíble pero cierto. —termina de decir su "especie" de declaración de amor y vuelve mirarme a mí. — ¿Y tú qué?

— ¿Yo qué?

— Tú y Eneko cuándo vais a dejar de hacer los gilipollas, es que no sé cuántas veces te tengo que repetir que tengo un sufrimiento que me entran los calores y todo.

— Madre mía, qué la preñada y la de los calores soy yo... te recuerdo.

— Sí, vuelve a echarle la culpa a las hormonas que es lo que llevas haciendo cuarenta semanas.

— Vamos a ser padres, estamos bien, somos amigos, casi vivimos juntos.

— Amigos, amigos... —empieza a blasfemar Mario mientras se acomoda en el sofá. — Amor, —dice esta vez mirando a Caiden. — ¿Por qué no vas y me traes algo de beber?

Caiden lo mira, asiente y va derecho a la cocina.... He de practicar eso que hace con su marido también...

— Míralo, —dice mientras me mira. — A veces parece que sus dos neuronas no hagan conexión, pero aunque no le hagan conexión... está muy bueno... Parece que lleve un cartel luminoso que ponga, máquina del amor.

— Mario, de verdad... Lo tuyo es para hacértelo mirar. —termino de decir eso y escucho la puerta de la calle, es Eneko, no tengo dudas.

—Joder, cada día está más bueno. —susurra Mario mientras Eneko entra por la puerta.

— ¿Una galletita? —cojo una galleta que me estaba comiendo antes de las visitas sorpresas y se la ofrezco.

—Claro.

—Buen chico. —le doy la galleta y le acaricio la cabeza.

—¡Beth! —se queja Mario.

—Las hormonas…

—¡Me estás tratando como un perro!

—¡Estás babeando por Eneko!

—Bah, detalles sin importancia.

Eneko llega a nuestra altura y me da un beso en la frente, en la frente… ¡¡EN LA FRENTE!!

— ¿Sigues con contracciones? —pregunta muy serio.

—Sí, pero me han dicho que son normales. Nada de lo que preocuparse hasta que no rompa la bolsa y todo eso…

— ¿Estás con contracciones? ¡Vamos al hospital!

— ¿Tú me escuchas cuándo hablo? Aunque vaya al hospital no van a poder hacer nada hasta que no rompa la bolsa.

Mario me mira sin estar del todo convencido, aprovecha que llega Caiden de la cocina y se sienta a su lado mientras le da un beso y hacen un par de ñoñerías varias de enamorados.

Después de que los gordos de mis amigos se hayan comido todas las patatas fritas, las olivas y las tostaditas que tenía, Mario empieza a exponer sus ideas para juntar definitivamente Joseba y a Aida.

— ¡Se me ha ocurrido una idea genial! Aix, aix, qué emoción, ya veréis cuándo os la cuente. —dice levantándose de golpe y dando saltitos. — Vamos a invitarlos ahora, cada uno por su lado, ahora vamos hacer también un grupo e WhatsApp para estar todos comunicados.

— Otro grupo no. —digo mientas siento una contracción, esta vez no es como las anteriores y hace que me encoja un poco.

— Eso ya lo había pensado yo, venían de camino hace un rato. —suelta de pronto Eneko.

— ¿A sí? ¿A ti solo? ¿Nadie te ha ayudado a pensarlo? Vaya, al final encontraste la tercera neurona. —susurra Mario con una sonrisa.

— ¿Qué eres ahora, del club de la comedía?

— Salvado por la campana, —dice Mario, — Yo abro, yo abro que tiene que ser la comida.

△△△

Joseba nos ha enviado un mensaje y nos ha dicho que ha tenido un problema con un tinte en mal estado y que no va a salir a la calle con el pelo verde, después de mucho insistir nos ha mandado una foto… y no, no es verde, es de un color mierda que hace que explote en una sonora carcajada.

— ¡Qué me meo! —digo sin poder parar de reír, por dios esto tienen que ser las hormonas, pero de pronto siento como un líquido caliente recorre mis piernas… joder, esto no me gusta nada.

— Pato, ¿te estás meando encima? —pregunta Mario preocupado.

— Creo que acabo de romper la bolsa… —miro al suelo preocupada… ¡Joder, qué estoy de parto!

BIENVENIDA AL MUNDO LEIRE.

Contracciones de amor, van y vienen de ti…
Por dentro, por duera, de repente los latidos se
aceleran.
No sé si será está vez, la última o la primera…
solo sé, qué hay olor a primavera.
Respiras y yo – Kesia.

— ¿¡Qué!? —grita de pronto Eneko. — ¿Qué dices? ¡Joder, joder! ¿Y qué hacemos?

— Primero de todo dejar de gritar que me estás poniendo nerviosa. —gruño y ya se me han pasado las risas, sobre todo cuando el malestar de las contracciones que arrastraba durante todo el día se empieza hacer más persistente y ya no son de "aviso" como decía Julia.

— ¿Estamos de parto? ¿Estamos de parto? Amor, —dice Mario mirando a Caiden. — ¡Estamos de parto!

— Está bien, está bien. — dice Eneko mientras se intenta relajar dando vueltas al comedor y respirando como si fuera él el que está de parto. — ¿Y ahora qué?

— ¿Qué hacemos? —pregunta Mario dando vueltas al comedor junto a Eneko.

— ¡Déjame pensar! ¡Estoy pensando! —contesta Eneko.

— Hombre, pues no sé… estaría bien que me llevarais AL

PUTO HOSPITAL. —gruño como una posesa, porque realmente esto duele.

— Tienes razón, vamos a coger la bolsa. —dice mientras sigue dando vueltas en círculo con la mano rascándose la cabeza... — ¿Dónde dejamos la bolsa? ¡Ah, sí! ¡La habitación, la bolsa está en la habitación!

— ¡Sí, yo te ayudo a buscar la bolsa! —grita Mario. — ¡Estamos de parto!

¡Lo que están es a punto de morir! ¡Madre de dios! Es que a este paso, salen de casa con la bolsa y me dejan a mí aquí, dónde estoy. Viendo como Caiden sigue en shock, como el padre de Leire va dando vueltas a casa como un pollo sin cabeza y Mario le sigue como si fuera, pues eso... otro pollo sin cabeza.

— ¡Joder, qué nervios! ¡Joder, qué nervios! —vuelve a gritar Eneko desde la habitación.

— ¡Es verdad! ¡Muchos nervios! —Mario le sigue como si fuera un grupi.

Pero no, no me dejan en cas cómo pensaba que harían en un primer momento. Caiden se ha quedado en casa para avisar a nuestros padres, yo creo que en verdad se ha quedado en casa porque aún no se había repuesto el shock y sus piernas no reaccionaban. Eneko y Mario me arrastran al parking, se montan en el coche mientras Mario se asegura de que llevo bien el cinturón de seguridad y Eneko va a dejar la bolsa en el maletero, antes de poder dejarla se le cae dos veces... ¡Dos veces! ¡Y es él el que tiene que conducir!

Diez minutos después, seguimos esperando a que Eneko le arranque el coche y no se le vuelva a calar... ¡Otra vez! ¡Y van siete!

— Eneko, por favor céntrate. —digo mientras que el dolor que antes no sentía cada vez está más presente por todo mi cuerpo. — Céntrate por favor, porque la niña nos nace aquí.

—Estoy muy nervioso.

— Yo también, estoy hiperventilando. —contesta Mario.

— Eres inspector de policía, has estado en decenas de tiroteos y un parto te pone nervioso, ¿eh? — siento como una contracción me dobla por la mitad y le cojo el brazo como si se lo fuera arrancar en cualquier momento. — Arranca el puto coche, Eneko. O te arranco el brazo. —esa que habla clarísimamente no soy yo y es el dolor que habla por mí.

— Ahora mismo no soy inspector de policía, soy un flan, una gelatina, ¡una natilla! —se gira y se queda mirándome, mientras nos enseña sus manos. — Mirad mis manos, ¿las veis? —pregunta mientras nos enseña sus temblorosas manos.

—Sí, la verdad es que eres una gelatina.

— Teníamos que haber llamado a una ambulancia... Madre mía Eneko, que paro aquí, joder. Y tú. —me giro en medida de lo que puedo y me quedo mirando a Mario. — ¡Así no ayudas!

— No entiendo porque no hemos salido antes, cuándo no habías roto aguas. —contesta el padre de la criatura.

— Claro, me he puesto de parto tantas veces en mi vida que sabía a qué hora exacta iba a romper LA PUTA BOLSA... ¡ARRANCA JODER! —vuelvo a gritar porque cada vez el dolor es más intenso.

Consigue arrancar después de mi último grito y llegamos al hospital en menos que canta un gallo. Entramos en urgencias y creo que a los primeros que van atender son a Eneko y Mario que tienen un ataque de ansiedad y nervios que no es ni medio normal. Joder, que la que está de parto soy yo, ostias...

△△△

Mario ha salido de la habitación que nos han habilitado (supongo que para tomarse una tila, o un tranquimazin, no estoy muy segura), no hay nada como ir a un hospital que por noche te cobran lo mismo que una letra de la hipoteca. Poco a poco el dolor de la última contracción desaparece y parece que todo vuelve a la normalidad, Eneko me mira con cara de besugo y estoy a punto de mandarlo a Bilbao de una colleja, pero no estoy en mi mejor momento físicamente para levantarme y arrearle. He de decir que prefiero el dolor de cien agujas clavándose en el cuerpo que las contracciones, es que las hijas de su puta madre vienen sin avisar, en plan sorpresa. He visto mil películas estos meses de todo tipo de partos, mujeres que parían como si estuvieran tomándose un café (por lo de tranquilas, quiero decir) otras que sufrían de una forma que se te ponen los pelos como escarpias, pero no, no te haces una idea (y no te lo cuentan en los libros) de cómo es hasta que no lo vives en tus propias carnes...

El dolor no me da tregua y me mantiene en tensión en todo momento... Joder, con lo que disfruta uno creándolo y lo jodido que es traerlo al mundo, no es justo, nada justo.

— Voy a por una botella de agua. —susurra Eneko en mi oído.

—No te vayas.

— No voy a tardar. —contesta mientras me da un beso en la frente y creo que el agua se la trae más bien floja y lo que quiere es huir de mí y de mis gritos...

— Cobarde, pero no huyas. Cuándo me la estabas metiendo no tenías miedo, ¿no?

Veo como Eneko respira, mueve la cabeza de derecha a izquierda

— Perdóname, pero necesito que tu hija salga ya, no puedo más...

— Lo sé amor, lo sé, tranquila, ahora vengo. —sale de la habitación cruzándose con la comadrona que se supone que tiene que ayudarme a traer a Leire al mundo, pero que no está colaborando mucho.

Se acerca a mí mientras me sonríe, cómo se nota que ella no es la que está teniendo estas contracciones del demonio, se agacha a mirar mis bajos y hace una mueca, mientras apunta algo en el informe y mira el reloj.

— Aún no te podemos poner la epidural porque no has dilatado lo suficiente. —pone cara de "lo siento, no puedo darte drogas aún". — Tranquila Beth, esperemos un poco más.

— No tengo antecedentes de agresividad, pero ¿Qué quieres que te diga? Esto me está empezando a afectar y estoy desarrollando instintos homicidas hacía el padre de Leire. —gruño mientras ella sonríe.

— Está bien, ahora volveré. —y se va... está señora no es la que me tiene o tenía que drogar para que no sintiera dolor... ¿Eh? ¿Eh?

Cuándo sale por la puerta se topa con Eneko y lo para con el brazo.

— No le tengas en cuenta los insultos y demás, está sufriendo las contracciones sin epidural porque aún no ha dilatado lo suficiente. Ahora te necesita.

— Quiero drogas, —le digo a Eneko cuándo entra por la puerta con una botella de agua... — Muchas drogas, de las duras o de las otras, me da lo mismo. Tú eres policía, seguro que sabes dónde ir a buscarlas...

— Las contracciones no deberían de ser más espaciadas, ¿eh? —pregunta a una enfermera que está apuntando algo en mi historial. — Lo leí en un libro de padres primerizos.

— Espaciadas son las ostias que les voy a dar como no me den algo para el dolor.

Cuándo termino de decir eso, la enfermera me mira como si me tuviera miedo y sale corriendo... ni que fuera la niña del exorcista. El teléfono de Eneko vuelve a sonar...

— ¿Has avisado a alguien más? A parte de Mario que seguro que está dando vueltas por el hospital como un pollo sin cabeza. —pregunto, porque con las prisas y los dolores creo que ninguno de los dos (o al menos yo) nos hemos parado a pensar en el resto, osea en nuestros padres, Mario en su estado no cuenta y Caiden menos.

— Le mandé un mensaje a tu padre y a mi madre, pero les dije que aún no hacía falta que vinieran...

— Joseba y Asier no van a dejarte de dar la lata, hasta que les cojas el teléfono. —termino de decir mientras el teléfono de Eneko vuelve a sonar. — Descuelga y pon el manos libres...

— ¿Me podéis explicar por qué ostias no me cogéis el teléfono? ¿Estáis en un maratón de sexo? Si es por eso, os perdono fieras.

— Estamos en el hospital.

— ¿En el hospital? ¿Cómo en el hospital? —pregunta de pronto Asier, creo que nunca lo había escuchado tan serio.

— Que Leire tiene ganas de conocer a sus tíos... —digo mientras le agarro la mano a Eneko cuándo otra contracción recorre mi cuerpo.

— ¡Joder! —grita Asier y creo que ha empezado a hiperventilar. Eneko se levanta con el móvil y le dice a grandes rasgos que estamos esperando, que aún no me han puesto la epidural y que no hace falta que vengan, aunque creo que no le van hacer absolutamente ningún tipo de caso, cómo si no los conociera. — ¿Cómo que no ha dilatado? —pregunta Asier, que contra todo pronóstico es sin duda uno de mis chicos favoritos y ha estado conmigo desde que me encontró en el suelo del baño de Mario.

— Yo que sé.... —contesta Eneko. — Para mi hasta quince o veinte centímetros me parecerían poco, pero si la comadrona dice que diez, pues diez...

— ¿Vas a estar ahí? ¿Con toda la sangre? —está vez habla Joseba.

— Sí. —dice mi bonito del norte mientras me coge de la mano y la aprieta, no habíamos hablado de eso, pero me alegro que no me deje sola...

— ¿Viendo cómo sale de ahí esa cosa?

— Esa cosa será mi hija y tu sobrina, capullo.

— Otra semana que no mojas, —escuchó a Aida mientras Joseba se queja y estoy segura de que se ha ganado una señora colleja.

— Chicos, os tenemos que dejar que viene la comadrona.

— Salimos para allí.

— No hace falta.

— Eneko, me parece increíble que aún no nos conozcas para saber que vamos hacer lo que nos salga de los huevos.

De pronto entra Julia, saluda a Eneko mientras que le hace un gesto raro, supongo que para que cuelgue la llamada, se acerca a mí y me mira mis partes nobles.

— Venga Beth, vamos a prepararte. ¿Estás lista?

— Llevo nueve horas teniendo dolores insufribles, créeme Julia, estoy lista.

— Bien, vamos a ir a disfrazar al papi y nos vemos en un momento.

△△△

— Vamos Beth, un último empujón.

— Es que no puedo más, no puedo más. —joder, lo que una disfruta creando una vida y lo jodido que es traerla al mundo. Esto ya lo he dicho ¿verdad?

No puedo más, pero hago último esfuerzo mientras me acuerdo de todos los antepasados de Eneko. Aprieto con todas mis fuerzas (las que me quedan, vamos) y ni siquiera cuando escucho crujir la mano de Eneko paro.

— ¡Ah! ¡Mi mano! —grita adolorido.

— No te quejes. —dijo la niña del exorcista.

Y de pronto todo pasa, ya no hay presión, ni tensión, ya no hay dolor...

La comadrona se lleva a Leire y después de lo que a mí me parece una eternidad, me la deja en el pecho desnudo. Es muy pequeña, es muy poquita cosa, pero al mismo tiempo es la cosa más bonita del mundo. Leire intenta trepar por mi pecho como una culebrilla buscando mi pezón y sonrío. Alzo la mirada y veo a Eneko sumergido en un mar de lágrimas... vaya con mi chicarrón del norte.

Vuelto a mirar a Leire y alza la cabeza como si me quisiera ver, no ha abierto los ojos, pero a mí me da lo mismo, porque ya es el centro de todo mi universo.

— Hola, pequeña. Bienvenida al mundo. —sonrío y rompo a llorar mientras que Eneko me da un beso en la frente (que vaya manía que ha cogido el señor) y le toca la mano a Leire, que en estos momentos tiene que pensar que su padre es una rana, porque va vestido de verde de arriba abajo.

△△△

Os voy a dar un consejo de vital importancia, no os fieis de esas mujeres que después de dar a luz están estupendas, maravillosas y que dicen que es el mejor momento de su vida. Cuando estás más de nueve horas de parto, sufriendo dolores de la muerte, sin drogas y demás, no es el mejor momento de tu vida. Eso sí, el mejor momento de tu vida es cuándo te lo ponen en el pecho, entonces sí. Antes no.

Mi hija con sus apenas diez horas de vida ya va de brazos, en brazos. Mi padre no ha dejado de llorar y de babear, tendría que haberme traído baberos para él y para Amaia que tampoco ha dejado de llorar y de babear. Mi madre por el contrario me ha sorprendido y aunque se le cae también la baba con Leire está siendo más comedida y más cariñosa (cosa que me extraña) Caiden ya no está en shock y Mario ha dejado de tomarse valerianas.

— ¡Qué familia más bonita! —vuelve a decir Mario antes de volver a llorar y se suena los mocos con mucha clase, porque a él clase le sobra...

— Vamos a dejar que pasen los chicos y estén un poco con vosotros. —dice mi padre, cuándo ve que Joseba y Asier asoman la cabeza en la habitación.

— Sí, luego volvemos. —dice Amaia.

Amaia, mi madre y mi padre salen de la habitación, para dejar paso a los tíos de Leire.

— Vaya pintas tío, vergüenza das. —le sonríe a Eneko. — Hola preciosa. —me da un beso en la frente y yo ya me empiezo a mosquear con ese gesto. — ¿Dónde está mi pequeña pateadora? ¿Cómo es? ¿A quién se parece? —pregunta mientras se acerca a la cuna.

— Igual que su madre. —contesta sonriente Eneko.

— Menos mal, tío. Llega a salir con tu cabeza y pobre Beth.

— No le hagáis caso, Leire es como su padre. Porque la he parido yo, si no tendría mis dudas de que mis genes estuvieran por alguna parte. —sonríen todos mientras que yo le lanzo un beso a Eneko. — En diez horas que tiene, nos está demostrando que los tiene cuadrados, así... básicamente como su padre.

— No blasfemes pato, aquí todo el mundo sabe que la cabezota eres tú. —sonríe Mario, porque a él cómo ha dicho antes, no le sacan de la habitación hasta que se vayan todos.

Todos se ríen y aunque me joda reconocerlo, sé que tienen razón.

— Le hemos traído un par de cosas a la peque. —dice Joseba,

mientras él y Asier sacan dos camisetas (una de los Mossos y otra de la Ertzaintza) en versión miniatura, le dan la vuelta y en el reverso de la camiseta con letras bien grandes pone Arizaga.

— ¡Por favor! —digo sin poder evitar taparme la boca, porque realmente son increíbles. — ¡Son una monada!

— Las hemos tenido que encargar, no hay más pequeñas que estás.

— ¡Cómo su padre! —sonríe Eneko mientras se acerca a Asier con Leire en brazos.

— ¿Te gustan? —pregunta Asier.

— Me encanta, —contesto sonriendo.

— Beth, le preguntaba a la peque. —sonríe mientras me guiña un ojo.

— ¿Te acuerdas cuándo Nathan y Arizona eran así? —le pregunta a Asier y yo me empiezo a mosquear... ¿Quién es Nathan? ¿Y Arizona?

— Sí, sí que me acuerdo... ahora están enormes... si mi rubita pudiera verlo...—agacha la cabeza y juraría que tiene un nudo en la garganta.

Después, alza la mirada y nos ve a nosotros, Mario sigue sentado en la silla, a su derecha está Eneko con Leire y a su izquierda está Joseba. Yo no me he movido de la cama, porque aún me duele todo.

— Anda, déjame coger a esta preciosidad. —sonríe Asier y la coge con una delicadeza que me confirma que no es el primer bebé que coge en brazos. — Os voy a contar algo, pero tenéis que prometerme que no le diréis a nadie... por supuesto. —dice mirando ahora a Mario. — Puedes contarle a tu marido y tú marica a tu lo que sea. —le sonríe a Joseba y este pone los ojos en blanco. — Mi rubia antes de irse de este mundo, me dio los dos mayores regalos que se le puede hacer a alguien, a mi rubios… mi niña Arizona y mi niño Nathan, que así es cómo se llaman… viven en Estados Unidos con sus abuelos y sus tíos. Iba a traerlos aquí, pero sé que allí está mucho mejor cuidados y mi rubia así lo hubiera querido… yo trabajo mucho y sé que tendrían que estar muchas horas con una niñera. Ahora tienen casi cinco años y son el amor de mi vida, mi luz, mi todo. Por eso viajo tanto a Estados Unidos… Leire es…—le toca su cara y yo siento como una lágrima cae por mi mejilla…

¿Quién es su rubia? ¿por qué murió? ¿qué le pasó? Hulk, son muchas preguntas y creo que no me van a contestar a la mitad…

— Leire. —vuelve hablar. — Es un angelito como lo fueron los míos y sé que cuándo sea más mayor se llevará bien con sus primos. Lo siento, siento no haberos contado esto a vosotros. —nos mira a mí y a Mario. — Pero me ha costado un poco asumir que mi rubia no está y no estará para ver a sus pequeños crecer.

— Asier… —digo de pronto bañada en lágrimas. — No estás solo, ¿lo sabes?

— Lo sé morena, lo sé.

TE QUIERO, TE QUIERO, TE QUIERO.

No sé cómo has hecho pero al final...
en mi corazón está grabado tu nombre, tan grande...
pasa el tiempo y voy queriéndote más,
en toda esta pasión se esconde tu nombre...
Tu nombre – Nek.

— ¿Sabes qué día es hoy? —me pregunta Eneko mientras me preparo un café.

— ¿Martes?

— Beth, hoy termina la temible cuarentena... —dice mientras se acerca lentamente a mí, me sube un poco la camiseta y da un lento beso en el cuello.

— Una pena que tengas que irte a trabajar... ¿no? —contesto, mientras siento como empiezo a derretirme con sus caricias.

— Puedo llegar un poco más tarde, no tengo problema. —en cuanto termina de decir eso, Leire pega tal berrido que aún no sé cómo no se han caído las paredes, qué barbaridad, qué potencia, menudas cuerdas vocales que se gasta mi hija.

— Chicarrón, tú hija creo que no nos lo va a poner fácil. —digo mientras giro sobre mí misma y voy a ver a mi guerrera.

— ¿Sigues pensando en salir con las chicas está noche? —pregunta mientras escucho como trastea en la cocina.

— Por supuesto, hoy es noche de chicas... Y como ha

quedado demostrado que tengo que ser una madre horrible porque no le puedo dar el pecho a mi hija, me voy a tomar a tu salud un par de copas de vino y aprovechar que la peque se queda en casa de tu madre.

—Mmm...

— Si sales pronto, puede que está noche tengas premio...

—Beth...

— No pienses que voy a estar a las doce en casa, pero podríamos después jugar un poco...—sonrío con la mirada más traviesa que sé poner, después de volver a dejar a Leire en la cuna y acercarme un poco más a Eneko. — Tampoco pienses que todo lo hago para tenerte entre mis piernas...

— Vaya, qué pena porque realmente soy en estos momentos un chico muy fácil.

— ¿Un chico fácil?

—Me voy, porque si no... al final voy a tener que esposarte.

—Mmm... esposas...

△△△

— ¿Cómo llevas estar sin la peque? —pregunta Aida, mientras saca el pastel que ha traído para el postre.

— Debo de pareceros una madre horrible, pero, aunque la quiera, la adoro y no concebiría mi vida sin ella, estoy disfrutando de estar con vosotros, sin tener que cambiar pañales o preparar biberones.

— Brindemos por eso, porque aparte de mujeres somos madres. —alza la copa Aida y yo creo que después de la tercera copa ya voy algo contenta.

—Mario, déjame tu móvil un momento que el mío me lo he dejado en casa y es para ver si Eneko puede escaparse a traerme las llaves, que se ha llevado las mías sin querer.

Me deja su móvil y mientras busco el contacto de Eneko veo un grupo de WhatsApp que no me esperaba...

— ¡Mario! —grito de pronto. — ¿En serio? ¿"Quiero ir preparando la pamela (Eneko & Beth)"? ¿Creaste un grupo de WhatsApp que se llama "Quiero ir preparando la pamela (Eneko & Beth)"? —Mario se ríe y estoy a punto de tirarle el trozo de tarta a la cabeza. —Joder, encima no me puedo agregar para cantaros las cuarenta y las cincuenta porque Asier es el administrador, de vosotros me lo esperaba, pero él...

— Devuélveme el móvil. —dice, mientras se lanza en plancha hacía mí.

— ¡Ni lo sueñes! —digo mientras salgo corriendo por el comedor con el móvil en las manos, mientras que Eneko entra por la puerta.

— De vosotros me lo espero, pero joder que el administrador del grupo es Asier.

— Reconoce que somos estupendos pato, increíbles.

— Pensé que vuestras fiestas del pijama eran diferentes. —dice Eneko cuándo me encuentra con las manos en alto y subida al sofá, mientras sujeto el móvil de Mario y esté está dando saltitos para poder cogerlo.

— No quieras saber porque está subida al sofá con el móvil de Mario. —le informa Aida a Eneko.

— Te dejo en la entrada las llaves, —dice mientras saluda a mis amigos. — ¿Me puedo quedar con vosotras?

— No, para nada.

— Pero si no voy a decir nada de lo que habléis, de verdad.

— Eneko, —me acerco lentamente a él. — Es una noche de chicas, y por lo que sé... tú tienes pene.

— Mario también.

Suspiro hondo e intento contar hasta tres.

— Amor, —digo sorprendiéndome a mí por llamarle así y a él también. — ¿Te acuerdas de lo que te hice el otro día que te gusto tanto? —veo como asiente y sus ojos se llenan de lujuria. — Pues si quieres volver a repetirlo haz algo productivo y vete de aquí, a detener delincuentes o a lo que tú quieras.

— Vale, tranquilas, sé cuándo sobro.

— ¡Muy hábil! —sonríe Mario.

— Menos mal que me quedé con el listo del grupo, —sonríe Aida.

Cuándo conseguimos que Eneko se vaya, Mario se le queda mirando el culo descaradamente, gira sobre sus talones y alzando la cejas mientras sonríe suelta una de esas frases suyas que hace que le queramos tanto.

— Quiero mucho a Caiden, pero qué culo que tiene tu bonito del norte. ¡Vivan los chicarrones del norte!

— No sabes la de gimnasio que me voy ahorrar.

— Pero si nunca has ido más de dos días seguidos a uno.

— Cómo dices tú, detalles sin importancia.

△△△

Tres horas después nos hemos acabado tres botellas de vino y hemos empezado hablar de cosas serias, o al menos lo estamos intentando.

— Deja de preocuparte por cómo se te ha quedado el cuerpo después del parto y preocúpate por tus orgasmos, ¿Qué tienes pensado para esta noche?

— Lo siento, señor perfecto. No puedo dejar de pensar en los colgajos que tengo... Necesito otra copa para olvidarme de ellos.

— ¿Más vino? —pregunta Aida, mientras abre el minibar.

—Prefiero un gin.

— Así me gusta, qué sean dos. —levanta la mano Mario. —Lo que no entiendo es como no le quitaste la grasa a lametazos cuándo el otro día estaba arreglando el coche.

—Porque estaba en la cuarentena, Mario, por eso.

— ¿Te piensas que antiguamente le hacían mucho caso a eso? A lametazos Beth, a lametazos.

—Eres un cerdo...

— Perdone me había olvidado su excelencia, perdone por mis sucias y aberrantes palabras, pero si mal no he escuchado antes... aunque hayas estado de cuarentena... jugad habéis jugado.

— ¡Mario! —me vuelvo a quejar sin mucho éxito.

—Ni Mario, ni leches. Vale, ya me callo, ahora cuéntamelo, detalles sucios incluidos.

— ¡Deja de ponerte estupendo meticón! —sonríe Aida, mientras mira a Mario y este asiente. — Vas pedo o ¿qué?

—Cómo una cuba, ahora cuéntame, cuéntame por dios.

—Vale, os voy a contar algo...

△△△

Siento como cae el agua sobre mi cuerpo y mi piel se empieza a poner algo roja, pero no me importa. Mis amigos hace un rato que se han ido, igual que el vino que ya apenas lo siento en mi organismo. Escucho la puerta y sé que Eneko ya ha llegado a casa, cinco minutos más tarde siento como entra a la ducha conmigo (digo siento, porque normalmente me ducho de cara a la pared, como si estuviera castigada).

Empieza a besarme el cuello y siento como sus manos recorren mi cuerpo lentamente.

— Te he echado de menos. —dice mientras presiona mi culo como me lo he estado imaginando estas semanas.

Sigue besándome el cuello y siento como todas mis terminaciones nerviosas despiertan de su letargo, creo que me he puesto a tono solo con esos besos que no se detienen.

— Yo también, —consigo decir, mientras noto como su cuerpo desnudo presiona el mío. — Parece que no soy la única que ha despertado de su letargo. —dijo mientras empujo con el culo su erección, madre mía, y eso es todo para mí.

Me giro y mientras le sonrío, ahora soy yo la que le va besando poco a poco, primero el cuello, después su pecho, su estómago, su barriga y cuándo estoy delante de mi objetivo sonrío con una mirada lasciva que hace que sus ojos se llenen de lujuria, mientras saco la lengua y empezó a recorrer mi objetivo con determinación. Subo, bajo, sin despegar la lengua hasta llegar a la base y sonrío mentalmente al ver la cara que tiene Eneko.

—Beth, para o no podré...

— Tsss... no digas nada. —pero no me deja terminar, porque me pone en pie y se mueve para que su pene se quede encajado entre mis piernas.

Creo que voy a morir del gusto en estos momentos, por dios cuándo echaba de menos tenerlo así y mientras me voy recreando en su cuerpo, alza mis manos por encima de mi cabeza y de una estocada me penetra y yo creo que voy a desfallecer en cualquier momento. Con cada estocada mi cuerpo convulsiona de tal manera que creo que cuándo alcance el orgasmo voy auto combustionar.

—Eneko, no puedo más.

— Déjate ir conmigo. —me susurra al oído mientras vuelve a introducirse hasta el fondo de mí.

Y mientras sigue bombardeando en mi interior, sujetándome las manos y besándome con lujuria me dejo ir, teniendo uno de los orgasmos más arrolladores que he tenido en mucho tiempo.

— Te quiero. —me susurra al oído mientras se desliza y sale de mi interior.

△△△

— *Buenos días. —sonríe Eneko, cuándo abro los ojos y lo veo observándome, esto puede ser todo lo romántico que queráis, pero a mí me da mal rollo que me miren mientras duermo...*

— *Buenos días...—no me deja terminar la frase, porque empieza a darme besos por todo el cuello, hasta llegar a la clavícula.*

— *Eres deliciosa...*

— *Ya te había visto con hambre cuándo he abierto los ojos. —sonrío, mientras me hago la remolona, porque eso se me da de vicio hacerlo. — Inspector Arizaga... haga usted conmigo lo que quiera.*

— *No sabes lo que acabas de decir Beth.*

...

...

...

— ¡Pato! ¡Despierta! —me saca de mis recuerdos Mario que me mira desde la mesa de su estudio. — ¡Dios, mío! Voy a por un café porque vaya cara que tienes pato, este chicarrón del norte va a terminar contigo... aunque pensándolo bien... Tiene que ser maravilloso morir entre polvos.

— Madre mía, como había dudado de lo maravilloso que estaba sin ropa... —murmuro sin querer.

— Eso, tú ponme los dientes largos...

— A ver si al final voy a ser una ninfómana de verdad.

— Voy hacerte un café. —se levanta y va hasta el otro extremo de su despacho dónde tiene una cafetera.... Rosa, como no.

— He estado casi toda la noche despierta y está vez no ha sido por Leire... Y nada de jugar al trivial o al parchís, al inspector Arizaga se le ocurrió otras formas más adultas de jugar... como lo echaba de menos, no te lo puedes ni llegar a imaginar porque...—pero mi móvil no me deja seguir con mi monologo porque mi madre me reclama al otro lado del teléfono.

—Hola, mamá.

—Hola, Elizabeth. ¿Qué tal? ¿Has ido a buscar a Leire? ¿Podrías pasarte por casa hoy?

—No, irá Eneko ahora a por ella, yo estoy desayunando con Mario. Claro, si quieres me paso ahora... le puedo decir a Eneko que me vaya a buscar a tu casa.

—Está bien, te espero aquí.

— Bien, pues dame media hora y estoy allí. —digo antes de colgar y quedarme mirando a Mario. — Mi madre está rara, más rara que de costumbre.

—Tu madre siempre ha sido rara pato.

— También es verdad, me voy a verla, a ver qué le pasa. ¿Quieres venir?

— No, a diferencia de ti yo no estoy de baja y he de seguir trabajando.

—Si cambias de opinión, solo tiene que llamarme.

Me despido de Mario y salgo de su estudio en busca del coche, podría ir en taxi y así no volver luego con dos coches, pero prefiero no dejarlo aquí.

-[28 marzo 10:18] Beth: Voy a ir a casa de mi madre, que no sé qué quiere contarme. ¿Nos vemos allí? Así ven a la peque. (Beth, ¿Te he dicho hoy que te quiero?

- [28 marzo 10:20] Mi bonito del norte: En un par de horas estamos allí. (Eneko, no, pero yo te quiero más)

¡Vivan las ñoñerías diurnas!

Me meto en el coche y cuándo voy arrancar mi móvil vuelve a sonar, pongo cara de besugo al imaginar que es Eneko, o quizás es Mario que se lo ha pensado mejor y quiere acompañarme...

- [28 marzo 10:25] Casper, Dani: Hola, Elizabeth. Me ha comentado tu madre que pasarás hoy por su casa. ¿Tendrás un momento para hablar? He de comentarte algo, que creo que es importante. Gracias, hablamos.

Vuelvo a mirar bien el móvil porque creo que en los años que lleva junto a mi hermana es el primer mensaje que me ha enviado y es raro, muy raro. Así que sin pensarlo mucho le contesto y salgo para casa de mis padres.

- [28 marzo 10:25] Beth: ¡Hola, Casper! Sí, iré en un rato. ¡Claro, luego hablamos!

∆∆∆

Echo de menos mi barriga, aunque cuándo me acuerdo que me pasaba más de media hora para buscar la postura en el sofá tapada con la mantita y la mayoría de las veces se me olvidaba el mando de la tele en la mesa, se me pasa....

Espero poder hablar con Eneko esta noche como personas adultas que somos, porque después de la noche que hemos pasado y de la vida de padres que somos... ¿Estamos juntos bien? Nunca tuvimos una conversación de vamos a volver a intentarlo seriamente, ¿Verdad? Debería de tener un diario para apuntarme todas estas cosas.

Y estoy pensando en todo esto, mientras le doy la séptima vuelta al café que me ha puesto mi madre hace veinte minutos.

Sí, yo también estoy sorprendida por la capacidad que tiene mi mente de divagar de esta manera, la verdad es que supongo que serán las hormonas que después del embarazo no se han vuelto a tranquilizar o yo qué sé pero aquí estoy, de mi cuñado ni rastro... y esto sumado al mensaje que recibí hace unos días, no me gusta nada. Vuelvo a sacar el móvil y miro el mensaje de ese número desconocido.

-[18 marzo 16:07] Número desconocido: No todo es lo que parece Beth, abre los ojos en casa de tus padres y podrás saber la verdad.

Pues yo qué sé de qué verdad estaba hablando, lo que sí que os puedo decir que eso que dicen que el amor de una madre no tiene comparación, con la mía no funciona... Parece que las dos neuronas que tiene aún no le han hecho una buena conexión, no le odio de verdad que no, pero es que lo que me está explicando me parece tan interesante como el documental sobre el apareamiento de los leones marinos... es decir nada, cero. Y eso, que desde que nació Leire la señora está irreconocible.

— Es que no sé qué estás haciendo con tu vida Elizabeth Aurora de la Vega. —cuándo escucho mi nombre vuelvo a la sala de casa de mi madre y dejo de divagar, dónde estará mi padre cuándo lo necesito. — Estudiaste periodismo, nunca has llegado a escribir y ahora porque estás de baja, pero después ¿qué vas hacer? llevas tomando malas decisiones desde que te parí. Encontraste a un hombre perfecto y cancelaste tu propia boda y ahora... ahora estás con un inspector de policía, tenéis un bebé... que a saber si fue un accidente o fue algo buscado y no me mires con esa cara porque adoro a mi nieta y sus mofletes, pero ni os planteáis casaros ni nada... qué imagen Elisabeth Aurora de la Vega. Tenía la esperanza de que te casaras y sentaras la cabeza antes de los treinta, pero visto lo visto...

— Ese hombre perfecto como tú dices me era infiel, ¿lo

recuerdas? ¡Digo! Por si se te ha olvidado, me la pegaba con todas... —a la mierda mi autocontrol.

— ¿Piensas que todos son fieles? ¡Qué ilusa eres Elizabeth Aurora! ¿Estás segura de que Eneko te es fiel?

—Se terminó mama. —me levanto de la silla como alma que lleva el diablo y rezo por no perder los papeles, aunque no, no lo estoy consiguiendo, bah... a la mierda. — Me voy... no pienso volver más a esta casa mientras me sigas tratando así... Crees que todo lo que tú dices es lo mejor para todo el mundo, pero no tienes ni puta idea de las cosas, no me conoces, nunca te has parado a pensar o intentar conocerme. —¡viva mi autocontrol!— Y sí, es lo mínimo que le pido a una pareja, que me sea fiel... ¿Sabes? Eres mandona, exigente, me críticas de una forma cruel y parece que ni siquiera sea tú hija por la forma en la que hablas de mí. Me haces sentir pequeña todos los días de mi vida, porque siempre, repito siempre me repites lo maravillosa que es Dani, por cierto... sabes que posiblemente no sea oro todo lo que reluce, ¿verdad? ¿Ni siquiera en casi los dos meses que tiene Leire se ha dignado a conocerla? y mientras tanto a mí que me jodan. Pues se terminó mamá, hasta aquí he llegado... Puede que no sea perfecta, pero es que en ningún momento lo he intentado ser. Sí, tienes razón estudié periodismo pero no escribo... al menos termine la carrera y saqué buenas notas, qué digo buenas notas... mis notas fueron de las mejores de mi promoción. También es verdad que cancele mi propia boda, lo siento si tampoco quiero ser la cuernuda de Barcelona, me niego a que mi marido retoce por las noches con cualquiera mientras yo lo espero en casa y después cuándo llegue a casa ¿Qué? Quieres que me abra de piernas como una buena esposa... lo siento, pero ese no es mi concepto de una relación.

Veo como mi madre va perdiendo fuelle y de pronto veo como si hubiera envejecido diez años, se sienta en una silla, mientras se tapa la cara con las manos y suspira. ¿Está llorando? No sé si está actuando o por el contrario he conseguido dar en la tecla apropiada y he dejado a la vista su humanidad.

— Lo siento Elisabeth Aurora. Puede que nunca elija las palabras adecuadas contigo... pero siempre has tenido razón, sé que soy mandona y un poco agotadora.

— ¿Un poco?

— Vale, soy agotadora... Lo siento, supongo que tienes que odiarme.

— No te odio mama. —digo porque creo que me he pasado tres pueblos y dos rotondas con ella.

— Solo quiero lo mejor para ti. No quiero que la gente vuelva hablar de ti, no quiero que cometas los mismos errores que otras personas que conocemos han cometido y por eso siempre te he forzado un poco más que a tu hermana. Siento no ser la madre que te mereces. Espero que algún día, en algún momento puedas perdonarme. Desde que me enteré de lo de tu hermana... Bueno, digamos que me he dado cuenta que me he equivocado y que he perdido el norte, me he dado cuenta de lo que me he extralimitado contigo y ahora creo que es muy tarde.

— ¡Espera! —vuelvo sobre mis pasos y me quedo delante de ella. — ¿De qué cosa te has enterado? ¿Le ha pasado algo a Dani?

— Siéntate Beth, voy a prepararte otro café que ese se te ha tenido que quedar frío...

Ahora en serio, ¿Quién es esa señora amable y que ha pasado con mi madre en estos cinco minutos?

— No mamá, no quiero otro café... Quiero que te sientes y me expliques que ha hecho Dani para que hayas perdido el norte... Si no recuerdo mal siempre ha sido tu ojito derecho.

— No ha sido siempre mi ojito derecho, no supe quererte bien cuándo te tuve... tenía una vida y no entraba literalmente en nuestros planes tener un bebé... pero llegaste tú y me vino todo grande, no es que tu hermana haya sido mi ojito derecho… Es complicado de explicar.

— Te estás yendo por los cerros de Úbeda… ¿Qué ha hecho Dani? —intento decir con toda la autoridad que me sale, mientras pienso en lo que me ha dicho mi madre.

Leire tampoco es que haya sido buscada, pero… no podría culparle de nada, ella no tiene la culpa. No es que odie a mi madre, pero no creo que pueda tener la relación que tiene Eneko con Amaia, al menos no de momento.

— Creo que es algo de lo que tienes que hablar con tu hermana, lo siento, siento mucho todo esto cariño. —veo como sus ojos se llenan de lágrimas una vez más y el estómago se me encoge…

— ¿Pero ella está bien? —vuelvo a preguntar.

— Sí, ella está perfecta. Demasiado bien para lo que tiene encima.

— No estoy entendiendo nada… —digo mientras me quedo en babia durante unos segundos, el timbre de casa de mi madre me devuelve a la realidad. Es mi cuñado con Noah.

— Titaaaaaa —escucho como grita mi sobrino… — ¿Onde tá la pima? —dice con su media lengua.

— La prima está con su papá, te prometo que otro día la traigo y la ves, ¿Vale? —me giro y veo a mi cuñado con una cara de funeral muy poco propia de él — Hola Casper.

— Hola. —dice en un tono muy serio. — Joana te dejo aquí a tu nieto, en la mochila tiene algo de ropa, yo salgo esta tarde… No sé cuándo volveré, supongo que cuándo las cosas se calmen un poco, te llamaré si te parece bien para preguntar por Noah.

— Voy a domir con labuela. —dice mi sobrino mientras me mira fijamente la barriga. — La pima no tá en la barriga ¿ya?

— No, no te acuerdas que la viste y ya no estaba en la barriga.

— Siiii —grita Noah sonriendo.

— ¿Alguien me puede explicar de una vez que demonios pasa aquí? —insisto porque parece que aquí nadie repara en que estoy más perdida que una aguja en un pajar.

— Pregúntale a tu hermana y al padre de tu sobrino, que por lo que se ve... no soy yo y tú lo conoces muy bien. —después de decirme eso, mira a mi madre y una sonrisa triste (y algo forzada) aparece en su rostro... ¿En serio ha soltado mi cuñado esa bomba? Intento buscar la cámara oculta, pero sigo sin encontrarla por ninguna parte. — Lo siento Elizabeth, creo que en realidad no es un buen momento para hablar, pensé que sí... pero no. Ya hablaremos con más calma.

— Yo...—digo totalmente en shock. — Mira, no es porque no esté entendiendo nada, que no estoy entendiendo nada... pero me voy, así podéis hablar tranquilos. Han pasado muchas cosas hoy y necesito que me dé el aire.

— Beth... —dice mi madre en un tono y con un nombre que no se lo he escuchado en la vida...

— Tranquila mamá, mañana hablamos. No te odio, no te preocupes... llámame mañana y nos vemos, creo que tenemos que pensar mucho las dos sobre la conversación que hemos tenido antes. —digo y me sorprendo a mí misma de nuevo porque no sé la de tiempo que llevo sin llamarle así.

Salgo de casa de mis padres sin entender nada de lo que ha pasado ahí dentro... Casper no es el padre de Noah... ¿Ha dicho que yo conozco muy bien al padre de Noah? No estoy entendiendo nada... ¿Quién es el padre de Noah? ¿Yo lo conozco muy bien? Descartando a Mario y a Xavi, no se me ocurre nadie más... Porque ni Joseba, ni Asier, conocían a mi hermana cuándo se quedó embarazada de Noah y por supuesto a Eneko tampoco. ¿A quién conozco muy bien? Joder, siempre había pensado que las cotillas del barrio hablaban por hablar y que era casualidad que Noah hubiera sacado más de mi hermana, pero...

Me meto en el coche y pongo la calefacción, me ha entrado

hasta frío y todo, cojones... despúes de sentir como el calor empieza a inundar el coche lo arranco y salgo de la urbanización, sumida en mis pensamientos. Doy una vuelta más larga que de costumbre, porque necesito pensar y sobre todo asimilar la información que he recibido en menos de una hora, rodeo la urbanización y subo hasta dónde está el depósito de agua que los bomberos utilizan en el caso de algún incendio por la zona y busco mi móvil para enviarle un mensaje al que no sé si sigue siendo mi cuñado en estos momentos o simplemente es Casper.

- [23 marzo 12:16] Beth: ¿Quién es el padre de Noah, Casper? Por favor Cas, contéstame...

Espero cinco minutos, pero Casper no contesta... veo como está empezando a llover, de esa lluvia que molesta como la madre que la trajo al mundo y noto como el corazón se me va a salir por la boca, algo dentro de mi sabe que la respuesta que me va a dar Casper no me va a gustar nada...

Diez minutos después y sin respuesta vuelvo a poner la radio y decido volver a casa, bajar las cuestas de la urbanización de mi madre con lluvia no es que sea mi pasatiempo favorito... vuelvo arrancar el coche y empiezo mi pequeño descenso, en medio del proceso suena el móvil e intento palparlo con una mano para (sin perder la vista de la carretera) ver la respuesta a la pregunta que le hecho hace apenas quince minutos a Casper.

Desvío cinco segundos la vista de la carretera y lo veo...

- [23 marzo 12:35] Casper, Dani: Mateo...

— ¡Joder! —grito sin querer.

Creo que entro en shock, porque cierro los ojos y dejo de sentir mi cuerpo, ni mis manos, ni mis piernas, ha sido leer el nombre de Mateo y perder el control, de mi cuerpo y de mi coche que este asume por iniciativa propia la dirección.

Voy cayendo en dirección a lo que antiguamente era la

riera de la urbanización siento como si me hubiera quedado paralizada y no fuera capaz de volver articular ningún músculo de mi cuerpo para intentar encauzar el coche, es inútil. Después de lo que parece una eternidad y seguramente solo fueran dos minutos siento el golpe que el coche se da contra un árbol y todo lo demás se vuelve negro.

NO TE DIGNES A LLAMARME HERMANA.

I lit fire with the love you left behin...
And it burned wild and crept up the
Mountainside, but...
I don't followed your ashes into outer space.
Stars – Grace Potter & The nocturnals.

— *¡Joder, es Beth! Tened cuidado al sacarla, cojones.* —*repitió Asier cuándo se dio cuenta que la chica accidentada era Beth.*

Asier volvía de casa de un amigo al que había ido a visitar, cuándo vio un coche deslizarse por el pequeño barranco y chocar contra uno de los árboles de la riera. Rápidamente llamo a sus compañeros que estaban de servicio para informarles que había presenciado un accidente y que necesitaba una ambulancia, después corrió hacía allí y no reparo en que era Beth hasta que se acercó lo suficiente.

Sacó el móvil y marco el número de Eneko... pensó en cómo decirle lo que acababa de presenciar para que él no se pusiera nervioso, pero no había forma de decirle aquello sin que su amigo se subiera por las paredes, porque lo conocía desde hacía muchos años y sabía que Eneko era de sangre caliente.

— *Esta inconsciente, pero tiene pulso. Vamos a sacarla de aquí.* —*informó el sanitario.*

No me siento el cuerpo, tengo la sensación como si todo lo viviera desde una segunda persona. Cómo en las películas cuándo el protagonista de turno muere y se ve a sí mismo… Pues algo parecido es lo que siento. ¿Es que acaso voy a morir? ¿Esto es lo que se siente? Yo he tenido más o menos una vida llena de momentos que atesoro en mi corazón, pero me faltan los más bonitos junto a Leire.

Si me voy a morir no podré seguir cogiéndola e impregnándome de su olor, tocarla, besarla, verle dar sus primeros pasos, verla sonreír y ver como aprende a correr por el parque de la Ciudadela. ¿Acaso no voy a poder vivir todo eso? "Beth, céntrate, qué no te vas a morir" me digo a mí misma, mientras trato de abrir los ojos sin éxito.

— *Eneko… —la voz de Asier sonaba nerviosa y poco firme.*

— *¿Qué te pasa ahora mariquita? —contestó Eneko sonriendo, mientras se terminaba de vestir para ir a buscar a Beth.*

— *¿Dónde estás?*

— *En casa de mi madre que he venido a buscar a Leire. Iba a ir a buscar a Beth a casa de sus padres, pero me ha dicho que me espera en casa.*

— *Tranquilo, es que… ha pasado algo que…*

— *Joseba es quién se encarga de ayudarte con tus líos… ¿Te acuerdas?*

— *Se trata de Beth. —dijo por fin.*

La sangre de Eneko se congelo en el momento en que escuchó el nombre de Beth.

— *¿Qué le ha pasado a Beth? ¿Dónde estás? ¡Asier joder, contéstame!*

— *Primero de todo, tranquilízate. Había ido a casa de Iván arreglarle el ordenador y de vuelta a casa… —pero Eneko no le dejo terminar.*

— *Al grano Asier.*

— *Beth ha tenido un accidente de coche, la trasladan al hospital*

Lluís Companys...

— *¡Joder!* —consiguió escuchar antes de que la llamada se cortara.

Eneko salió de casa de su madre, que se quedó con Leire, corrió escaleras abajo mientras se iba poniendo la chaqueta, arranco el coche, puso la sirena que llevaba en la guantera para tener prioridad por la carretera y llegar lo antes posible al hospital.

Diez minutos después, cuando llego a la puerta, dejó el coche en la entrada mal aparcado y con la sirena aún puesta se encontró a Asier con Joseba, este acompañado de Aida que hablaba con Mario por teléfono.

— *¿Cómo está?* —preguntó nervioso. — *¿Alguien me puede decir cómo está?*

— *Primero te vas a calmar y después te voy a contar lo que ha pasado, están bien... no te preocupes no ha sido grave. Pero tranquilízate porque en este estado no te van a dejar entrar dentro. ¿Nos estás escuchando?*

— *¿Seguro que está bien?*

— *Sí, seguro que está bien.*

Cuándo consiguieron que Eneko se tranquilizara, pasaron dentro del hospital dónde el doctor López les explico que Beth tenía un traumatismo craneoencefálico, contusiones por todo el cuerpo y le habían dado unos puntos en la frente, que al margen de aquello estaba perfectamente. Qué podían decir que había sido un milagro porque en su estado, por el golpe y sin cinturón podía haber sido mucho peor. Le preocupaba el traumatismo, pero confiaba en que solo fuera un susto.

△△△

— Os voy a dejar por imposibles, siento como si le estuviera enseñando historia a una panda de burros. —oigo como se queja Aida y apuesto lo que quieras a que le está hablando a

Joseba y el resto de los magníficos. — Y tú y yo ya hablaremos, esto no va a quedar así.

— Yo no he dicho que no me gustaran los niños, de hecho me gusta Leire. —se queja Joseba.

— No es que pienses que son unas criaturas adorables... A mi hija la quieres, pero porque es tu sobrina y la vienes a ver de uvas a peras. —escucho esta vez a Eneko.

— A mi hijo también dices que lo quieres y solo lo has ido a ver un par de veces... con lo adorable que es...

— ¿Adorables? Si se pasan todo el santo día llorando, por no recordaros y ya hablando mal que están todo el día llenos de mierda. Pero esto cariño, no significa nada ¿eh?

— Hasta que tengas el tuyo, después todos te parecerán adorables. —escucho como Eneko les contesta y a mí corazón da un bote.

— No invoques al mal... ¿Por qué me odias tanto? —de pronto escucho un golpe y a Joseba quejarse. — ¡Ahh! ¿Pero por qué me pegas?

— Vas a estar un mes a pan y agua, qué digo un mes... vas a estar mucho más tiempo que un mes a pan y agua... no, ahora mimos no.

Intento abrir los ojos pero siento como si me pesaran y no tuviera fuerzas para abrirlos. De pronto vienen a mi mente las últimas imágenes que recuero y el mensaje que me envió Casper, eso es suficiente para que abra los ojos de golpe y me quede mirando a mi alrededor confundida y adolorida sin saber aún que me ha pasado.

— ¡Beth! —grita de pronto Eneko que está sentado en el sillón que hay al lado de la camilla. — ¿Cómo estás? ¿Cómo te encuentras? ¡Dime algo!

De pronto veo como estoy en un hospital, vuelvo a mirar a Eneko y por su expresión supongo que he tenido que poner una cara de pánico de manual.

Dime algo dice, cómo le voy a decir algo si me cuesta hasta respirar... ¿eh?

— ¿Estás bien? ¿Estás bien?

— Me duele la cabeza. —consigo decir a duras penas.

— Sí, te han tenido que dar unos puntos, pero estáis bien. Ahora necesitas descansar. —sonríe Eneko mientras que muy despacio me da un beso en la mejilla. — Voy avisar a tus padres de que ya te has despertado. No me vuelvas a dar un susto de estos en la vida, porque casi se me sale el corazón cuándo me ha llamado Asier.

— Casper... El mensaje... Noah... Dani... —digo atropelladamente.

— ¿Qué dices Pato? —me mira Mario y por la cara de terror que tengo que estar poniendo en estos momentos creo que él también se tensa.

— Casper me mando...—pero no puedo terminar porque entran mis padres con mi hermana justo en el momento en el que todos los recuerdos vienen de golpe a mi mente. Mierda, joder, pero cómo pudieron ser tan cabrones, ¿eh?

— ¡Cariño! —dice mi padre mientras se acerca a la camilla y me llena de besos como cuando era pequeña. — Por dios santo, qué susto nos has dado. ¿Por qué no te esperaste a Eneko o a qué dejara de llover?

— Nosotros vamos a bajar a la cafetería, ¿queréis que os suba algo? —pregunta Mario.

— No, está bien así, muchas gracias Mario. —contesta mi madre sonriendo....

Permitidme que insista... ¿Quién es esta señora amable y que habéis hecho con mi madre?

— Yo también voy a bajar un momento. —dice Eneko, mientras se acerca a mí y me vuelve a besar la frente. — No te preocupes, Leire está con mi madre. No la dejan entrar aquí porque es muy pequeña, pero está bien, descansa amor, te quiero.

— Gracias Eneko. —sonríe mi madre y yo creo que lo que me están poniendo en la vía no es suero y es absenta por lo menos.

Nos quedamos una eternidad en silencio, veo como mis padres se sientan uno a cada lado de la camilla y mi hermana se queda delante de mí... no puedo mirarle a los ojos sin recordar su traición. Sí, los dos me engañaron, pero ella era mi hermana... mi hermana.

Pasa el tiempo y nadie dice nada, hasta que ella habla y siento como vuelvo a ser dueña de todo mi cuerpo.

— Oh Beth, menos mal que estás bien... Cuándo me han... —pero no le dejo terminar de hablar.

— No vuelvas a llamarme Beth y mucho menos me llames hermana. —escupo con todo el dolor de mi corazón.

— Pequeña...—susurra mi padre, pero no puedo quedarme callada.

— ¿Sabes? Si no quieres acostarte con alguien lo no haces y punto ¿Cuándo tiempo llevabas acostándote con el que hasta entonces era mi prometido? ¡Dime! —silencio, no me contesta, solo es capaz de mirarme fijamente y dudo que se arrepienta de ello. — ¡Joder, Dani! Es que ni siquiera sé que decirte, no mereces ni que malgaste saliva contigo, te tirabas a mi pareja, a mi prometido... te quedaste embarazada de él y le hiciste creer a Casper que era suyo... Me iba a casar con él, Dani. ¡Me iba a casar con él! Eres un ser despreciable, ¿también te has fijado en Eneko? Porque ya sería lo que me faltaba. Vete de mi habitación porque no quiero verte.

— Beth...

— ¿Lo sabías des del principio? Sabías que el padre no era Casper, ¿Verdad? —digo de pronto cuándo me paro y me fijo de verdad en la mirada de mi hermana....

—La verdad, es que…

— ¡Eres un ser despreciable…! ¡He dicho fuera! ¡¡Vete!! ¡¡¡No quiero verte más!!! ¡¡¡No quiero volver a verte en lo que me queda de vida!!! —grito de pronto, una punzada de dolor atraviesa mi cabeza y hace que cierre los ojos y me vuelva acostar en la cama.

Eneko, Mario y Caiden habían vuelto a la habitación cuándo desde la puerta escucharon lo que Beth le decía a su hermana. Mario puso los ojos en blanco y bufó un par de improperios dedicados a Mateo.

— Desde luego, cuándo decía que el bicho era gilipollas, razón no me faltaba y era por algo… —bufó de nuevo Mario mientras miraba a su marido y a Eneko.

El médico se acercó a Eneko y sonrío, al ver que su expresión se había relajado y no estaba en el estado que lo había encontrado la primera vez que lo vio.

— Elizabeth, saldrá en unas horas cuando tengamos todos los resultados, aunque por lo que veo está todo bien y solo necesitara reposo, mucho reposo. Si siente algún dolor más agudo, se marea o cualquier cosa, o volvéis a urgencias. Sobre todo necesita relajarse y procurar que no se altere para que sus heridas curen bien, ahora lo primordial es que descanse y esté tranquila.

— Va a ser difícil eso… —murmuró Mario por lo bajo, sin que el doctor pudiera escucharle.

— Muchas gracias doctor. —sonrío Eneko mientras veía como el doctor se alejaba por el pasillo con su carpeta en la mano.

△△△

— Deberías venir a casa unos días, para descansar. —dice mi padre, mientras coge mi mano y la acaricia suavemente.

— Lo siento, pero no puedo papá. Tengo una hija y una casa a la que volver. Es más no creo que pueda ver a tu otra hija danzando libremente…

— Pequeña, no quiero ser el abogado del diablo pero… Quizás no han sido las formas.

— ¿Las formas papá? ¿Las formas? Yo no era la que me acostaba con su prometido, no era la que ¡Oh, milagro! Me he quedado embarazada del prometido de mi hermana… A eso le llamo yo perder las formas y no lo que ha pasado hace un rato, joder… Es que solo faltaba que ahora también quiera tirarle los trastos a Eneko… La mato, me escuchas papá, la mato. —termino diciendo mientras veo como el doctor y Eneko entran a la habitación.

Podría decir que después de los gritos esperaba que (no digo el doctor, pero si alguna enfermera) entraran a echarnos la bronca, o a echarnos directamente. Bueno vale, no lo he pensado después, lo acabo de pensar ahora en cuánto los he visto entrar.

— Elizabeth Aurora. —sonrío porque podría decirle un "me llaman" como les decía a mis profesores, pero se supone que ahora soy una adulta, soy madre y esas cosas ya no puedo decirlas tan alegremente.

— Sí, doctor. —veis, estoy madurando cual manzana.

— Después de estas veinticuatro horas en observación y viendo que no hay problemas más allá de lo que puedes ver, te voy a mandar a casa. Cómo te dirá la enfermera después, tienes que hacer reposo y tomarte esta medicación que te voy a recetar para el dolor

— Gracias doctor.

El doctor se va danzando a otra habitación haciendo su particular ruta del bakalao, intento levantarme y me fijo en que Eneko y mi padre hablan en la puerta. Y esto… nunca podrá ser nada bueno.

Mi madre llega a mi altura con una muda limpia y me ayuda a levantarme. No estoy muy segura de que está nueva versión de mi madre me guste, no es que quiera que vuelva la otra, es que esta no la estoy viendo clara y supongo que tengo que acostúmbrame.

— ¿Puedo? —dice mi madre, esperando a que le diga que si para que me ayude a vestir.

—Puedes. Pero antes...

—Dime Elizabeth.

— ¿Me das un abrazo?

— Claro cariño. —sonríe y creo que realmente no era suero lo que me habían puesto.

Me abraza y lloro como una niña, porque aunque nunca los he tenido, yo también necesito los abrazos de mi madre.

—Perfecto, pues ahora que está todo claro quedamos en casa, yo voy a ir a buscar a Leire que está en casa de mi madre. —le dice mi padre a Eneko mientras él sonríe...

— ¿A qué casa? —pregunto. — Yo no sé si es que hablo en otro idioma o algo, pero yo me voy a mi casa. Por cierto, ¿Dónde está Mario y sus secuaces?

— Se han ido a casa para que descanses, pasarán mañana a verte. —sonríe Eneko que se ha acercado a mí, — ¿Vale? —pregunta y me da un tierno beso en la frente, no digo nada porque entiendo que no es momento de decirle que no quiero que me bese precisamente en la frente.

—Está bien, supongo...

— Yo voy a ir a casa un momento a buscar a Leire y después nos vamos a casa. —me dice y antes de que le pregunte nada, me lee la mente y me saca de dudas. — No te preocupes que no se van a quedar en casa tus padres, irán ahora y mañana, tienen en casa a Noah, bueno ahora está con una vecina pero no pueden dejarlo allí a pasar la noche. Por lo demás, ya hablaremos.

— ¿Y vuestra otra hija? —pregunto enfadada. — Ya os ha

dejado el niño y se ha ido a golfear, ¿eh?

— Está intentando arreglar las cosas con Casper. —contesta mi padre molesto.

— Pues va un poco tarde, como unos años más tarde... Porque yo de él no le perdonaría absolutamente nada.

— Bueno, ahora voy a casa. —vuelve a besarme. — Nos vemos ahora.

— No hace falta que os quedes, de verdad. Estoy bien, si no lo estuviera el médico me habría dejado aquí. Eso lo sabéis, ¿Verdad? —le pregunto a mis padres porque no sé si les ha quedado del toco claro a los señores.

— Deja de protestar que ya está todo hablado. —madre de dios no sé qué es lo que tendrá el café del hospital, pero ese señor no es mi padre tampoco.

— Me vais a tratar como si fuera una niña pequeña, ¿cierto?

— Si no dejas de protestar, sí.

— Está bien, vamos a mi casa.

TE PERDONO MATEO, NO LO OLVIDO, PERO TE PERDONO.

Un giorno capiremo chi siamo senza
Dire niente e sembrerà normale...
Immaginare che il mondo scelga di girare
Attorno a un altro sole.
Il mondo prima di te – Annalisa.

— Deberías de enfadarte con los dos, tu hermana no es la única que tiene la culpa aquí. —me dice Mario muy serio.

— ¿De qué parte estás?

— De la tuya, pato.

— ¡Pues no se nota! —gruño entre dientes.

— Maldita cabrona, bastarda, malnacida. —me contesta de carrerilla.

— Muy gracioso.

— ¿No era eso lo que querías escuchar? Joder, no doy una pato.

— Lo que le faltaba a mi vida, tengo un novio, el padre de mi hija, policía y en sus ratos libres obseso sexual... ah, sin olvidar que durante unos meses fue un mentiroso, pero le perdoné, porque cuándo lo asimile me di cuenta que era lo que tenía que hacer y no tenía opción. Después un ex, mi ex prometido que era infiel con todo lo que tenía tetas, que cuándo conocí a Eneko, aún clamaba mi perdón... y de postre mi hermana, que no era todo lo perfecta que esperábamos de ella, se tiraba al segundo e incluso se quedó preñada de él....

— Tu mami está un poco más para allá, que para acá. —le dice Mario a Leire que está entretenida en su tumbona mientras intenta con todas sus fuerzas no dormirse y mantenerse despierta. — Pero no te preocupes, no es contagioso, la queremos igual.

— De verdad, que no sé porque aún te sigo queriendo...

— No voy a contestarte a eso, voy a ir un momento a por comida. ¿Te quedas aquí?

— No tengo otra cosa que hacer.

— Qué bien se vive sin trabajar, ¿Eh?

— Estoy pensando en hacer un cambio en mi vida.

— Yo también, me voy hacer unas mechas... así a lo loco. ¿Qué te parece? —me cuenta mientras se toca el pelo y hace gestos extraños.

— No sé Mario, ahora mismo solo sé que no se nada... ¿Mechas? ¿Por qué?

— De verdad pato, cualquiera diría que trabajas o trabajabas en una revista de moda... Me voy, ahora vuelvo. —dice mientras me da un beso y lo veo trotar hacía la salida. Mario es que es así, va trotando y dando saltitos, aunque lo veas de traje... y lo queremos igual.

Diez minutos más tarde escucho el timbre sonar y maldigo a Mario por no haberse llevado las llaves, como me despierte a Leire le hago las mechas con lejía.

— ¿Por qué no llevas llaves? ¡Vas a despertarme a la niña! —me quejo como una energúmena cuándo abro la puerta y me doy cuenta que no es Mario, es Mateo...

— Lo siento, no sabía que estabas con la niña.

— Vaya, el padre del año y de mi sobrino... —sonrío con

malicia.— ¿Qué cojones haces aquí?

— Quiero hablar contigo, he intentado llamarte, pero supongo que tienes mi número bloqueado, no has vuelto a la oficina y en tu casa es algo complicado si está el vasco. Pero, necesito hablar contigo sobre todo esto.

— ¿Qué pasa? ¿No llevas bien la paternidad? ¿Te ha venido grande? ¿Por sorpresa? Porque no desapareces de mi vida y así nos quedamos felices y contentos todos.

— Puedo pasar para no seguir hablando en el pasillo, por favor.

— ¿Sabes que si Mario viene, te hará mechas con lejía? —sonrío de una forma muy encantadora.

— Por favor... —agacha la cabeza y por primera vez en mi vida siento que está desesperado por no tener el control de la situación... ¡Bendito Karma!

— Está bien, pasa pero no grites porque como me despiertes a Leire me vas a escuchar.

— Vaya, con nombre vasco y todo...—murmura creyendo que no le escucho, pero le he escuchado perfectamente. Pero corro un tupido velo y hago como si no le hubiera escuchado.

—Dime, ¿qué quieres?

— Te acuerdas de la cena de carnaval de hace cinco años, en la que te fuiste después de cenar y yo me quedé con Joan e Iván tomando algo... bien, pues bebí, bebí mucho, demasiado, cómo decía Mario me bebí hasta el agua de los floreros, no me preguntes por qué, no sé, la cuestión es que nos pasamos bastante. Joan tenía unas pastillas que decía que con eso te bajaba la borrachera y las tomamos. Me encontré con una chica disfrazada que no paraba de tontear y decirme cosas, ya sabes que no era el novio más fiel del mundo... nos fuimos al baño...

— ¿Intercambiaste fluidos con mi hermana en el baño? Esperaba más de ti, Mateo...

—Sí, lo hicimos en el baño. Antes de irse se quitó el antifaz y... bueno, discutimos y después...

— Vomitaste, por eso llegaste como llegaste a casa... Me acuerdo, tengo muy buena memoria.

— No sabía que era ella... De verdad que no...

— ¿Me ponías los cuernos con chicas a las que ni siquiera les preguntabas el nombre? ¿Crees que lo estás arreglando así? Me das tanto asco en estos momentos Mateo que no sé ni que decirte...

— Solo quería explicarte lo que pasó, —dice antes de dejar una carpeta sobre la mesa del despacho de Mario. —Aquí tienes las escrituras del piso y la demás cosas que teníamos a nombre de los dos, sé que no cubre todo el daño que te hice pero, espero que algún día puedas perdonarme.

— ¿Crees que regalándome un piso te voy a perdonar? Estás muy equivocado. ¿Qué va a pasar con tu hijo? ¿Has pensado en eso?

— No, no he hablado con tu hermana, se ha ido con el niño y su marido a Noruega, ni siquiera sé si va a volver. De hecho me enteré poco antes de que te enteraras tú. Sé que él tiene un padre y aún no sé qué voy hacer ni cómo voy a encarar esto.

— Mira a qué chicarrón del norte me he encontrado en la calle. —dice Mario mientras entra por la puerta con Eneko y nos ve a mí y a Mateo en su despacho.

— ¿Qué hace esté aquí? —dice Eneko con la cara desencajada.

— Solo he venido hablar con Beth, ya me iba, lo siento. —dice esto último mirándome a mí.

— Vete... por favor Mateo, vete. Te perdono, no lo olvido pero te perdono, pero ahora por favor, vete... —susurro, mientras me doy la vuelta y voy hacía el carro dónde duerme Leire tan tranquilamente y ajena a todo.

Mateo se va y de pronto tengo a Mario y a Eneko a mi espalda, a cada cual más enfadado.

△△△

— Beth, sé que te dolió el hecho de enterarte de todo esto. Pero puedes ponerte un momento en mi piel y pensar en cómo me siento yo con todo esto.

— Perdón por tener sentimientos, aunque no sean buenos, por el hecho de enterarme de que mi hermana pequeña se tiró al que era mi prometido y tuvieron un niño. —termino gritando. — Lo siento, por no ser un tempano de hielo, perdón por sentir.

— ¿Aún le quieres? ¿Me quieres? Es que después de todas estas semanas, en las que ni siquiera te has acercado a mí, lo dudo...

— En serio me vienes con esas ahora, ¿en serio? ¿En serio me estás preguntando si te quiero? De verdad Eneko, eres único para elegir momentos.

— Pero no me contestas...

— No, no te contesto... Es más, me voy, quédate con tu hija.

— No, no te vas. —dice mientras me sujeta el brazo y me mira con esos ojos que de verdad, aún no sé si lanzarme a su cuello o darle un mamporro. — Ya te perdí una vez y no te voy a perder otra vez por esto...

— Eneko... por favor.

— Escúchame Beth. Te quiero, si hace un par de años me hubieran contado que acabaría convirtiéndome en un loco enamorado, con las veces que dije que no me enamoraría de nadie, seguramente me hubiera reído de él, pero te quiero, Te quiero tanto que no me puedo imaginar que podría verte con otro, ¿no lo entiendes? Me hierve la sangre solo de pensarlo. Te quiero, te quiero y quiero noches de tormentas contigo, noches de pasión, de amor, de risas, quiero que me abraces y sienta que estoy en casa, quiero ver como Leire crece pero contigo, a tu lado, quiero darle un hermanito y que…

— No corras tanto con lo del hermanito, Usain Bolt.

— Está bien, lo que quiero decir Beth es que la persona con la que quiero compartir el resto de mi vida eres tú, no hay nade mejor para darme lo que necesito que tú. No seas mala conmigo, intenta ponerte en mi lugar.

Me he quedado como pasta de boniato con la declaración de Eneko, joder, qué bonito cojones, qué bonito…

— Yo también te quiero Eneko, no te cambiaría por nada en el mundo, yo también quiero todas esas noches de las que hablas, pero también quiero noches en las que discutamos, en las que te ponga los pies fríos en la cama, en las que Leire invada nuestra cama y sienta como te clava el pie en las costillas, quiero…

— Beth, vamos a tener que ir practicando lo del romanticismo, ¿Eh?

— Sí, puede ser que sí. Pero, te quiero Eneko.

— ¿Sabes qué hay dos palabras que son más bonitas que esas?

— ¿Qué palabras?

— Cásate conmigo.

— Eneko… —digo Eneko, porque si antes era pasta de boniato, ahora mismo no soy nada… soy un ente…

De pronto no sé qué busca en las bolsas de la compra que siguen en la encimera y vuelve hacía mi sonriendo…

— ¿Elisabeth Aurora de la Vega Fernández, quieres casarte con el padre de Leire y con el chicarrón del norte que te ama con locura? —dice antes de ponerme el cierre de las magdalenas a modo de anillo y yo en ese momento rompo a reír.

— ¿Esto es el cierre de las magdalenas? —pregunto, porque ni que no me conocierais, yo soy mucho de preguntar.

— Beth, esto es serio. —dice confuso porque aún no le he dicho que sí.

— Sí, mi bonito del norte, sí me voy a casar con el padre de Leire y con el chicarrón del norte que me quiere con locura, no podría haber un anillo mejor.

— Menos guasa que esto es serio.

— Te quiero, pero también quiero un anillo de verdad —digo antes de tirarme a los brazos de Eneko.

EPÍLOGO, PARTE PRIMERA.

La cama ya no la quiero,
si no me abrazas me comen los pájaros negros.
Cuándo estoy contigo, soy mejor pesona...
Y todo tine más color y nadie me puede alcanzar.
Cuándo te empecé a querer – Juanito Makandé.

Algunos años después...

— Pato, sabes que quiero mucho a Leire, mucho, mucho, muchísimo... Pero una cosa te voy a decir, no puedo con ella, no sabes las cosas que me ha dicho, creo, creo...—dice Mario mientras hace un par de pucheros.

— Mario, no me vengas con pucheros, Leire tiene cinco años. Solo cinco años. —sí, mi hija tiene cinco años, pero parece que tenga quince...

— Pato.... Le he dicho que estaría guapísima como una princesa con el vestido que le he traído para tu boda, que por si no te acuerdas es esta tarde y... ¿Sabes lo que me ha dicho?

— ¿Qué te ha dicho? —pregunto sonriente.

— ¡Me ha dicho que me calme! Y que ella no se va a poner ningún vestido de princesa, porque no quiere ser una princesa, quiere ser una guerrera.

Sonrío, porque mi hija es así... si ya cuándo era bebé todo eran mofletes y mala leche, ahora de mayor es solo mala leche, sin los mofletes que perdió en algún momento y yo no me di cuenta.

452

Odia el rosa, odia las princesas y se pasa el día intentando subirse a los árboles con su primo Noah y con Ela, son tal para cual. A su hermano intenta llevárselo muchas veces, pero Biel a sus tres años tiene las ideas muy claras y le suelta un NO que lo escuchan hasta en Japón. Ja, menudo es él.

— No te preocupes, le hemos dicho que puede llevar pantalones si es lo que ella quiere.

— ¿Con pantalones? Pero pato yo le había comprado un vestido maravilloso...

— Anda, ves a buscar a Biel que no creo que te diga nada si le pones una pajarita.

Perdonad, han pasado tantas cosas en estos cinco años que me había olvidado de contaros.

Por supuesto le dije que sí a Eneko cuándo me pidió que me casará con él con el cierre metálico de las magdalenas. Nos pusimos un tope de un año para casarnos, pero entre que él estaba hasta arriba de trabajo (menos mal que ya no de campo) y que después me quedé embarazada de Biel, pues no pudimos casarnos.

Pero hoy seis de mayo, nos casamos. He de decir que es una coincidencia que sea el aniversario de nuestro viaje a Vielha (el viaje en el que encargamos a Leire)

Y aquí estamos un lugar increíble cerca de Bilbao, que es reserva de la biosfera de Urdaibai, en una casa de esas muy típicas dónde Eneko, yo y menos de cuarenta personas vamos a celebrar una boda, ¡mi boda!

No queríamos una boda grande, de hecho, no quería toda la parafernalia que envolvía mi primera fallida boda, así que cuando le dije a mi madre que se olvidara de los tacones porque no le iban hacer falta casi se desmaya la señora. Esa señora que ahora es todo amor rodeada de sus tres nietos. Atrás quedó esa señora insufrible que siempre tenía una cara de rancia que no podía con ella, no, no me miréis con esa cara que esto se lo he dicho a ella también. El lado bueno es que mi padre ha reducido considerablemente los chupitos de orujo y creo que hasta se ha engordado, pero esto no se lo digo porque si no el señor pues se viene abajo.

Lo de Joseba y Aida, nos costó siete grupos de Whats-App, doce resacas y veintisiete noches de terapia de chicas... cuándo Leire tenía un par de meses, Aida llegó a nuestra casa con los ojos cómo tomates y tres test de embarazo... sí, Ela es una preciosa niña rubia que se lleva exactamente nueve meses con Leire y son sin lugar a dudas, el terror de Barcelona. Lo que no inventa una, lo inventa la otra. Joseba y Eneko han tenido que tomarse de tanto en tanto alguna caja de valeriana... pobres, lo que les queda aún... si esto no ha hecho más que empezar.

De Mario y Caiden... ¿qué queréis que os cuente? Por ellos no pasan los años, siguen exactamente igual. De verdad, bueno no, ahora según ellos son unas almas viajeras y cada dos por tres se van de viaje... ¡¡Quién pudiera!!

Casper al final perdono a mi hermana, yo no, la verdad es que aun no comprendo esa poca lealtad a su hermana mayor, yo, que le cubría cuándo quería hacer pellas en el cole, la que hacía la vista gorda cuándo se tomaba una copa de más para que nuestros padres no la pillaran... He de decir que en estos años solo nos hemos visto un par de veces y alguna pullita le he tirado cuándo se queda fijamente mirando a Eneko... vale, soy una celosa de mierda, pero no puedo evitar soltarle un.... A este también te lo quieres tirar. Sí, lo sé, me he ganado el infierno por eso.

A mi favor diré que les he invitado a la boda, pero que no me han contestado... ¿Quién sabe? Quizás ni vienen.

Mateo por su parte ahora es el "tito Mateo" de Noah, solo de Noah, la verdad es que no lo he visto más de tres veces y todas ellas tenía a Eneko al lado. Sigue igual, igual de golfo me refiero, hay personas que por mucho que lo intenten no van a cambiar en la vida, pero ya no me importa, ya no me duele.

— ¡Mama, no quiero el vestido del tito Mario! —suelta mi hija nada más entrar a la habitación dónde me voy a cambiar antes de la boda. — No me gusta, no lo quiero, odio las princesas.

— Leire. —escuchó gritar Amaia, mientras sube corriendo la escaleras.

— ¿Has hecho enfadar a la abuela? —le pregunto mientras ella se ríe.

— Perdona Beth, es que no hay manera de que se vista...

— Está bien no te preocupes, yo me encargo. —le digo Amaia mientras me giro y me quedo delante de mi hija que me mira con cara desafiante... yo no sé de dónde ha sacado ese genio, pero pobre la pareja que elija... — Ven con mami, que vamos a hablar de esto.

— Es que no quiero, no me gusta.

— Pero mamá también va a llevar un vestido.

— Tú eres la novia.

— Es verdad, razón no te falta. Bueno, pues pantalones ¿no? —digo y mi hija sonríe. — Pero nada de bambas.

— ¿Pero por qué? —y solo tiene seis años...

— Porque, porque... ¡Mira! Hacemos una cosa. —digo en un intento porque mi hija no me toreé. — Si yo acepto que no lleves vestido porque no te gustan, tú tienes que aceptar no llevar las bambas porque para hoy no me gustan. ¿Qué te parece?

— No sé, mamá... el primo Noah va a llevar bambas.

— ¿Estás segura de eso? Crees que el tito Mario o la abuela lo van a permitir, ¿eh?

— No, le van a decir que tampoco puede llevar bambas.

— Además, lo que te tienes que poner se parecen mucho a

unas bambas, son como unas bambas de vestir. ¿Cómo lo ves?

— No me gustan. —sigue sin ceder.

—Vale, está bien. Vamos hacer una cosa... ¿Te acuerdas que mami se compró unas igual que las tuyas? ¿Qué te parece si nos las ponemos las dos?

—Pero tú llevas vestido...

—Pero no se verán, será un secreto solo de nosotras dos.

— Vale... no me pondré las bambas... —termina cediendo mientras que me mira con esa cara antes de abrazarme que cualquier día le doy un bocado.

— ¿Qué llevas en el bolsillo? —pregunto cuándo noto algo raro en el bolsillo mientras me abraza. Y lo noto, pero porque se me clava, ¿eh? No porque tenga rayos x ni nada por el estilo.

— Nada... —pone los en blanco y yo ya estoy clamando paciencia otra vez.

—Pues yo creo que es el muñeco de tu hermano...

—Es que es tonto mamá...

—¿Me cuentas por qué?

— La abuela me ha castigado porque cuándo ha pasado por delante le he pegado... y como se ha enfadado porque es tonto le he quitado el muñeco...

—Leire, cielo... Los hermanos no se pelean, ni se pegan. Si no que se hablan y se llevan bien.

—Pues la abuela Joana dice que con la tita Dani no te hablas y no te llevas bien.

— Bueno, lo que pasa es que... A ver cómo te explico yo esto... —¿Quién dijo que ser madre era fácil?

— Lo que pasa es que cuando tú aún estabas en la barriga de tu mami, la tita se portó muy mal con ella. —dice mi hermana de pronto, mientras entra en la habitación.

— ¡Tita! —grita mi hija mientras va corriendo a los brazos de mi hermana. — ¿Por qué te portaste mal con mamá?

Me sorprende ver a mi hermana aquí y me gustaría preguntarle qué está haciendo aquí, pero delante de Leire no quiero decirle nada, así que me callo.

— A qué cuándo Biel te quita un juguete tú te enfadas mucho, ¿eh?

— Sí y le pego. —dice sumamente convencida mi hija. — ¡Oh! ¡Se me ha escapado! —suelta mientras se tapa la boca y se gira para mirarme. — Pero no fuerte mamá, no le pego para que llore, de verdad.

— De eso luego hablamos con papá, a ver qué opine él...

— Jooo mamá, que después me castiga y no me lee los comics.

— Bueno, a lo que íbamos pequeña. —le corta mi hermana. — La verdad es que le quite un muñeco que era de tu madre, y ella se enfadó mucho...

— Pero mamá dice que hay que compartir y que perdonar.

— No, hay cosas que no se pueden compartir, digamos que era un muñeco especial.

— Y no le has perdonado mamá, ¿por qué? Yo siempre termino perdonando a Biel, aunque sea un llorón.

— Es que los enfados de los mayores son diferentes.

— Ser mayor es un rollo, yo no quiero hacerme mayor. Me voy con la abuela a ver si me perdona y me da una chuchería.

— Eso, vete con la abuela pero no le pidas chucherías porque después vamos a comernos un pastel.

— ¿Vas a perdonar a la tita? —pregunta mi hija sin perderme de vista a mí y a mi hermana, antes de salir de la habitación y emprender el viaje a la cocina

— Bueno, lo voy a intentar, ¿Vale?

Cuando Leire se va, nos quedamos mi hermana y yo en la habitación, sin decirnos nada, en silencio, hasta que es ella quién lo rompe.

— Siento haberme metido en la habitación, pero creo que necesitabas apoyo adulto con la conversación.

— Está bien, no pasa nada, no te preocupes.

— Perdóname Beth, perdóname. Te echo de menos. —dice antes de romper a llorar. — Sé que desde mi embarazo me decías que había cambiado, pero no… no…

— ¡Joder, Dani! Hoy lloros, no. Qué es el día de mi boda, —digo acercándome a ella y abrazándole por primera vez en más de seis años. No sé, supongo que me ha dado un pumba. — No llores, deja de llorar, me ha costado mucho aceptarlo, pero te perdono. De verdad, te perdono.

— ¿Me perdonas?

— Desde cuándo tienes problemas de audición, ¿eh?. Vale, y ahora largo que tengo que cambiarme, que he de ir a una boda…

△△△

— ¿Dime que al final no llevas la Adidas? —me pregunta Mario cuándo ya han terminado de peinarme y vestirme.

— A ver, déjame que mire… —digo mientras me levanto la falda de mi vestido y les enseño, efectivamente las Adidas Stan Smith, troqueladas en blanco. — No puedes esperar menos de mí, ni siquiera el vestido es convencional.

Y no lo es, para que os hagáis una idea… la falta es como si hubieras cogido todas las cortinas de casa y las hubieras atado debajo de la espalda, vale, quizás no lo estoy explicando bien, pero seguro que todas lo hemos hecho de pequeñas, llámalo cortinas, llámalo sábanas. La parte de arriba es de tirantes, algo holgado y sin espalda… todo blanco, eso sí.

Otra cosa que hará a mi boda diferente es que no hay mesas, es decir, claro que hay mesas, pero los invitados no estarán sentados y podrán danzar libremente por todo el jardín. Mario y Asier serán mis padrinos (teniendo en cuenta que esto es una boda falsa, porque los papeles ya los hemos firmado, concretamente hace cuarenta y ocho horas...), después de mucho discutir con mi madre de que no se podía tener dos padrinos (pero ya os he dicho que mi boda no era normal), mi padre por el contrario no ha dicho nunca nada. La que sí será la madrina de Eneko, es su madre Amaia.

Y hablando de Amaia, hace cosa de dos años (quizás fuera menos) la pillamos saliendo de un restaurante con el comisario Joan muy juntos y sonrientes, nosotros por descontado no le dijimos nada y un par de meses después nos reunieron en casa de Amaia para explicarnos que estaban empezando algo muy bonito. A Eneko no le hizo mucha gracia aquello, pero viendo la sonrisa de su madre y después del disimulado puño que le hinqué en las costillas, lo asumió.

Joan me desvelo muchas incógnitas que tenía en torno a Asier... su sobrina, una Marine a la que reclutaron en el FBI era la rubia de Asier. Increíble, alucinante...

Aunque conocía a los niños de Asier, nunca, jamás en la vida pensé que tendrían relación con el marido de Amaia, porque una cosa os voy a decir... no se parecen en nada. Unos tan americanos y Joan tan... tan... ¡Normal!

Una noche de vinos y confesiones Asier nos contó que él ya había conocido al amor de su vida y que le había regalado el regalo más grande que alguien le puede hacer a otro, dos preciosos niños y que no quería más. Que él ya había tenido el amor de su vida y que nunca lo iba a reemplazar.

Y os voy a decir una cosa, eso hace que lo quiera mucho, muchísimo más. Por eso, hoy él es uno de los que me lleva a recorrer ese maravilloso pasillo hacía el altar. ¿No os parece a la vez que triste, maravilloso? Sí, lo sé, increíble. Vale, eso ya os lo he dicho, pero es verdad.

— Hay pato, qué recuerdos me trae esto… hace nada estaba yo apunto de recorrerlo de tu mano para ir a buscar a mi chicarrón del norte y ahora…

— Hace nada dice… —Asier murmura y yo intento no reírme. — Tendrá valor. Ahora vas con otro chicarrón del norte a llevarla con otro chicarrón del norte más.

— Menos mal que no llevo tacones porque estoy tan nerviosa que podría tropezarme conmigo misma y abrazar el suelo…—digo mientras intento que mis piernas dejen de temblar.

— Hay qué nervios, qué te casas pato.

— ¿En algún momento me dejarás de llamar pato?

— No, creo que no… empezaste siendo un patito, pasaste a pato, después a una mama pato y finalmente serás abuela pato… siempre pato.

— Y después de todo, te sigo queriendo.

— Es maravilloso ver vuestras muestras de cariño… pero chicos, tenemos una boda que celebrar. —suelta de pronto Asier mientras nos mira a los dos.

— Es cierto, tenemos una boda que celebrar.

Respiro profundamente y empiezo a escuchar las primeras notas de Lau Teilatu y sonrío…

Goxo, goxo kanta egin nazu, benitoren Maria Solt.

Negarrik ez txuri zaude ta malkoak zure kolorea kentzen dute…

Agarro fuerte del brazo de Asier y Mario y comienzo andar por el camino verde, un verde que solo el País Vasco tiene. Quedan varios metros para encontrarme con Eneko, con mi bonito del norte, pero quería que así fuera, quería ir andando y viendo su expresión a medida que la canción avanzara, no podía cortarla, no se merece eso esta canción por todo lo que significó para Amaia y su marido, por todo lo que significó para sus padres. Es mi pequeño regalo, es mi pequeño gesto para decirle que su padre también nos acompaña en este hermoso día.

Veo como Leire y Biel, junto con Noah, Ela y unos hijos de unos amigos caminan delante de nosotros, Leire va aplaudiendo y su hermano le mira sin entender nada... Están siendo los cuatro minutos más largos de mi vida y creo que en algún momento el brazo de mis dos chicos se quedará sin circulación por lo mucho que les estoy apretando...

También miro a Amaia con lágrimas en los ojos y una sonrisa triste mientras escucha atentamente la canción y mira al cielo. Sé que quiere al comisario, pero también sé que nunca podrá olvidar al padre de Eneko y creo que así debe ser.

Cuándo está a punto de terminar la canción llego a la altura de Eneko y sonrío, él me besa en la frente y me susurra un gracias intentando contener la emoción.

Miro a la persona que nos va a casar y no puedo estar más nerviosa, aunque sé que legalmente desde ayer somos marido y mujer.

— Buenas tardes (empieza hablar el hombre que nos va a volver a casar) estamos aquí para unir en matrimonio a Eneko Arizaga Urzúa y a Elizabeth Aurora de la Vega Fernández...

Dejo de escuchar al hombre y me da por echar la vista atrás, de recordar París, de recordar Vielha, de recordar la boda de Mario, de todas esas cosas que nos han pasado en estos años y nos hicieron llegar a dónde estamos ahora, a nuestra boda. Y no, no me olvido del cierre de las madalenas con las que Eneko me pidió matrimonio, aunque después (unos meses más tarde) me diera aquel anillo.

De pronto veo como Mario, Xavi, Asier... todos se levantan para leer algo que no me han contado...

— Uno de los relatos más maravillosos de la historia de la

literatura, cuenta la historia de un pequeño príncipe que encuentra una rosa entre millones y para él, es la más bonita de todas. —empieza a leer Xavi y a mí me queda medio telediario para ponerme a llorar.

— Sobre el planeta del Principito hubo siempre flores simples que ni ocupaban lugar, ni molestaban a nadie, aparecían y desaparecían. —siguió Asier.

— Pero un día, apareció una briznilla que no se parecía a las otras, el tiempo y el cuidado que se tomó antes de hacer su primera aparición despertó en el Principito una expectación enorme. Era conmovedoramente bella, la cuidaba, la regaba y abrigaba en las noches frías. —termino de leer Joseba.

— Un día el Principito marchó de viaje a otros planetas, en uno de ellos tras haber pasado por multitud de dificultades, encontró un camino que le condujo hasta un jardín de rosas idénticas a la suya. En ese momento descubrió que su rosa no era única en el universo, sino una rosa más, una rosa ordinaria. Entonces cayó en la cuenta de que con una rosa ordinaria y tres pequeños volcanes (uno quizás extinguido para siempre), no se podía considerar un gran príncipe. Y tendido en la hierba lloró. —dijo Aida.

— Al rato, se dio cuenta de que esas rosas no eran iguales a la suya y les dijo: "No son nada, ni en nada se parecen a mi rosa. Son muy bellas, pero están vacías y nadie daría la vida por ustedes. Cualquiera que las vea podrá creer indudablemente que mi rosa es igual que cualquiera de ustedes, pero ella se sabe más importante que todas porque yo la he regado, porque ha sido a ella a la que abrigue con el fanal, porque yo le maté los gusanos (menos un par que se hicieron mariposas) y es a ella a la que yo he oído quejarse, alabarse y algunas veces hasta callarse porque es mi rosa, en fin. —sonrío Caiden.

— Sé que en algún lugar del mundo, existe una rosa única, distinta a todas las demás rosa, una cuya delicadeza candor e inocencia harán despertar de su letargo a mi alma y a mi corazón. —dijo sonriente Xavi.

— Esa rosa existe, rodeada de amapolas multicolores, filtrando todo lo bello a través de sus ojos aperlados, cristalinos y absolutamente hermosos. Tú, Eneko has hallado tu rosa, a mi pato, la tienes a tu lado, cuidándola porque es tu rosa. Si alguien ama a una flor de la que solo existe más que un ejemplar entre los millones y millones de estrellas, es bastante para que sea feliz cuándo mira las estrellas.

Después de terminar de recitar aquella parte del principito, todos se levantaron a aplaudirles mientras sonreían cómplices y yo no pude hacer otra cosa que llorar, hasta que el hombre que nos iba a volver a casar interrumpió la muestra de emoción que nos estábamos procesando todos.

— Así pues, os pregunto Eneko Arizaga Urzúa ¿Quieres contraer matrimonio con Elizabeth Aurora de la Vega Fernández y efectivamente lo contraes en este acto?

— Si quiero —sonríe mi bonito del norte.

— Elizabeth Aurora de la Vega Fernández ¿quieres contraer matrimonio con Eneko Arizaga Urzúa y efectivamente lo contraes en este acto?

— Sí, sí quiero. —no me lo pienso un segundo.

— Ahora, podéis hacer el intercambio de anillos. —dice el hombre sonriente.

— Yo, Eneko Arizaga Urzúa, te tomo a ti Elizabeth Aurora de la Vega como algo más que una esposa, te tomo como una compañera, como una amiga, como la madre de mis hijos y como la persona más importante de mi mundo. Prometo serte fiel, amarte y respetarte, cuidar de ti en tus días buenos y en tus días malos, en la riqueza y en la pobreza, hasta cuándo discutamos por el último trozo de pizza. En la salud y en la enfermedad, todos, absolutamente todos los días de mi vida, porque siempre, siempre seremos tú y yo.

— Y los niños. —suelto de pronto.

— Y los niños. —sonríe mi marido. — Te toca, te quiero.

— Me toca, yo también. —no, nuestras conversaciones de besugo serán eternas.

— Yo, Elizabeth Aurora de la Vega te como a ti Eneko Arizaga Urzúa, como algo más que una marido, te tomo como un compañero, como una amigo, como la padre de mis hijos y como la persona más importante de mi mundo. Prometo serte fiel, amarte y respetarte, cuidar de ti en tus días buenos y en tus días malos, en la riqueza y en la pobreza, hasta cuándo discutamos por el último trozo de pizza porque sabes que me lo comeré yo. En la salud y en la enfermedad, aunque todos sepamos que tú con un constipado crees que morirás y todos, absolutamente todos los días de mi vida, porque siempre, siempre seremos tú y yo.

—Está bien, yo os vuelvo a declarar marido y mujer, podéis besaros.

Y nos besamos, vaya que si lo hacemos.

EPÍLOGO, PARTE SEGUNDA.

**Decirte, que sobre mapas infinitos
tu luz es mi horizonte pa'refugiarme.
Decirte, que buscaré ese rinconcito
dónde ningún cobarde pueda dañarte.**
Algo más – Blas Cantó & Beatriz Luengo

Diez años después.

— Mamá, me parece muy fuerte que no me dejes salir esta noche. —me suelta mi hija adolescente, así, de buenas a primeras, nada más levantarse y aparecer en la cocina.

— Leire, tienes quince años, como puedes comprender no estás en situación de salir por la noche a ningún sitio.

— Mamá, estás mayor ya... No entiendes nada.

— Ui pato lo que te ha dicho la niña. —me suelta Mario como si yo no la hubiera escuchado.

— Tito Mario, dile a la abuela de mi madre que tengo la cabeza amueblada y puedo salir perfectamente de noche.

— Ni una palabra Mario. —suelto, mientras le amenazó con la cuchara de madera y porque sí, porque esto ya se está yendo de madre. — Y tú. —le digo a mi hija. — Ya quisieras llegar a mi edad tan bien como estoy yo, abuela, abuela... —repito porque esas palabras duelen. — Ahora cuándo llegue tu padre le explicas a él que quieras salir esta noche.

Y hablando del rey de Roma, por ahí entra mi marido, el comisario Arizaga...

— Corre, ves y pregúntale a tu padre a ver qué opina él. —le digo a Leire mientras llega junto a Biel que gracias a Hulk, aún no ha entrado en la etapa de la granja de pavos, ya ni edad del pavo, directamente mi hija tiene una granja.

— Sí, cómo que él me va a dejar. —la escucho refunfuñar en dirección a su padre.

— En qué momento nos hemos hecho tan mayores, pato. —se lamenta Mario que ha venido a desayunar conmigo y a contarme que se va a recorrer mundo junto a Caiden.

— No lo sé, pero abuela... mi hija me ha dicho que soy una abuela... yo algún día la mato.

— Papi... ¿Sabes lo mucho que te quiero, verdad? —dice Leire en cuanto tiene a su padre delante.

— ¿En serio aún piensa tu hija que esas cosas funcionan? —pregunta Mario y yo me río. — Si no nos funcionaba a nosotros, mucho menos le va a funcionar a ella... qué poca imaginación tiene está juventud de hoy en día, pato, qué poca imaginación.

— Sí, sé que me quieres mucho y mucho más cuándo me quieres pedir algo. —suelta Eneko de pronto y casi me atraganto con el café. — ¿Qué me vas a pedir está vez?

— Puedo salir está noche, ¿eh? Porfiii, porfiiiii.

— ¿Cómo salir? ¿Está noche? ¿Salir de salir de fiesta? —pregunta un poco desubicado, ves cómo no quería decirle nada a él, porque se iba a infartar y es lo que nos faltaba. De pronto me mira a mi — ¿Quiere salir de salir de noche?

— Quiere salir de salir de noche —como me gustan estás conversaciones de besugo nuestras... que no cambian con el paso de los años, es más, creo que empeoran.

— ¿Cómo? Pero Leire, cuántos años te crees que tienes... —me vuelve a mirar a mí. — Si solo tiene quince años...

— Casi dieciséis. —responde ella.

— Vale, vamos a calmarnos todos. —digo seriamente, mientras escucho que alguien llama al timbre de nuestra casa, sí, casa, vivimos en una preciosa casita a las afueras de Barcelona. — Salvada momentáneamente por la campana.

— Mamá, —me dice Biel. — No hablas moderno...

— Ya, es lo que tiene... —respondo mientras abro la puerta y veo a Aida y a Joseba junto a Ela, que seguro que ha maquinado esto con mi hija...

— Hola chicos, buenos días. —sonríen mis amigos y vecinos, sí, vecinos, todos nos hemos venido a vivir a este bonito pueblo.

— Hola tía Beth. —la miro fijamente y después miro a sus padres... no, de momento no tienen expresión de susto y quizás Ela no le ha contado nada de lo de esta noche, quizás es mi hija la lianta...

— Anda pasa, deja de hacerle la pelota a tu tía. —le dice Joseba a su hija y yo sonrío... si las conoceré.

— No le digas eso a la niña. —me quejo. — Anda, id a la cocina y coged algo de comer. —digo mientras les invito a pasar. — A ver si entre todos hacemos entrar en razón a Leire que la niña quiere salir esta noche de fiesta y a tu marido. —le digo a Joseba. — Le va a dar un infarto de un momento a otro.

— ¿Qué dices? ¿Salir de salir de noche? ¿Pero si tiene quince años?

— Casi dieciséis tío Joseba.

— Madre mía, pero cuándo nos hemos hecho tan mayores. —se dice Aida y Mario que viene detrás de mí, asiente con la cabeza.

— Eso mismo le estaba diciendo yo a mamá pato. —contesta mientras voy a cerrar la puerta.

— Espera no cierres, —escucho decir a Xavi que viene con Montse y la hija de ella que es de la edad de Biel y ve en Xavi a un padre que nunca tuvo y oye, nosotros felices de que hagan una familia tan bonita.

—Estamos todos y pario la burra… —sonríe Mario.

△△△

Tenemos a las adolescentes sentados en el sofá y nosotros enfrente de ellos intentando hacerles entender que no tienen edad, aunque nos está costando un poco más de lo que pensábamos en un primer momento.

—Es que me parece increíble que no nos dejéis salir, si seguramente vosotros con nuestra edad ya os ibais de fiesta.

—A la niña razón no le falta. —dijo Mario en un susurro.

—Ves. —dice de pronto Ela. —El tío Mario nos da la razón.

— Si dices esas cosas, no nos ayudas con los niños.

— Está bien, podéis salir. —suelta de pronto Eneko. — Pero que no os extrañe que tengáis vigilancia por dónde estéis.

— Vas a mandar a unos polis que vean que hago y que dejo de hacer, ¿eh? —pregunta Leire enfadada y al ver que su padre no responde insiste. — Papa, te estoy preguntando.

— Queréis salir hasta las doce, pues este es el precio a pagar. O eso, o estáis aquí la mar de bien en casa tranquilamente.

— ¡¡¡Ahhhhh!!! Os odio, de verdad, qué estrés de familia, compraos una vida y dejad de vigilar la mía. —suelta mi hija enfadada. — A la que os deis cuenta me habré vuelto mayor de edad y entonces hablaremos.

— Mientras vivas en esta casa jovencita, se hará lo que se haga en esta casa. —suelta de pronto mi marido, haciéndose un lío con las palabras, menos mal que lo queremos igual.

Las dos adolescentes salen de casa dando su correspondiente portazo y nosotros nos quedamos mirándonos muy serios.

— ¿Nosotros éramos iguales? —pregunta Xavi.

— No Xavi, nosotros éramos peores. —respondo sonriente.

— Oii sí pato, me acuerdo del día que nos fugamos de casa porque no nos dejaban irnos de fin de semana…

ΔΔΔ

— *Crees que nos hemos pasado, ¿verdad?* —le preguntó Ela a Leire.

— *Sí, creo que sí. En verdad me apetecía más ir a esa fiesta porque iba Matt… pero me da rabia ver que mi padres tienen razón.. tenemos quince años.. Matt no se a fijar en una mocosa como yo.*

— *Sí, tienes razón… Matt es imbécil y seguro que se va detrás de una de las mayores a ver si consigue algo. No te merece… ya vendrá cuándo seamos policías y quiera algo.*

△△△

— Venga, no te ralles pato, ya verás cómo las niñas no os odian… solo son adolescentes.

— Mario tiene razón cariño, son adolescentes.

— Sí y sabes qué bonito de norte…

— ¿Qué? —contesta sonriendo mi bonito del norte.

— Qué ya puedes ir buscando paciencia dónde no te quede, porque con ellas vamos a tener que usarla mucho…

— Nunca crezcáis campeones. —les dice a Meri y a Biel.— Te quiero. —dice un poco más cerca de mí y antes de darme uno de esos besos que tanto me gustan.

— Y yo también. —contesto antes de darle un beso, de esos que hacen que mis piernas se entumezcan.

— Qué asco. —sueltan de pronto los niños y nosotros solo podemos sonreír.

Sí, se hacen mayores, nos hacemos mayores… pero estamos juntos, como una familia.

Y hablando de familia, así como para despedirnos.

Mis padres siguen viviendo dónde siempre, mi padre ha dejado su relación estrecha con el orujo y ahora disfruta por fin de su jubilación junto a mi madre, que desde que se hizo abuela de tres terremotos y tuviéramos aquella conversación en su casa… ahora es una señora estupenda y agradable… de las abuelas que dejan que sus niños se embarren y disfruten de la vida.

Ya os he contado cómo les ha ido a Joseba y a Aida, también que Xavi encontró el amor y os preguntaréis… mi otro chicarrón del norte que me tiene robado el corazón, ¿no?

Asier vive entre Barcelona y Virginia y os puedo asegurar que es todo un padrazo... eso sí, cuándo sus hijos crecieron lo suficiente para tener su propia voz decidieron que querían seguir los pasos de su madre, para disgusto de mi chicarrón. Ahora, están terminando de prepararse para entrar en la academia de los Marines... y no, somos unas personas horribles porque, aunque los hemos ido a ver y me llaman tía Beth... no les hemos contado de su existencia a sus primos.

No porque mi chicarrón del norte lo quiera así, pero cuándo se hicieron grandes descubrimos que después de estar una década y media sin contarles nada... no sabíamos por dónde empezar. Así que supongo que con el tiempo y cuándo dejen de tener la edad del pavo será mejor encontrar el momento.

Nathan y Arizona son dos niños rubios que cuándo los conocí me robaron de inmediato el corazón y sé que le darán más de un dolor de cabeza a Asier. No porque sean guapísimos sus gemelos, rubios, con esos ojos azules y esas pintas de americanos que te vuelven loca... si no, porque son todo amor y tienen un corazón que no les entra en el pecho.

Y hablando de amor... Amaia y Joan (el excomisario y tío de los niños de Asier) siguen tan felices y tan enamorados como el primer día... y las que después de muchos años también tienen una relación "estupenda" o al menos eso es lo que intentamos, somos yo y Dani.

No, después de todos estos años no he olvidado lo que me hizo, pero la he perdonado y recordarlo ya no me duele. Vale, os estoy mintiendo, un poquito sí que me duele... pero la vida pasa y cómo me repite Mario siempre emulando a un protagonista de una novela mexicana... "fuera dolor, fuera dolor. Y eso es lo que hago...

Fuera dolor y querer mucho a mi bonito del norte, a mi familia y a mis amigos que también son mi familia.

AGRADECIMIENTOS:

Primero de todo, me voy a poner seria y voy a darles las gracias a todas y cada una de las personas de la editorial que me han ayudado hacer realidad "Mi bonito del norte". Os doy las gracias con todo mi corazón y con toda mi alma.

Ahora me voy a daros el tostón, no paséis de página que esto es importante (y también bonito coño)

Gracias a "mis bonitas de San Rafael", vosotras sabéis quién sois. Gracias por la confianza, por las palabras que llegan al alma y los abrazos que ensanchan el corazón.

A mis hermanos, a mi abuelo, vosotros si sois mis bonitos y no del norte, si no del mundo. A mi sobrina, que es mi luz en la oscuridad. A mi tomatito y a su familia de rebonitos.

Pero también a mis perros, que hacen más que muchos.

A mis flores del campo florecido, por todos los años juntas y por todos los que nos quedan.

A Pepito Grillo, el único que puede decirme "Te lo dije" y no temer por su vida.

Pero ojo, que, si mi primo no me hubiera salvado de morir ahogada, ahora no estaría escribiendo esto y estaría criando malvas.

Grandullón, siamo molecole oltre le nuvole. Recuerda que Gwendolyn solo tienes una, por mucho que las demás se empeñen en que las llames así.

Y ahora me vais a perdonar, pero si no digo esto reviento y qué queréis que os diga, eso no tiene que ser bueno y tengo muchos doctores a mi alrededor que seguro que apoyan mi teoría.

En especial, este libro, el primero de muchos (espero). Se lo dedico a personas que son muy especiales y aunque no las tengo en presencia, las tengo en esencia.

Rebeca, no me dejes caer, porque te prometo intentarlo con todas mis fuerzas y luchar por lo que tú y yo sabemos.

Iaia, sé que estés donde estés, estás cuidado de mi pequeñaja. Sé que era demasiado buena para este loco mundo, pero no te olvides de decirle que su mami se acuerda de ellas todos los días de su vida, cuídala con todo tu corazón y protégela con toda tu alma. Sé que tú y el tito Joaquín lo haréis bien, no me preguntes porque lo sé, pero lo sé.

A todas las personas que no confiaron en mí, a las que me hicieron daño y sin saberlo me hicieron más fuerte, gracias. Gracias porque sin todo eso hoy, no sería la persona que soy.

Al amor de mi vida, que por supuesto no es correspondido. Gracias por enseñarme todo lo bonito y lo menos bonito del amor. Podría decir que me has enseñado a conocer el amor, a madurarlo, aprender amar y a entender que el amor no significa posesión, pero qué quieres que te diga...

Si antes de inventarse el amor yo seguramente ya te estaba amando... pero eso, ya lo sabes.

A todos los que me quieren (no de una forma romántica) y a los que no me quieren también, gracias, gracias de todo corazón.

VALENTINA ROMA.

Printed in Great Britain
by Amazon

44711600R00281